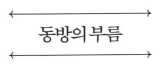

동방의 부름

THE CALL FROM THE EAST

동방의 부름

십자군전쟁은 어떻게 시작되었는가

피터 프랭코판 지음 | 이종인 옮김

책과함께

일러두기

- 이 책은 Peter Frankopan의 THE FIRST CRUSADE: THE CALL FROM THE EAST(VINTAGE, 2012)를 완역한 책이다.
- 이 책에서 '동방'은 비잔티움제국(동로마제국)을 중심으로 한 일대를 일컫는다(8~9쪽 '비잔티움제국' 지도 참조). '서방'은 그 서쪽에 위치한 유럽 전역을 지칭한다.
- 원서에서 저자는 동방의 인·지명을 기본적으로 원어인 그리스식으로 표기하되, 영어식 표현이 잘 알려져 널리 쓰이는 것은 영어식으로 표기했다(예: 콘스탄티노플, 안티오크, 콘스탄틴 등). 저자의 의도를 존중하여 이 책도 그대로 옮겼다.
- 인·지명 등 고유명사의 표기는 국립국어원 외래어표기법을 따랐다.
- 옮긴이가 한국어판을 읽는 독자의 이해를 돕고자 덧붙인 해설은 괄호에 '옮긴이'를 표기하여 구분했다. 그 외 모든 텍스트는 저자가 쓴 것이다.
- 한국어판을 읽는 독자의 편의를 위해 원서에 없는 소제목을 추가했다.

차례

비잔티움제국(1050년경)

크로아티아

베오그라드

드리스트라

도나우강

듀클리아

니시 ●

세르디카 ●

라구사 ●

마리카강

아드리아해

스트리온강

디라키온 ●

마케도니아

아드리아노플
트라케
콘스탄티노플

니코[

살레르노

바리

아풀리아

브린디시

테살로니키

아토스산 ▲

키보토스

니케아

오트란토

테살리

에피루스

라리사 ●

오프시키온

칼라브리아

스페르키[ ] 강

에게해

리디[

이오니아해

스미르나

레지오

아테네

에페수스

코린트

트라케시[

라케다이모니아

지중해

콘스탄티노플

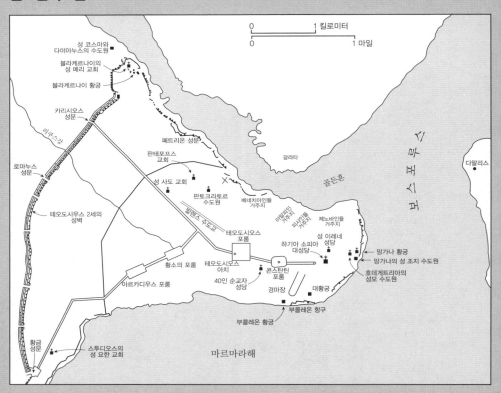

성 코스마와
다미아누스의 수도원

블라케르나이의
성 메리 교회

블라케르나이 황궁

카리시오스
성문

리쿠스강

페트리온 성문

로마누스
성문

판테포프스
교회

성 사도 교회

판토크라토르
수도원

베네치아인들
거주지

갈라타

다말리스

아말피인
거주지

피사인들
거주지

제노바인들
거주지

테오도시우스 2세의
성벽

발렌스 수도교

테오도시우스
포룸

하기아 소피아
대성당

성 이레네
성당

망가나 황궁

망가나의 성 조지 수도원

보스포루스

골든혼

황소의 포룸

테오도시우스
아치

테오도시우스
포룸

콘스탄틴
포룸

호데게트리아의
성모 수도원

아르카디우스 포룸

40인 순교자
성당

경마장

대황궁

황금
성문

스투디오스의
성 요한 교회

부콜레온 항구

부콜레온 황궁

마르마라해

제1차 십자군 원정길 – 유럽(1096~1097)

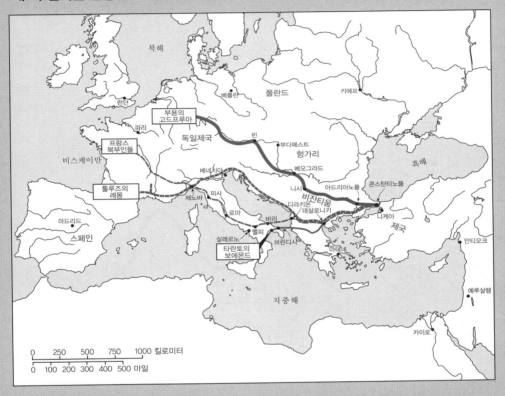

제1차 십자군 원정길 – 소아시아(1097~1098)

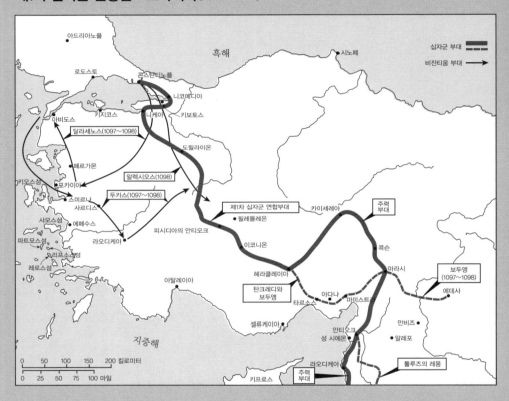

제1차 십자군 원정길 – 성지(1099)

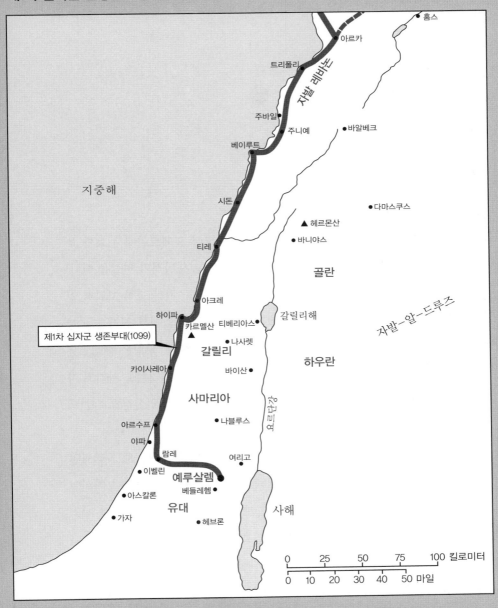

홈스

아르카

트리폴리

자발 레바논

주바일

주니예

바알베크

베이루트

지중해

시돈

다마스쿠스

▲ 헤르몬산

바니야스

티레

골란

아크레

하이파

카르멜산

티베리아스

갈릴리해

자발-알-드루즈

제1차 십자군 생존부대(1099)

갈릴리

나사렛

카이사레아

바이산

하우란

사마리아

아르수프

나블루스

요르단강

야파

람레

여리고

이벨린

예루살렘

베들레헴

아스칼론

유대

사해

가자

헤브론

0   25   50   75   100 킬로미터

0 10 20 30 40 50 마일

1095년 11월 27일, 프랑스의 중부에 있는 도시 클레르몽에서 교황 우르바누스 2세는 역사에 기록될 아주 감동적이고 도발적인 연설을 했다. 그는 지난주에 열두 명의 대주교, 여덟 명의 주교, 기타 교회 고위직 인사들이 참석한 종교회의를 주재했다. 교황은 그 회의에서 신자들을 상대로 아주 중요한 연설을 하고 싶다는 의사를 밝혔다. 교황은 클레르몽 교회의 제단에서 설교하기보다는 더 많은 사람들이 기대감을 가지고 자신의 연설을 들을 수 있도록 교회 근처의 넓은 들판을 연설장으로 선택했다.

 주변 환경은 아주 장엄했다. 그 들판은 일련의 휴화산들로 둘러싸인 분지였는데 그곳에서는 8킬로미터쯤 떨어진 곳에 있는 강력한 화산인 퓌-드-돔(Puy-de-Dôme)이 뚜렷이 보였다. 교황은 일부러 그런 장소를 선택했다. 추운 겨울날, 그가 연설을 시작하자 청중은 그의 말을 더 잘 알아듣기 위해 귀를 기울였다. "사랑하는 형제들이여, 하느님이 허락하사 온 세상의 최고위 사제 겸 대사제 자리에 오른 나 우르바누스는 이 위급한 때에 이 지역의 하느님의 종들인 여러분에게 신성한 경고의 메시지를 전하기 위해 이 자리에 섰습니다."[1]

교황은 이제 신자들에게 무기를 들라고 극적으로 호소할 참이었다. 전쟁 경험이 있는 모든 사람들에게 수천 킬로미터를 행군하여 성스러운 도시 예루살렘을 탈환해달라고 요청할 생각이었다. 연설의 목적은 동방의 사정을 알리면서 자극을 줌으로써, 대중을 독려하고 자극시켜 전례 없는 대규모 군사적 행동을 조직하려는 것이었다. 그리고 정확히 교황이 의도한 대로 되었다. 그 후 4년이 채 지나지 않아, 서방의 기사들은 예수 그리스도가 십자가형을 당했던 예루살렘 성벽 밖에 캠프를 치고서, 하느님의 이름으로 그 도시를 점령할 태세를 취했다. 수만 명의 병사들이 클레르몽에서의 교황 연설에 자극을 받고서, 오로지 성스러운 도시를 해방시키겠다는 일념 아래 집을 떠나 유럽을 횡단하여 예루살렘으로 행군해갔다.

클레르몽 연설에서 교황은 이렇게 말했다. "내가 무슨 슬픈 사연으로 이렇게 여러분의 땅에 왔는지 말씀드리고자 합니다. 그리고 내가 여기에 온 것이 여러분과 모든 신자에게 어떤 위기 상황이 되는지 알려주고자 합니다." 그는 예루살렘과 콘스탄티노플에서 우려스러운 소식이 전해졌다고 말했다. "하느님이 버리신 이방 족속 무슬림이 기독교인들의 땅을 침략하여 그 땅을 파괴하고 현지 주민을 약탈한다"는 것이었다. 많은 사람들이 잔인하게 살해되었고, 다른 사람들은 포로로 잡혀가서 부자유의 몸이 되었다.[2]

교황은 동방에서 "페르시아인" 즉 투르크인이 저지른 잔학한 행위들을 구체적으로 거론했다. "그들은 제단을 쓰러뜨리고, 그들의 오물로 제단을 더럽히고, 기독교인들에게 강제로 할례 의식을 거행하고, 거기서 나온 피로 제단과 세례용 용기를 더럽혔습니다. 그들은 우리 형제들을 아주 고통스럽게 죽이고자, 쇠꼬챙이로 배꼽을 찔러서 창자 끝을 배 밖으로 꺼낸 뒤에, 창자를 나무 막대기에다 묶고서 그를 매질하고 몸을 빙빙 돌려 창자가 밖으로 다 빠져나오게 한 후, 마침내 그가 목숨을 잃고 땅에 쓰러지게 만들었습니다. 그들은 형제들을 말뚝에 묶어놓고 화살을 쏘았습니다. 또 누군가에게는 목을 길게 빼게 하고서 칼집에서 칼을 빼내어 한 번에 그 목을 벨 수 있는지 시험했습니다. 그리고 여자들에게 저질러진 끔찍한 소행은 뭐라고 더 할 말이 있겠습니까? 그 참상을 구체적으로 말하는 것보다는 침묵하는 편이 더 좋을 것입니다."³

우르바누스는 들판에 모인 사람들에게 정보를 제공하려는 것이 아니라 그들의 분노를 일깨우려고 했다. "내가 아니라 하느님이 여러분들에게 그리스도의 전령으로 앞에 나설 것을 촉구하고 계십니다. 기사든 보병이든, 부자든 빈자든, 모든 계층의 남자들이 앞에 나서서 이 사악한 족속을 우리의 땅에서 몰아내고 그곳의 기독교 주민들을 제때 도와줄 것을 권하고 계십니다."⁴

유럽의 기사단은 궐기하여 그리스도의 전사로서 과감히 행군하여 가능한 한 신속하게 현지에 도착하여 동방 교회를 보호하는 것이 마땅했다. 기독교 기사단의 전선을 형성하여 예루살렘으로 행군해야 하고, 행군 도중에 투르크인들을 만난다면 그들을 그 땅에서 몰아내야 했다. "그리스도가 우리를 위하여 돌아가신 그 도시에서 그분을 위해 죽는다는 것을 아름다운 일로 여길진저."⁵ 또 교황은 말했다. "하느님은 전투 능력이 뛰어나고 용맹하며 강한 체력을 가진 유럽의 기사들을 그동안

쭉 축복해왔습니다. 이제 시간이 되었습니다. 이제 유럽의 기사들은 위력을 발휘하여 동방 기독교인들의 고통을 복수해주고, 성묘聖墓를 신자들의 손에 돌려주어야 합니다."[6]

우르바누스가 클레르몽에서 했던 여러 이야기들은 의심의 여지없이 위대한 웅변이었다. 그의 촉구는 면밀하게 계산된 것이었으며, 그가 열거한 투르크인의 잔인한 소행들은 아주 세심하게 선택된 것이었다.[7] 그는 이어 무기를 들고 일어선 사람들에게 돌아갈 보상을 거론했다. 동방 원정에 나선 사람들은 영원한 축복을 받을 것이었다. 교황은 모든 부류의 사람에게 이런 축복을 받아들이라고 권했다. 사기꾼과 도둑들에게도 "그리스도의 병사들"이 되라고 촉구했고, 전에 형제와 친척을 상대로 싸움을 했던 사람들에게도 이제 힘을 합쳐서 야만인을 무찌르는 합법적인 싸움에 뛰어들라고 요청했다. 돈이나 명예가 아니라 신앙에 의해 영감을 받아 원정에 나선 사람은 그간에 지은 모든 죄에 대하여 사면을 받을 것이었다. 한 관찰자에 의하면, 그것은 "구원을 받는 새로운 방식"이었다.[8]

우르바누스의 연설은 폭발적인 반응을 불러일으켰다. 엄청난 함성이 터져나왔다. "하느님이 원하신다! 하느님이 원하신다! 하느님이 원하신다!" 그러고서 청중은 교황이 그다음에는 무슨 말을 하는지 알아듣기 위해 다시 귀를 기울였다. "그 말씀은 하느님으로부터 온 것이므로, 그 함성이 여러분이 수행하게 될 전투의 함성이 되게 하십시오. 여러분이 함께 모여 적을 공격할 때, 하느님이 보낸 이 말씀이 여러분 모두의 함성이 될 것입니다. 하느님이 원하신다! 하느님이 원하신다!"[9]

교황의 연설을 들은 많은 사람들이 열광에 사로잡혀 집으로 돌아가 출정 준비를 했고, 사제들은 각 지역으로 파견되어 그 말씀을 전파했다. 우르바누스 역시 아주 빡빡한 일정을 소화하면서 프랑스 전역을 돌며 출정을 촉구했고, 그가 몸소 방문하지 못하는 지역들에는 서신을 보냈다. 곧 프랑스 전역이 십자군운동의 열기로 달아올랐다. 유수한 귀족과 기사들이 그 운동의 대열에 서둘러 합류했다. 당시 유럽에서 세력 있고 부유한 귀족이던 툴루즈의 레몽 같은 인물이 참여 의사를 밝혔고, 또 로렌 공작인 고드프루아도 참여에 동의했다. 그는 출발하기에 앞서서 'GODEFRIDUS IEROSOLIMITANUS(예루살렘 순례자 고드프루아)'라는 글자가 새겨진 동전을 주조하기도 했다.[10] 예루살렘 출정 소식은 들판의 불길처럼 널리 퍼져나갔다.[11] 이렇게 하여 제1차 십자군전쟁이 시작되었다.

4년 뒤인 1099년 7월 초, 몸은 지쳤고 행색은 남루하지만 그래도 결의만은 대단한 유럽의 기사단은 예루살렘 성벽 밖에다 진지를 구축했다. 그들은 곧 기독교 세계에서 가장 성스러운 도시를 공격하여 무슬림으로부터 탈환할 계획이었다. 공성기攻城機가 제작되어 곧바로 가동될 예정이었다. 하느님에게 엄숙한 기도가 올려졌다. 기사들은 역사상 가장 놀라운 업적들 중 하나를 이제 막 성취하려는 순간이었다.

제1차 십자군전쟁의 야망은 부분적으로 그 거대한 규모에서 나온 것이었다. 과거에 원정 군대들은 장거리를 행군하여 모든 장애를 극복하고 엄청나게 광대한 지역을 정복했다. 고대의 위대한 장군들, 가령 알렉산드로스 대왕, 율리우스 카이사르, 벨리사리우스의 원정전쟁은 잘 지휘되고 잘 조직된 병사들에 의하여 엄청나게 광대한 지역을 정복할 수 있다는 것을 보여주었다. 십자군을 독특한 사건으로 만드는 것은, 서방에서 조직된 십자군이 점령군이 아니라 해방군이라는 사실이다. 클레르몽에서 우르바누스는 유럽의 기사들에게 동쪽으로 원정하면서 여러 지역을 점령하여, 그 새로 정복한 지역으로부터 물자 조달의 혜택을 얻으라고 한 것이 아니었다. 십자군의 주된 목적은 소위 이교도들의 압박으로부터 예루살렘과 동방의 교회들을 해방시키는 것이었다.[12]

그러나 사태는 그렇게 간단한 것이 아님이 판명되었다. 수천 킬로미터를 횡단하는 원정은 끔찍한 고통과 고난, 무수한 인명 피해와 엄청난 희생이 수반됐다. 교황의 호소에 응답한 7만 내지 8만 명에 달하는 그리스도의 병사들 중에, 겨우 3분의 1만이 예루살렘에 도착했다. 십자군의 지도자들과 함께 원정하면서 1099년 가을에 로마에 보고서를 써서 보낸 우르바누스의 사절단은 생존자 대 사상자 비율이 이보다 훨씬 낮을 것이라고 보고하면서, 해방 전쟁에 나선 사람들 중 성스러운 도시의 성벽을 직접 본 것은 10퍼센트 미만이라고 썼다.[13]

예를 들어, "가장 고상한 왕자들"이라는 평을 받던 폰티우스 레노와 그의 형 피터는 프로방스에서 출발하여 이탈리아 북부를 거쳐 달마티아 해안을 타고 남하하다가 산적들에게 살해당했다. 중대한 사명을 품고 떠난 예루살렘 원정 길의 절반도 채 지나가지 못한 상태였다. 베르바의 월터는 이들보다는 상당히 멀리 나아갔는데, 어느 날 시돈(오늘날의 레바논) 근처에서 동료 기사들과 함께 식량 조달 작전에 나섰다가 돌아오지 못했다. 아마도 그는 매복 작전에 걸려 살해되었거나 아니면 포로로 잡혀 무슬림 세계 깊숙한 곳으로 압송되었다가 그 후 아무런 소식이 없었을 수도 있다. 어쩌면 그의 최후는 그보다 훨씬 시시한 것일 수도 있다.

가령 과도하게 짐을 실은 말이 산간의 험한 길을 가다가 발을 헛디뎌서 낭떠러지로 굴러떨어져 주인도 말도 모두 비참한 최후를 맞이했을 수도 있다.[14]

남편인 보두앵을 따라서 동방 원정에 나선 귀족 여인 고드베르도 있었다. 그녀는 마라시(오늘날의 터키)에서 병에 걸렸고 그 후 용태가 날마다 악화되어 결국 대열에서 낙오하더니 사망했다. 이 잉글랜드 태생의 귀족 부인은 소아시아의 이름 없는 오지의 한구석에 묻혔는데, 그곳은 그녀의 친척이나 조상들이 이름조차 들어본 적이 없었을 생소한 땅이었다.[15]

샤르트르 출신의 젊은 기사 랭볼드 크레통 같은 사람들은 예루살렘에 도착하여 함락 공격에 참가했다. 그는 성벽에 걸쳐 놓은 사닥다리를 기어올라간 최초의 기사였다. 그는 아마도 예루살렘에 처음으로 입성한 기사라는 포상과 찬사를 기대했을 것이다. 그러나 성벽에서 방어하던 적병은 그 못지않게 열정적인 병사였고, 랭볼드의 한 팔을 완전히 베어내고 나머지 한 팔은 거의 베어낼 뻔했다. 그럼에도 불구하고 랭볼드는 살아남아 예루살렘의 함락을 직접 목격할 수 있었다.[16]

임무를 무사히 완수하여 영광을 차지한 사람들도 있었다. 제1차 십자군의 위대한 지도자들인 보에몬드, 툴루즈의 레몽, 부용의 고드프루아와 보두앵, 탄크레디 등은 성스러운 도시를 탈환함으로써 전 유럽에서 누구나 다 아는 유명인사가 되었다. 그들의 업적은 무수한 역사서, 시와 노래, 새로운 형식의 문학인 중세의 로망스 등에서 지속적으로 기념되었다. 그들의 성공은 그 후에 기획된 추가 십자군운동의 기준점이 되었다. 하지만 그들의 업적은 아무나 따라 할 수 없는 대단한 것이었다.

제1차 십자군전쟁은 가장 잘 알려지고 또 가장 많은 관련 서적이 나온 역사적 사건들 중 하나다. 예루살렘을 해방하기 위하여 무기를 들고 거병하여 유럽을 횡단한 기사들의 이야기는 그 당시에도 작가들을 매혹시켰고 이후에도 많은 역사가들과 독자들을 매혹시켰다. 놀라운 영웅적 행동, 무슬림 투르크인들과의 최초의 만남, 무장 순례자들이 동방 원정에서 겪은 고난, 1099년 예루살렘 주민들이 당한 유혈 낭자한 학살 등에 대한 이야기들은 근 1000년 동안 서양 문명에 메아리쳐왔다. 십자군전쟁과 관련된 이미지와 주제들은 유럽의 음악, 문학, 미술 등 다양한 분야에서 널리 다루어졌다. '십자군(Crusade)'(문자적인 의미는 "십자가의 길")이라는 단어 자체도 원래보다 훨씬 더 폭넓은 의미를 갖게 되었다. 즉 악에 맞서서 일어선 선의 군대가 온갖 위험과 고난을 무릅쓰고 결국에는 성공적인 정복을 완수했다는 뜻으로 확대되었다.

제1차 십자군전쟁은 그 엄청난 드라마와 난폭성 때문에 대중의 상상력을 사로잡았다. 그러나 그것은 단지 드라마에 그치는 것이 아니었다. 십자군전쟁은 앞으로 일어날 일들의 양상을 결정지었기 때문에 계속하여 서구인을 사로잡았다. 교황 권력의 부상, 기독교와 이슬람의 대결, 성전 개념의 발달, 기사도적 경건함과 종교적 헌신, 이탈리아 해양 국가들의 탄생과 중동 식민지들의 건설 등 이 모든 것이 제1차 십자군전쟁에 뿌리를 두고 있다.[17]

당연히 이 주제를 다룬 문학은 계속 번성해왔다. 수십 세대에 걸친 역사가들이 십자군전쟁을 주제로 글을 써왔지만, 최근 몇십 년 동안에는 뛰어난 학자들이 독창적이면서도 탁월한 저서를 내놓았다. 가령 십자군의 행군 속도, 군량 조달, 십자군이 사용한 동전 등의 주제들이 아주 상세히 연구된 것이다.[18] 또한 주요 서방 측 사료들 사이의 상관관계는 최근에 들어 아주 도발적인 시각에서 검토되기 시작했다.[19] 지난 몇 년 동안에는 십자군전쟁의 종말론적 배경과 초기 중세의 세계를 이해하는 쪽으로 학문적 관심이 집중되었다.[20]

십자군전쟁에 접근하는 아주 창의적인 방법들도 나왔다. 정신분석학자들은 유럽의 기사들이 내면에 억압된 성적 긴장을 해소시켜주는 출구를 찾아서 예루살렘으로 갔다고 진단한 반면에, 경제학자들은 11세기 후반의 수요와 공급의 불균형을 검토하면서 초창기 중세 유럽과 지중해의 자원 배분이라는 관점에서 십자군 연구를 파고들었다.[21] 유전학자들은 11세기 후반의 인구 이동을 이해하기 위하여 아나톨리아 남부에서 발견된 미토콘드리아 증거를 분석했다.[22] 다른 학자들은 십자군전쟁이 벌어진 시기가 12세기 말 이전에 GDP가 인구 성장을 앞지른 유일한 시기였다고 지적했다. 이것은 중세와 현대의 인구 통계와 경제적 호황기 사이에 유사점이 있음을 내포한다.[23]

이처럼 우리가 제1차 십자군전쟁에 대하여 항구적인 매혹을 느끼고 있음에도 불구하고, 그 전쟁의 진정한 근원에 대해서는 아주 놀라울 정도로 주의를 기울이지 않고 있다. 근 10세기 동안, 작가와 학자들의 관심은 교황 우르바누스 2세, 클레르몽에서 행한 선동적인 연설, 유럽 기사들의 열광적인 호응 등에 집중되었다. 그러나 예루살렘 행을 촉발시킨 촉매제는 교황이 아니라 전혀 다른 인물이었다. 우르바누스가 무장 봉기를 호소하게 된 것은 동방의 비잔티움 황제인 알렉시오스 1세 콤네노스가 직접 교황에게 지원을 호소했기 때문이었다.

콘스탄티노플은 4세기에 로마제국의 제2의 수도로 창건되었다. 로마

제국은 이 도시를 거점으로 지중해 동부의 방대한 속주 지역들을 다스리려고 했다. 이 '새로운 로마'는 곧 그 도시의 창건자인 콘스탄티누스의 이름을 따서 콘스탄티노플이 되었다. 보스포루스 해협의 서쪽 해안에 자리 잡은 이 도시는 유럽에서 가장 큰 도시로 성장했고, 콘스탄티누스 황제가 기독교를 받아들인 후 여러 세기에 걸쳐서 지어진 개선문, 왕궁, 황제들의 조각상, 무수한 교회와 수도원 등을 거느리고 있었다.

5세기에 들어와 서부의 속주들이 퇴락하고 '구 로마'가 파괴된 이후에도 동로마제국은 계속 번창했다. 1025년경에, 동로마제국은 발칸반도의 대부분 지역, 이탈리아 남부, 소아시아, 코카서스와 시리아 북부에 이르는 상당히 넓은 지역을 통치했고 시칠리아 지역으로도 영토를 넓힐 야망을 갖고 있었다. 70년 뒤, 제국의 사정은 크게 달라졌다. 투르크 침략자들이 아나톨리아로 몰려들어와 여러 중요한 도시들을 약탈하고 현지 공동체를 심각하게 파괴했다. 발칸반도는 수십 년 동안 지속적으로 공격을 받아와서 아나톨리아와 별반 다를 바 없게 되었다. 또한 제국의 영토였던 아풀리아와 칼라브리아는 노르만인들에게 완전히 빼앗겼다. 불과 20년 사이에 이탈리아 남부를 정복한 노르만 정복자들이 그 지역까지 차지해버렸던 것이다.

비잔티움제국의 붕괴를 막아낸 구원자는 알렉시오스 콤네노스였다. 뛰어난 청년 장군인 알렉시오스는 제위를 상속받은 것이 아니라 1081년 불과 25세의 나이에 제위를 찬탈했다. 집권 초 몇 년 동안은 아주 불안정한 시기였다. 그는 비잔티움을 노리는 외부의 위협을 막아내야 했을 뿐만 아니라, 제국에 대한 통제권도 확립해야 했다. 황위의 찬탈자였던 알렉시오스는 상속에 의한 권력 적법성이 없었기 때문에 자신의 지위를 굳히기 위한 실용적 접근 방식을 취했다. 먼저 권력을 황제에게 집중시키고, 측근이나 친척들을 비잔티움제국 내의 가장 중요한 자리에다 임명했다. 그러나 1090년대 중반에 이르러 정치적 권위를 잃기 시작했고 비잔티움제국은 온 사방에서 동시다발적으로 벌어지는 침략을 받아 그 충격으로 비틀거렸다.

1095년에 알렉시오스는 긴급한 메시지와 함께 사절을 우르바누스에게 파견했다. 사절은 피아첸차에서 교황을 알현하고서 모든 기독교 신자들이 성스러운 동방 교회를 옹호해줄 것을 간원했다. "이교도들이 이제 콘스탄티노플의 성벽까지 침략해왔고 정복된 지역 내의 교회들은 거의 파괴되었다는 것이었다."²⁴ 우르바누스는 즉각 반응을 보이면서 프랑스에 찾아가 병사들을 모집해 황제를 돕도록 하겠다고 대답했다. 이러한 알렉시오스의 호소 때문에 제1차 십자군전쟁이 촉발된 것이다.

제1차 십자군전쟁을 다루는 현대의 역사서들에서 비잔티움 사절들이 도착한 사실은 언급되었지만, 황제가 도움을 요청해온 사실과 그 이유는 거의 무시되었다. 그 결과 십자군은 교황이 무장 봉기를 호소한 것, 기독교 병사들이 하느님의 이름으로 예루살렘까지 행군한 것 등으로 널리 인식되었다. 이런 식으로 그 원인이 굳어졌고, 1099년 예루살렘의 성벽 앞에 기사들이 당도했을 때는 하나의 정설로 확립되었고, 그때 이래 작가, 화가, 영화 제작자, 기타 인사 들이 그것을 일관되게 받아들였다. 그러나 제1차 십자군전쟁의 진정한 근원은 11세기 말에 콘스탄티노플 주위에서 벌어지고 있던 일에서 찾아야 한다. 나는 이 책에서 십자군전쟁의 뿌리가 서방이 아니라 동방에 있다는 것을 보여주려 한다.

왜 알렉시오스는 1095년에 도움을 요청했을까? 왜 그는 자체적으로 군사력이 별로 없는 종교 지도자인 교황에게 호소했을까? 1054년에 가톨릭교회와 동방정교가 완전 결별한 이후에, 왜 우르바누스는 비잔티움 황제에게 도움을 주려고 했을까? 투르크족이 1071년 만지케르트 전투에서 비잔티움 군대를 대패시키고 소아시아의 맹주로 이미 등장했는데 왜 알렉시오스는 1095년까지 기다렸다가 도움을 요청했을까? 한 마디로 왜 제1차 십자군전쟁이 벌어지게 되었는가?

십자군의 역사가 그토록 왜곡된 데에는 두 가지 이유가 있다. 첫째, 예루살렘을 탈환한 이후에, 서유럽의 주류 역사학파는 거의 전적으로 수도자와 사제들로 구성되었는데, 이들은 십자군전쟁을 구상하는 데 교황이 중심적 역할을 했다는 사실을 일부러 크게 강조하려 했다. 이러한 인식은 레반트 지역의 도시들 가령 예루살렘, 에데사, 트리폴리, 그리고 무엇보다도 안티오크 등에 일련의 십자군 국가들이 세워지면서 더욱 강화되었다. 이 신생 국가들은 그들이 어떻게 서방 기사들의 통치를 받게 되었는지 그 경위를 알려주는 스토리가 필요했다. 십자군과 그 여파를 설명할 때, 비잔티움과 알렉시오스 1세 콤네노스의 역할은 아주 불편한 것이었다. 대표적인 이유는 십자군의 많은 성공 사례들이 비잔티움 황제의 희생을 바탕으로 이루어진 것이기 때문이다. 교황과 기독교 기사단의 관점에서 십자군을 설명하는 것이 서방 역사가들의 입맛에 맞았기 때문에 그들은 비잔티움 황제를 배경으로 물러서게 만들었던 것이다.

서방의 역할을 강조하게 된 두 번째 이유는 역사적 사료의 문제에 기인한다. 제1차 십자군전쟁에 대한 라틴 측 사료는 잘 알려져 있고 놀라울 정도로 흥미롭다. 익명의 저자가 쓴 《예루살렘에 도착한 프랑크인과 다른 사람들의 행적》(이하《프랑크인의 행적》) 같은 이야기책은 보에몬드 같은 영웅적 개인들의 용맹성을 일방적으로 기록하는 한편, 교활함과 기만술로 십자군을 이용하고 기만할 생각만 한 알렉시오스 황제의 "한심한" 술수를 맹비난한다. 아길레르의 레몽, 아헨의 알베르트, 샤르트르의 풀처 같은 저술가들도 이에 못지않은 편파적인 십자군 해설서를 써냈다. 이러한 책들은 십자군 지도자들의 상충하는 자존심을 반복적으로 거론하는 한편, 그 운동의 주도적인 특징은 사기와 배신이었다고 썼다. 이 저자들은 제1차 십자군전쟁의 성공에 뒤이어 일어난 갈등과 참사들을 기록했다. 또 도시들을 상대로 공성전을 벌일 때, 포로로 잡힌 기사들의 베인 머리들이 십자군 캠프에 날아들어 병사들의 사기가 급락했다는 것을 기록했다. 그들은 이교도들이 포로로 잡은 사제들을 도시 성벽 밖에 거꾸로 매달아놓고 찌르고 때려 고통스럽게 죽임으로써 십자군 병사들을 고문했다는 사실을 기록했다. 그들은 서방 귀족들이 과수원에서 애인과 놀다가 투르크 척후병의 매복 작전에 걸려 무참하게 살해된 사실도 기록했다.

동방에서 나온 1차 사료는 서방 측 자료보다 훨씬 복잡하고 입체적으로 기술되어 있다. 십자군의 서곡序曲을 들여다보게 해주는 그리스어, 아르메니아어, 시리아어, 히브리어, 아랍어 등으로 된 이야기, 서신, 연설, 보고서, 기타 문서가 충분히 많이 있다. 따라서 문제는 동방 측 사료의 양이 아니라, 이런 자료들이 서방 측 자료에 비해 거의 무시되었을 정도로 활용되지 않았다는 점이다.

동방에서 나온 사료들 중에서 가장 중요하고 또 난해한 것은《알렉시아스Alexiad》다. 12세기 중반에 알렉시오스 황제의 장녀 안나 콤네네가 집필한 이 황제의 전기는 오용되고 또 오독되었다. 유창한 그리스어로 집필된 이 텍스트는 뉘앙스, 암유, 함의가 많이 들어가 있어서 의미를 제대로 파악하기가 쉽지 않다. 특히 저자가 제시한 사건들의 연대는 종종 신빙성이 떨어진다. 사건들은 종종 엉뚱한 때에 들어가 있고 또 두 개로 나뉘어 있거나 중복되어 있다.

해당 사건들이 벌어진 뒤 근 50년 후에 집필했으므로 안나 콤네네가 사건들이 벌어진 순서에 대하여 가끔 실수를 한 것에 대해서는 양해해야 할 것이다. 특히 이 점에 대해서는 저자 자신이 본문에서 인정하고 있다. "이 글을 쓰고 있는 지금, 등불을 밝혀야 할 시간이 거의 다 되었다. 나의 펜이 종이 위를 천천히 움직이는 동안에, 손가락 사이에서 말들이 빠져나가는 한편 나는 너무 졸려서 더 이상 쓰지 못할 것 같은 느낌이 든다. 나는 야만인들의 이름을 기록해야 했고 아주 빠르게 연이어서 벌어진 많은 일들을 상세히 써야만 했다. 그 결과, 역사와 연속적인 이야기의 주된 부분이 단절로 인해 서로 연결되지 않게 되었다. 이 글을 읽는 사람들은 이 점에 대하여 나를 비난하지 말기 바란다."[25]

역사가 안나가 글자를 들여다보며 밤늦게까지 집필하는 모습은 감동스럽고 매혹적이다. 그러나 자신의 실수에 대한 저자의 교묘한 변명과 마찬가지로 이것은 하나의 문학적 장치일 뿐이다. 《알렉시아스》를 집필할 때 글쓰기의 전범이 되었던 고전을 쓴 고대의 저술가들이 자주 써먹던 의례적 변명인 것이다. 실제로 안나 콤네네의 저서는 서신, 공식 문서, 전쟁 노트, 집안의 족보, 기타 서면으로 된 자료들과 같은 방대한 사료를 제대로 조사하고 연구해 집필한 역사서다.[26]

《알렉시아스》의 일부 연대 문제는 학자들에 의해 지적되었지만, 그렇지 않은 연대 문제들도 많이 남아 있다. 이 때문에 알렉시오스 1세 콤네노스의 통치 연간에 벌어졌다고 널리 받아들여진 일련의 사건들에 대하여 연대상의 중요한 오류가 발생하게 되었다. 이런 오류들 중에서 가장 중대한 것은 십자군전쟁 전야의 소아시아 현지 사정에 관한 것이다. 안나 콤네네가 이와 관련하여 서술한 현지 사정은 오해를 일으키기 딱 좋다. 그녀는 아주 놀라운 결론을 내놓는데, 그것은 오래전부터 받아들여진 통설通說과 크게 배치되는 것이다. 과거에는 비잔티움 황제가 기회주의적이게도 서방의 군사 지원을 받아 힘을 강화한 상태에서 소아시아를 재정복할 흑심을 품고 있었다고 생각되었다. 그러나 현실은 그런 통설과는 크게 다른 것이었다. 황제가 서방에 지원을 요청한 것은 정부 체제와 제국이 붕괴의 직전에 놓여 비틀거리던 통치자가 절망에 사로잡혀 마지막으로 던져본 주사위였다는 것이다.

제1차 십자군전쟁 전야의 소아시아 현지 사정이 과거에 잘 이해되지 않았다는 사실은 아주 중요하다. 유럽의 기사들은 비잔티움제국을 무릎 꿇린 강적 투르크족과 싸우기 위해 동방으로 원정을 떠났다. 아랍 역사가들에 의해 카스피해 동쪽에 사는 것으로 밝혀진 오구즈 부족 연합의 일원인 투르크족은 원래 유목민 부족이었으나 군사적 용맹성이 뛰어나서, 10세기 후반에 바그다드의 칼리프 체제가 붕괴되는 동안에, 그 체제에 대하여 점점 더 강한 영향력을 발휘하게 되었다. 그들이 이슬람을 받아들인 지 얼마 되지 않은 1030년대 이후부터 투르크족은 그 지역 내의 주도적인 세력으로 부상했는데, 그로부터 한 세대가 지나지 않아 바그다드의 지배자가 되었다. 칼리프가 투르크족의 지도자인 토그릴 베그를 임의적 전권을 행사하는 술탄으로 지명한 지 얼마 되지 않아서였다.

그들의 진군은 무자비한 행진이었다. 코카서스와 소아시아를 침략하기 시작해 가는 곳마다 파괴를 일삼아 현지 주민들을 공포에 떨게 만들었다. 투르크족은 몸집이 작은 중앙 아시아 말을 타고 흔적 없이 신속하게 이동할 수 있었다. 그들의 말은 힘과 지구력이 뛰어나서 그 일대의 산간 지역이나 험한 계곡 지대를 거침없이 내달렸다. 한 사료에 의하면 "투르크의 말들은 독수리처럼 빠르고 암벽처럼 단단한 발굽을 가졌다". 투르크족은 음식을 마구 집어삼키는 늑대처럼 마주치는 사람들을 무자비하게 공격했다.[27]

우르바누스가 클레르몽에서 연설한 시기에, 투르크족은 아나톨리아의 지방 정부와 군사 거점들을 파괴했다. 아나톨리아는 그 전 수 세기 동안 아무런 침략도 받지 않았고, 또 초기 기독교 선교의 가장 중요한 도시들이 자리 잡고 있는 지방이었다. 가령 복음서를 쓴 성 요한의 고향인 에페수스, 유명한 초창기 종교회의가 열렸던 니케아, 성 베드로가 사목을 맡았던 최초의 교구인 안티오크 등의 도시들이 십자군전쟁이 벌어지기 수년 전에 이미 투르크의 수중에 떨어졌던 것이다. 따라서 교황이 1090년대 중반에 연설과 서한을 통하여 동방의 교회를 구제해야 한다고 호소한 것은 그리 놀라운 일이 아니다.

제1차 십자군전쟁의 맥락은 클레르몽이나 바티칸에서 찾을 것이 아니라 소아시아와 콘스탄티노플에서 찾아야 한다. 그러나 아쉽게도 너무나 오랫동안, 십자군 이야기는 서방의 목소리들에 의해 주도되어 왔다. 1096년에 기대감을 가득 품고 예루살렘을 향해 출발한 기사들은 사실 지중해 동쪽의 점증하는 위기에 반응하여 길을 떠났던 것이다. 군사적 붕괴, 내전, 쿠데타 시도 등이 비잔티움제국을 거의 벼랑 끝으로 내몰았다. 그리하여 알렉시오스 1세 콤네노스는 서쪽으로 시선을 돌릴 수밖에 없었고, 교황 우르바누스 2세를 향한 그의 호소는 이후에 벌어진 모든 일들의 촉매제가 되었다.

1

위기의 유럽

제1차 십자군전쟁은 중세를 정의했다. 그것은 유럽 기사도의 공통적인 정체성을 확립했고 그 정체성은 기독교 신앙에 확고히 자리 잡았다. 기독교인의 행동에 영향을 미쳐서 신앙적 경건함과 예배 참석을 높이 칭송받는 개인적 특성으로 만들었고, 그러한 특성은 시, 산문, 노래, 그림에서 칭송되었다. 또한 하느님을 위해 싸우는 독실한 기사의 개념을 이상화했고 교황을 정신적 세계의 지도자일 뿐만 아니라 정치적으로도 중요한 인물로 각인시켰다. 그것은 서방의 공국들에게 공통의 목표를 부여하여, 교회를 옹호하는 것은 바람직할 뿐만 아니라 하나의 의무사항이라는 생각의 틀을 만들어냈다. 제1차 십자군전쟁은 종교개혁 시기 이전까지 지속되었던 유럽의 사상과 체제를 발전시키고 구축했다.

아이러니하게도 십자군은 불화와 불일치의 결과물이었다. 유럽은 11세기 후반에 혼돈과 위기로 사분오열되어 있었다. 이 시기는 유럽 전역에서 정복 전쟁이 일어나고 대변혁이 벌어지던 시기였다.

갈등과 분열의 11세기

잉글랜드는 스칸디나비아의 지속적인 공격을 간신히 물리치는 데 진을 다 빼다가 그만 노르만의 침략을 막지 못해 그들의 속국이 되었다. 아풀리아, 칼라브리아, 시칠리아는 노르망디에서 내려온 이민자들에 의하여 변화의 과정을 겪고 있었다. 처음에는 용병 부대가 공격해 왔으나 나중에는 남부의 풍성한 재정적 보상에 매력을 느낀 기회주의자들이 대거 남하해왔다. 스페인 또한 전환기를 맞고 있었다. 3세기 동안 이베리아 반도를 점령했던 무슬림들이 이제 한 도시 한 도시 계속하여 쫓겨나고 있었다. 독일 또한 커다란 변화가 벌어지고 있었는데 왕실에 대한 대규모 반란이 주기적으로 일어났다. 비잔티움제국은 만성적인 외부 세력의 압박에 시달리고 있었다. 제국의 북부, 동부, 서부 경계지역들은 이웃 국가들의 점점 더 거세지는 위협과 공격을 받다가 마침내 그들에게 점령되었다.

또한 11세기는 교황청과 유럽의 강력한 군주들 사이에 엄청난 분쟁이 빚어지던 시기이기도 했다. 군주들은 종종 극적인 파문을 당했다가 복권되어서는 또다시 성찬식에서 배제되는 운명을 맞았다. 이 시기의 주요 군주들(독일의 하인리히 4세, 프랑스의 필립 1세, 잉글랜드의 해롤드 왕, 비잔티움 황제 알렉시오스 1세 콤네노스, 노르만 공작 로베르 기스카르 등)은 교황청이 세속 세계에 대한 권위를 내세우는 과정에서 적어도 한 번쯤은 파문을 당했다.

11세기 후반에는 교회 내부의 분열도 너무나 심각해져 두 명의 라이벌 교황을 옹립하는 지경에 이르렀다. 각 교황은 자신이 성 베드로 대교구의 합법적인 후계자라고 주장했고, 자신들이 합법적인 선출 권리를 가지고 있다고 주장하는 사제들로부터 지지를 받았다. 그리고 동방에는 비잔티움 교회가 있었다. 이 교회는 서방 교회와는 다른 교리를 내세우며 크게 불화했고, 교황청과는 분열 상태에 있었다. 그러나 이 시기에 유럽을 삼켜버린 가장 해롭고 또 지속적인 황권(황제의 권력) 교권(교황의 권력) 논쟁은 교회 전체의 생존을 위협할 만큼 커다란 사건이었다. 교황 그레고리우스 7세와 유럽의 가장 강력한 군주인 독일의 하인리히 4세 사이에 심각한 견해 차이가 드러나면서 둘 사이의 관계가 크게 악화됐다. 하인리히의 전임 왕들은 이탈리아 북부에 대한 지배권을 확립하면서 960년대에 로마의 황제로 등극했다. 그 결과 그들은 교황청 문제를 면밀히 주시하면서 교황 선출에 참여할 합법적인 권리를 가지고 있다고 생각했다. 교황 그레고리우스 7세와 독일의 하인리히 4세는, 1073년에 그레고리우스가 교황으로 선출되면서 아주 좋은 관계로 시작되었다. 당시 교황은 "성聖과 속俗의 두 분야 지식을 잘 갖춘 지식인이고, 평등과 정의를 아주 사랑하는 사람이며, 역경에서는 오히려 더 강해지고 (……) 명예롭고, 겸손하고, 침착하고, 순수하고, 친절한 사람"이라는 칭송을 받았다.[1] 교황은 선출 직후에 하인리히 4세가 보낸 메시지를 아주 마음에 들어했다. 교황은 한 지지자에게 이렇게 썼다. "하인리히는 유쾌하면서도 공손한 말을 내게 보내왔습니다. 그러나 그의 전임 왕들이 일찍이 로마의 교황에게 보내본 적이 없는 그런 온순한 서신이었습니다."[2]

그러나 두 사람의 관계가 악화되는 데에는 그리 오랜 시간이 걸리지 않았다. 실용주의자였던 그레고리우스는 교황이 되기 전부터도 교회 개혁을 강력하게 밀어붙여야 한다고 생각했고 또 로마 교황청의 권력을 더 효율적으로 중앙 집중화해야 한다고 보았다. 특히 교회 내의 고위 성직 임명에 큰 관심을 갖고 있었다. 당시 많은 성직들이 공공연하게 돈으로 살 수 있는 자리로 변질하여 조직적인 부정부패나 다름없는 상태였다. 일부 고위직은 영향력과 권위에 더하여 높은 금전적 보수까지 챙길 수 있어서 사람들이 간절히 원하는 자리였다. 강력한 군주들은 그 자리를 자신의 추종자들에게 내어줄 수 있는 좋은 보상으로 여겼다.[3]

성직의 매관매직을 금지하고 또 그 자리의 임명권을 교황이 독점하여 대대적인 개혁에 나서려 했던 그레고리우스의 시도는 하인리히와 분쟁을 일으킬 수밖에 없었다. 하인리히는 독일 교회의 문제에 간섭하려는 교황의 태도에 크게 분노했다. 1076년에 두 사람의 관계는 돌이킬 수 없을 정도로 크게 악화되었고 교황은 하인리히를 파문하면서 이렇게 선언했다. "전능하신 하느님을 대신하여 또 성부와 성자와 성령의 힘과 권위를 통하여 나는 전임 하인리히 황제의 아들인 하인리히 왕이 우리 교회에 대하여 전대미문의 오만한 태도를 취했으므로, 이에 그가 독일과 이탈리아의 왕국을 통치하는 권한을 박탈하노라. 또한 모든 기독교 신자들은 그에게 했거나 앞으로 하게 될 맹세를 지킬 필요가 없다는 것도 알리노라. 나는 그 누구도 그를 왕으로 인정하지 말 것을 주문하노라."[4]

당연히 이 조치는 유럽 세계에 긴장을 유발했다. 하인리히의 지지자들은 교황을 범죄자라고 선언했고 하인리히의 편인 주교들은 교황에게 파문을 선고했다.[5] 두 사람은 1070년대 후반에 잠시 화해했지만 교황이 하인리히를 폐위시키려는 독일 내 황제의 강력한 경쟁자들을 지지하면서 두 사람의 관계는 완전히 비틀어졌다. 그레고리우스가 하인리히의 황위 경쟁자 중 한 사람에게 지지를 표하며, 하인리히의 오만함, 불복종, 기만술과 대조적으로 그는 겸손하고 순종적이고 진실을 사랑한다고 추켜세우자, 황제는 극단적인 조치를 취했다.[6]

1080년 6월, 독일과 이탈리아 북부의 주교들이 브릭센 종교회의에 소환되었다. 그 회의에서 그레고리우스를 무력으로 축출할 것이고 그 자리에 '정통파' 교황이 들어설 것이라고 선언되었다. 라벤나 대주교인 윌버트가 교황 후보로 지명되었고 그의 대관식은 다음 해 봄 로마에서 거행하기로 했다.[7] 독일 내의 반란으로 다소 늦게 출발한 하인리히는 마침내 이탈리아로 진군하여 1084년 로마를 점령했다. 곧바로 윌버트가 성 베드로 대성당에서 교황 클레멘트 3세로 즉위했다. 일주일 뒤 하인리히는 로마의 황제로 대관식을 거행했다. 하인리히는 이렇게 썼다. "나는 교황 클레멘트의 승인을 얻었고, 거룩한 부활절 날에 모든 로마 시민들의 환호를 받으며 모든 로마인의 승낙과 함께 황제 자리에 올랐다."[8]

클레멘트가 교황으로 즉위하여 성 베드로 옥좌의 진정한 후계자라고 선언하고 또 한 무리의 고위 사제들이 그것을 지지하고 나서면서, 로마 교회는 두 쪽으로 분열될 위기에 처했다. 그레고리우스는 라테란 교회로 피신했다가, 로마를 떠나 살레르노로 도망쳤다가 1085년 그곳에서 사망했다. 불확실성과 대혼란이 교황청 주위를 먹구름처럼 감쌌다. 그레고리우스 7세의 뒤를 이어 교황 자리에 오를 사람을 고르는 데 근 1년이 걸렸고, 교황 후보로 선택된 빅토르 3세도 어느 정도 무력의 힘을 빌린 후에야 즉위할 수 있었다. 그러나 그가 취임한 지 1년 6개월 만에 사망하자, 새로운 교황 선거를 해야 했고, 이것은 또 다른 커다란 변화를 야기했다. 그리하여 1088년 3월 오스티아의 추기경 겸 주교인 오도가 교황으로 지명되어 우르바누스 2세로 즉위했다. 하지만 그는 하인리히 황제의 영향 아래에 있는 독일이나 이탈리아 북부에서는 교황으로 인정되지 않았다. 이러한 정세 때문에 교회는 큰 혼란에 빠졌다.

서방 교회의 분열상은 그 후 여러 해 동안 해결될 기미를 보이지 않았다. 1095년의 클레르몽 종교회의 이전 10년 동안에, 좀 더 세력이 강성한 편은 우르바누스 2세가 아니라 클레멘트 3세였다. 우르바누스는 교황 자리에 즉위한 첫 몇 년 동안은 로마의 성벽 안으로 들어갈 수가 없었다. 그를 교황으로 뽑은 선거도 영원의 도시 로마에서 한참 떨어진 테라치나라는 도시에서 거행되었다. 당시 로마는 황제에게 충성을 바치는 군대가 완전 장악하고 있었다. 1089년에 우르바누스는 잠시 로마로 들어가 행진을 벌이고, 즉위식 미사를 집전하고 회칙을 선포했지만, 오랜 시간 그 도시에 머무르는 모험을 벌일 수는 없어서 재빨리 퇴각했다.[9] 1091년과 1092년 크리스마스 때 로마에 되돌아와 도시의 성벽 밖에서 진을 치고 대기했지만, 성 베드로 성당에서의 미사 집전 등 교황의 가장 기본적인 임무들을 수행할 수는 없었다.[10]

우르바누스가 유럽의 기독교 기사들을 일으켜 무기를 들고 예루살렘으로 행군하게 만든다는 아이디어는 그가 교황으로 선출되던 당시에는 생각조차 할 수 없는 것이었다. 교황은 무슬림 축출 전쟁이 벌어지고 있는 스페인의 사태 전개를 예의 주시했지만, 지원과 격려가 담긴 열광적인 서신들을 발송하는 것 이외에는 특별히 할 수 있는 일이 없었다.[11] 그는 동방의 신자들에 대해 진정한 관심을 보이긴 했지만 국내에서 겪는 곤경 때문에 할 수 있는 게 거의 없는 처지였다. 그가 유럽의 다른 지역은 고사하고 로마 내에서도 지지자를 규합하는 것이 힘겨웠던 상황에서 대외적으로 영향력을 발휘한다는 것은 더욱 무망한 일이었다.

이와는 대조적으로 클레멘트 3세는 기독교의 진정한 수장으로서 지위를 맹렬하게 강화하고 있었다. 1080년대 후반에 그는 캔터베리 대주교인 랜프랑크에게 일련의 서신을 보냈다. 로마에 방문해달라고 초청하면서 또 잉글랜드 교회의 헌금을 보내달라고 요청했고, 자신이 잉글랜드 내의 분쟁에서 개입하여 중재하겠다는 뜻을 밝혔다. 클레멘트 3세는 또 잉글랜드의 왕과 주교들에게 모# 교회를 지원해 달라고 촉구했다.¹²

클레멘트는 세르비아인들과도 서신 교환을 하면서 사제들의 임명을 승인했고 또 바르 대주교에게 특별한 교회 제복의 양털 띠를 하사했다.¹³ 그는 중세 러시아 국가의 수도인 키에프 교회의 수장과도 연락을 취하면서 상호 우의를 증진하는 메시지를 보냈다.¹⁴ 그는 교황다운 처신을 하면서, 기독교 세계 내의 주도적 인사들과 접촉하고, 그들을 조언하고 지원했다. 1090년대 중반에 무장봉기를 재촉하는 연설을 하고 교회의 단합을 이끌어낼 만한 사람은 우르바누스가 아니라 클레멘트였다.

로마와 콘스탄티노플 관계의 악화

우르바누스가 클레멘트에 대하여 우위를 갖고 있었던 분야는 동방 교회와의 관계였다. 하지만 이것도 그 자체로 문제가 없는 것은 아니었다. 원래 로마와 콘스탄티노플은 안티오크, 알렉산드리아, 예루살렘과 함께 최초의 5대 교구였다. 그러나 뒤의 세 교구가 7세기에 이슬람의 점령을 받으며 유명무실해지자, 남은 두 도시의 위상이 본래보다 더 높아져서 두 교구끼리 늘 싸우는 지경에 이르렀다. 두 교구의 상대적 중요성과 교리와 실천의 문제에 대한 논쟁은 정기적으로 발생했고, 9세기에 교황 니콜라스 1세와 콘스탄티노플 교구의 총대주교인 포티오스가 서로 분노하며 비난하는 서신을 교환하면서 두 교구의 관계는 최악이 되었다.

그렇지만 시간이 흘러가면서 이런 긴장도 어느 정도 완화되었고 이런 분쟁들은 상호 협력이 이루어지는 시기에는 소강상태를 맞이했다. 10세기의 비잔티움 매뉴얼은 콘스탄티노플 황제가 교황에게 어떤 식으로 서신을 써야 하는지 요령을 알려주는데 다음과 같은 정해진 양식을 따른다는 것이었다. "성부와 성자와 성령의 이름으로, 그리고 하나뿐인 유일신의 이름으로. 하느님에게 신실한 로마인들의 황제, _____[이름이 들어갈 자리]와 _____가 로마의 거룩한 교황이며 우리의 정신적 아버지인 _____께." 마찬가지로 로마의 사절들이 황제를 부를 때 사용하는 공손한 용어들도 제시되었다.[15] 이러한 양식들은 동방과 서방 사이의 협조가 예외적인 것이 아니라 통상적인 것이었음을 보여준다.

그러나 11세기 중반에 로마와 콘스탄티노플의 관계는 다시 크게 악화되었다. 1054년에 교황 레오 9세는 비잔티움이 지배하고 있던 아풀리아와 칼라브리아 등 이탈리아 지역 내의 공동 관심사를 논의하기 위하여 콘스탄티노플에 사절을 파견했는데, 일이 단단히 틀어지고 말았다. 협상은 엉뚱한 방향에서 시작되어, 양 교회 사이의 동맹에 대해서 논의가 진행된 것이 아니라, 성찬식과 관련하여 라틴 의식과 그리스 의식 사이의 차이점에 집중되었다. 당시에 관한 흥미진진한 사료가 보여주듯이, 성찬식에 그리스도의 몸을 대신할 빵으로 발효 빵을 쓸 것인지 미발효 빵을 쓸 것인지는 정말로 중요한 문제였다. 그러나 무엇보다도 가장 중요한 것은 니케아 신경의 관련 조항에다 소위 필리오케(filioque) 어구를 추가할 것인지 여부였다. 필리오케는 성령이 성부에게서 나올 뿐만 아니라 성자에게서도 나온다는 뜻이다(필리오케는 라틴어로 직역하면 "그리고 아들에게서"라는 뜻—옮긴이). 주요 고위 사제들이 별로 참석하지 않은 6세기의 스페인 종교회의에서 처음 나온 필리오케는 당초 교황청에서도 안 된다고 비난했던 개념이었다. 그러나 필리오케 어구는 신상神像의 실천을 단속하기가 쉽지 않은 지역들에서 점점 지지를 받기 시작했다. 그리고 11세기 초에는 너무나 널리 받아들여졌기 때문에 사도신경의 핵심 부분으로 인정되기에 이르렀다. 로마 교황청이 필리오케를 추가한 것은 지중해 동부 지역에서 크게 비난을 받았고 특히 콘스탄티노플의 맹렬한 저항을 받았다.

교황의 사절이 비잔티움 수도에 도착하자, 이 문제들은 전면에 부상했다. 1054년 7월 16일, 사절단장인 실바 칸디다의 험버트 추기경은 다른 로마 사절들과 함께, 성찬식이 거행되고 있는 콘스탄티노플의 하기아 소피아 대성당 안으로 걸어 들어갔다. 사절들은 멈춰 서서 기도를 올릴 생각도 하지 않고 교회 앞쪽으로 곧바로 걸어갔다. 그리고 사제와 신자들이 보는 데서 문서를 꺼내 대담하게도 대제단 위에 올려놓았다. 험버트는 문서를 읽어내려가기 시작했다. 콘스탄티노플의 총대주교는 직권을 남용했고 그리하여 믿음과 가르침에 있어서 많은 오류를 저질렀으므로 그를 즉각 파문하고, 그는 다른 극악한 이단자들과 함께 지옥에서 고통을 받아야 한다고 선언되었다. 또 그 이단자들의 이름이 일일이 거명되었다. 총대주교와 그의 지지자들은 영원한 지옥행이 선언되었다. "회개를 하지 않는 한, 대악마와 그의 흑천사들과 함께 고통을 받을 것이다. 아멘, 아멘, 아멘." 선언을 마친 후 험버트는 몸을 돌려 성당에서 걸어 나왔고, 하기아 소피아의 출입문에 도달하자 잠시 멈춰 서서 신발의 먼지를 털었다. 그는 이어 신자들에게 몸을 돌리고서 엄숙하게 선언했다. "하느님께서 보시고 판단하시리라."[16]

이것은 로마와 콘스탄티노플의 상호 관계가 최악으로 치달은 시점이었고, 이 사태는 오늘날까지 '대분열'로 알려져 있다. 동방과 서방의 적개심은 이제 거의 제도화되었다. 예를 들어 1078년에 교황 그레고리우스 7세는 니케포로스 3세 보타네이아테스 황제를 파문하는 통고문을 반포했는데, 심지어 이 신임 황제는 로마와 아무런 접촉을 하지 않았는데도 그런 조치를 당했다. 3년 뒤 알렉시오스 1세 콤네노스가 니케포로스 황제를 폐위시켰을 때에도 교황은 새 황제에게 파문령을 내렸다.[17] 거의 같은 시기에, 교황은 비잔티움에 대한 공격을 승인했을 뿐만 아니라 공격 부대의 지휘관에게 황제군에 대항하여 전투에 돌입할 때 사용할 군기를 하사하기까지 했다. 교황은 심지어 그 공격의 계획자인 로베르 기스카르를 지지하여 그를 콘스탄티노플 황위의 적법한 후보라고 치켜세웠다. 이 노르만 귀족이 황위에 아무 욕심이 없고 또 자신이 황위에 오를 현실적 가능성도 별로 없다고 생각했는데도 말이다.[18]

이러한 사실들은 클레르몽에서 무장 봉기를 호소한 우르바누스의 태도와는 크게 대조되는 것이다. 1095년 후반과 1096년 초반에 나온 그 시대의 사료들이 보여주는 바와 같이, 교황은 소아시아의 기독교인들의 고난과 동방 교회가 받는 박해에 면밀한 주의를 환기시키고 있다. 그 동방 교회란 그리스식 의례를 준수하는 교회를 가리키는 것이다.[19] 무슨 일이 계기가 되어 로마와 콘스탄티노플 간의 관계에 이런 극적인 방향 전환이 발생하게 되었을까? 그 이유는 11세기 후반 교회 전반의 지배권을 두고서 벌이는 갈등에서 찾아야 한다. 특히 우르바누스가 서방 교회에서 취약한 입장에 있다는 것이 주된 사유다.

우르바누스, 동방에서 실마리를 찾다

우르바누스는 교황 자리에 올랐을 때 자신이 클레멘트 3세와 그의 후원자인 하인리히 4세 때문에 취약한 입장에 있다는 것을 예민하게 의식했다. 그는 할 수만 있다면 힘을 빌려 올 수 있는 다리를 놓아야 했다. 그가 취한 첫 번째 조치는 콘스탄티노플과 화해하는 것이었다. 1088년 교황 선거 직후에 우르바누스는 소규모 사절단을 제국의 도시로 보내, 30년 전 두 교회를 완전히 분열하게 만든 민감한 화제들을 논의하게 했다. 황제를 알현한 후에 사절단은, 동시대의 논평가가 말했듯이 "점잖고 신부神父 같은 방식으로" 주요 문제점들을 거론했다. 거기에는 그리스 의례에서 발효 빵을 사용하는 문제, 콘스탄티노플의 성스러운 제단 뒤 이폭화二幅畵(Diptyque)에서 교황의 이름을 제거한 것 등이 포함되었다. 그 이폭화에는 교회와 공로를 서로 나누어가지는 것으로 여겨지는 사망한 혹은 생존한 주교들의 이름이 열거되어 있었다.[20]

비잔티움 황제인 알렉시오스 1세는 장군 출신으로, 스파르타적인 취향을 갖고 있었고 신앙에 대해서도 경건한 노선을 취했다. 장녀의 증언에 의하면, 그는 밤늦게까지 깨어서 아내와 함께 성경 공부에 몰두했다.[21] 황제는 교황 사절단의 말을 경청했고 종교회의를 열어 고충사항을 논의하라고 지시했다. 그 고충사항 중에는 제국 수도 내에 있었던 라틴 의식을 따르는 교회들이 폐쇄되어 그 도시에 사는 서방 사람들이 예배를 볼 수 없게 되었다는 불평도 들어 있었다. 황제는 콘스탄티노플과 안티오크의 총대주교와 두 명의 대주교, 열여덟 명의 주교 등이 참석한 종교회의를 친히 주재하면서 교황의 이름을 이폭화에서 제거하기로 결정한 문서를 확인하라고 요청했다. 그런 문서가 없으며, 교황의 이름을 제거해야 할 교리적인 근거도 없는 것으로 드러나자, 그는 관습에 따라 그 이름을 회복시키라고 명령했다.[22]

알렉시오스는 여기서 한 발 더 나아갔다. 황제는 교황 사절단에게 교황 자신이 콘스탄티노플을 방문하여 지난 세월 동안 교회에 많은 피해를 입힌 논쟁에 종지부를 찍어달라고 요청했다. 황제의 황금색 인장이 찍힌 문서에서, 황제는 그리스와 라틴의 고위 사제들을 모아 종교회의를 개최하여 중요한 의견 차이를 논의하자고 제안했다. 황제는 하느님의 교회가 단합된 결론에 도달한다면 그 결론을 성실히 준수하겠다고 약속했다.[23]

이어 콘스탄티노플의 총대주교인 니콜라스 3세 그라마티코스는 1089년 10월에 따로 교황에게 편지를 보내어, 우르바누스가 교회의 내분에 종지부를 찍고 싶어 하는 마음이 강하다는 것에 대하여 기쁜 마음을 표시했다. 니콜라스는 만약 교황이 내가 개인적으로 라틴 기독교인들에 대하여 적개심을 품고 있다고 생각한다면 그것은 잘못된 것이라고 썼다. 또 제국의 수도 내에 라틴 의식을 행하는 교회들을 폐쇄시켰다고 생각한다면 그 또한 오해라고 말했다. 니콜라스는 "우리는 그 무엇보다도 우리의 마음을 다하여 교회의 단합을 간절히 소망합니다"라고 썼다.[24]

이러한 조치들은 로마와의 대화를 재개시켰고 제1차 십자군전쟁 전야에 비잔티움제국 내 중요한 입장 재조정의 길을 열었다. 비잔티움의 고위 사제인 테오필락트 헤파이스토스는 그리스와 라틴 관습의 중요한 차이점을 의도적으로 희석시키는 문서를 작성하라는 지시를 받았다. 이것은 동방 교회 내의 불안을 불식시키려는 것이었다. 그는 두 관습의 많은 차이점들이 사소한 것이라고 썼다. 라틴 사제들은 일요일이 아니라

토요일에 금식을 한다. 그들은 부정확하게도 사순절 동안에 금식을 한다. 동방 정교의 사제들과는 다르게, 그들은 손가락에 반지를 끼는 것을 아무렇지 않게 생각하고, 또 머리카락을 자르고 턱수염을 깎는다. 그들은 예배를 집전하는 동안에 검은 옷을 입지 않고 색깔이 들어간 비단옷을 입는다. 그들은 정확하게 무릎을 꿇지 않는다. 철저한 채식주의자인 그리스 수도자들과는 다르게, 라틴 수도자들은 지방과 기타 육식을 즐긴다. 헤파이스토스는 성찬식에서 발효 빵을 사용하는 문제와 마찬가지로 이런 문제들도 간단히 해결될 수 있다고 말했다.[25] 그는 사도신경에 필리오케 어구를 집어넣는 것은 다소 심각한 문제로, 이 구절을 믿는 사람들은 지옥의 화염 속으로 떨어질 것이라고 썼지만[26] 이 어구는 결국 생략될 것이라고 희망적인 어조로 덧붙였다.[27]

이런 조심스러운 입장 재조정은 종교적 문제와 관련된 콘스탄티노플과 로마의 차이를 메우려는 의도였을 뿐만 아니라, 정치적 동맹 나아가 군사적 동맹까지 염두에 둔 조치였다. 그것은 제1차 십자군을 창설하는 데 중요한 준비 단계였고, 몇 년 뒤에 교황이 유럽의 기사들에게 비잔티움을 옹호하기 위해 행군하라고 호소하는 데 필수 선결 요건이었다.

우르바누스는 콘스탄티노플의 긍정적 신호에 재빨리 반응했다. 그는 남부로 원정하여 몇 안 되는 그의 지지자들 중 한 사람인 시칠리아의 로저 백작을 만나서 비잔티움과의 관계 개선에 대하여 승낙을 받아냈다. 로저는 오랫동안 하인리히 4세가 이탈리아 문제에 공격적으로 개입하는 것을 걱정해왔다. 1080년대 중반에 독일 황제의 일부 지지자들은 하인리히를 찾아가 콘스탄티노플로 진격한 후 다시 예루살렘으로 들어가서 영광스러운 대관식을 올리라고 조언했다. 또 그 과정에서 아풀리아와 칼라브리아를 점령하여 노르만인들의 지배자로 나서라고 촉구했다. 그것은 로저에게는 큰 손해가 될 일이었다.[28] 로저는 종교회의를 개최하여 양 교회의 관계 개선을 시도하자는 알렉시오스의 초청을 들었을 때 수락한다는 뜻을 분명하게 표시했다. 알렉시오스의 의도는 교황이 그 회의에 참석하여 교회의 대분열을 끝내야 한다는 것이었다.[29]

이것은 정확하게 우르바누스가 듣고 싶어 하는 얘기였다. 그에게 교회의 단합을 추구할 기회를 주는 것이었다. 우르바누스가 클레멘트 3세와 교권 투쟁을 벌이는 상황에서, 그런 돌파구는 우르바누스에게 아주 소중한 것이었다. 클레멘트도 그런 사실을 알고 있었다. 클레멘트는 라이벌이 콘스탄티노플과 연락을 취하며 접촉하고 있다는 것을 강경파 비잔티움 사제인 칼라브리아의 바실로부터 들어 알고 있었다. 바실은 우르바누스로 인해 이탈리아 남부에 있는 교구에 취임하지 못하게 되어 적개심을 품고 있었다. 1089년 가을에 열린 멜피 종교회의에서 바실은 우르바누스의 교황으로서의 권위를 인정하면 레지오 교구에 취임하는 것이 확실시되었지만 그러지 않았다. 반면 동료 두 사람은 우르바누스의 권위를 인정했고, 바실은 그에 경악하고 분노가 폭발했다.[30] 그가 볼 때 우르바누스는 "세 번 저주받은" 선임자 그레고리우스 7세와 마찬가지로 교황 자격이 없는 사람이었다. 그는 콘스탄티노플 총대주교에게 서신을 보내어, 우르바누스는 가장 근본적인 기독교 교리의 문제에 직면했을 때 비겁한 늑대처럼 도망친 사람이라고 비난했다. 또한 성직을 최고입찰자에게 판매하기를 좋아하는 이단자라고 매도했다.[31]

바실은 개인적 원한 때문에 멜피 종교회의가 로마와 콘스탄티노플 사이의 관계를 재구축한 중요한 사건이었다는 사실을 의도적으로 은폐하고 있다. 바실은 그의 동료 두 사람이 로사노 교구와 산타 세베리나 교구를 맡은 것을 용서할 수 없는 굴복이라고 말했는데, 실은 이탈리아 남부에서 우르바누스와 비잔티움 사이에 새로운 협력 관계가 형성되었음을 보여주는 중요한 사례로 보는 편이 더 정확할 것이다.[32]

바실은 자기 멋대로 사태 대응에 나섰다. 그는 콘스탄티노플의 유화적 움직임을 파악하자마자 클레멘트 3세와 접촉했다. 반우르바누스측은 즉각 회신을 보내왔다. "당신이 언급한 우리의 형제, 콘스탄티노플의 총대주교가 보낸 서신을 신속히 내게 보내주시오." 그 서신은 로마와 화해하기 위하여 총대주교가 바실에게 보냈던 지시사항들을 말하는 것이었다. "나 또한 그가 말한 중요한 화제에 대하여 그에게 회신하고자 합니다. 그는 우리가 준비하고 있는 모든 것에 대하여 알아야 합니다. 나 또한 평화와 일치를 원하고 환영하기 때문입니다."[33] 클레멘트는 바실에게 그의 고충사항을 알겠다 하면서 그 문제는 그에게 유리하게 해결되도록 하겠다고 약속했다.[34] 하지만 클레멘트가 주도적으로 개시하려던 콘스탄티노플과의 대화는 별 성과를 거두지 못했다. 그가 그리스 교회와의 가교를 구축하는 데 관심을 보였음에도(비잔티움에서 태어난 키에프 대주교 요한에게 편지를 써서 그리스 교회와의 긴밀한 유대관계가 필요하다고 말하는 등) 그의 접근은 아무런 결과를 내지 못했다. 알렉시오스의 입장에서는 독일의 지원을 받는 클레멘트보다 우르바누스가 더 매력적인 동맹 상대였기 때문이다.[35]

우선 우르바누스는 이탈리아 남부에서 영향력을 유지하고 있었다. 그 지역은 여러 세기 동안 비잔티움제국의 지배 아래에 있다가, 1050년대와 1060년대에 엄청난 사태 반전을 맞이하게 되었다. 안나 콤네네의 기록에 의하면 노르만 정복자들의 마수가 괴저壞疽처럼 그 일대에 퍼지고 있었던 것이다. "괴저가 일단 몸 안에 들어오면 몸 전체를 부패시킬 때까지 공격을 멈추는 법이 없다."[36] 1071년 바리가 노르만족의 수중에 떨어지면서 아풀리아와 칼라브리아에 대한 제국의 통치는 치욕적인 종말을 맞이했다. 그렇지만 그 두 지역은 여전히 그리스어를 사용하는 주민들에게 고향이나 다름없었고 그래서 자연스럽게 콘스탄티노플의 지도를 받으려고 했다. 이제 로마와 콘스탄티노플 사이가 다시 가까워지면서 이러한 연결고리가 강화되었다. 노르만족이 두 지역을 정복한 이래, 유언장, 판매 증서, 기타 공식 문서에 날짜를 기입할 때 노르만 공작의 이름을 썼다. 그러나 1090년대가 시작되면서 알렉시오스의 이름과 연호年號가 점점 더 빈번하게 사용되었다. 이는 현지인들이 다시 한 번 황제의 지도력을 원한다는 분명한 표시였다.[37] 우르바누스가 1081년 알렉시오스에게 내려졌던 파문을 해제하면서 비잔티움의 세력 회복은 더욱 가속도가 붙었다.[38]

동방과 서방 사이에 이해관계가 재조정된다는 또 다른 신호들이 있었다. 1090년대 초에 산 필리포 디 프라갈라의 그리스 수도원은 일련의 특혜를 받았다. 여러 교회들이 그 수도원의 통제를 받게 되었고 시칠리아의 로저 백작은 그 수도자들의 공동체에다 추가로 부지를 하사했다. 로저 백작은 라틴 사제들이 그 수도원에 간섭하는 일이 없도록 하고 또 "남작, 군사 지도자, 자작, 기타 세력가"들이 수도원의 일에 개입해서는 안 된다는 포고를 내렸다.[39] 그리고 다른 분야에서도 긴밀한 협력의 사례들이 있었는데 특히 군사 분야에서 그러했다. 1090년대 초반에 발칸반도 전역에서 침략 행위에 직면해 있던 알렉시오스 1세는 비잔티움 군대를 강화하기 위하여 온 사방에 도움의 요청을 보냈다. 제국의 사절들은 캄파니아에 있던 우르바누스도 찾아갔다. 교황은 1091년 봄에 급히 병력을 파견하여 페체네그 유목 부족들을 상대로 싸우고 있던 알렉시오스를 돕게 했다. 페체네그족은 도나우강을 건너서 트라케 지역 깊숙한 곳까지 쳐들어왔던 것이다. 그리하여 벌어진 레부니온 전투에서 이 사나운 유목 부족은 완전히 패퇴했고, 그것은 제국의 역사상 가장 중요한 전투의 하나로 기록되었다.[40]

따라서 1095년에 이르러, 로마와 콘스탄티노플 사이의 장기적인 불화는 어느 정도 해결이 된 상태였다. 비록 알렉시오스가 몇 년 전에 제안했던 종교회의는 아직 개최되지 않았지만 황제와 교황은 좋은 협력 관계를 맺었다. 12세기 사료에 추가된 후대의 자료를 믿을 수 있다면, 두 사람은 이미 하나의 계획을 짜놓고 있었다. 1090년 초에 우르바누스와 알렉시오스가 보낸 사절들이 크로아티아의 즈보니미르 왕의 궁정에 도착했다는 것이다. 그 사절들은 기사들을 출정시켜 위기에 빠진 비잔티움 교회에 도움을 주고 또 무슬림의 압박이 자행되고 있는 예루살렘을 해방시켜달라고 호소했다. 만약 이것이 사실이라면, 교황이 클레르몽에서 했던 무장봉기 호소의 예행연습이라고 보아야 한다. 구 로마와 신 로마로부터의 도움 요청, 예루살렘의 유혹, 예배 행위를 대신하는 군사적 복무 등에서 공통점이 있는 것이다. 그러나 즈보니미르에게서는 원하는 효과가 나타나지 않았다. 후대에 추가된 자료에 의하면, 즈보니미르의 기사들은 그가 남의 전쟁을 대신 해주려 한다는 소식을 듣고 너무 경악하여 왕을 살해하고 말았다(그러나 다른 사료들은 왕이 천수를 누리고 평화롭게 죽었다고 주장한다).[41]

교황의 반격

콘스탄티노플과의 화해를 추구함으로써 우르바누스는 기독교 세계의 지도자로 우뚝 서려고 했다. 사실 기독교권은 치열한 경쟁, 갈등, 반목이 여러 해 동안 진행되어 크게 붕괴되어 있었다. 당시의 한 연대기 작가가 기록한 바와 같이, 11세기 말에 교회는 혼란스러운 상태에 있었다. 샤르트르의 풀처는 이렇게 썼다. "유럽 전역을 통틀어 교회의 내부와 외부에서 평화, 미덕, 신앙이 힘 있는 자들에 의해 마구 짓밟힘을 당했다. 이런 사악한 행위에 반드시 종지부를 찍어야 했다."[42] 이런 상황에서 우르바누스가 기독교권의 중심부에 자신의 위상을 굳건하게 정립하려면 더욱 큰 계획이 필요했다. 그가 그리스 교회와 거래하면서 확보한 교두보는 그 자체로 강력한 의미를 가지고 있다고 보기 어려웠다. 그것만으로는 유럽의 다른 지역에서 자신의 위상을 강화하는 것은 물론, 로마의 클레멘트 3세와 경쟁하는 데에도 크게 부족했다.

그러나 1090년대 중반에 상황이 바뀌기 시작했다. 먼저, 독일에서 예기치 못한 갑작스러운 사태가 벌어져서, 클레멘트 3세와 그의 주된 지지자인 하인리히 4세 황제를 제압할 좋은 기회가 우르바누스에게 생겨났다. 황제의 강압적인 태도에 불만을 품은 고위 인사들이 하인리히의 캠프에서 이탈하는 사태가 발생했던 것이다. 그중에는 젊고 아름다운 하인리히의 아내도 포함되어 있었다. 그녀는 우르바누스를 찾아와 이렇게 불평했다. "나는 많은 남자들과 괴이하고 지저분한 간음 행위를 하도록 강요당했다. 그러니 나의 적들도 내가 황제에게서 달아난 행위를 이해할 것이다. 모든 가톨릭 신자들은 이런 학대를 받은 나를 동정할 것이다."[43] 교황의 지지자들은 하인리히 황제를 실추시킬 건수를 찾기 위해 혈안이 되어 있던 아주 긴박한 상황이었으므로, 그 지저분한 얘기를 좋은 기회다 싶어서 널리 퍼트렸다.[44] 더욱 중요한 사실은, 하인리히 4세의 아들 겸 후계자인, 젊고 진지한 콘라트가 아버지를 떠나서 그의 가신들과 함께 우르바누스를 밀어주겠다고 나선 것이었다. 콘라트는 교회 내부의 끝없는 갈등에 피로감을 느꼈고 또 아버지 하인리히가 이탈리아 북부에서 군사적 좌절을 겪자 자신의 왕위 승계 전망에 의심을 품고서 심란한 상태였다.

이러한 사태 발전은 교황에게 즉각적이고도 고무적인 힘이 되었다. 우르바누스는 1095년에 피아첸차에서 종교회의를 개최하겠다고 선언했다. 피아첸차는 전에 하인리히 4세에게 충성을 바친 지역의 중심부였고 또 클레멘트 3세가 대주교를 역임한 라벤나의 중심 도시였다. 하인리히와 별거 중인 아내가 종교회의에 나타나서 그를 비난했고, 클레멘트 3세 또한 맹렬히 매도되었다. 그 전에 황제 편을 들었던 모든 사제들에게 사면령이 내려졌다. 종교회의 직후에 콘라트는 크레모나에서 우르바누스를 만났다. 그는 교황이 타고 가는 말의 고삐를 잡아 마부의 역할을 하면서 교황을 영접했다. 그것은 교황에 대한 공경과 공식적 겸손함을 표시하는 의례적 표시였다.[45] 며칠 뒤 두 번째 만남에서, 콘라트는 교황과 그의 직위와 재산을 보호하겠다는 엄숙한 맹세를 했다. 그에 대한 보답으로 우르바누스는 제국의 황위에 대한 콘라트의 주장을 승인하겠다고 약속했다.[46] 그는 또한 새로운 동맹인 콘라트와, 이탈리아 내의 주된 지지 세력인 시칠리아의 로저 백작의 딸과의 결혼을 주선했다. 만약 이 결혼이 성사된다면 로저의 명예가 아주 높아지고 또 장래의 소득도 더 커질 것이라고, 교황은 백작에게 서신을 보냈다. 결혼은 피사에서 웅장하게 거행되었고, 콘라트는 부유한 장인으로부터 막대한 선물을 받았다.[47] 이것은 우르바누스의 위상을 크게 높여주었고, 그 결과 교황은 로마 성벽 밖에서 캠프를 치고 기다려야 했던 고립된 상황에서 일약 유럽의 정계를 주름잡는 중심적 인물로 부상하게 되었다.

그런데 교황제도의 위상을 영원히 바꾸어놓을 일이 피아첸차에서 발생했다. 종교회의가 교회의 문제들(이단의 정의, 간통을 저지른 프랑스 왕의 파문, 사제단에 관련된 문제 등)을 논의하기 위해 진행되는 동안에, 콘스탄티노플에서 사절이 도착했다.[48] 그들은 나쁜 소식을 가져왔다. 비잔티움 제국이 붕괴 직전에 있으므로 도움이 긴급하다는 것이었다. 우르바누스는 그 사태에 내포된 의미를 즉각 파악했다. 교회를 영구히 하나로 단합시킬 좋은 기회가 거기에 있었다. 그는 북쪽인 클레르몽으로 가겠다고 선언했다.

중세와 현대의 십자군 역사가들은 그를 따라 클레르몽까지 갔고 그 얘기를 충실히 기록했다. 그런데 동방에서 벌어진 참사란 무엇인가? 왜 도움이 긴급하게 필요했는가? 비잔티움에서 무엇이 잘못되었는가? 십자군의 근원을 알기 위해서는 프랑스 중부의 산록 마을로 시선을 돌릴 것이 아니라, 제국의 도시 콘스탄티노플을 들여다보아야 한다.

2

콘스탄티노플의 회복

콘스탄티노플은 당초 경외심을 불러일으킬 목적으로 설계된 도시다. 구로마와 마찬가지로 그 도시는 광대무변하고 엄청난 위용을 자랑하는 수도다. 육상으로 이 도시에 접근하는 방문객은 먼저 육중한 성벽과 도시에 물을 수송하는 거대한 수도교를 보게 된다. 12미터 높이로 축성된 지상의 성벽들은 골든혼(보스포루스 해협 내의 작은 만으로 이스탄불의 항구—옮긴이)에서 마르마라해까지 이어진다. 서기 5세기에 테오도시우스 황제가 다시 지은 도시의 성벽은 아무리 야심만만한 적군이라도 침투하지 못하게 지어졌다. 두께 5미터의 성벽은 아흔여섯 개의 탑으로 보호되고 있으며, 이 성탑들은 서쪽에서 북쪽에 이르는 모든 접근로를 감시한다. 성벽의 출입은 엄중하게 경비되는 아홉 개의 출입문으로 통제되는데, 이 외벽의 출입문을 통과한 여행자는 단지 외곽의 성벽을 통과한 것으로서, 도시의 중심부로 들어가려면 주요 출입로를 따라 다시 안으로 더 깊이 들어가야 한다.

장엄한 국제 도시 콘스탄티노플

해상 경로는 이보다 더 멋진 장관을 연출한다. 콘스탄티노플은 마르마라해의 북쪽 둑, 유럽과 소아시아를 갈라놓으면서도 그 세 곳과 가장 가까운 지점에 자리 잡고 있다. 배의 갑판에서 바라보이는 도시의 기념물, 교회들, 왕궁 등은 아주 장엄한 인상을 준다. 이 수도는 한눈에 다 담을 수 없을 정도로 넓고 끝없이 펼쳐지는데 그 면적은 3만 헥타르(300제곱킬로미터)다. 수십만에 달하는 도시의 인구 규모는 유럽의 가장 큰 도시들보다 약 열 배가 더 많다.

　콘스탄티노플의 주요 건물들 또한 놀랍다. 그중에서도 가장 놀라운 것은 유스티니아누스 황제가 6세기에 건립한 호화롭고 웅장한 하기아 소피아 성당이다. 너비 30미터에 높이가 55미터인 이 성당의 거대한 돔은 '하늘의 텐트'처럼 공중에 떠 있는 듯 보인다. 이 건물은 건축공학의 경이이고 그 아름다움은 장엄하면서도 호화롭다. 황금의 모자이크는 창문으로 흘러 들어오는 햇빛을 받아 반짝거린다.[1] 이외에도 수백 개의 교회와 수도원, 넓은 전차 경기장과 경마장, 목욕탕, 대황궁, 동물원 등 뛰어난 건축물이 많다. 콘스탄티노플을 칭송한 어떤 시는 한때 세계의 7대 경이가 있었으나 이제 콘스탄티노플의 7대 경이가 있다고 노래했다.[2]

　이처럼 번잡한 도시에서는 원활한 생필품 조달이 필수였다. 그리하여 콘스탄티노플 시장市長이 직접 시장市場을 규제하고 감시했다. 시장의 대리인들은 중량의 표준화를 단속했고 생필품 판매가 지속적으로 유지되도록 통제를 가했다. 물건의 품질은 직인 조합 제도에 의하여 보장되었다. 야채상과 어물상, 푸주한과 잡화상, 밧줄 제작자와 안장 제작자 등은 어떤 물품을 판매하고, 어디에서 판매할 것인지 등에 대하여 명확한 규정과 법규를 갖추어놓고 있었다. 그 결과 과일과 채소, 축산물, 고기와 생선 등이 일정하게 공급되었고 향료, 왁스, 은제품, 비단 같은 이국적인 상품들도 계속 시장에 유입되었다. 특히 비단은 비잔티움의 가장 유명한 상품이었다.[3]

한 11세기 여행자는 이 도시의 국경을 초월한 인구 구성과 웅장한 건물들을 찬탄하면서, 수도 주위에서 벌어지는 종교적 행렬을 경이에 찬 어조로 기록했다. 그 여행자는 운 좋게도 블라케르나이의 테오토코스 교회에서 성모상이 벌이는 기적을 직접 목격할 수 있었다. 그 교회에서 성모를 가린 베일은 서서히 올라와서 성모의 얼굴을 드러낸 다음에 다시 제자리를 찾아 들어갔다.[4] 11세기 후반에 이 도시를 방문한 또 다른 여행자도 외경심을 억제하지 못했다. "아 콘스탄티노플, 이 얼마나 고상하고 아름다운 도시인가! 놀라운 기술을 발휘하여 지어놓은 수도원과 왕궁이 그 얼마이던가! 주요도로와 심지어 이면도로에서도 볼 수 있는 멋진 풍물이 그 얼마나 많은지! 도시에 있는 풍성한 물건들, 황금, 순은, 여러 종류의 의복, 성스러운 유물들을 일일이 열거하는 건 너무나 지루한 일일 것이다. 상인들은 이 도시를 빈번히 드나들며 사람들이 필요로 하는 물건들을 끊임없이 가져온다. 내가 보기에 2만여 명의 환관이 늘 거기에 상주하고 있다."[5]

이 도시는 지난 오랜 세월 동안 명성과 재산을 노리는 무역업자와 모험꾼을 끌어들이는 자석이었다. 1020년대에 이 도시를 직접 목격하고 체험하기 위해 아이슬란드에서 콘스탄티노플까지 여행한 볼리 볼라슨 같은 사람들이 꽤 있었다. 볼라슨은 동료들에게 이렇게 말했다. "나는 장래 언젠가 남쪽 땅으로 여행해보고 싶었다. 남자가 자신이 태어난 땅

이외의 곳으로 여행하지 않는다면 결국 무식한 사람 취급을 받을 것이기 때문이다."⁶ 그는 수천 킬로미터 떨어진 콘스탄티노플로 여행했다. 볼리는 비잔티움에 도착해 바랑 친위대에 들어갔다. 이 부대는 처음에는 스칸디나비아와 러시아 출신의 용병들로 구성된 부대였으나 11세기에 이르러서는 브리튼 제도의 용병들도 가세하기 시작했다. 황제의 신변을 지키는 근위대였던 이 부대는 "마치 분노로 온몸이 불타는 사람들처럼 미친 듯이 싸웠다"라고 11세기의 한 작가는 기록했다. "그들은 자기 몸을 아끼지 않았고 부상당하는 것을 신경 쓰지 않았다."⁷ 볼리는 마침내 아이슬란드로 돌아왔을 때 아주 독특한 모습을 하고 있었다. "그는 가스 왕〔비잔티움 황제〕이 하사한 털옷을 입었고 그 위에 보라색 망토를 걸쳤다. 그는 멋진 칼을 지니고 있었는데 칼자루는 황금으로 반짝였고 손잡이 부분에도 황금을 짜 넣었다. 머리에는 도금 투구를 썼고 옆구리에는 붉은색 방패를 찼으며 방패 표면에는 금가루로 기사가 그려져 있었다. 그는 낯선 땅에서 관습적으로 그렇게 했던 것처럼 손에 단도를 들었다. 볼리가 어디로 가든 여자들은 오로지 그의 장엄한 모습에 정신이 팔렸다."⁸

볼리는 콘스탄티노플에 매력을 느낀 많은 사람들 중 하나였다. 후대의 노르웨이 왕 하랄드 하르드라다는 노르웨이 통치자들을 노래한 사담史譚인《헤임스크링글라Heimskringla》에 그 행적이 나오는 인물인데, 그도 한때 비잔티움으로 여행하여, 그곳에서 갤리선을 타기도 했고, 에게해에서 해적 소탕 작업에 참여했으며, 1040년대 초반에 시칠리아 공격에 참가했다. 황제의 병사로 복무할 때에 하랄드는 정교한 폭탄을 고안하기도 했다. 그것은 어린 새의 몸에 왁스와 유황을 섞은 송진을 바른 후 그 새를 다시 공성 중인 성안의 둥지로 돌아가게 하여 성안에 불이 나게 하는 폭탄이었다. 콘스탄티노플을 위해 복무하는 것은 이국적이고 흥분되고 또 떨리는 일이었다. 그것은 많은 스칸디나비아 사람들에게 명예이면서 통과의례였다.[9]

또 스티간드의 오도 같은 인물도 있었다. 오도는 노르만 청년이었는데 1050년대에 콘스탄티노플에 들어와서 의술과 수의술을 배웠고 그 과정에서 다양한 외국어를 얼마간 익히게 되었다. 그의 형 로베르도 제국의 수도에서 상당 기간 머물며 황금, 보석, 성 바바라의 유물 등을 마련한 후 고국 노르망디로 돌아갔다.[10] 군사적 경험이 있는 기사들은 비잔티움에서 환대를 받았고 그중 여러 명이 제국 군대 내에서 고위직까지 올라갔다. 1066년 헤이스팅스 전투 이후에 잉글랜드에서 탈출한 몇몇 앵글로-색슨 지도자들은 비잔티움으로 흘러 들어와 정복왕 윌리엄의 잉글랜드 정복 이후에 새로운 출발을 노렸다.[11]

11세기 말에는 콘스탄티노플과 제국 내 여러 도시들에서 국적이 다른 사람들을 많이 찾을 수 있었다. 아르메니아인, 시리아인, 롬바르디아인, 잉글랜드인, 헝가리인, 프랑크인, 유대인, 아랍인, 투르크인 등이 제국의 수도 내에 거주하거나, 방문하거나, 사업을 벌였다.[12] 아말피인 무역업자들은 콘스탄티노플에 그들 고유의 거주 지역을 갖고 있었는데,[13] 한 아말피인은 황제의 총애를 받아서 아주 특별한 혜택을 누렸다. 황제는 그 아말피인에게 제국 주조소에서 만든 청동 문들을 고국으로 가져가도 좋다고 허락했는데, 그 문들은 오늘날까지도 성 안드레 대성당의 입구에 걸려 있다.[14] 비잔티움은 다양한 문화를 자랑했고, 사해동포적이며, 외부와 잘 연결되어 있었다. 무역 네트워크, 외교적 연결망, 이민 온 사람들의 대외 연락망 덕분에 제국은 유럽의 가장 멀리 떨어진 지역들에도 잘 알려져 있었다.

수도를 방문하거나 정착하는 외국인의 숫자가 크게 증가하게 된 것은, 10세기의 위대한 황제와 장군들이 일련의 중요한 군사적 승리를 거두며 경제가 급속도로 성장했기 때문이다. 에게해와 지중해 동부에서 여러 세기에 걸쳐 선박들을 납치했던 아랍 해적들이 마침내 소탕되었고 그들의 활동 근거지는 체계적으로 폐쇄되었다. 또한 발칸반도와 동부 지역의 접경지대들이 안정되었다. 그 지역을 침략해오던 외적들이 일련의 유능하고 야심찬 군사 지휘관들에 격퇴되며 제국의 황금시대의 기반이 만들어지기 시작했다.

망가나에 있는 화려한 성 조지 단지를 비롯하여 대규모 토목공사가 콘스탄티노플에서 발주되었다. 성 조지 단지에는 병원, 노약자와 빈자를 위한 수용소, 화려한 왕궁, 수도원 교회 등이 들어섰다. 이 토목공사를 계획한 콘스탄틴 9세는 후에 이 수도원에 묻혔다. 사회적 유동성이 점점 높아지는 시민들에게 봉사하기 위해 법률학교와 철학학교가 문을 열었다. 무역업자와 상인들은 부유해졌고 그 결과 그들에게 원로원으로 진입하는 문이 열렸다. 개인들은 잉여소득을 토지와 값나가는 물건에 투자했다. 카파도키아의 지주인 에우스타티오스 보일라스는 제국의 안정과 번영에 고무되어, "지저분하고 관리하기 어렵고 (……) 뱀, 전갈, 야생 동물들이 서식하는" 황무지를 개간하는 사업에 착수하여 그곳을 포도밭과 정원으로 바꾼 후 물레방앗간과 수도교를 지었다.[15]

제국의 위기

그러나 11세기 중엽에 이르러, 콘스탄티노플의 발전은 주춤하기 시작했다. 원래 이탈리아 중부의 도시국가들에서 모병했던 노르만 용병들은 자신들이 아말피, 살레르노, 카푸아, 베네벤토, 나폴리 사이의 분열적인 경쟁을 적극 활용할 수 있다는 것을 깨달았다. 불과 수십 년 사이에 노르만인들은 이런 경쟁 상태를 이용하여 그들의 세력 기반을 효과적으로 구축했고, 1050년대 중반에 이르러 비잔티움제국의 속주인 아풀리아와 칼라브리아에 도전하기 시작했다. 제국은 다른 지역에서도 압박을 받고 있었다. 콘스탄티노플은 오랫동안 흑해 북쪽의 스텝 지역을 면밀하게 주시해왔다. 여러 세기 동안 그 지역은 조심스럽게 대하지 않으면 금방 폭발해버리는 위험한 유목 부족들이 거주해왔다. 페체네그족은 그런 공격적인 부족들 중 하나인데, 이들은 방어가 취약한 목표물을 기막히게 공격했다. 도나우강 북쪽 둑에 본거지를 두고 있던 페체네그족은 이제 비잔티움 쪽으로 시선을 돌려서, 1040년대 이후부터 거세게 공격해왔고 발칸반도에 막대한 피해를 입혔다.

게다가 제국의 동부 지역에서 투르크족의 엄청난 권력 확장에 위협을 받고 있었다. 그들은 11세기 초에 바그다드 칼리프국의 변방에 위치해 있었으나, 무슬림 세계의 라이벌 당파들은 투르크족의 군사적 용맹을 높이 평가했다. 그리하여 그들은 곧 바그다드의 복잡한 권력 갈등에 끼어들게 되었다. 1055년 투르크족의 지도자인 토그릴 베그는 술탄 자리에 오르며, 중동 지역의 수니파 이슬람을 대표하는 세속의 지도자가 되었다. 그러나 이것으로 투르크족의 야망이 끝난 것이 아니었다. 바그다드의 지배자가 되기 전부터, 투르크족의 군부대는 서진하여 소아시아의 가장자리 지역까지 진출했고, 이 지역에 자리 잡은 비잔티움의 거점들을 소규모로 공격하기 시작했다.

　제국은 이러한 위협들에 제대로 대처하지 못했다. 제국은 그들의 공격을 막는 작전에서 처참하게 실패했다. 별다른 군사적 조치를 취하지 않은 이탈리아 남부는 바로 노르만인의 수중에 떨어졌다. 노르만인은 1071년에 이탈리아 남부의 도시인 바리를 점령한 후에는 무슬림 통치 하의 시칠리아 쪽으로 시선을 돌렸다. 제국은 페체네그족의 공격에도 전혀 대응을 하지 못했다. 뇌물을 주어 무마하는 유약한 방식에 의존했고 조공을 주어 평화를 구하는 예전의 수법을 다시 써먹었다. 동부 지역에서는 민관이 합동해서 공격을 막아내려는 시도가 있었지만, 그나마 트레비존드, 콜로네이아, 멜리테네 같은 주요 도시들이 침략된 이후의 일이었다. 1067년 투르크 부대가 카이사레아를 공격하여 약탈하고, 성 바실의 무덤을 파헤치고, 황금, 진주, 보석으로 치장한 교회 문을 떼어 가져갔다. 제국 정부는 뭔가 결정적인 조치를 취해야 했다. 현지 주민들의 불만과 적절한 조치를 요구하는 목소리가 하늘을 찔렀다. 이제 모든 사람의 시선이 로마노스 4세 디오게네스에게 집중되었다. 그는 미망인이었던 황후와 결혼하여 황위에 오른 장군 출신 황제였다.

　로마노스는 여러 번 고비용 원정에 나섰으나 성공을 거두지 못했다. 그러다가 1071년 여름, 황제는 만지케르트 요새 근처에서 투르크군과 교전하게 되었다. 황제는 적의 병력이 소규모라고 판단하여 쉽게 이길 수 있다고 보았다. 그러나 그들은 술탄 알프 아르슬란이 친히 지휘하는 대규모 투르크군의 일부였다. 잘못된 첩보, 한심한 의사결정, 신통치 못한 리더십 등으로 인해 황제 군대는 패배했다. 그것은 군사적 관점에서는 그리 중요한 것이 아니었지만 황제의 체통이라는 관점에서 보면 아주 굴욕적인 패배였다. 로마노스는 포로로 잡혀서 옷이 흐트러지고 온몸에 진흙이 묻은 채로 술탄 앞으로 끌려갔다. 술탄은 처음에는 그의 앞에 끌려온 사람을 진짜 황제로 믿어주지 않았다. 알프 아르슬란은 아주 친절하고 위엄 있게 황제를 대하고서 나중에 그를 풀어주었다. 이 사건은 그 직후부터 작가와 시인들이 널리 칭송하는 화제가 되었고 투르크의 역사와 정체성에서 하나의 중요한 사건으로 자리매김했다.[16]

비잔티움의 동부 접경지대를 강화하고 또 소아시아 지역을 적의 공격으로부터 보호하겠다는 의도로 추진된 원정전이 실패로 돌아가고, 또 그 실패의 여파가 밀려오고 있음에도 적절한 시정 조치를 취하지 못하자, 제국 내에서는 이러다가 멸망하는 게 아닌가 하는 공포 의식이 더욱 커지게 되었다. 많은 비잔티움 사람들이 투르크족의 추가 공격을 두려워하여 거주지를 포기하고 콘스탄티노플로 몰려들었다. 나중에 총대주교 자리에 오르는 니콜라스 그라마티코스도 그러했는데, 수도에 새로운 수도원을 세운다는 명분으로 피시디아의 안티오크를 떠났다. 카이사레아의 부주교도 같은 결정을 내리고서 카파도키아에 있는 교회의 보물들을 수거하여 안전한 수도로 피신했다.[17]

이러한 피난민들의 유입은 콘스탄티노플의 물자 사정에 심각한 압박을 가해왔다. 사실 지방 여러 주들에 대한 압박은 이미 세수를 크게 감소시켜 제국의 재정 상태를 혼란스럽게 만들었다. 게다가 만지케르트 원정이나 페체네그족을 상대로 하는 소규모 전투 등에는 엄청난 비용이 들어갔다. 게다가 장기간의 군사 작전은 농업 생산량의 감소를 의미했다. 징병 때문에 농사를 해야 할 인력이 군인으로 빠져나가는 데다가,

농촌 사람들이 안전한 도시를 찾아 이농하면서 시골 지역의 인구가 심 각하게 줄어든 것도 생산량 저하의 원인이 되었다.

점증하는 재정적 위기를 해결하려는 노력은 별로 성공을 거두지 못했 다. 정부는 동전의 가치를 떨어뜨림으로써 재정 불균형을 시정하려 했 다. 동전의 명목상 가치는 그대로 유지한 채 동전에 들어가는 금의 함 유량을 낮춘 것이었다. 이 조치가 조심스럽게 관리되었더라면 다소 도 움이 되었을 것이다. 그러나 1070년대에 이르러, 동전을 발행할 때마다 금 함유량을 떨어뜨렸고, 동전의 가치 절하는 거의 통제할 수 없는 수준 에 이르렀다.[18] 세금 징수는 점점 약탈적인 성격을 띠었고 밀가루 가격 은 1070년대 중반에 18배나 폭등했다.[19]

경제적 붕괴에 뒤이어 정치적 혼란이 발생했다. 귀족들은 그들에 대 한 요구사항이 많아지고 또 제국 내의 상황이 악화되는 데 대한 항의 표 시로 중앙 정부에 반란을 일으켰다. 1070년대 후반에 지방의 토호들이 계속하여 반란을 일으키며 비잔티움을 내전 상태로 몰아넣었다. 많은 심각한 반란들이 결국에는 진압되었지만, 그런 사태가 가져온 혼란상은 정말 심각했다. 그리고 이웃 국가들은 그런 혼란을 노려서 그들의 이익 을 취하려 했다. 이탈리아 남부의 지배자로 나선 노르만인들은 제국의 서부 속주들로 들어가는 관문인 에피루스를 공격했다. 크로아티아와 듀 클리아에서, 통치 왕조들은 콘스탄티노플보다는 구 로마와 동맹을 맺으 려 했다. 그들은 교황과 접촉하여 그들의 군주 자격을 인정해달라고 요 청했다. 그것은 이 지역을 다스려온 비잔티움의 영유권에 대한 명백한 도전이었다.[20]

소아시아에서 제국의 위기는 투르크인들에게 놓칠 수 없는 절호의 기회였다. 투르크 약탈자 무리는 제국의 깊숙한 지역까지 침략했는데도 거의 저항을 받지 않았다. 가령 1080년에 투르크 부대는 먼 서쪽인 키지코스까지 진출하면서 그 도시를 약탈하여 황제를 깊은 절망 속에 빠뜨렸다.[21] 약탈은 투르크인들이 비잔티움 영토를 호시탐탐 노리는 이유 가운데 하나일 뿐이었다. 그들이 그처럼 그 일대를 휩쓸게 된 또 다른 이유는 반란을 일으킨 비잔티움 귀족들이 군사적 지원을 얻기 위해 혈안이 되어 있었다는 것이다. 이 시기에 거의 모든 반란군이 투르크 용병을 고용했는데, 동일한 용병 부대를 두고서 비잔티움 라이벌 당파들 사이에 종종 경쟁이 벌어지곤 했다.[22] 비잔티움 사람들은 자기들끼리 싸우면서 투르크인들과 한편이 되는 것도 마다하지 않는 듯했다.[23]

1081년에 이르면 제국의 국내 사정은 최악으로 치달았다. 발칸반도는 페체네그족의 침략과 현지 지도자들의 반란으로 화염에 휩싸였다. 현지 토호들은 그 지역의 일부 중요한 도시들에 대한 제국 정부의 통제권을 거부했다. 이탈리아 남부에서 출발한 노르만인의 공격도 진행 중이었는데, 중세 초기에 가장 무자비하고 탁월한 군사 지도자들 중 한 명으로 알려진 로베르 기스카르가 이끌고 있었다. 한편 투르크족은 보스포루스 해협의 해안까지 도착했고 그 인근 지역은 그들의 무자비한 침략에 무방비로 노출되어 있었다. 안나 콤네네는 그 상황을 이렇게 서술했다. "비잔티움 사람들은 침략자들이 해안의 작은 마을들과 신성한 건물들에서 거리낌 없이 멋대로 살아가는 것을 지켜보아야 했다. 그 광경은 비잔티움 사람들의 가슴을 공포심으로 가득 채웠다. 그들은 어떻게 해야 좋을지 알지 못했다."[24] 로마제국은 한때 서쪽의 지브롤터 해협에서 동쪽의 인도에 이르기까지, 북쪽의 브리튼에서 남쪽의 아프리카까지 다스렸다. 그런데 이제 제국의 수도 외에는 거의 남아 있는 지역이 없게 되었다.[25] 투르크족은 소아시아를 파괴하고 그 지역 도시들을 점령하여 그 땅을 기독교인의 피로 물들였다. 무자비하게 살해되지 않고 포로로 잡히지 않은 사람들은 "동굴, 삼림, 산과 언덕 등에 피신함으로써 다가오는 재앙을 황급히 피하려 했다".[26]

　동부의 여러 주들이 투르크족의 수중에 떨어지고 제국이 무릎을 꿇은 상태였으므로, 비잔티움은 제국의 사절이 피아첸차로 찾아가 우르바누스 교황에게 투르크의 위협을 막아달라고 호소하기 훨씬 오래전부터 이미 위기 상황에 처해 있었다. 소아시아가 근 15년 전에 투르크의 수중에 떨어졌는데, 콘스탄티노플은 왜 1095년에 들어와서야 갑자기 극적인 구원 요청을 하게 되었을까? 이 절망적인 호소와 교황의 즉각적인 반응의 타이밍은 정치적 의도가 개입된 것이었다. 비잔티움의 호소가 전략적인 것이었다면, 우르바누스의 반응은 이기심에다 서방 교회의 라이벌들을 제압하고 단독 교황으로 우뚝 서려는 욕망이 가미된 것이었다. 따라서 제1차 십자군전쟁의 핵심에는, 소아시아발 위기와 현실정치라는 복잡한 스토리가 가로놓여 있었다. 그리고 십자군 원정을 촉발시킨 불꽃의 배후에는 만지케르트의 참사로부터 정확히 10년 뒤에 비잔티움제국의 통치자로 등장한 젊은 청년이 있었으니, 곧 알렉시오스 콤네노스였다.

　1080년대 초반에 콘스탄티노플은 제국의 쇠퇴를 일거에 격퇴할 수 있는 행동하는 지도자가 절실히 필요했다. 새 로마를 구제하겠다고 나선 후보자로 니케포로스 브리엔니오스, 니케포로스 바실라키오스, 니케포로스 보타네이아테스, 니케포로스 멜리세노스 등이 있었다. 그들의 첫 번째 이름 니케포로스는 '승리를 가져오는 자'라는 의미였는데, 그것은 제국이 지속적인 성공과 번영을 구가했던, 지금과는 다른 시대를 가리키고 있었다. 하지만 이들은 비잔티움의 문제에 대하여 해답을 제시하지 못했다. 그러나 알렉시오스 콤네노스는 사람들에게 희망을 불러일으켰다.

알렉시오스의 등장

알렉시오스 콤네노스는 비잔티움의 유서 깊고 연줄 많은 가문 출생이었다. 그의 몸속에는 황실의 보라색 피가 어느 정도 흐르고 있었다. 왜냐하면 그의 삼촌인 이삭 콤네노스가 1057~1059년 동안 황제로 있었기 때문이다. 이삭은 자신들의 요구를 충분히 들어주지 않아 불만을 품은 한 무리의 고위 장교들에 의해 폐위되었다. 이처럼 콤네노스 가문은 황실의 족보를 갖추고 있었지만, 한 사료에 의하면, 수염을 깎아야 할 정도로 나이가 들지 않아서 투르크족 원정에 제발 데려가 달라고 호소하던 어린 청년이 나중에 황위에 오르리라고는 그 누구도 상상하지 못했다. 하지만 알렉시오스는 37년간 제국을 다스리면서 1세기 이상 지속된 황조의 초석을 놓았다.[27]

　황위에 대하여 강력한 야망을 가지고 있던 사람은 사실 알렉시오스의 어머니였다. 강인하고 결단력 있던 안나 달라세네는 제국의 유수한 가문 출신이었다. 그녀의 친정 식구들 중 다수가 비잔티움의 민간·군사 분야에서 고위직이었다. 안나는 슬하의 다섯 아들에 대하여 엄청난 야망을 품고 은밀하게 후견했다. 맏아들 마누엘은 군대 내에서 고속 승진하여 로마노스 4세 디오게네스의 불운한 통치시기에 고위 사령관이 되었으나 전투에서 사망했다. 안나의 다른 두 아들 이삭과 알렉시오스는 혜성처럼 빠르게 출세했고 거의 멈출 수 없을 정도로 고속 승진했다.

비잔티움제국이 붕괴되기 시작하면서 유능하고 충성심 강하고 야심만만한 젊은이들에게 빠른 출세의 기회가 생겨났다. 콤네노스 가문의 두 형제 역시 그런 기회의 수혜자였다. 형인 이삭은 처음에 동부 속주들을 관할하는 군대의 사령관에 임명되었다가 나중에 안티오크시의 지사가 되었다. 동생 알렉시오스는 1070년대에 서아시아 중부와 발칸반도 서부에서 반란군을 거듭 진압한 놀라운 업적 덕분에 계속 승진했다.

1070년대의 10년 세월이 끝나갈 무렵, 콘스탄티노플에서는 두 형제의 야망에 대한 소문이 나돌았다. 특히 형제가 니케포로스 3세 황제 그리고 마리아 황비와 돈독한 관계를 유지하고 있는 사실이 그런 소문을 더욱 부추겼다. 수도에서는 알렉시오스가 황비와 그렇고 그런 사이라는 가십이 널리 퍼져나갔다. 황비는 "사이프러스 나무처럼 키가 크고, 백설 같은 피부에, 타원형의 갸름한 얼굴, 봄에 피는 꽃 혹은 장미를 연상시키는 안색 등" 아주 눈에 띄는 여자였다.[28] 반면에 황제는 몸을 제대로 가누지 못하는 비틀거리는 노인이었으면서도 옷에 대한 욕심이 대단했다. 늙은 황제는 이삭 콤네노스가 시리아에서 가져와 상납한 멋진 옷감으로 만든 옷들에 매혹되었다.[29]

형제의 대권 야망은 사실로 판명되었다. 1080년 말엽에 형제는 황위를 찬탈해야 할 시간이 되었다고 판단했다. 궁중의 라이벌 인사들이 형제에 대한 불리한 고자질을 대놓고 하고 있었기에 더 이상 미룰 수가 없었다. 형제는 또 니케포로스 멜리세노스 같은 다른 고명한 귀족들의 움직임에 자극을 받았다. 멜리세노스는 이미 자신을 통치자로 묘사하는 동전을 발행했을 뿐만 아니라 그 동전에다 이런 명확한 문장을 새겨 넣었다. "니케포로스 멜리세노스, 로마인의 황제."[30] 멜리세노스의 약진이 너무나 뚜렷했으므로, 황제는 그를 달래려는 의도에서 그를 공식적인 후계자로 선언하는 문제를 고려하고 있었다.[31]

이삭과 알렉시오스는 그들이 빨리 행동에 나서야 한다는 것을 알았다. 알렉시오스는 동생이었지만 쿠데타가 성공할 경우에 그가 황위에 오르는 것으로 합의가 되었다. 알렉시오스가 비잔티움의 가장 강력한 가문들 중 하나인 두카스 가문에 장가들어 처가의 도움을 이끌어낸 것도 결정적인 요소가 되었다. 제국의 서쪽 측면인 에피루스에서 노르만인의 공격이 개시되었다는 소식이 전해지자 황위 찬탈의 결정적 순간이 도래했다. 황제는 딱 한 번 획기적인 조치를 취했는데 알렉시오스 콤네노스를 노르만 공격을 물리치기 위한 방어 부대의 사령관으로 임명한 것이었다. 그러나 군대를 이끌고 트라케에 도착한 젊은 장군은 로마의 모든 통치자들이 가장 두려워하는 모반 행위를 했다. 회군하여 수도로 쳐들어왔던 것이다.[32]

그러나 수도의 방어는 강력했다. 콤네노스 형제가 무력으로 그 도시를 탈취할 가능성은 별로 없었다. 그리하여 형제는 도시의 서쪽 측면으로 들어가는 주요 관문인 카리시오스 문을 지키던 독일 용병 부대와 몰래 접촉했다. 용병 부대 지휘관과 조건이 합의되자, 거대한 나무문이 열렸고, 콤네노스 형제와 그 지지자들은 도성 안으로 쇄도해 들어갔다.[33] 황제를 지지하는 세력이 봄눈처럼 녹아 없어지는 가운데, 알렉시오스와 그의 부하들은 재빨리 도시를 장악했다. 저항을 별로 받지 않았기 때문에 그들은 노골적으로 도시를 약탈했다. 심지어 안나 콤네네조차도 아버지의 지지자들이 수도에서 저지른 만행에 대하여 공포를 감추지 못했다. "아무리 진지한 작가라도 그 당시 도시에서 저질러진 만행을 있는 그대로 묘사하지는 못할 것이다. 교회, 지성소, 국가와 개인의 재산 등이 대규모로 약탈당했고 시민들은 온 사방에서 터져 나오는 고함과 비명 소리에 귀가 멀 지경이었다. 목격자가 있었다면 그 도시에 대규모 지진이 발생했다고 생각했으리라."[34]

특히 도시의 엘리트 세력에게 폭력이 집중되었다. 원로원 의원들은 타고 있던 말에서 끌어내려졌으며, 일부는 발가벗겨진 채 거리 한가운데에 내버려져 굴욕을 당했다.[35] 황제는 황궁에서 도망침으로써 미온적인 굴복의 표시를 했고, 궁정 신하들은 황제의 옷을 입고서 그를 조롱했다.[36] 그러나 곧 사로잡힌 황제는 콤네노스 형제에게 인도되었고, 그 후 수도원에 강제 유폐되었다. 폐위된 니케포로스는 그곳에서 기도와 명상으로 여생을 보냈다고 한다. 하지만 그는 수도원의 철저한 채식 위주의 식단에 불만을 표시했다.[37]

도시를 장악한 직후, 알렉시오스 1세 콤네노스는 콘스탄티노플의 성 소피아 대성당에서 로마인의 황제로 대관식을 거행했다. 그 화려한 대관식은 10세기에 제작된 의궤에 따라서 진행되었다. 알렉시오스는 하기아 소피아에 도착하여 황제의 자의紫衣로 갈아입고 이어 총대주교와 함께 교회 안으로 들어섰다. 사람들의 축하 기도와 "오 위대한 황제이며 군주시여! 앞으로 천만년 통치하시기를!"이라는 찬송이 끝난 뒤에, 알렉시오스는 왕관을 머리에 썼고, 정부 고관들이 차례로 한 사람씩 앞으로 나와 새로운 군주의 무릎에 입을 맞추었다.[39]

자신의 입지를 강화하기 위하여 새 황제는 재빨리 제국의 핵심 보직에 동맹 세력을 임명했다. 서부군에 새로운 총사령관이 임명되었고 계속되는 노르만 공격의 핵심 도시인 디라키온에 새로운 지사가 임명되었다.[39] 니케포로스 멜리세노스에게 중요한 역할을 부여하고, 선물로 제국 내의 대도시인 테살로니키의 세수稅收를 하사함으로써 그의 지원을 확보하는 외교 기술도 발휘했다. 한편 황제의 형 이삭 콤네노스는 새로 만들어진 지위인, 황제 바로 다음 자리에 임명되었다. 새로운 권력 질서를 만들어내기 위한 작업의 일환으로 새 황제의 직계 가족들 중 많은 사람들이 높은 지위에 오르고 또 보상을 받았다.[40] 이처럼 새로운 충성 세력의 구축은 알렉시오스에게 단단한 세력 기반을 마련해주었다. 그는 제국의 경제적 위기와 외부의 위협에 적절히 대응할 지원 세력이 절실히 필요했던 것이다.

젊은 황제의 새로운 통치 방식

처음부터 알렉시오스는 군사 문제를 직접 관장했다. 이것은 대부분의 전임 황제들이 부하의 손에 군대를 맡긴 것과는 다른 방식이었다. 황위에 오른 지 몇 달 후, 그는 노르만인들과 맞서기 위해 군대를 이끌고 친정에 나섰다. 그러나 노르만인은 1081년 10월 디라키온에서 알렉시오스와 그의 군대에 참담한 패배를 안겼다. 그 후 2년 동안, 노르만인은 마케도니아와 테살리아까지 깊숙이 밀고 내려왔으나, 황제는 일련의 군사 작전을 직접 지휘하여 마침내 침략군을 이탈리아로 격퇴시킬 수 있었다. 1084년 노르만인이 두 번째로 제국의 서부 변방을 침략해 왔을 때, 콘스탄티노플에서 군대를 이끌고 나선 것도 알렉시오스였다. 그리고 이 두 번째 친정에서는 지난번보다 더 큰 성공을 거두었다. 보급과

통신이 끊기자, 노르만인들은 기아와 질병으로 엄청난 인명 피해를 보았고 서서히 질식되어 항복했다. 당시의 한 노르만인은 이렇게 말했다. "그리스는 적들로부터 해방되어 정말 기뻐했다."[41]

알렉시오스의 군사적 성공은 젊은 황제의 찬탈 행위를 강력하게 정당화했다. 그는 제국의 새로운 미래를 약속하며 제위를 찬탈했고, 노르만인을 상대로 한 그의 친정은 좌절을 겪기도 했지만 시칠리아의 무슬림과 잉글랜드의 해롤드 왕이 성취하지 못한 일을 해냈다. 그는 대규모 노르만 침략을 성공적으로 물리쳤던 것이다.

새 황제는 이제 시선을 페체네그 쪽으로 돌렸다. 1083년에 알렉시오스의 부하 장군이 그들을 상대로 주요 승리를 거두었음에도 불구하고 이 부족의 침략은 줄어들지 않고 계속되었다. 당시의 승전 장군은 이렇게 썼다. "설사 내가 죽고 여러 해가 지나서도 오늘 벌어진 전능하신 하느님의 기적 같은 일은 결코 잊히지 않을 것이다."[42] 그러나 그 장군은 잘못 생각한 것이었다. 페체네그족은 1080년대 내내 골치 아픈 문제로 남았고, 틈만 나면 비잔티움 영토를 파괴했다. 한 동시대인은 이렇게 썼다. "그들의 공격은 전광석화와 같다. 그들의 퇴각은 느린가 하면 빠르다. 그들이 챙긴 전리품이 너무 많아 느리고, 그들의 도망치는 속도만 보면 너무 빠른 것이다. (……) 그들은 추격하는 자들에게 아무런 흔적도 남기지 않는다. 설사 도나우강에 부교를 건설한다 해도 그들은 잡히지 않을 것이다."[43]

알렉시오스는 거듭 친정하여 그들의 침략을 물리치려 했으나 별 효과가 없었다. 1090년 겨울에 이르러 그들의 위협은 아주 심각한 수준이 되었다. 페체네그 유목민의 거대한 집단이 제국을 침략하여 트라케 남부에 도착했는데 그들은 아이노스강 근처의 비옥한 목초지에 항구적으로 눌러앉을 속셈이었다. 그 강은 위험할 정도로 콘스탄티노플과 가까웠다. 황제는 전국 각지에서 병사를 모아서 레부니온이라는 언덕 기슭에 캠프를 차리고 전투를 준비했다.

1091년 4월 말에 벌어진 양군의 교전은 비잔티움 역사상 가장 놀라운 군사적 승리의 하나로 기록된다. 안나 콤네네는 이렇게 썼다. "그것은 비상한 광경이었다. 몇만 정도가 아니라 수십만에 달하는 부족이 그날 하루에 완전히 섬멸되었다. 그날은 4월 29일 화요일이었다. 비잔티움 사람들이 그날을 기념하는 이런 노래가 있다. '바로 그 하루 때문에 페체네그족은 5월을 영영 볼 수 없게 되었네.'"⁴⁴ 사실상 페체네그족은 전멸했다. 그 전투에서 살아남은 생존자들은 그 후에 즉각 처형되었고 나머지 패잔병들은 발칸 전역에 흩어졌다. 그들은 다시는 제국에 위협이 되지 못할 것이었다.⁴⁵

알렉시오스의 집권 첫 10년은 놀라울 정도로 성공적이었던 것으로 보인다. 공격적이고 위험한 두 세력의 위협이 격퇴되었고 페체네그족의 경우에는 영구히 진압되었다. 황제는 황위에 안전하게 올라섰고 황제와 이익이 일치하는 믿을 만한 친족들이 지원 세력으로 그를 둘러쌌다. 그의 통치에 내부적으로 반발한다는 증거는 거의 없다. 1081년에 권력에서 축출된 자들이나, 황위를 노리던 다른 라이벌들의 도전도 없었다. 이것은 분명 알렉시오스가 귀족들을 통제하기 위하여 시행한 조치들의 결과였다. 위협적인 라이벌들은 황제의 친정에 수행하도록 하여, 콘스탄티노플에서 멀리 떨어져 황제 곁에 있도록 조치되었다.⁴⁶ 알렉시오스가 수도를 비운 때에는, 이삭이 뒤에 남아서 새로운 통치 가문에 대한 비판적 움직임을 철저하게 분쇄했다.[47] 반발세력을 이처럼 신경질적으로 의식한 것이 무색하게 알렉시오스는 황제로서 널리 환영받았고, 그의 리더십은 답답했던 제국에 한 줄기 신선한 바람이었다.

황제의 통치 스타일은 전임 황제들처럼 이기적이거나 자만에 빠진 것이 아니었다. 전임자들은 통치보다는 자신이 먹고 입는 것에 더 관심이 많았다. 예를 들어 콘스탄틴 8세(재임 1025~1028)는 국사는 거의 돌보지 않고 황궁의 주방에 틀어박혀 음식의 맛과 색깔을 끊임없이 실험했다.[48] 이와는 대조적으로, 알렉시오스는 군인의 습관을 가진 내성적인 사람이었고, 소박한 취미를 가지고 있어서 인생의 사치품을 못마땅하게 여겼다. 근엄하고 진지한 그는 잡담을 할 시간이 없었고 자기 의견을 잘 드러내지 않았다.[49] 그의 사위 니케포로스 브리엔니오스에 따르면, 황제는 거울을 치웠는데 그 이유가 "남자이며 전사인 사람에게는 무기와 단순하고 순수한 생활 방식이 더 없는 장식"이라는 것이었다.[50] 그는 역사 서술에 대해서도 그와 비슷한 금욕적인 생각을 갖고 있었다. 알렉시오스는 맏딸이 그의 행적을 글로 쓰고 싶다고 하니까 별로 좋아하지 않으면서 차라리 비가나 만가를 지으라고 권했다. 아내가 미래 세대를 위하여 그의 일대기 집필을 외부 사람들에게 의뢰하고 싶다는 말을 하자 그의 반응은 더욱 심드렁했다. "나의 불행을 개탄하고 나를 위해 슬퍼하는 것이 더 좋을 거요."[51]

알렉시오스는 신앙심 깊은 사람이었고 성경 공부가 주된 휴식 방법이었다. 그는 취미가 비슷한 아내와 함께 밤늦게까지 묵묵히 앉아서 성경을 읽었다.[52] 가족 모두가 그런 경건한 마음을 공유했다. 형 이삭은 종교적 열성이 대단하여 사제들로부터 널리 칭송받았다.[53] 어머니 또한 그에 못지않게 독실한 신자였다. 그녀는 수도의 골든혼이 내려다보이는 아름다운 교회 겸 수도원을 건설한 장본인으로, 제국 내의 수도자들과 사제들을 강력하게 지원해주었고, 종종 그들을 위해 개입하여 면세 혜택을 얻어주었다. 그녀의 인장은 자신이 황제의 어머니일 뿐만 아니라 수녀임을 밝히고 있다. 황제의 딸은 황제가 소년이었을 때 "하느님에 대한 공포를 깊이 심어준 사람"이 바로 황제의 어머니 안나 달라세네였다고 기록했다.[54]

알렉시오스가 집권하면서 비잔티움은 근엄한 금욕주의의 시대로 접어들었다. 1081년 황위에 오른 직후에 황제는 머리카락을 짧게 자르고 돌바닥에서 잠을 자기로 결심했는데, 쿠데타 중에 그의 부대가 저지른 죄악을 속죄하기 위해서였다. 그는 다음 해에는 노르만의 침략을 막아내기 위한 기금 마련을 목적으로 교회 보물을 탈취한 것에 대하여 사제들에게 사죄하면서 다시는 그렇게 하지 않겠다고 맹세했다. 황궁 내에서도, 전임 황제 시대의 '지독한 타락'은 완전 일소되었고 대신 성스러운 찬송가를 엄숙하게 부르고 또 아주 검소한 식사를 하는 것으로 대체되었다.[55]

거기에 더하여 알렉시오스는 그의 정통파 종교 사상을 강요하려고 했다. 통치 초기부터 이단적인 의견이나 믿음을 가진 자들에게는 엄격한 조치가 취해졌고, 이단자들의 재판을 황제가 직접 주재하면서 유죄로 판명된 자에게 죄형을 선고했다. 교회의 이해관계를 옹호하는 것은 아주 현명한 정책이었다. 특히 무력으로 황위를 찬탈한 자는 더욱 그런 유화적인 조치를 취할 필요가 있었다. 하지만 알렉시오스의 경우, 정치적 목적 때문이 아니라 진심으로 교회를 옹호하고 싶어 했다.

그렇지만 황제는 고위 사제를 공격하는 것을 주저하지 않았다. 그의 집권 첫 3년 동안에, 한 명도 아닌 두 명의 콘스탄티노플 총대주교를 갈아치웠다. 그리하여 세 번째로 니콜라스 3세 그라마티코스가 임명되었는데 이 총대주교는 황제에게 적극 협력하려는 인물이었다. 다른 고위 사제들도 강력하게 다루었는데 가령 칼케돈의 주교는 황제와 그의 정책을 비판했다가 재판을 받고서 추방되었다. 더욱이 이미 살펴본 바와 같이 알렉시오스는 1080년대 말에 로마와의 관계 개선을 강력하게 밀어붙인 배후의 추진력이었고 수도에서 종교회의가 개최되도록 감독했고 또 교황청과 화해할 것을 적극 권유하기도 했다.

알렉시오스는 제국을 새롭게 구축했다. 그의 지도 아래, 제국은 10세기의 주된 특징인 군사적 미덕을 회복했다. 10세기에 황제들은 곧 장군이었고 군대는 비잔티움의 주춧돌이었다. 알렉시오스 자신도 화려한 황제의 복장보다는 군인의 옷을 입고 있을 때 가장 편안했고, 콘스탄티노플 궁정의 특징인 정교한 의례보다는 소수의 측근들과 함께 있는 것을 더 좋아했다.[56]

알렉시오스는 궁정의 연회 시에 누가 어디에 앉아야 하는지 일일이 지시하는 복잡한 위계질서를 없애버리고 그 대신에 겸허하고 상식적인 절차를 도입했다. 황제는 사회 내의 가장 불행한 사람들을 황궁으로 초청하여 같은 식탁에서 식사를 했는데, 간질병 환자들을 일부러 초대해 함께 식사하면서는 그들의 식사를 도와주느라고 정작 황제 자신은 먹는 것을 잊어버릴 정도였다.[57] 다른 문제들에 대해서는 일관되게 알렉시오스에게 적대적으로 논평한 당대의 한 논평가는 가난한 자에 대한 황제의 태도는 이례적이면서도 바람직한 것이었다고 말한다. 게다가 그는

"술을 절대 마시지 않았고 대식가라고 비난받을 이유도 없었다."[58] 관리들에게 일을 위임하는 것이 아니라 신하들과 직접 의논했고 나아가 외국인들과 관심사를 직접 토론했다. 그를 개인적으로 만나고 싶어 하는 사람은 누구나 만나주려 했고, 그 과정에서 밤을 새는 일도 많았다.[59]

알렉시오스가 비잔티움을 면밀하게 통제한 것은 인상적인 일이었으나 동시에 숨 막히는 것이었다. 십자군전쟁 전야에 그의 통치 스타일에 강한 반발이 있었다. 앞으로 살펴보게 되겠지만, 이것은 황제가 교황청에 호소하게 되는 데 결정적인 역할을 하게 된다. 군대를 지나치게 강조하다 보니 사회 분위기가 억압되었고 제국의 자원이 군사력에 너무 많이 투입되었다. 알렉시오스의 통치 기간 동안에 예술, 건축, 문학은 정체되었다. 시각적 효과를 위해 제작된 작품들도 하나 같이 근엄하고 심각했다. 블라케르나이 대황궁大皇宮에 그려진 벽화는 최후의 심판 때 그리스도의 대리인이 되어 있는 황제를 묘사해놓았다.[60] 이것은 알렉시오스가 자기 자신을 어떻게 보고 있는지 아주 명확하게 보여주는 그림이다. 그는 자신을 어둠의 시대에 하느님의 충실한 종으로 보고 있는 것이었다.

황제의 얼굴을 묘사한 것들 중 후대에 남겨진 것은 그가 주조한 동전과 위의 그림이 전부다. 그러나 안나가 《알렉시아스》에서 묘사한 이상화된 묘사로부터 그의 인상을 어느 정도 파악할 수 있다. 그는 혀 짧은 소리로 말을 했지만 그래도 덩치가 아주 당당했다. "그가 황위에 앉아 두 눈에서 진지한 안광을 발하면 아주 맹렬한 회오리바람이 부는 듯했다. 그의 옥체와 기품에서 뿜어져 나오는 광휘는 너무나 압도적이었다. 그의 검은 눈썹은 아치형의 커브를 그렸고, 그 밑의 두 눈은 무서우면서도 자상했다. 그의 날렵한 시선은 (……) 보는 사람에게 공포와 신뢰를 동시에 불러일으켰다. 넓은 어깨, 근육질의 양팔, 깊은 가슴 등은 모두 영웅의 기개를 갖고 있었고, 사람들의 경탄과 존경을 자아냈다. 그는 아름다움, 우아함, 위엄, 범접할 수 없는 장엄함을 동시에 발산했다."[61]

이 황제는 중세의 역사와 발전에서 획기적인 순간으로 떠오르는 제1차 십자군을 촉발시킨 장본인이었다. 그러나 노르만인을 격퇴하고 페체네그족을 완전 패배시킴으로써, 비잔티움제국의 운명은 이제 활짝 피어나는 듯했다. 그렇다면 왜 비잔티움은 1095년에 이르러 투르크족을 공격하는데 외부의 도움을 필요로 하게 되었는가?

3

동부의 안정

알렉시오스가 제위에 올랐을 때 비잔티움제국은 엄청난 압박을 받고 있었다. 공격적인 이웃 국가들의 위협을 받았고, 경제 붕괴로 국가 체제가 허약했으며, 내부적으로는 정치적 갈등으로 사분오열되어 있었다. 제1차 십자군전쟁의 왜곡된 프리즘을 가지고 과거를 회고해보면, 이런 위험들 중 가장 큰 위험은 동쪽의 호전적인 투르크족의 세력 확장이라고 추정하는 것이 자연스럽다. 바로 이것이 안나 콤네네가 독자들에게 심어주려고 하는 인상이다. 그녀는 심지어 소아시아가 알렉시오스의 즉위 이전에 이미 투르크족의 수중에 떨어졌다고 증언하기까지 한다. 그러나 실제로 소아시아는 1080년대에 비교적 안정되어 있었다. 알렉시오스의 집권 초기에 비잔티움과 투르크족 사이의 관계는 전반적으로 양호하고 또 실용적인 측면에서 긍정적인 것이었다. 제1차 십자군이 시작되기 직전인 1090년대 초반에 들어와서야 동방에서의 비잔티움제국의 입지가 크게 약화되었다. 달리 말해서 무슬림 세계와의 갈등은 결코 필연적인 것이 아니었다. 11세기 말 기독교인과 무슬림 사이의 관계 파탄은 급변하는 정치적, 군사적 과정의 결과였지, 서로 상반되는 두 문화 사이의 필연적 갈등에서 나온 것이 아니었다는 말이다. 하지만 이러한 실정과 반대되는 그림을 제시하는 것이 안나 콤네네의 이익에 부합하는 것이었다. 그리고 이런 왜곡된 인상이 수세기 동안 전해져 내려온 것이다.

알렉시오스 집권 초기의 동부 상황

집권 초기에 새 황제의 관심은 주로 노르만인과 페체네그족에 집중되어 있었다. 소아시아에서의 비잔티움 지위는 그런대로 적응 가능한 신축적인 것이었다. 만지케르트 전투 이후 10년 동안, 많은 도시들이 투르크족의 침략에 강력하게 저항했다. 그 도시들은 알렉시오스의 즉위 이후에도 그들을 효과적으로 막아내고 있었다. 여러 경우에, 그런 저항이 가능했던 것은 콘스탄티노플의 효과적인 지원 덕분이라기보다는 현지의 능력 있는 지도자들 덕분이었다. 예를 들어 소아시아 북쪽 해안의 트레비존드 일대는, 그 도시의 가장 유서 깊은 집안의 후예인 테오도레 가브라스가 철저하게 장악하고 있었다. 가브라스가 어찌나 치열하게 그 주변지대를 방어했는지, 투르크족이 소아시아를 정복한 지 1세기 뒤에 지어진 투르크족의 한 서정시에서 그의 업적이 칭송될 정도였다.[1] 또한 아마세이아 주위의 상당히 넓은 지역은 1070년대에 루셀 발리올이 아주 효과적으로 방어하고 있었다. 발리올은 원래 황제에게 복무한 노르만인이었는데, 비잔티움 정부의 지원이 너무 빈약하여 불만을 품고 이곳으로 자리를 옮겼다가 현지 주민들의 강력한 지원에 크게 고무된 인물이었다. 주민들은 그가 도시를 잘 보호해주자 영웅으로 대접했다.[2]

비잔티움제국의 군사 지휘관들은 아나톨리아의 동쪽 끝까지 세력 판도를 넓혔고 심지어 코카서스 지역까지 진출했다. 한 코카서스 연대기에 의하면, "로마인 통치자들"인 만달레스의 세 아들은 1080~1081년에 카이사레아 지역의 강력한 거점들을 장악하고 있었다. 그들은 자신들의 사복을 채우는 것이 아니라 제국을 위해서 그 자리에 버티고 있었던 것으로 추정된다.[3] 바실 아포카페스는 알렉시오스의 황위 찬탈 전후에 중요 도시인 에데사를 장악하고 있었다. 이것은 그가 자신의 이름으로 발행한 납 인장을 보면 알 수 있다.[4] 알렉시오스의 전임자가 1078년에 메소포타미아의 신임 지사로 임명된 사실은 무엇을 말해주는가? 비록 그곳이 콘스탄티노플에서 동쪽으로 수백 킬로미터 떨어진 지점이지만 보호해야 할 가치가 있는 비잔티움 이권이 상당히 남아 있다는 뜻이었다.[5]

일부 비잔티움 사령관들은 동부 속주들에서 실제로 번성하고 있었다. 가장 유명한 인물은 재능 있는 장군 필라레토스 브라카미오스다. 이 장군은 로마노스 4세 디오게네스의 후계자인 미카엘 7세 두카스가 1071년에 황위에 올랐을 때 협조를 거부하는 바람에 출세에 막대한 지장을 받게 되었다. 그러나 제국이 1070년대에 반란이 빈번하게 발생하며 내파되는 기미를 보이자, 필라레토스는 여러 도시, 요새, 영토를 강탈했고 그 과정에서 강성한 세력 기반을 형성했다. 그는 알렉시오스가 황제가 된 이후에도 계속 번창하여, 1080년대 초에 이르러 마라시와 멜리테네 같은 도시들과 킬리키아의 상당히 넓은 지역을 장악했고, 드디어 1083년에는 에데사의 지배자로 올라섰다.[6]

《알렉시아스》는 동부의 상황이 아주 악화되었다고 포괄적으로 서술하고 있는데, 이는 알렉시오스가 황위를 찬탈한 시점의 소아시아 상황에 대한 현대 역사가들의 견해에 결정적 영향을 미쳤다. 그리하여 동부 속주들이 1080년대 초에 이미 투르크족의 압제 아래 들어가 있었다는 얘기가 통설로 받아들여졌다. 마찬가지로 안나 콤네네의 이야기에 근거하여, 제1차 십자군 전야에 동부의 비잔티움 영토가 상당히 회복되었다는 데 대해서도 널리 합의가 이루어져 있다. 여기에 더하여 1092년에 바그다드의 술탄이 사망하면서, 비잔티움제국은 소아시아를 더욱 적극적으로 침략하고 통치할 수 있는 유리하면서도 매력적인 기회를 잡았다는 것이다.[7] 그러나 《알렉시아스》의 논평은 조심스럽게 접근해야 한다. 왜냐하면 1081년에 소아시아의 상태가 아주 위태로웠다고 서술하는 저자의 의도는 알렉시오스의 업적을 강조하여 황제가 대참사의 벼랑으로부터 비잔티움을 구제했다는 사실을 강조하기 위한 것이기 때문이다. 이것보다 더 음험한 의도도 있는데, 알렉시오스가 황제 자리에 오른 이후에 벌어진 일련의 중대한 참사들에 대해서도 황제에게 면죄부를 주려하는 것이다. 이러한 의도는 《알렉시아스》에 교묘하게 감추어져 있다.

그러나 심지어 《알렉시아스》조차도 1081년에 소아시아에서 비잔티움제국이 어느 정도 억제력을 갖고 있었다는 사실을 은연중에 드러낸다. 새 황제는 노르만인의 에피루스 침공에 맞서기 위하여 가능한 한 많은 병사들을 동원하려 했고 그리하여 제국 전역의 장정들을 콘스탄티노플에 소집하려고 애썼다. 황제는 소아시아에 주둔 중인 병력도 빼내오려 했다. 알렉시오스는 "동부의 고위 장교들을 재빨리 빼내와야 한다는 것을 알았다. 그들은 요새와 도시의 수비 대장으로 투르크족을 맞아 맹렬하게 싸우는 역전의 용사였다." 또한 황제는 파플라고니아와 카파도키아 같은 속주의 사령관들에게도 지시를 내려, 각자 맡은 지역을 잘 수호하되, "충분한 병력을 본진에 남겨두고, 나머지 신체 강건한 병력들을 이끌고 빨리 콘스탄티노플로 오라"고 했다.[8] 소아시아의 다른 지역들에서도 투르크족에 맞서 싸우는 장교들이 있었다. 이들에게도 노르만인의 침략에 대비하기 위해 대규모 군대를 편성 중이니 병력을 보내라는 지시가 내려졌다.[9] 이처럼 소아시아의 병력을 일부 빼내올 수 있었다는 것은, 그 지역에 대한 비잔티움의 지배가 상당히 안정되어 있었다는 것을 의미한다.

사실 투르크족이 이 시기에 중요하고 심각한 문제였음을 보여주는 증거는 별로 없다. 위협적인 약탈자 무리가 방어가 빈약하고 저항도 별로 없는, 키지코스 같은 만만한 목표물을 공격한 일은 있었다.[10] 그러나 이런 기회주의적인 무리들의 존재가 반드시 불청객이었다고만은 볼 수 없다. 어떤 귀족은 알렉시오스와 이삭 콤네노스 형제의 반란에 참가하러 가는 길에 투르크족 무리를 만나자, 그 무리와 싸움을 벌인 것이 아니라 그들을 설득하여 용병 부대로 자신에게 붙게 했다.[11]

알렉시오스의 황위 찬탈 때 이미 비잔티움 동부가 붕괴했다는 주장과 완전 배치되는 증거들도 있다. 예를 들어 소아시아 남부 해안에 있는 중요 무역 거점이면서 해군기지인 아탈레이아는 1080년대 초반에 대주교 교구로 지위가 격상되었는데, 이것은 그 도시가 여전히 비잔티움 사람들 수중에 있었을뿐더러 그 중요성이 커지고 있었다는 증거다.[12] 고고학적 발굴 유물들은 알렉시오스의 즉위 직전과 직후에 여러 동부 속주에서 광범위한 주교, 재판관, 관리 등의 네트워크가 있었음을 보여준다. 이것은 이 시기에 투르크족이 동부 속주의 행정에 미친 피해가 그리 크

지 않았음을 말해준다.[13]

실제로, 동부의 상황은 알렉시오스의 집권 이후에 크게 좋아졌으며, 그리하여 1080년대 전반기 동안에 점차 안정되는 기미를 보였다. 중앙 정부의 상황이 혼란스러웠음을 감안하면 이런 상황 호전은 중요한 업적 이었다. 알렉시오스 체제는 집권 초기에 아주 불안정했다. 1081년 콘스 탄티노플에 입성했을 때 그가 거느리고 있는 부대의 충성심도 의심스러 웠고 그를 지지했던 일부 유명인사들은 도시 장악 직후에 그를 버릴 생 각까지 했다. 가령 알렉시오스가 황제 대관식 때 함께 아내 에이레네를 황비로 대관시켜 주지 않자 권세가인 그녀의 친정은 격렬하게 반발했 다. 감히 알렉시오스가 독립적인 황제 신분을 과시하려는 것에 분노했 다. 그들의 위협적인 경고는 즉각 효과를 가져왔다. 에이레네는 일주일 후에 황비로 대관되었다.[14] 거기에 더하여 콘스탄티노플의 고위 사제들 은 쿠데타 동안에 알렉시오스의 부대가 도시를 약탈한 것에 대해 사과 와 참회를 할 것을 요구했다.[15] 또 이미 살펴본 바와 같이, 비잔티움제국 의 서부 지역은 노르만족이 에피루스를 침략해 오고 페체네그 유목민들 이 발칸반도 북부를 파괴함으로써, 1080년대 초반에 대혼란에 빠져 있 었다.

투르크 용병 대장 술라이만

소아시아 문제와 관련해서 황제는 투르크족의 공격이 문제가 아니라 그 전 10년 동안에 이 일대에서 비잔티움 귀족들이 일으킨 반란 때문에 더 골머리를 앓았다. 동부 속주는 비잔티움 대주주들의 영지가 있는 곳이 었고 그래서 만지케르트 패전 이후에 반란을 일으키려는 귀족들의 집결지 혹은 소굴이 되었다. 황제는 자신이 노르만인과 페체네그족을 맞아 서부에 출정한 동안에, 동부에서 또 다른 반란이 벌어지지 않을까 노심초사했다. 그래서 즉위한 후 첫 몇 주 동안에 황제는 동부 지역에 촉각을 곤두세웠다. 《알렉시아스》에 의하면, 그는 투르크족을 격퇴시키기 위해 비티니아에 원정부대를 파견했다. 그러면서 기습의 효과를 극대화하기 위해 바다에서 조용히 노를 젓는 요령, 적들이 숨어서 매복 작전을 펼 가능성이 높은 바위 많은 만灣들을 알아내는 요령 등 자세한 전투 요령을 알려주는 지시문을 친히 작성하여 내려주기도 했다.[16]

또한 이 지역의 안정을 더욱 확실히 하기 위하여 알렉시오스는 전에 상대해본 적이 있는 인물에게 시선을 돌렸다. 비잔티움 귀족에게 너무 많은 힘을 주지 않으려고(황제 자신이 그런 힘을 확보했을 때 회군하여 수도로 쳐들어온 적이 있었으므로) 알렉시오스는 다소 다른 이력을 가진 우군과 합의를 보려 했다. 술라이만은 투르크족 출신 용병 대장이었는데 1070년대에 기회와 재산을 찾아서 소아시아로 왔다. 그는 콘스탄티노플 정부에 고용되어 여러 번 비잔티움 귀족들의 반란에 대항하여 싸웠고 그 과정에서 풍성한 보상을 받아서 기회와 재산을 동시에 얻었다.[17] 알렉시오스는 쿠데타를 일으키기 직전에 발칸 서부 지역에서 터진 반란 진압 작전에 나섰는데, 그때 한 투르크 군벌이 지원 세력을 보내주면서 술라이만을 알게 되었다. 투르크 용병 부대는 충성스럽고, 용감하고, 아주 효율적이어서 황제를 전복시키려는 반란들을 진압하는 데 결정적 역할을 했고 심지어 반란의 지도자들을 생포해 오기도 했다.[18]

이처럼 알렉시오스가 투르크인에게 의존한 것은 집권 초기에 그들이 권력 장악이 다소 불안정한 새 황제에게 큰 힘이 되었기 때문이다. 비잔티움 귀족이 아닌 술라이만을 선택하여 소아시아의 핵심 군사 지도자로 임명한 것은 다소 이례적이지만 그래도 나름 논리가 없는 것은 아니었다. 게다가 그 당시 알렉시오스는 그의 동료들에 비해 외부인사들에 대하여 더 열린 마음을 갖고 있었다. 비잔티움 사람들은 일반적으로 외국인이라고 하면 출신 지역에 상관없이 대수롭지 않게 여겼고, 유익한 용병일 뿐 저급한 열정과 돈 욕심에 움직이는 조잡한 인간이라고 생각했다. 하지만 알렉시오스 콤네노스는 외국인을 그런 식으로 보지 않았다. 그의 통치 기간에 무수히 벌어진 일에서 보듯, 알렉시오스는 당시 비잔티움에 살고 있던 외국인들에게 중요한 업무를 기꺼이 맡기는 경향이 있었다. 실제로 한 저술가는 황제가 "포로 출신의 야만인들"에 둘러 싸여 있는 것을 가장 좋아했다고 논평했다.[19] 황제의 이러한 성격은 유럽 전역에 널리 알려졌고 멀리 노르망디에까지 알려졌다.[20] 알렉시오스는 군사적 배경을 갖고 있고 일자리를 찾아서 콘스탄티노플로 흘러 들어온 사람들을 편안하게 여겼다. 인종과 종교는 황제에게 별로 중요하지 않았다. 아마도 황제가 그의 아버지에게 잡혀온 투르크인의 아들 타티키오스와 함께 자랐기 때문일 것이다. 타티키오스는 나중에 황제가 가장 신임하는 측근이 되었다.[21]

그래서 비티니아에서 제한적인 군사 작전을 실시한 후에, 알렉시오스는 1081년 여름에 술라이만과 접촉하여 그와 협약을 맺었다. 황제는 드라콘강을 경계 지역으로 정하고 투르크족이 그 강을 넘어오지 못하게 하는 조건으로 술라이만에게 많은 선물을 내렸다. 술라이만은 사실상 소아시아 서부 지역에서 황제의 대리인으로 임명되었고, 그 휘하의 투르크인뿐만 아니라 그 지역의 다른 모든 투르크인들의 침략을 막아내는 일을 위임받았다.[22] 그에 더하여 알렉시오스는 술라이만에게서 필요할 경우 언제 어디에서든 군사적 지원을 하겠다는 약속도 받아냈다. 1083년 라리사를 포위 공격한 노르만인을 물리치기 위해 그 도시 주변에서 너무 넓은 지역에 진을 치고 있던 황제는 술라이만에게 "노련한 지도자가 지휘하는 부대를 지원해달라"고 요청했다. 술라이만은 황제의 요청에 즉각 응답했다. 그는 뛰어난 기량을 갖춘 장교들이 지휘하는 7천 병력을 급파했다.[23] 1080년대 초에 또 다른 곳에서 노르만인을 상대하던 황제와 함께 싸웠던 투르크 용병 부대 역시 술라이만이 보냈을 가능성이 있다.[24]

알렉시오스는 그 협약으로부터 많은 것을 얻었다. 서부 속주에서 노르만인과 페체네그족이 일으키는 소요 사태에 유연하게 대응할 수 있었다. 또한 황제는 술라이만 때문에 동부의 비잔티움 귀족들이 중앙 정부에 대항하여 멋대로 반란을 일으키지 못한다는 것을 알고 안심할 수 있었다. 무엇보다도 중요한 것은 술라이만이 아주 뛰어난 동맹이라는 사실이었다.

이처럼 1081년 합의는 아주 효과적이었다. 비잔티움 영토에 대한 투르크족의 침략은 즉시 중단되었고 술라이만은 엄격하게 평화 협정을 단속했다. 바그다드의 술탄이 황제에게 보낸 메시지에서 알 수 있듯이, 알렉시오스와 술라이만 사이에 맺어진 조약은 1085년 중반까지는 잘 지켜졌으며 그 후에도 여전히 지켜졌을 가능성이 높다.[25] 제국이 다른 곳에서 붕괴 직전에 비틀거리던 때에, 그 조약은 소아시아에 안정을 가져왔다. 나아가 그 조약은 황제에게 소아시아 서부 지역에만 국한되지 않는 혜택을 가져다주었다. 그 조약이 체결된 직후에 코카서스 출신의 한 연대기 작가는 이렇게 썼다. "킬리키아 전 지역이 술라이만이라는 에미르(통치자)의 지배 아래 들어갔는데 그는 쿠틀루무시의 아들이다."[26] 시리아어로 집필한 다른 저술가의 논평을 감안해볼 때, 술라이만의 이러한 세력 판도 확장은 비잔티움에게 아주 유리한 것이었다. 그 저술가는 이렇게 썼다. "475년(서기 1082년)에, 술라이만은 로마예(비잔티움) 영토에서 출발하여 더 서쪽으로 가서 해안 도시들, 즉 안타라도스와 타르소스를 점령했다."[27] 여기서 이 문장의 뉘앙스를 놓치기가 쉽다. 술라이만은 비잔티움 사람들이 장악하고 있는 도시를 공격한 것이 아니라, 투르크족의 수중에 떨어졌던 도시들을 수복한 것이다. 달리 말해서 1081년에 체결된 조약에 의하여, 술라이만은 알렉시오스의 대리인으로서 소아시아의 중요한 전략적 거점을 확보한 것이었다.

이이제이의 허와 실

투르크인을 이용하여 투르크족을 제압한다는 것은 기발한 생각이었지만, 비잔티움 외교 정책이라는 넓은 관점에서 보자면 전례 없는 것은 아니었다. 외교술을 논한 10세기의 지침서가 분명하게 밝혔듯이, 이웃국가들을 서로 싸움 붙이고, 군벌을 이용하여 다루기 어려운 적을 공격하는 것은 제국 바깥 지역에 사는 민족들 사이에 유리한 균형을 확립하고 유지하는 통상적인 방식이었다.[28] 알렉시오스가 술라이만을 활용한 방식은 과감했지만 그렇다고 혁명적인 것은 아니었다.

그렇지만 지불해야 할 대가가 있었는데 바로 소아시아의 아주 중요한 도시 중 하나인 니케아가 투르크인에게 맡겨진 것이었다. 니케아는 단단한 성벽과 요새를 갖추고 있었고, 서쪽에는 호수가 있어서 자연적인 방어물을 형성했으며, 도시 내에 자체 상수도를 갖추고 있었다. 그 위치 상 니케아는 리키아와 프리기아의 비옥한 강변 계곡으로 들어가는 관문이었고 또 서부와 남부의 해안으로 들어가는 경유지이면서 아나톨리아 고원으로 연결되었다. 콘스탄티노플과 비잔티움 동부 사이의 모든 물류와 소통을 관장하는 핵심 축이 되는 도시였다.

니케아가 투르크족에 의해 점령된 상황은 암울한 것이었다. 그 도시는 니케포로스 멜리세노스의 실패한 반란이 일어나던 중에 함락된 것으로 추정되는데, 그 시기는 알렉시오스가 전임 황제에게 반란을 일으켰던 때(1081)와 거의 같은 시기였다. 소아시아의 유수한 가문의 아들인 멜리세노스는 콘스탄티노플을 향하여 진격하려고 할 때 엄청난 지원을 받았다. 그로부터 수십 년 뒤에 한 저술가는 이렇게 썼다. "소아시아 도시들의 주민들은 그를 로마인의 황제인 양 대접했고 그에게 항복했다. 그는 이어 그 도시들을 투르크인들의 손에 맡겼고 그리하여 소아시아, 프리기아, 갈라티아의 모든 도시들이 순식간에 투르크인의 영향권 아래들어가게 되었다. 멜리세노스는 이어 상당한 규모의 군대를 동원하여 비티니아의 니케아를 함락시켰고 그 도시를 거점으로 하여 로마인들의 제국을 차지하려 했다."[29] 즉 멜리세노스가 소아시아의 다른 많은 도시들과 니케아를 투르크인의 수중에 넘겨준 듯하다.

그러나 멜리세노스는 아주 편리한 희생양으로 취급된 것 같다. 그가 알렉시오스의 통치 후반기에 여러 중대한 문제를 일으켰다가 수도원에 유폐되어 여생을 거기에서 살았기 때문이다.[30] 따라서 그에 대한 이런 비난은 별로 설득력이 없다. 알렉시오스의 사위인 니케포로스 브리엔니오스의 역사서는 그런 식으로 멜리네노스를 묘사했으나, 이 역사서가

황제의 아내가 의뢰하여 집필된 것임을 감안해야 한다.[31]

따라서 니케아가 투르크인의 손에 넘어간 사실에 대하여 좀 더 자연스럽고 논리적으로 설명해보자면 이렇게 된다. 이 일은 1081년에 술라이만과 알렉시오스 사이에 맺어진 협정 때문에 일어난 것이다. 알렉시오스가 즉위한 후 디라키온에 새로운 지사를 파견한 것처럼, 니케아에도 황제가 믿을 만한 사람 즉 황제에게 도전하지 않을 사람을 제국의 대리인으로 임명하는 것이 중요했다. 알렉시오스의 황위 찬탈 이후에 니케아에 즉각 비잔티움 사람이 지사로 파견되지 않았다는 것은 무엇을 의미하는가? 그것은 다른 조치를 구상하고 있었다는 뜻이며, 다시 말해 그 도시를 술라이만의 수중에 넘겨줄 의도였던 것이다. 따라서 일부 연대기들이 투르크인이 니케아의 지사였다고 기술한 것은 그리 놀라운 일이 아니다.[32]

술라이만에게 니케아를 맡기기로 결정한 것은 민감한 문제였다. 단기적으로 역효과가 났기 때문에 그런 것은 아니다. 그보다 정말 심각한 문제는 1090년대 초반에 술라이만이 사망하고 대신 들어선 후계자 아불-카심이 완전히 예상과 어긋나는 인물이었다는 점이다. 따라서 니케아가 투르크인의 손에 넘어간 시기와 경위를 감추는 것은 황제의 명성을 보호하는 데 있어서 중요한 문제가 되었다. 니케아가 함락된 일의 사유가 다름 아닌 황제 알렉시오스 1세 콤네노스로 소급된다는 사실은, 《알렉시아스》에서 반복적으로 나오는 주장, 즉 소아시아 전역이 알렉시오스 즉위 훨씬 이전에 모두 상실되었다는 얘기를 정면으로 반박하는 것이다.

진상을 감추려는 이러한 시도는 그 후에는 한결 더 수월해졌다. 11세기와 12세기에 비잔티움에서 많은 역사서가 집필되었으나, 딱 두 건의 예외사항을 제외하고, 알렉시오스의 즉위 시점에서 끝나거나 아니면 그의 아들이며 후계자인 요한 2세의 통치로부터 시작된다.[33] 황제의 사후에도 알렉시오스에 대하여 정확하게 기술한다는 것은 어려운 일이었고, 대부분의 경우 역사가들은 그런 시도조차 하려 들지 않았다. 이것은 왕조의 창건자인 알렉시오스의 이미지와 명성을 지키려는 콤네노스 가문의 철저한 방해 공작 때문에 그렇게 된 것이다.[34]

그렇지만 이런 사실들을 서방인들에게는 완벽하게 감출 수가 없었다. 연대기 작가 아헨의 알베르트는 자세한 것은 잘 알지 못했지만 니케아가 알렉시오스 때문에 함락되었다는 것을 알았다. 그는 황제가 투르크인에게 속아 그런 일이 벌어졌다고 생각했다.[35] 아우라의 에케하르트는 황제가 니케아를 투르크인에게 건네주었다는 얘기를 들었을 때, 기독교의 보석 같은 도시를 이교도에게 넘겨준 가장 혐오스러운 죄악을 저질렀다며 알렉시오스를 비난했다. 하지만 그는 상황을 정확하게 알고 있었던 건 아니었다. 그는 알렉시오스가 니케아를 1097년 이후 어느 때에 투르크족에게 넘겨주었다고 생각했으나, 실제로는 1081년에 넘겨주었던 것이다.[36]

그러나 사태가 잘못 틀어지기 시작한 것은 니케아나 소아시아 서부가 아니라 그보다 훨씬 동쪽인 안티오크에서였는데 그 결과는 참담한 것이었다. 니케아와 마찬가지로 안티오크는 비잔티움의 동부 지역에서 아주 중요한 도시였다. 경제적 비중이 크고 전략적 가치가 높으며 또 제국 내에서 특별한 위상을 자랑했다. 그래서 안티오크 교구는 대주교가 감독했고 지사 자리는 제국 내 최고위직 중 하나였다.[37] 니케아와 마찬가지로, 안티오크도 충성을 인정받은 자가 총독직을 맡아야 했다. 그 총독은 알렉시오스가 다른 곳에서 전투에 몰두할 때 황제에게 반란을 일으킬 생각을 하지 않는 심복이어야 했다. 동부 접경지대에서 여러 번 군 사령관으로서 능력을 입증한 필라레토스 브라카미오스가 그 자리의 적임자로 보였다. 그러나 필라레토스는 변덕스럽고 다루기 어려운 인물이었다. 그를 아는 비잔티움의 한 역사가는 이렇게 기록했다. "그는 뛰어난 장군이지만 지시받기를 싫어하는 아주 까다로운 인물이었다."[38]

알렉시오스는 즉위 초기에 필라레토스의 환심을 사기 위해 공을 많이 들이면서 그에게 많은 작위를 내렸고 책임을 부여했다.[39] 그러나 구애를 하는 사람이 황제뿐만은 아니었다. 1080년대 초반에 필라레토스는 무슬림 세계의 구애도 받았다. 소아시아 동부에 있는 그의 영지는 투르크인들의 관심을 끌었고, 필라레토스는 마침내 1084년경에 비잔티움과 기독교를 버리기로 마음을 바꾸었다. 그 무렵 그는 "무슬림에 합류하여 그들의 관습대로 할례를 받겠다고 말했다. 그의 아들은 이런 우스꽝스러운 충동적 결정에 극렬하게 반대했으나 그는 아들의 조언을 무시했다."[40] 한 저술가는 자신의 분노를 좀 더 강력하게 표현했다. "저 불경하고 사악한 족장 필라레토스는 사탄의 후예다. (……) 혐오스러운 반그리스도의 선구자이고 악마에 홀렸으며 아주 흉측한 성품의 소유자다. (……) 그는 피상적인 기독교 신자였으므로 다른 기독교 신자들을 핍박하기 시작했다."[41]

알렉시오스에게 그것은 청천벽력 같은 소식이었다. 필라레토스가 칼리프와 술탄의 권위를 인정한다는 것은 너무나 우려스러운 일이었다. 멜리테네, 에데사, 안티오크를 통제하는 그가 다른 중요한 도시들과 속주들을 투르크인들에게 넘겨줄지 모른다는 전망은 아주 심각한 우려를 자아냈다. 알렉시오스는 즉각 행동에 나서서 그 배신자 장군이 통치하는 도시와 지역들을 충성스러운 지지자의 손에 넘기는 대응 조치를 취했다. 그리하여 궁중 내의 직위가 쿠로팔라테스(kouropalates, 그리스-영어 사전에 의하면 쿠로는 관리하다라는 뜻이고 팔라테스는 궁전이라는 뜻이다. 왕궁 내의 사무를 관장하는 궁내 장관 정도에 해당하는 직책을 의미한다―옮긴이)인 토로스 혹은 테오도레라고 하는 황제의 최측근이 에데사의 지배권을 장악했다.[42] 황제의 장인 가브리엘은 멜리테네의 지사로 임명되면서 그 도시를 장악했다.[43] 이 지역의 성, 요새, 기타 근거지들은 모두 황제에게 충성을 인정받은 지휘관들이 점령했다.[44]

하지만 정작 알렉시오스가 안티오크를 맡아달라고 요청한 사람은 술라이만이었다. 한 사료에 의하면, 이 투르크인은 탐지를 피하기 위해 "비밀 루트"를 통하여 1085년에 그 도시에 재빨리 들어갔다. 아마도 비잔티움 안내자들이 그에게 그런 루트를 가르쳐주었을 것이다. 그는 도시에 도착하여 별 소동 없이 안으로 들어가서 재빨리 도시를 장악했다. 그 과정에서 그는 아무에게도 해를 입히지 않았고 주민들을 아주 잘 대해주었다. "평화가 다시 확립되었고 시민들은 아무런 피해도 입지 않고 각자 제자리로 돌아갔다."[45] 아랍 측 사료들도 이와 똑같이 술라이만이 안티오크의 주민들을 아주 관대하게 대했다고 기술한다.[46]

안티오크를 이처럼 평화롭게 점령한 사실은, 몇 년 뒤 서방의 기사들이 그 도시를 점령하는 과정에서 겪었던 고난과는 좋은 대조를 이룬다. 천연의 험준한 지형과 인공 방어물에 의해 보호받고 있는 안티오크는 거의 난공불락이었다. 그러나 술라이만은 그 도시를 장악하기 위하여 무력을 사용할 필요가 없었다. 그는 황제를 대신하여 그곳의 총독으로 파견되었고 시민들 대부분은 그리스어를 사용하는 비잔티움 사람들이었다. 이런 이유로 안티오크 주민들은 그를 기꺼이 맞아들였다. 알렉시오스가 필라레토스의 배신이 가져올 위협에 맞서서 진압군을 보내는 조치를 취하지 않았다거나, 술라이만이 안티오크를 접수하는 걸 저지시키지 않았다는 사실은 많은 점을 시사한다. 이것은 투르크인과 비잔티움 사람들 사이에 긴밀한 협조가 벌어졌다는 또 다른 증거다.

이후 아랍의 저술가들은 술라이만의 안티오크 점령을 아주 영광스러운 언어로 묘사했다. 한 시인은 이렇게 노래했다. "당신은 알렉산드로스의 노고에 그물을 던져 방해하던 비잔티움 안티오크를 정복했다. / 당신의 말들은 그 도시의 옆구리를 짓밟고서 굴복시켰다. / 창백한 얼굴을 가진 도시의 딸들은 아이들을 유산했다."[47] 그러나 이것은 안티오크가 무슬림 영주를 모시고 있었음을 보여주기 위한 시적 과장일 뿐이다. 그 도시를 접수한 후에 술라이만은 필라레토스가 현지의 투르크 군벌에게 지불해왔던 조공을 즉시 중단시킴으로써 그의 의도와 충성심을 만천하에 드러냈다. 술탄의 권위에 도전하는 것은 위험하다는 조언을 듣자, 술라이만은 화난 목소리로 자신은 바그다드의 통치자에게만 충성을 바친다고 소리쳤다. 술탄의 지배 아래 있는 지역들에 대해서 그가 충성심을 유지하는 것은 의문의 여지가 없다고 술라이만은 대답했다. 그 대답에 내포된 뜻은, 그가 니케아와 안티오크(비잔티움 소유의 도시들)에서 한 일은 술탄에 대한 그의 의무와는 무관하다는 것이었다.[48] 동일한 논리에 따라 술라이만은 1085년 여름에 안티오크를 떠나, 1세기 전에 비잔티움 사람에 의해 파괴된 알레포로 가서, 그 도시의 투르크인 지사에게 도시를 넘겨달라고 요구했다. 알레포는 알렉시오스가 간절히 수복하고 싶어 하는 또 다른 도시였다.[49]

그러나 황제는 그의 충직한 우군에게 너무 많은 것을 기대했다. 현지 투르크인 군벌들은 곧 술라이만이 너무 넓은 지역을 통제하려 한다는 것을 알았다. 그는 새로운 지역을 정복하는 것은 고사하고, 기존에 수복한 땅들도 지킬 수 있는 충분한 자원이 없었다. 술라이만이 안티오크를 점령한 직후인 1085년 중엽에 술탄의 호전적인 이복동생 투투시가 안티오크로 진격하여 술라이만과 교전했다. 동시대인들 사이에서도 술라이만의 최후에 대해서는 의견이 엇갈린다. 패배가 거의 확실해지자 자살했다고 하는 사람도 있고, 얼굴에 화살을 맞아 전사했다는 사람도 있다. 사실이 어떻든 안티오크는 투투시의 수중에 들어갔다.[50]

이것은 제국으로서는 커다란 좌절이었고, 알렉시오스에게는 참사였다. 황제는 1080년대 초에 서부 속주들에 대한 위협을 신경 쓰느라고 소아시아 쪽으로는 단 한 차례도 원정에 나서지 않았고, 현지 지도자인 술라이만과 필라레토스에게 일을 맡겨두었다. 그런데 몇 주 사이에 이 정책은 처참하게 와해되고 말았다.

술라이만이 니케아에 책임자로 남겨두었던 인물인 아불-카심이 비티니아의 도시와 마을을 침략하고 있다는 소식이 콘스탄티노플에 전해지면서 사태는 더욱 악화되었다. 다른 기회주의적 투르크인들도 혼란스러운 현 상황을 이용하여 소아시아에 거점을 확보할 목적으로, 전에 술라이만이 통제했던 도시와 요새들을 공격했다.[51] 이렇게 하여 동부의 비잔티움 권위는 붕괴 일보 직전에 놓였다.

술탄 말리크-샤와의 연대

안티오크와 니케아의 갑작스러운 상황 변화를 우려하는 것은 황제뿐만
이 아니었다. 바그다드의 술탄 말리크-샤도 그런 상황에 경악했다. 아
불-카심이나 투투시 같은 현지 군벌의 세력 확장은 비잔티움뿐만 아니
라 투르크 세계도 뒤흔들어놓는 위협이었다.[52] 아버지 알프 아르슬란과
마찬가지로 말리크-샤는 서부 접경지대의 지배권을 잘 유지하기 위해
신경을 썼다. 그래서 바그다드에 직접적인 전략 가치는 별로 없더라도
술탄의 개인적 체통을 지키는 데 중요한 일부 반항적인 지역에 친정을
나가 자신의 권위를 확립하기도 했다. 투르크족은 이 접경지대의 상황
변화를 예의 주시하는 것이 아주 중요하다는 것을 잘 알았다. 불과 몇십
년 전만 해도 투르크족은 칼리프제국의 동쪽 변방지대에 머물렀으나 이
제는 그 지대를 완전 장악하게 된 것이었다.

　그래서 1086년 중반에, 말리크-샤는 알렉시오스 황제에게 사절을 파
견하여 소아시아 서부의 문제점을 상술한 서신을 제출했다. 말리크-샤
는 먼저 술탄과 술라이만이 체결하여 몇 년 동안 문제없이 지켜져오던
협약을 아불-카심이 깨뜨렸음을 지적했다. "황제여, 나는 당신의 고충
을 들어서 알고 있습니다. 집권 초기부터 많은 어려움에 직면해왔고 최
근에는 라틴 문제(1081~1085년의 노르만의 공격)를 해결하고 나니 페체네
그족이 전쟁을 걸어왔다는 사실을 알고 있습니다. 에미르 아불-카심은
술라이만이 당신과 맺은 조약을 위반하고서 다말리스까지 소아시아 일
대를 파괴하고 있습니다. (……) 당신의 의도가 아불-카심을 그가 공격
한 지역들로부터 몰아내고 안티오크와 함께 소아시아를 당신의 지배하
에 두려는 것이라면, 당신의 딸을 내 맏아들의 배필로 보내주십시오. 그

러면 당신의 길에 아무런 방해도 없게 될 것입니다. 당신은 나의 도움을 받아 동부뿐만 아니라 일리리콘 그리고 서부 전역에서 모든 일이 순조로울 것입니다. 내가 당신에게 군대를 보낸다면 앞으로는 아무도 당신에게 저항하지 못할 것입니다."[53] 말리크-샤는 투르크인을 해변 지역으로부터 축출시킬 것이고 또 제국이 잃어버린 땅을 황제가 회복할 수 있도록 전력 지원하겠다고 약속했다.[54] 안나 콤네네는 황제가 결혼 제안을 한갓 우스운 일로 여겼다고 기록했다. 그는 크게 웃더니 악마가 그런 생각을 말리크-샤의 머릿속에 집어넣은 게 틀림없다고 중얼거렸다. 하지만 알렉시오스는 그 제안을 일언지하에 일축하지는 않았다. 그는 바그다드에 사절단을 보내 말리크-샤가 결혼을 통한 유대에 관하여 헛된 희망을 품도록 유도했다.[55]

《알렉시아스》는 그 협상을 통해 이룬 것이 아무것도 없다는 인상을 준다. 그러나 양측의 논의는 1080년대 중반에 구체적인 합의를 도출해냈다. 이 점은 안나 콤네네도 전기의 후반 부분에서 언급하고 있다. 황제가 페체네그족과의 주요 전투를 준비했다는 사실을 기록하면서, 안나는 동부의 투르크족이 황제에게 지원군을 보냈다고 언급한다. 그 지원군은 이전에 체결된 조약에 의해 술탄이 파견한 군대라는 것이다.[56]

이 조약의 개괄적인 내용은 《알렉시아스》의 다른 부분들에서 추론해 볼 수 있다. 저자는 그녀의 아버지가 운이 좋아 투르크 사절의 마음을 돌릴 수 있었다고 기록한다. 그 사절이 비잔티움으로 망명하여 1080년대 중반에 소아시아의 많은 도시들을 황제에게 넘겨주었다는 것이다. 하지만 이 이야기는 너무 그럴듯하여 사실이 아닌 듯하다. 실제로 벌어진 상황은 아마도 이러했을 것이다. 말리크-샤는 소아시아 해안의 여러 도시를 장악하고 있던 투르크인들을 몰아내기로 하고 이 지역을 비잔티움에게 돌려주었다. 투르크인들은 그 지역에서 물러갔고 그리하여 흑해 연안의 시노페에서도 철수하면서 그 도시의 보물을 그대로 놔두고 갔다.[57] 이런 식으로 그 지역의 모든 도시들이 비잔티움에 항복했다. 이것은 고위급 외교술의 결과이지, 안나 콤네나가 말한 것처럼 황제의 속임수나 교활한 기만술로 얻어낸 것이 아니었다.

말리크-샤는 알렉시오스에게 결정적 도움을 준 보상으로 많은 것을 받았다. 1080년대 중반에 그리스 사절이 술탄에게 엄청난 선물을 가져다주었다.[58] 술탄 사망 후에 한 아랍 저술가는 이렇게 썼다. "비잔티움의 통치자들은 그에게 조공을 바쳤다." 그러면서 말리크-샤의 이름이 "중국의 변경지대에서 시리아의 끝까지, 북쪽의 오지 이슬람 지역에서 남쪽의 예멘 경계지역까지 널리 알려졌다"라고 적었다.[59] 이것은 이해관계의 분명한 구분선을 보여준다. 소아시아는 비잔티움의 세력권에 들어 있었지만, 그보다 더 동쪽 지역은 투르크 술탄의 관할이었다.

술탄은 아나톨리아의 현지 에미르들에게 경고를 하면서, 투르크 세계의 변방지역에서 할거하는 군벌들에 대해 직접적인 권위를 수립하기 위해 공격적인 행동에 나섰다. 주요 원정부대가 소아시아 깊숙한 지역까지 파견되어 니케아와 아불-카심을 공격했다. 아불-카심은 비잔티움 영토를 자주 침범하여 알렉시오스를 심하게 괴롭혔던 인물이었다.[60] 말리크-샤 자신도 친히 원정에 나서서 먼저 코카서스로 행군했다가 이어 남쪽으로 방향을 틀어 시리아로 들어가 알레포를 점령했다. 안티오크가 항복한 후에 술탄은 지중해 해안까지 내려가서 말에서 내려 바닷속으로 걸어 들어가 칼로 물을 세 번 내리치며 이렇게 말했다. "오 알라여, 제가 페르시아해부터 이 바다까지 이르는 모든 지역을 통치할 수 있게 해주소서."[61]

술탄의 안티오크 점령은 그가 아불-카심과 교전하여 소아시아의 여러 도시들을 비잔티움에 돌려준 협조에 대하여 받은 응당한 대가였을 것이다. 이 무렵 말리크-샤가 통과한 많은 지역에서 기독교를 믿는 시민들의 환영을 받았다는 것은 놀라운 일이다. 주민들은 현지의 투르크인 통치자들을 억압하는 세력으로 등장한 술탄이 그 지역에 개입하는 것은 평화 회복을 위해 필수적인 일이라고 생각했다. 또한 술탄은 코카서스에서도 별다른 저항을 받지 않았다. 그는 관대함과 "아버지 같은 애정"으로 현지 주민들을 대했고, 그리하여 바그다드의 술탄이 코카서스를 직접 통치하는 것에 대한 우려를 많이 불식시켰다.[62] 말리크-샤가 기독교에 대하여 관용적인 태도를 보였다는 명성도 도움이 되었다. 가령 그가 아버지의 뒤를 이어 술탄 자리에 오른 직후인 1074년 초, 그는 콘스탄티노플에 사절단을 보내 기독교의 교리, 믿음, 실천 등에 대해 자세히 알아오도록 했다.[63] 게다가 1086~1087년의 출정 때에 그는 기독교인이 아니라 투르크인 신하들에게 자신의 권위를 확립하러 온 것처럼 보였다고 한 관측통은 말했다.[64] 그는 에데사와 멜리테네에 들어갔지만, 자기 쪽 인물로 지사를 새로 임명하지도 않았고, 황제를 대신하여 도시를 지키던 현 지사를 교체하지도 않았다.[65]

황제도 1086~1087년에 군사 행동에 나서 술탄의 지시를 이행하지 않는 지역에 대하여 제국의 권위를 확립했다. 아불-카심을 향한 군사 작전이 시작되자, 니케아의 반격은 일시에 중단되었다. 안나 콤네네는 이렇게 기록했다. "그들의 요격은 즉각 견제되었고 아불-카심은 강화 조건을 받아들일 수밖에 없었다."[66] 키지코스와 아폴로니아스 그리고 현지 투르크 통치자들의 목표물이었던 소아시아 서부의 여러 도시들을 수복하기 위해 황제의 군대가 파견되었다.[67] 알렉시오스의 쿠데타 전야에 적에게 함락되었던 키지코스는 1086년 중반에 제국의 지배 아래 다시 들어왔고, 황제의 최측근 지지자인 콘스탄틴 험버트풀로스가 지역을 통치했다. 그러다가 그는 페체네그족이 또 다른 지역을 침공해 왔을 때 적을 물리치기 위하여 서부로 전출되었다.[68]

그 외의 다른 도시들도 속속 수복되었다. 제국이 두둑한 보상을 약속하자 일부 투르크 지휘관들은 황제 편으로 돌아섰고 기독교로 개종했다.[69] 그러한 개종은 콘스탄티노플 사제들의 환영을 받았다. 사제들은 알렉시오스의 복음 전파와 진정한 종교를 널리 선교하는 것을 높이 칭송했다.[70] 황제는 그런 칭송을 즐거운 마음으로 받아들였으나, 사실 그 동기는 종교적 열정이 아니라 전형적인 외교 술책을 따른 것일 뿐이었다. 투르크 지도자들에게 제국의 관직과 재정적 보상을 제공하는 것은 비잔티움과 협력하면 많은 혜택을 받을 수 있음을 보여주는 가장 효과적인 방법이었다. 잃어버린 도시와 지역을 수복하기 위해서 그것은 충분히 지불할 만한 가치가 있는 작은 대가였다.

그리하여 황제와 최측근들이 참석한 가운데 개최된 1088년 1월 6일의 공현축제에서, 고위 사제가 행한 연설에서 동부에 관한 얘기는 거의 언급되지 않았다. 페체네그족의 침략 때문에 계속 고통을 당하고 있는 서부 속주들과는 대조적으로, 동부는 더 이상 주요 관심사 지역이 아니었다. 스텝 유목민들의 위협을 간단히 언급하고 축제 바로 직전에 유목민들과 평화조약을 체결한 것에 대하여 알렉시오스를 칭찬한 뒤에, 오

흐리드의 테오필락트는 소아시아에 대해서는 별다른 말을 하지 않았다. 알렉시오스는 투르크족과 잘 지내고 술탄과도 우호적인 관계를 유지하고 있으니 참으로 다행이다라고 고위 사제는 말했다. 말리크-샤는 황제를 너무나 존중한 나머지 황제의 이름이 나올 때마다 그의 명예를 위하여 건배를 제안했다. 테오필락트는 황제의 용기와 영광이 전 세계에 크게 울려 퍼지고 있다고 칭송했다.[71]

1088년에 나온 이런 낙관적 평가는, 안나 콤네네가 말한 것처럼 1081년에 제국이 큰 위기에 빠져 있었다는 음울한 견해(그리고 그 후 현대의 논평가들이 오랫동안 받아들여 왔던 견해)와는 극명한 대조를 이룬다. 이 무렵 동부 속주들은 적들의 도전에 단호한 조치를 취해야 할 필요는 있었지만, 전반적으로 보아 붕괴되고 있는 것이 아니라 안정을 찾아가고 있었다. 비잔티움인들은 소아시아의 상황을 잘 통제하고 있었다. 그러니 황제가 외부세력에게 호소하여 그들의 도움을 요청할 이유나 필요가 없었다. 따라서 1080년대 후반은 십자군이 나설 계제가 되지 못했다.

4

소아시아의 붕괴

여전히 아불-카심이 차지하고 있는 니케아를 제외하고, 비잔티움은 1080년대 후반에 동부 속주의 중요한 지역들을 대부분 지키고 있었다. 특히 중요한 해안 지역, 비옥한 강변 계곡, 에게해의 섬들이 제국의 판도 내에 있었다. 다시 말하면 제국은 무역과 교통의 연결망 구성에 필수적인 전략 요충지들을 장악했다. 이런 중요 지역들이 비잔티움의 통제 아래 있었다는 증거는, 1088년과 1089년에 레로스와 파트모스 같은 섬들에 거주하는 수도자들이 황제의 어머니를 상대로 적극적인 로비 활동을 했다는 데서 찾아볼 수 있다. 그 수도자들은 상당한 규모의 건축 공사를 계획하고 있었고 이에 대한 면세 혜택을 얻으려 했던 것이다.[1]

그러나 상황은 곧 급격하게 바뀌었다. 앞에서 살펴본 바와 같이, 1090년에 서부 지방에서 페체네그족이 더욱 강하게 침략해 들어왔다. 그들은 그 전 여러 해 동안 산발적으로 공격을 해오더니 이제는 트라케 깊숙한 지역으로 내려와 아예 그곳에 정착할 기세였다. 제국이 이런 압박을 받는 상황을 완벽하게 이용하여 동부의 투르크족 군벌들은 비잔티움 정부에 맞서기 시작했다. 아불-카심은 이 기회를 이용한 대표적인 현지 군벌이었다. 1090년 중반 무렵에, 그는 니코메디아를 공격할 준비를 했다. 그 도시는 콘스탄티노플에서 겨우 80킬로미터 정도 떨어진, 니케아 북부에 있는 중요한 도시였다.[2]

알렉시오스는 니코메디아를 지키려고 필사적인 조치를 취했다. 플랑드르 백작 로베르가 보낸 500명의 플랑드르 기사들은, 1089년 말 예루살렘 순례를 갔다 돌아오던 알렉시오스와 만났다. 이들은 원래 페체네그족을 무찌르는 데 투입될 예정이었다.[3] 그 기사단이 이듬해 중엽에 비잔티움에 도착했을 때 그들은 즉각 보스포루스 해협 건너편에 파견되어 니코메디아를 돕도록 조치되었다. 기사단의 존재는 단기적으로는 아주 중요한 역할을 했지만, 1091년 봄에 레부니온에서 페체네그족과 대적하기 위하여 철수하자,[4] 3세기에 잠시 로마제국의 동쪽 수도 역할을 했던 소아시아의 유서 깊고 이름 높은 도시는 아불-카심의 손에 떨어지고 말았다.[5] 니코메디아의 함락은 비잔티움에게는 재앙이었고 과연 제국이 동부 속주들 전체를 유지할 수 있는 장기적인 능력을 갖추고 있는지 심각한 의문을 불러일으켰다.

뱀을 먹어본 적이 있나요?

다른 현지 군벌들도 제국의 취약한 국방 상황을 이용할 채비를 차리고 있었다는 사실로 인해 비잔티움 내에서 소아시아의 앞날에 대한 우려가 더욱 높아졌다. 카리스마 넘치는 투르크 군벌인 다니슈멘드는 소아시아 동부 지역에서 카파도키아 깊숙한 지역까지 쳐들어와 세바스테이아와 카이사레아 같은 도시들을 공격했다.[6] 또한 야심만만한 투르크인 차카는 소아시아 서부 해안 도시인 스미르나에 웅거했는데 현지의 조선 업체에게 선박 건조를 부탁하고서 에게해의 섬 지역 등 그의 세력 기반에 가까운 도서 지역을 공격할 계획이었다.[7] 사실 현지 군벌의 해상 진출은 니코메디아의 실함 못지않게 심각한 위협이었다. 그 선단을 이용하여 소아시아 너머 해상 지역을 공격할 것이었기 때문이다. 해안의 도시와 섬들 사이를 오가며 콘스탄티노플에 물자를 수송하는 배들을 마음껏 노략질할 수도 있었다. 페체네그족의 위협 때문에 수도의 식량 조달이 이미 압박을 받고 있는 상황에서 해상 무역마저 위태롭게 된다면 식량 부족, 인플레이션, 사회적 불안정이 초래될 거란 점은 불을 보듯 뻔한 노릇이었다. 게다가 1090~1091년 사이의 겨울은 추위가 극심해서 사태가 더욱 악화되었다. 그해 겨울에 눈이 너무 많이 내려 많은 사람들이 자기 집 안에 포로처럼 갇혀 있었다.[8]

이 시기에 나온 어떤 시는 소아시아 속주에 사는 한 여인이 너무나 먹을 것이 없어서 뱀을 먹었다고 노래한다. "뱀을 먹어본 적이 있나요? 꼬리와 머리를 자르고 먹었나요? 아니면 몽땅 다 먹었나요? 독이 가득 든 살을 먹고서도 어떻게 죽지 않을 수 있었나요?" 추위가 극심한 겨울은 이처럼 심각한 기근과 야만적인 재앙을 가져왔다.[9]

정부는 차카의 공격에 대응하려는 노력과 조치를 했지만, 그들의 조치는 형편없이 잘못되었다. 한 현지 지사는 제대로 저항할 생각도 하지 못하고 황급히 달아났고, 소아시아 서부 해안을 확보하기 위하여 황제가 황급히 편성하여 급파한 군대는 대실패작이었다. 비잔티움 선단은 처참하게 패배했고 차카는 그 과정에서 제국의 선박 여러 척을 탈취하

기도 했다. 그는 이 선단들을 이용해 다른 지역을 공격하여 이득을 얻었다.[10]

차카 선단이 점점 강력해지고 있다는 사실은 또 다른 근심을 안겨주었다. 콘스탄티노플은 웅장한 성벽, 참호, 중무장된 탑 등으로 보호되었으나, 비잔티움 사람들은 해상 공격을 특히 두려워했다. 골든혼 앞 바다에 솟아 있는 일련의 섬들은 다소 위안을 주었으나 그것은 실제로는 그리 효과적이지 못할 때가 많았다. 소규모 침략자들이 해상에서 콘스탄티노플을 공격해 온 사례는 도시의 주민들에게 엄청난 불안을 안겨주었다. 이것은 9세기와 10세기에 바이킹과 러시아 침략자들이 도시 근교를 기습 공격해 엄청난 공포를 퍼뜨린 사례에서 잘 알 수 있다. 특히 차카의 경우는, 이 투르크인이 페체네그족과 담합하여 수도를 합동 공격해 올지도 모른다는 우려가 있었다. 1091년 여름에 유목민 부족과 차카 사이에 교류가 있었고, 그리하여 차카가 비잔티움 공격을 돕기로 했다는 소문이 나돌았다.[11]

수도의 분위기는 무겁고 참담했다. 1091년 봄, 황제와 수행원들 앞에서 안티오크의 총주교, 옥수스 사람 요한은 제국의 곤경을 성토하는 비난조의 연설을 했다. 불과 3년 전 테오필락트가 내렸던 낙관적 평가와는 확연히 다른 비관적 평가였다. 총주교는 미틸리니가 그랬던 것처럼 키오스도 실함되었다고 말했다. 에게해의 모든 섬이 적의 수중에 넘어갔고 소아시아는 대혼란에 빠져 있다. 동부의 땅은 조금도 온전하게 남아 있지 않다.[12] 한편 페체네그족은 콘스탄티노플의 성벽 앞까지 와 있고, 그들을 격퇴하려는 알렉시오스의 반격은 그리 큰 효과를 내지 못했다.[13] 왜 이런 위협들이 점점 심각해지는지 고심한 끝에 요한은 이런 음울한 결론을 내렸다. 하느님이 더 이상 비잔티움을 보호해주고 있지 않다. 연이어 벌어지는 군사적 실패와 현재 견디고 있는 끔찍한 고난은 황제의 잘못 때문이라고 총주교는 선언했다. 알렉시오스는 황위에 오르기 전에는 뛰어난 장군이었으나 황제가 되고 난 후에는 계속 패전만 했다. 그는 1081년 황위를 찬탈하면서 하느님의 분노를 샀고, 하느님은 이제 이교도를 이용하여 비잔티움에 벌을 내리고 있다. 이러한 사태를 변화시키려면 긴급히 참회를 해야 한다.[14] 이런 종말론적 판결은 1090년대 초반에 비잔티움이 직면한 문제의 심각성을 보여주는 음울한 지표다.

비잔티움에 거주하던 서방인들은 소아시아의 급속한 사태 악화에 아주 경악하면서 상황을 관찰했다. 프랑스 중부 출신의 한 목격자는 이렇게 썼다. "투르크인들은 많은 나라들과 동맹을 맺고 콘스탄티노플의 제국의 합법적 영지를 침략했다. 그들은 도시와 성채를 쑥대밭으로 만든 후에 그 지역에 정착했다. 교회들은 파괴되어 가루가 되었다. 그들이 포로로 잡은 사제와 수도자들 중 일부는 학살되었고 나머지는 형언하기 어려운 잔인한 방식으로 학대당했다. 그리고 수녀들— 아, 이 얼마나 슬픈 일인가! — 은 그들의 짐승 같은 욕정의 희생양이 되었다. 투르크인들은 걸귀 들린 늑대들처럼 무자비하게 기독교 신자들을 학대하고 고문했다. 하느님은 정의로운 판단을 내려서 그들 마음대로 처분하라고 기독교인들을 내주었던 것이다."[15]

소아시아가 처참하게 붕괴되었다는 소식은 유럽 전역에 퍼져나갔다. 약탈과 방화, 납치와 성폭력의 이야기들은 유럽 전역에 널리 알려졌고, 수도자들은 그들의 연대기에 내장 척출, 참수 등 온갖 잔학 행위와 끔찍한 사건들을 기록했다.[16] 이러한 정보는 1090년대 초에 콘스탄티노플에 거주하거나 방문한 서방인들, 가령 수도에 거처를 마련했던 캔터베리 출신 수도사나 콘스탄티노플을 방문 중이던 여행자 등에 의해 전해졌다. 이들은 수도의 처참한 상황과 주민들과 나누었던 대화를 서방에 전했다.[17]

알렉시오스도 그 당시 비잔티움 사람들이 투르크인의 손에 당한 끔찍한 사태를 전한 장본인 중 한 사람이었다. 황제가 플랑드르 백작 로베르에게 보낸 서신에는 1090~1091년 사이의 끔찍한 소아시아 상황이 생생하게 기록되어 있다.[18] 이 서신은 오랫동안 위작으로 여겨져왔고 여러 세대에 걸쳐 평가 절하되었다. 학자들은 비잔티움의 동부 속주들은 이미 1081년에 실함되었고 따라서 제1차 십자군이 발족하기 전 몇 년 동안에는 동부 지역에 중요한 변화가 없었다고 본 것이다. 그래서 동부 지역이 1090년대 초에 투르크인들에게 엄청난 학살과 파괴의 피해를 당했다는 주장은 황당한 얘기, 그럴 법하지 않은 소문, 설사 일부 사실이라고 해도 크게 과장된 것 정도로 치부되었다. 그래서 학자들은 그 서신이 12세기 초에 들어와 알렉시오스와 십자군에 가담한 일부 서방 지도자들 사이의 관계가 돌이킬 수 없을 정도로 악화되면서, 비잔티움에 저항하는 세력을 규합하기 위해 날조된 것이라고 강력하게 주장했다.[19]

그러나 이러한 주장과는 정반대로, 그 서신이 1090년대 초반에 알렉시오스가 플랑드르 백작에게 보낸 것이 맞다는 점이 사실로 인정되고 있다. 두 사람의 관계가 그런 서신을 주고받을 만큼 돈독했다는 것이다. 그래서 후대에 전해지는 서신(번역되고, 설명을 가하고, 내용이 추가된 것)의 원본이 되는 편지가 콘스탄티노플에서 보내졌을 것이라고 추정된다.[20] 그렇지만 그 편지의 문장과 언어는 의심의 여지 없이 라틴식이다. 또 외교적, 정치적 관념도 비잔티움식이 아니라 서방식이다.

그러나 그렇다고 해서 그 서신이 날조라고 말할 수는 없다. 이미 살펴본 바와 같이, 11세기 후반에 콘스탄티노플에는 많은 서방인들이 살고 있었다. 그중에는 황제의 측근들도 있었다. 따라서 이 서신에 표현된 어조와 생각은, 제1차 십자군전쟁 이후의 사람이 썼을 가능성 못지않게, 1090년대 후반에 수도에 살고 있던 외국인이 썼을 가능성도 있다. 그리고 이런 면에서 이 서신의 가장 특징적인 점은, 내용이 다른 동시대 사료들이 전하는 소아시아의 새로운 상황과 정확하게 일치한다는 점이다. 플랑드르의 로베르에게 보낸 서신은 다른 사료에서도 언급되는 1090년대 초반에 벌어진 교회 모독 행위도 언급한다. "성스러운 교회들이 모독받고 파괴되었다. 더 나쁜 일이 벌어질 것을 예감하게 하는 먹구름이 교회 위에 드리우고 있었다. 누가 이런 일들을 슬퍼하지 않을 수 있겠는가? 누가 이런 소식을 들으며 동정심을 느끼지 않을 수 있겠는가? 누가 공포에 떨지 않을 수 있겠는가? 누가 기도를 올리지 않을 수 있겠는가?"[21] 그 서신은 이 시기에 쓰인 다른 사료들과 부합되는, 투르크인들의 잔학한 공격에 대해 기록하고 있는데 차이점은 단지 좀 더 상세하다는 것뿐이다. "귀족 부인과 딸들은 모든 재산을 약탈당하고 하나씩 하나씩 짐승처럼 강간을 당했다. 일부 공격자들은 처녀들을 그들의 어머니 앞에 세워놓고 사악하고 음란한 노래를 부르게 한 다음에 그들 멋대로 그녀들을 겁탈했다. (……) 온갖 연령대와 체격의 남자들—소년, 청년, 노인, 귀족, 농민, 그리고 더욱 슬프게도 사제와 수도자, 심지어 주교까지—은 남색가들에게 치욕을 당했다. 그리고 한 주교가 이 혐오스러운 죄악에 굴복한 사실이 바다 너머까지 널리 알려졌다."[22]

황제는 서신을 보내기 얼마 전에 플랑드르의 기사들에게 군사적 지원을 받은 적이 있었기에 자연스럽게 다시 도움을 호소할 수 있었다. 알렉시오스는 자신처럼 금욕적이고 경건하고 실용적인 로베르 백작으로부터 추가 도움을 받기를 원했다. 서신에 묘사된 동부의 절망적 상황은 많은 학자들이 그럴 법하지 않은 것으로 일축하고 있지만, 그 편지가 비잔티움의 처참한 형편을 절실하게 보여준다고 볼 만한 구석도 많다. 이를테면 황제는 이런 풀 죽은 진술을 하고 있다. "나는 비록 황제이지만 구제책이나 적절한 방안을 발견하지 못하고 또 페체네그족과 투르크족의 공격 앞에서 늘 도망치고 있습니다." 이런 진술은 제국의 고위 사제가 하느님이 알렉시오스를 버렸다고 공공연하게 판결하는 시대 상황과 걸맞는다.[23] 콘스탄티노플에서 막 생겨나고 있던 포위당했다는 심리가 그 서신에 아주 절실하게 반영되어 있는 것이다.

총체적 난국

1091년 페체네그족을 패배시킨 직후에, 니코메디아를 수복하고 투르크인을 수도 가까운 지역에서 격퇴시키려는 대대적인 작전이 전개되었다. 알렉시오스는 대규모 병력을 동원하여 파견함으로써 '성 조지의 팔', 즉 니코메디아만에 이르는 지역을 수복했다. 그리고 니코메디아를 마침내 탈환하여, 그 도시가 다시는 적의 수중에 떨어지지 않도록 주변 방어를 강화했다. 니코메디아 맞은편에 성채를 건설해 도시를 추가로 보호했고, 도시가 다시 투르크인에게 함락될 경우, 공격의 기반이 될 지역을 마련했다. 그에 더하여 추가 방어물이 될 거대한 참호를 파는 작업에 착수했다. 이것은 1090년대 초반에 소아시아의 절망적 상황을 보여주는 표시인가 하면 비잔티움의 야망이 극히 제한적이었음을 알려준다. 그것은 빼앗긴 지역을 재정복하려는 것이 아니라, 기존에 제국의 수중에 있던 소수의 영지들을 현상 유지하기 위한 작전이었다.[24]

도시의 방어를 강화하는 데에는 꼭 6개월이 걸렸다. 한편 아불-카심의 공격 때에 도시에서 달아나 동굴이나 땅굴에 숨은 주민들을 니코메디아로 돌아오게 하려는 작업이 실시되었다. 그러나 그들은 돌아오려 하지 않았는데, 많은 피난민들이 비잔티움의 수복을 항구적이라고 보지 않았기 때문이다.[25]

니코메디아가 수복되는 동안에 서부 해안과 에게해 섬들의 상황은 더 나빠졌다. 여기서 《알렉시아스》가 전하는 연대는 또다시 미덥지가 않다. 크리스토둘로스라는 수도자가 엮은 서류 묶음은 투르크의 위협이 점점 거세지고 있음을 보여준다. 그는 정부 고위직에 친구들이 많은, 영향력 있는 인물이었다. 알렉시오스의 어머니 안나 달라세네는 이 수도자가 코스, 레로스, 립소스 등의 에게해 섬에서 토지 불하와 면세 혜택을 받도록 도와주었다. 크리스토둘로스는 이 섬들에다 수도원을 건설하려는 야심 찬 계획을 갖고 있었다. 안나가 옆에서 적극 권하였기에 황제는 1088년에 파트모스섬에 성 요한 수도원을 건설하는 사업에 친히 허가를 내주었다.[26]

그러나 1090년대 초반에 이들 섬에 거주하는 크리스토둘로스와 수도자들에게는 토지 불하나 면세 혜택보다는 목숨 보전이 더 중요한 관심사였다. 투르크인 해적과 침략자들의 공격으로부터 정착지를 방어하기 위해 그들은 긴급 조치를 취해야 했다. 파트모스, 레로스, 립소스 등에서는 공동체를 수호하기 위하여 성채를 지었으나, 이길 수 없는 싸움을 하고 있다는 것이 곧 분명해졌다.[27] 수도자들은 투르크인들에게 붙잡힐 것이 두려워 달아났고, 1092년 봄이 되자 크리스토둘로스 자신도 섬들을 포기하고 유보이아로 피신했으나 1년 뒤에 사망했다. 사망 직전에 작성된 유언장 보충서가 말해주듯이, 그는 파트모스섬을 떠난 마지막 인물이었다. "아가레네족, 해적, 투르크인" 등의 무자비한 공격 때문에 그 섬에서는 도저히 살 수가 없었다.[28]

그 후 몇 년 동안 에게해나 소아시아의 서부 해안 사정은 별로 나아지지 않았다. 안나 콤네네는 차카에 대해, 황제가 신는 신발을 신고서 스미르나 일대를 거들먹거리며 돌아다니는 허풍쟁이여서 금방 손쉽게 제압할 수 있는 인물이라며 대수롭지 않게 여겼다. 하지만 사실 차카는 그의 생각과는 정반대의 인물이었다.[29] 1094년 크리스토둘로스를 뒤이어서 파트모스섬의 성 요한 수도원의 관리자로 임명된 테오도레 카스트리시오스는 그 자리를 사임하는 수밖에 달리 방법이 없었다. 그는 소임을 다 할 수가 없기에 사직하게 되었다고 말했다. 에게해 동부에 대한 투르크인의 공격이 지속적으로 벌어지고 있어서, 수도원 관리는 고사하고 그 섬에 갈 수조차 없었다.[30]

소아시아는 신속하고 총체적으로 붕괴했다. 페체네그족의 위협은 아불-카심이나 차카 같은 기회주의적 투르크인 군벌이 들고 일어날 수 있는 좋은 기회였다. 하지만 현재 비잔티움이 직면하고 있는 문제들의 근본적인 원인은 현지 동맹들과의 관계를 강화한다는 알렉시오스의 정책이 파탄 났다는 것이었다. 과거에 알렉시오스는 투르크인 군벌을 자신의 편으로 만들 수 있었고 바그다드의 술탄과 효과적인 협약을 맺어서, 군벌들과의 관계를 뒷받침할 수 있었다. 술탄 또한 셀주크 세계의 변방 지역에 할거한 에미르들을 그런 식으로 통제하는 것이 현상유지에 도움이 되었다.

술탄 말리크-샤와의 동맹은 1091년 봄에도 여전히 유효했다. 이 무렵에 알렉시오스는 술탄이 자신에게 보내준 증원군을 차카가 가로채어갔다고 불평했었다.[31] 말리크-샤도 극적인 세력 이동에 당황했고 그리하여 1092년 여름에 충성스러운 장군인 부잔 휘하의 원정대를 소아시아 깊숙한 지역으로 파견하여 아불-카심에게 따끔한 경고를 주려 했다. 부잔은 니케아까지 진격했으나 강고한 방어망을 뚫지 못하여 결국 퇴각했다.[32] 그렇지만 1092년 가을에도 콘스탄티노플과 바그다드 사이의 외교 사절 왕래는 여전히 이루어지고 있었고, 두 통치자는 아불-카심과 그 외의 배신자들을 제압할 수 있는 가장 좋은 협력 방안을 계속 논의했다.[33]

따라서 1092년 말리크-샤가 사망한 것은 알렉시오스의 동방 정책에 치명타였다. 술탄은 죽기 몇 달 전, 바그다드의 정적들이 장래의 술탄 자리를 놓고 싸우면서 자신의 권력 장악이 느슨해진다는 것을 알았다. 말리크-샤는 권위를 강화하기 위하여 많은 고위 관리들을 강등시켰으나, 이런 조치는 반발 심리만 더 부추겼을 뿐이었다.[34] 그들의 적개심은 술탄의 비지어(총리)이며 박식한 니잠 알-물크에게 집중되었다. 니잠은 11세기 후반에 셀주크 세계를 형성하는 데 결정적 역할을 한 막강한 인물이었다. 1092년 말, 그는 아사신이라고 알려진 은밀한 광신자 집단에 암살됨으로써 제거되었다. 그 암살은 술탄이 직접 지시를 내렸거나 아니면 적어도 그의 암묵적 동의가 있었을 것이라고, 한 유식한 관측통은 전한다.[35] 그로부터 몇 주 뒤에 말리크-샤가 독이 든 고기를 먹고서 사망하자, 투르크 세계는 일대 혼란에 빠졌다. 술탄의 방대한 직계 가족 중 누가 보위에 오를 것인지 불확실했기 때문이다. 그 결과 2년에 걸쳐 내전이 계속되었다.[36]

많은 학자들은 투르크제국 내의 갑작스러운 권력 구조 변화가 알렉시오스에게 소아시아 내의 비잔티움 위상을 강화시킬 수 있는 이상적인 기회가 되었다고 주장해왔다. 그러나 실제 상황은 그와는 정반대였다. 말리크-샤의 사망으로 황제는 최악의 순간에 아주 소중한 동맹을 잃어버렸다. 더욱이 왕위 계승에 문제가 있다는 것은 아나톨리아에 권력의 공백 상태가 발생했다는 뜻이었고, 현지 투르크인 군벌들은 그 기회를 재빨리 활용했다. 이것은 알렉시오스의 입장을 더욱 난처하게 만들었다. 그리하여 황제는 새롭게 얻은 자유와 비잔티움의 유약한 대응을 이용하려는 일군의 투르크 군벌들에 맞서 힘들게 싸워야 했다.

1094년에 이르러 상황은 더욱 심각해졌다. 제국 전역의 주교들이 참석한 콘스탄티노플의 종교회의에서, 동부 지역의 사목 책임을 맡는 사제들에 대한 논의가 이루어졌다. 많은 동부 지역 사제들이 수도에 와 있었는데 투르크인 때문에 해당 교구로 돌아갈 수 없었기 때문이다. 황제는 동부 지역에서 일어나고 있는 문제를 인정했으나, 서부 지역의 주교들은 그런 문제가 없으니 빨리 콘스탄티노플을 떠나 각자의 교구로 돌아가라고 지시했다.[37] 그러나 아나톨리아의 주교들은 그렇게 할 수가 없었고, 교구를 떠나 있는 상태였으므로 재정적 지원을 해줄 필요가 있었다. 종교회의에서는 이런 사정을 반영한 결의안이 통과되었다.[38]

소아시아에서 비잔티움의 실패는 총체적인 것이었다. 내부 지역과 해안 지역의 붕괴는 육상으로든 해상으로든 안티오크 같은 중요한 거점에 들어갈 수 없다는 뜻이었다. 안티오크 총주교인 옥수스 사람 요한은 벌써 몇 년 동안 그의 교구로 돌아갈 수가 없었다.[39] 1090년대 초반에 소아시아의 도시들이 차례로 투르크인의 수중에 떨어졌다. 이 시기를 증언하는 몇 안 되는 중요한 연대기 중 하나를 저술한 시리아인 미카엘에 의하면, 타르소스와 모프수에스티아와 아나자르보스, 그 외에 킬리키아의 여러 도시들이 1094~1095년 사이에 함락되었다.[40] 이것은 얼마 후에 소아시아를 횡단했던 서방 기사들이 목격한 것과 일치한다. "화려하고 풍요로운 도시" 플라스텐시아에 도착했을 때 기사단은 투르크인들이 도시를 포위하고 주민들이 성내에서 버티고 있는 광경을 목격했다.[41] 그러나 인근 도시 콕슨은 아직 기독교인의 수중에 있었다.[42]

소아시아의 서부 해안 지대와 내륙의 비옥한 강변 계곡 지역을 잃은 것은 비잔티움에게는 재앙이었다. 일련의 패배를 반전시켜서 추후의 회복을 도모할 발판을 마련하려면 신속하게 대응할 필요가 있었다. 만약 그렇게 하지 않는다면 동부 속주들은 영구히 상실될 우려가 있었다. 가장 먼저 수복해야 할 도시는 니케아였다. 니케아는 방어가 강고했고, 해안지역은 물론이고 내륙으로 들어가는 관문이었다. 이 도시를 장악하면 동부 지역에 대한 제국의 통제권을 더욱 넓힐 수 있는 발판을 마련하는 것이었기 때문에 앞으로 황제의 전략을 밀어붙이는 중요한 추진력이 될 것이었다.

니케아를 수복하라

니케아 공격은 쉬운 문제가 아니었다. 그곳은 방어적 요새의 표본이었기 때문에 그런 만큼 거의 난공불락이었다. 한 라틴 연대기 작가는 이렇게 서술했다. "니케아는 아주 바람직한 곳에 자리 잡고 있다. 들판에 있지만 산으로부터 멀리 떨어져 있지 않아 거의 모든 방면에서 산으로 둘러싸여 있다. (……) 그 도시 옆에는 바다로 이어지는 아주 넓고 기다란 호수가 있다. (……) 이것은 도시가 누리는 가장 좋은 방어용 지형지물이다. 해자가 사면에서 성벽을 둘러싸고 있는데 샘물과 시냇물이 꾸준하게 흘러들어 언제나 물이 넘칠 정도로 가득하다."[43]

알렉시오스는 정면 공격으로 그 도시를 수복할 가능성은 거의 없다는 것을 알았다.[44] 또한 비잔티움 군대는 너무 넓은 지역에 퍼져 있어서 이미 과부하 상태였다. 옥수스 사람 요한이 지적했듯이, 근 10년 동안 노르만인과 페체네그족을 상대로 전투를 하다 보니 군대는 피로한 데다 많은 인명 피해를 보았다.[45] 게다가 콘스탄티노플 북쪽의 상황은 아직도 심각했다. 도나우강 건너편에 사는 쿠만 스텝 유목민들이 언제라도 공격해 올 위험이 있었고, 북서쪽 접경지대의 세르비아인들의 침략도 점점 더 골치 아픈 문제가 되어가고 있었다.[46]

니케아를 공격할 대규모 군대를 모집하는 것도 문제였고, 그 군대를 가지고 어떻게 강고한 방어망을 뚫을 것인가도 문제였다. 비잔티움의 공성 기술은 11세기에 급속하게 발전해온 서방의 기술에 비해 한참 뒤떨어져 있었다. 그리고 공성 작전을 누가 지휘할 것인가 하는 문제가 있었다. 소아시아에서 알렉시오스의 정책이 실패했고 또 제국이 전반적으로 당하고 있는 외부의 압박을 감안할 때, 상당한 병력을 거느린 장군이 그 기회를 이용하여 회군함으로써 자신이 황위에 오르려고 획책할 위험이 언제나 존재했다.

그리하여 알렉시오스는 어릴 적 친구이며 충성심에 믿음이 가는 타티키오스에게 니케아 공격을 맡겼다. 1094년 중반에 타티키오스는 요격에 나서는 적의 방어병과 교전하라는 지시를 받고 니케아에 도착했다. 그는 곧 제국의 군대를 퇴각시키려는 200명의 적병과 교전했다. 이것이 그가 이룬 군사적 업적의 한도였다. 사기를 높였을지는 모르나 가치는 별로 없는 업적이었다. 그 후 그는 주요 투르크 원정대가 니케아에 가까이 다가오고 있다는 소식에 황급히 콘스탄티노플로 퇴각했다.[47] 투르크 원정대는 말리크-샤의 여러 아들 중 하나인 바르키야루크가 보낸 부대였다. 그는 바그다드의 여러 정적들을 성공적으로 제압하고 1094년 2월에 술탄으로 선언되었다.[48]

바르키야루크의 개입은 알렉시오스에게 아주 난처한 것이었다. 그의 목적은 소아시아의 에미르들에게 새로운 술탄의 권위를 강요하는 데서 그치지 않고 니케아를 차지하려는 것이었기 때문이다. 아주 잔인한 지휘관인 부르수크 휘하의 술탄 군대가 진군해 오는 것을 걱정하는 사람은 황제만이 아니었다. "니케아의 주민들뿐만 아니라 아불-카심도 도시의 상황이 아주 절망적이라고 생각했다. 부르수크 군대에 맞서서 저항하는 것은 더 이상 가능하지 않았다." 그들은 과감한 결정을 내렸다. 《알렉시아스》에 의하면 "그들은 황제에게 도움을 요청하는 메시지를 보내왔다. 부르수크에게 항복하느니 황제의 노예가 되는 것이 더 낫다는 말도 했다. 황제는 지체하지 않고 그들을 도울 수 있는 최강의 군대에게 군기軍旗와 은제銀製 못이 달린 황홀皇笏을 주어 현지에 파견했다."[49]

알렉시오스가 여러 해 동안 비잔티움을 괴롭혀온 아불-카심을 도와주기로 한 데에는 냉정한 의도가 도사리고 있었다. "황제는 그런 식으로 도와주면 아불-카심이 몰락할 것이라고 계산했다"라고 안나 콤네는 기록했다. "로마제국의 두 적이 싸울 때 약한 적을 도와주는 것은 효과가 있다. 그 약한 적을 강하게 만들어주려는 것이 아니라 한쪽을 물리친 다음에 다른 쪽으로부터 도시를 차지하려는 계산이었다. 이런 방법을 사용하면 현재 로마의 관할 밖에 있는 도시를 다시 로마의 세력권으로 편입시킬 수 있는 것이다."[50] 니케아의 철저한 방어로 부르수크는 물러갔으나, 숨 돌릴 시간은 길지 않았다. '투르크제국의 깊은 오지에서' 출발한 또 다른 대규모 원정부대가 행군해 오고 있다는 소식이 들려왔다.[51] 아불-카심은 항복이 시간 문제임을 알았다. 그는 니케아를 비잔티움제국에 넘기라는 황제의 제안을 받아들일 각오를 했다.

콘스탄티노플은 정기적으로 외국의 외교 사절과 고위 방문객을 받아들였다. 10세기에 《의전의 책》으로 알려진 책이 편찬되어, 접대 방법과 상대 국가의 중요도에 따라 접대의 화려함 정도 등을 세세히 규정했다.[52] 이러한 의전의 목적은 수도의 화려함을 과시하고 제국의 문화적, 정치적, 정신적 우월함을 강조하려는 것이었다. 알렉시오스는 이 잘 시험되고 검증된 수법을 아불-카심에게 써먹었다. 1094년 후반에 그 투르크인이 콘스탄티노플로 초청되었을 때, 황제는 그 에미르를 감동시키고 또 제국과 협력할 때의 혜택을 보여주기 위해 특별히 기획한 의전 일정을 짜놓았다.

알렉시오스는 행사의 프로그램을 직접 감독했다. 그는 아불-카심에게 수도의 주요 유적지들을 둘러보게 하면서, 위대한 군사적 승리를 거둔 로마 황제들을 기념하는 동상들을 꼭 보게 했다. 또 그 투르크인을 경마장으로 데려가서 비잔티움의 일급 전차병이 용맹스럽게 말을 다루는 모습을 보여주게 했다. 그것은 말을 잘 다루는 것이 군사적 성공의 핵심 요소라고 생각하는 아불-카심에게 깊은 인상을 심어주려는 것이었다. 그는 황제와 함께 사냥을 나갔고 로마의 가장 오래된 공공시설인 공중목욕탕도 둘러보았다. 요컨대 아불-카심은 초호화판 접대를 받았고 황제의 열렬한 구애를 받았다.[53]

알렉시오스는 니케아에 대하여 구체적인 합의를 원했다. 그는 까다로운 이웃을 다룰 때 사용하는 방식으로 아불-카심을 대했는데, 높은 작위를 내리고 두둑한 보상금을 주는 것이었다. 그 목적은 상대방으로 하여금 비록 암시적인 것이기는 하지만 황제의 지배권을 인정하게 만들려는 것이었다. 또 그와 동시에 적을 매수하려는 의도도 있었다. 그래서 알렉시오스는 아불-카심이 니케아로 돌아가기 전에, "더 많은 선물을 주었고, 세바스토스의 작위를 내렸으며, 그들의 합의 사항을 세세하게 확정짓고 그에게 온갖 정중한 예의를 다 차리면서 해협을 건너가게 했다".[54] 세바스토스라는 작위는 제국 내에서 가장 높은 호칭의 하나로서 황제 가문의 사람이거나 최측근에게만 하사하는 것이었다. 그것을 아불-카심에게 내려주었다는 것은 그가 수도를 방문하던 중에 맺은 합의로부터 최대한의 이득을 이끌어내겠다는 뜻이었다. 만약 황제의 도박이 성공한다면 소아시아 서부의 핵심 도시를 다시 제국의 손아귀에 회복시켜서, 더 넓은 지역을 수복하는 데 결정적 거점이 될 터였다. 만약 성공하지 못한다면, 알렉시오스는 여러 해 동안 제국의 옆구리를 찔러대는 가시 같은 투르크인에게 높은 희망을 걸었으므로 명성에 큰 손상을 입을 것이었다.

아불-카심이 니케아로 돌아가자마자 참사가 터졌다. 에미르가 황제와 논의한 사항들은 그 도시의 다른 지도자급 인사들로부터 열광적인 반응을 이끌어내지 못했다. 부르수크가 전보다 더 대규모 군대를 거느리고 진격해 온다는 소문이 도시에 퍼지자, 니케아 지사는 새 술탄에게 좋은 신호를 보내기를 원하는 200명의 지도자급 투르크인들에 의해 체포되었다. 그들은 화살 줄로 만든 올가미를 아불-카심의 목에 두르고 잡아당겨 교살했다.[55]

그 살해는 황제에게 엄청난 타격이었다. 알렉시오스는 절망에 빠진 채, 니케아의 지배권을 장악한 아불-카심의 동생 불다기와 접촉하여 단도직입적으로 거래 조건을 내놓았다. 이번에는 콘스탄티노플 방문도, 경마장 방문도, 작위 수여도 없었으나 거래 조건의 핵심은 전과 마찬가지였다. 황제는 좀 더 짧고 과감한 제안을 내놓았는데 그것은 돈 으로 니케아를 사들이겠다는 것이었다.[56]

그러나 다시 한 번 사태는 알렉시오스에게 불리하게 돌아갔다. 니케아의 투르크인들이 혼란에 빠져 있을 때 새로운 인물이 현장에 나타난 것이었다. 킬리디 아르슬란은 1094년 후반 혹은 1095년 초반에 바그다드의 감옥에서 풀려나자 곧바로 니케아로 향했다. 그가 도착하자 투르크인들은 "좋아서 날뛰었고" 도시의 지배권을 그에게 넘겨주었다. 이것은 그리 놀라운 일도 아니었다. 그는 작고한 술라이만의 아들이었기 때문이다.[57] 그가 가문의 세력 기반으로 되돌아온 것은, 그를 크게 신임하는 바르키야루크의 새로운 체제가 뒤에서 밀어주었기 때문이다. 그는 1097년 여름에 대규모 군대를 조직하여 소아시아로 건너온 십자군 부대와 맞서기도 했다.[58] 바르키야루크가 그를 니케아 지사로 임명한 것은 영리한 선택이었고, 황제가 중요한 도시를 수복하여 동부 속주들의 붕괴를 막아보려던 계획을 산산조각 냈다.

동부 속주들에 대한 비잔티움의 장악력은 신속하게 사라져갔다. 1097년에 소아시아에 도착한 사람들은 니코메디아를 둘러보았을 때 그들의 눈을 믿지 못했고 또 공포를 억누르지 못했다. "아, 우리는 니코메디아 너머 바다 가까운 곳에서 무수하게 많은 잘려진 머리들과 들판에 흩어진 시체들을 보았던가! 그 전해에 투르크인들은 활을 사용할 줄 모르거나 생소한 사람들을 학살했다. 우리는 그 처참한 광경을 보고서 눈물을 금치 못했다."59 소아시아 상황이 얼마나 나쁜지, 또 비잔티움의 영향력이 얼마나 제한적인지 보여주는 사례가 있다. 이 무렵 니코메디아 너머의 길은 거의 통행이 불가능했다. 그 길을 열고 니케아로 들어가는 길을 다시 재개하기 위해서는 도끼와 칼을 든 3000명의 병력을 보내 도로 작업을 해야 했다.60

니케아에서의 답보 상태는 해안 지역에서 벌어진 일련의 실패에도 고스란히 반영되었다. 그 지역에서 차카는 무자비한 파괴를 계속 자행하고 있었다. 안나 콤네네의 얘기 때문에, 대부분의 역사가들은 차카의 위협은 1092년에 제거되었다고 믿고 있으나, 사실은 그와 정반대였다.61 1090년대 중반 알렉시오스는 차카를 제대로 완벽하게 다루지 못한 것에 분노하면서, 디라키온에 있던 처남 요한 두카스를 불러들였다. 요한은 그 지역에서 10년 이상 세르비아인들의 침략을 잘 막아내어 접경지대의 치안을 성공적으로 강화했다. 요한이 차카에 맞서 싸우기 위해 파견된 가장 빠른 시점이 1094년이었다.62 이것은 그 당시 이 지역의 투르크 공격이 계속되어 기본적인 여행도 불가능했다는 현지 증언과 일치한다.63

차카를 축출하여 해안 지역을 수복하려는 주요 원정부대에 대해서는

《알렉시아스》에 자세히 기록되어 있다. 하지만 여러 부분에서 산발적으로 묘사되어 있어서 여러 번의 원정이 지속적으로 성공한 듯한 인상을 주고 있다.[64] 사실은 차카를 축출하기 위한 단 한 번의 수륙 합동 작전이 전개되었다. 비잔티움 지상군은 요한 두카스가 지휘했고, 황제의 가까운 친척인 콘스탄틴 달라세노스가 비잔티움 해군을 맡았다. 합동 작전은 1097년 여름에 시작되었다.

이 원정부대의 목적은 명확했다. 해안 지역을 수복하여 이 지역에 황제의 권위를 회복하는 것이 무엇보다도 중요했다. 두카스에게 내려진 명령은 아주 명확한 것이었다. 투르크인에게 하나씩 하나씩 실함된 에게해의 섬들을 모두 수복하고, 빼앗긴 해안 지역의 도시와 성채들을 모두 탈환하라. 우리가 앞으로 살펴보겠지만, 일차 목표는 스미르나와 그 도시의 골치 아픈 통치자 차카였다.[65] 안나 콤네네의 이야기와는 정면으로 배치되게도, 차카는 1097년에도 여전히 강성한 세력이었다. 따라서 몇 해 뒤에 십자군 부대가 소아시아에 도착했을 때에도, 해안 지역 전체가 여전히 투르크인의 지배 아래 있었다.[66] 니케아의 전망은 불확실했고, 해안 지역을 수복하려는 노력은 무위로 돌아갔다. 1090년대 중반의 비잔티움 상황은 절망을 넘어서서 괴멸의 상태로 향하고 있었다.

5

재앙의 벼랑에서

알렉시오스에게는 소아시아 문제 외에도 대응해야 하는 문제가 또 있었다. 제1차 십자군전쟁 전야에 콘스탄티노플 자체도 분열되고 있었다. 투르크족을 격퇴하는 일이 전혀 진전을 보이지 않자 황제의 판단력과 능력에 대하여 다들 심각하게 우려하기 시작했다. 게다가 유목민 부족이 발칸 깊숙이 침략해 오고 세르비아인이 북서쪽 접경지대에서 또다시 준동하는 등 추가로 문제가 불거지자 알렉시오스의 통치는 위태롭게 되어갔다. 1095년 교황에게 도움을 요청하는 사절단을 파견하기 직전에 제국의 국내 상황은 더욱 심각해졌다. 고위 장교, 원로원 의원, 귀족, 그리고 일부 알렉시오스의 측근 등이 반란을 일으켰는데, 이들 중에는 과거에 알렉시오스를 황위로 밀어 올렸던 사람들도 다수 포함되어 있었다. 알렉시오스가 서방에 도움을 호소하도록 내모는 붕괴의 나선형이 계속 돌아가고 있었던 것이다.

소아시아의 상황이 악화되면서 콘스탄티노플의 황제에게는 점점 더 강한 압력이 가해졌다. 1090~1091년에 투르크족의 침략이 성공을 거두자, 알렉시오스에게 많은 비판이 쏟아졌다. 안티오크 총주교인 옥수스 사람 요한은 황제를 이제 득될 것이 없는 부담스러운 존재로 간주했다. 그는 1080년대의 무수한 전쟁은 아무 성과도 거두지 못했고 군사적 실패가 가져온 고통은 너무나 컸다고 생각했다.[1] 총주교의 경고는 많은 사람들의 호응을 받았다.

강력한 황권 뒤에 움튼 불안의 싹

통치 초기에 알렉시오스가 자신의 주위에 불러 모은 측근 세력에 들지 못한 사람들 사이에서는 불평불만이 만연했다. 한 비잔티움 논평가는 이렇게 말했다. 황제는 가족들을 승진시키는데 혈안이 되었고, 그들에게 많은 돈을 아낌없이 하사했다. "알렉시오스는 그의 친척이거나 충성스런 일부 사람들에게 공공 기금을 수레떼기로 나누어 주었다. 그들은 해마다 두둑한 하사금을 받았다. 그들은 엄청난 부를 자랑했고 그리하여 개인이 아니라 황제에게나 어울릴 법한 수행원을 두었다. 그들이 소유한 도시만 한 크기의 저택은 왕궁 못지않게 화려했다. 나머지 귀족들에게는 그런 관대한 하사금이 주어지지 않았다"라고 이 논평가는 슬픈 어조로 말한다.[2]

황제의 족벌주의는 아주 광범위했다. 황제의 처남들 중 한 명인 니케포로스 멜리세노스는 테살로니카라는 중요한 도시의 세수稅收를 전액 자신의 몫으로 하사받았다. 황제의 동생 아드리안은 1084년에 카산드라반도에서 나오는 소득을 전부 가지게 되었다.[3] 안나 달라세네가 건립한 구세주 판테포프테스 교회 겸 수도원과, 알렉시오스의 아들 이삭 콤네노스가 건설한 성모 코소모테이라 수도원 외에도 이 시기에 황가에서 건립했거나 자금을 댄 수도원들이 많았다. 이처럼 수도원을 여럿 지었다는 것은 심각한 경제적 압박의 시기에도 황제 측근들은 엄청난 돈을 챙기고 있었다는 사실을 증언한다.[4]

비잔티움의 여러 중요한 직위가 황제의 친인척에게 돌아갔다. 서부 지역에서 가장 중요한 도시 중 하나인 디라키온의 지사 자리는 두 처남이 맡았는데 먼저 조지 팔라이올로고스가 맡았다가 요한 두카스가 이어받았다. 이어 세 번째로 알렉시오스의 장조카에게 그 자리가 넘어갔다.[5] 황제의 동생인 아드리안 콤네노스와 니케포로스 콤네노스는 각각 육군과 해군의 고위직에 임명되었다. 형 이삭은 비잔티움의 치안 총책이 되어서 콘스탄티노플의 반황제 세력을 일소하는 책임을 맡았다. 황제의 외사촌인 콘스탄틴 달라세노스는 1080년대 중반에 투르크인으로부터 시노페를 수복하는 임무를 맡았다가 후에 소아시아 해안 지역에서 차카와 맞서 싸우는 해상 작전을 지휘했다.[6] 이외에 다수의 친인척들이 제국의 높은 관직과 지위를 수여받았다.[7]

이처럼 족벌에 의존한 태도는 후세의 황제 평가에 악영향을 끼쳤다. 이러한 권력 집중은 공정한 정부 행정을 위한 인사 정책을 펴는 것이 아니라, 최측근으로 구성된 소규모 이익 단체가 운영하는 편파적 행정 제도라고 비난받았다.[8] 하지만 알렉시오스가 오로지 친인척 위주로만 국정을 운영한 것은 아니었다. 실제로 황제는 훨씬 전략적으로 선택한 광범위한 집단으로부터 지원을 이끌어냈다.

예를 들면 알렉시오스가 즉위한 후 15년 동안에 특혜, 작위, 높은 신분 등을 얻지 못한 사촌, 조카, 친척도 많았고[9] 황제와 친인척이 아니면서 새로운 정부 체제의 혜택을 받은 사람도 많았다. 가령 그루지아의 유수한 가문 출신인 그레고리 파쿠리아노스는 1081년에 제국의 육군 사령관에 임명되었다.[10] 마찬가지로 1080년대 중반에 중요한 군사적 임무를 맡은 콘스탄틴 오포스는 콤네노스 가문과는 아무런 관계가 없었다.[11] 라리사 지사인 레오 케팔라스 역시 대표적인 사례다. 이 도시는 1083년 노르만인들에게 끔찍한 포위 작전을 당했는데 그 기간 동안 주민들은 굶어 죽지 않기 위해 인육을 먹었다.[12] 케팔라스는 투르크인의 위협이 점증되던 시기에 소아시아 서부의 아비도스의 군 사령관으로 임명되었다. 그는 능력과 충성심이 뛰어났기 때문에 콤네노스 가문의 떠오르는 별이 되었다. 1080년대 내내 그는 일련의 식읍食邑과 토지를 하사받았고, 면세 혜택을 누렸음은 물론이고 나아가 이 땅들을 후손에게 물려줄 수 있는 권리도 부여받았다.[13]

모나스트라스와 우자스 같은 유목민 혼혈인(mixobarbarioi)도 황제에게 봉사하여 신임을 얻었다. 또한 알렉시오스의 환심을 산 서방인들도 있었다. 황제의 적인 로베르 기스카르의 조카인 콘스탄틴 험버트풀로스가 황제에게 봉사했고, 1081~1083년의 노르만 공격 때 전투 중에 알렉시오스를 거의 죽일 뻔했던 피터 알리파스도 신임받는 부장副將이 되었다.[14] 게다가 황제는 투르크 출신의 동맹들이 세례를 받고서 원로원에 입성하는 것을 친히 후원했다.[15]

이처럼 콤네노스 정부의 혜택을 본 것은 황제 가문의 사람들만은 아니었다. 알렉시오스에게 특별대우, 면세 혜택, 보상, 특혜 등을 바라는 사람들은 끝이 없었다. 마누엘 스트라보로마노스 같은 사람들은 몰수된 토지를 불하받을 목적으로 황제에게 화려한 찬시를 바치면서 그의 미덕을 조목조목 칭송했다.[16] 그러나 황제가 모든 청원자들을 잘 대해준 것은 아니었다. 신앙심 돈독한 황제도 때때로 고충을 호소하려고 콘스탄티노플을 찾아온 수도자들에게 역정을 냈다. 그는 총주교 니콜라스 3세에게 이렇게 썼다. "나는 그들의 콧구멍을 잘라버린 후 고향으로 돌려보내고 싶었습니다. 그러면 내가 해당 문제에 대해 어떤 인식을 갖고 있는지 나머지 수도자들이 알 테니까."[17]

알렉시오스 시대에 비잔티움의 권력은 콤네노스 가문과 그 지지자들 손에 집중되어 있지 않았다. 당시 비잔티움의 정치적 양상은 황제 자신이 통치 초기부터 국가 기구를 자신의 손아귀에 단단히 틀어쥐었다는 데서 찾아야 한다. 결정을 내리고, 임명을 하고, 승진을 시키고, 보상을 내리고 적들을 황무지로 내쫓아버리는 일은 모두 알렉시오스가 친히 단독으로 한 일이었다. 군사, 민간, 교회 분야를 너무나 완벽하게 통제하고 있어서 이전 황제들의 통치 방식과는 극명한 대조를 이루었다. 그런 전략 덕분에 알렉시오스는 비잔티움을 자기 입맛대로 뜯어고칠 수 있었다.

황제가 편안하게 여기는 사람들(친척이든 외부인사든)이 고속 승진하자 비잔티움 귀족들은 영향력 있는 지위에서 배제됨으로써 최대 희생양이 되었다. 이것이 야기한 문제점은 지위 상실 이상의 것이었다. 제국 사회의 단단한 밑바탕은 콘스탄티노플과 지방에 있는 각종 지위의 사람들에게 연봉을 골고루 나누어 주는 것이었다. 예산은 중앙정부에서 민간과 군사 행정 분야의 폭넓은 관리 그룹에게로 흘러 들어갔다. 제도를 변경한 일은 적개심의 원인이 될 뿐 아니라 재정적 손실을 가져오는 것이었다. 중앙정부가 지급하는 봉급을 줄여서 비용을 절감하려는 정책은 알렉시오스의 전임 황제인 니케포로스 3세 보타네이아테스가 먼저 시도한 조치였다. 알렉시오스는 봉급을 삭감하고 또 지불을 중지하는 등 그 조치를 더욱 밀어붙였다. 이 조치는 반발을 불러일으켰다. 역모 혐의를 받는 고관들의 재산을 몰수하여 빈약한 제국 국고를 채우려는 조치도 반발이 심했다. 또한 정부 지출은 가치가 떨어진 동전으로 지불하고 세금을 거둘 때는 금 함유량이 높은 동전으로 내라고 하는 황제의 정책은 상황을 더욱 악화시켰다.[18]

알렉시오스는 비잔티움의 침략자들에 대항하는 군사 작전 비용을 마련하기 위해 이런 조치를 취했다. 1081년 이후 10년 이상을 지속적으로 야전에 군대를 유지하는 것은 봉급, 장비, 식량 조달 등 막대한 예산을 필요로 했다. 간접적인 관점에서 보아도 손해가 많았는데, 가령 농업 생산에 들어가야 할 인력이 군대에 투입됐기 때문에 수확량이 떨어지고 따라서 세수가 줄어들고 곡물 가격이 상승했다. 1080년대에는 페체네그족과 술탄에게 조공도 보내야 했고, 제국의 상황을 개선하기 위한 여러 사업에도 많은 예산이 들었다. 노르만인을 물리치기 위해 독일의 하인리히 4세와 동맹을 맺는 데도 많은 돈이 들어갔다. 비잔티움 사람들은 금화 36만 개에 해당하는 막대한 금액을 하인리히 4세에게 지불해야 했다. 그것도 금 함유량이 떨어지는 새로 주조한 동전이 아니라 함유량이 상당히 높은 구화로 지불한다는 조건이었다.[19]

따라서 국가 수입을 증가시키기 위해서는 엄청난 노력, 절망적으로 보이기까지 하는 노력을 해야 했다. 1082년에 알렉시오스는 교회 보물에 다시는 손대지 않겠다고 맹세했다. 그는 예전에 노르만인이 디라키온을 침략해오자 그에 맞설 원정 자금 마련 차 교회의 고가 물품을 몰수했었다. 그러나 3년 뒤 그는 또다시 교회의 귀중품을 몰수했다. 약속을 위반한 황제는 맹렬하게 비난당했고, 선동을 잘하는 칼케돈 주교는 황제의 성격을 거론하면서 인신공격했다. 하지만 안나 콤네네는 칼케돈 주교를 대수롭지 않은 사람으로 여기면서 "논리학 훈련을 전혀 받지 않아 정확하고 분명하게 자신의 뜻을 말하지 못하는 인물"이라고 깎아내렸다.[20] 알렉시오스는 그들의 비난을 잘 무마했지만 1090년대 초반에 세 번째로 교회의 고가품으로 예산을 마련하려고 시도하다가 안티오크 총주교로부터 맹렬한 공격을 당했다.[21]

세입과 지출 사이의 불균형을 시정하기 위하여 대규모 증세가 실시되었다. 한 비잔티움 논평가에 의하면, 있지도 않은 부채를 날조하여 세금을 거두는 전담 관리들이 임명되었다. 이런 날조된 부채를 지불하지 않는 자들에 대해서는 의무 불이행을 구실로 재산을 몰수하여 국고를 채웠다.[22] 이 증세는 파괴적인 결과를 가져왔다. 과도한 증세로 많은 사람들이 기근에 빠지거나 사망했다. 집을 잃은 사람들이 늘어났고 인구가 감수했다. 안티오크 총주교의 말에 의하면, 어떤 경우에 그런 가렴주구는 "시민들이 기독교인을 살해하는 야만인들 편에 합류하게 만들었다. 야만인들에게 항복하여 편안하게 사는 것이 기독교인들과 함께 사는 것보다 한결 낫다"라는 것이었다.[23]

아토스산의 수도자들도 예외 없이 황제의 증세 대상이 되었다. 아토스는 여러 수도 공동체의 본거지였다. 수도자들은 상당히 넓은 토지와 재산을 보유했고 면세 혜택도 능숙하게 받아냈다. 그들이 소유한 토지는 노르만인, 페체네그족, 투르크인의 압박을 받지 않는 몇 안 되는 지역들 중 하나에 집중되어 있었다. 해당 지역들은 11세기 후반에 생산성이 떨어지지 않은 소수 지역들 중 하나였고 알렉시오스는 이 지역에서 돈을 거두려고 시도했다. 황제는 토지 소유자들에게 새롭게 기부를 요구하는 내용을 담은 세 건의 칙허장을 보냈다. 돈을 즉각 내놓을 수 없거나 내놓지 않으려 하는 자들은 유죄 처분을 받았는데, 그런 대상자 중에는 아토스산의 이비론 수도원도 들어 있었다. 수도원은 거의 2만 에이커에 달하는 땅을 몰수당했다.[24]

1090년대 초반 소아시아의 상황이 악화되기 시작할 무렵, 알렉시오스에게는 더 이상 선택의 여지가 없었다. 동전의 시장 가치는 바닥을 쳤고, 중앙정부는 돈을 아끼기 위해 최대한 예산을 삭감하여 더 이상 줄일 데가 없었다. 설상가상으로 1091년 초에 지중해 동부에서 가장 크고 중요한 두 섬인 크레타와 키프로스가 반란을 일으키고서 콘스탄티노플로부터 사실상 독립하겠다고 선언했다. 이 반란은 과도한 세금 부과의 결과였다.[25] 외적의 북서부 접경지대 침략도 곤경에 빠진 황제를 더욱 압박했고 비잔티움의 빈약한 재정 자원을 더욱 악화시켰다.[26]

1092년 초반에 알렉시오스는 지중해 동부 역사에 큰 파급효과를 미치는 결정을 내렸다. 노르만인이 계속 공격해 오던 1080년대에 황제는 베네치아와 긴밀하게 협력했다. 베네치아의 배들이 황제로부터 사전에 대가를 지불받고서 노르만인의 보급품이 이탈리아 남부에서 바다를 건너 노르만 부대로 전달되는 것을 차단해주었던 것이다.[27] 알렉시오스는 1081~1085년 동안에 노르만인의 공격이 계속되자 더 긴밀한 협력을 확보하기 위해 베네치아에 많은 특혜를 하사했다. 그중에는 아드리아해의 베네치아 통제권을 확대하여 달마티아를 그들의 통제권 안에 포함시킨 것과 베네치아 총독에게 일련의 작위를 내려준 것도 들어 있었다.[28]

제국의 금융제도를 활성화하기 위해 필사적이었던 알렉시오스는 해외 자본이 제국 내에 유입되어야만 경제를 살릴 수 있다고 결론 내렸다. 그래서 1092년 봄에 황제는 베네치아에게 포괄적인 특혜와 이권을 내려주는 칙령을 반포했다.[29] 베네치아의 통치자는 1080년대에 베네치아와 달마티아의 총독 겸 제국의 프로토세바스토스(protosebastos, 프로토는 첫 번째라는 뜻이고 세바스토스는 존경받는 자, 위엄 있는 자 등의 뜻으로, 제국의 원로라는 뜻이다─옮긴이)라는 호칭을 사용했다. 그리고 1092년 이후에는 베네치아의 권위를 더욱 확대하면서 크로아티아에 대한 사법 관할권을 부여했다. 이것은 콘스탄티노플이 내려준 중요한 이권이었다. 총독은 그것을 후계자에게 물려줄 수 있는 권한까지 부여받았다.[30] 게다가 베네치아의 교회들은 많은 후원금을 받았는데, 그중에서도 성 마르코 성당은 더욱 관대한 대우를 받았다. 1090년대 초입에 성당은 재축성을 앞두고 대대적인 보수작업을 하고 있었는데 알렉시오스가 그 예산을 전액 지원한 것이다. 콘스탄티노플의 부두 중 '히브리인의 문'에서 비글라 탑에 이르는 지역은 베네치아 무역업자들의 전용 구역으로 지정되었고, 안티오크, 라오디케아, 타르소스, 마미스트라, 아탈레이아, 아테네, 코린토스, 테베, 테살로니키, 디라키온 등 다른 항구들에서도 이와 유사한 조치가 내려졌다.[31] 이 덕분에 베네치아는 지중해 동부에서 이탈리아의 다른 도시국가들에 비해 상당한 경제적 우위를 차지할 수 있었다.

그것도 모자라 알렉시오스는 베네치아 무역업자들이 비잔티움 내에 투자하는 것을 촉진하기 위해 전례 없는 유인책을 제시했다. 가령 베네치아 무역업자들에게 하사된 부동산에 대한 권리 주장으로부터 그들을 보호하기 위하여 면세 혜택이 부여되었다.[32] 베네치아의 선박들이 수입하거나 수출하는 모든 물품에 대한 세금 또한 면제되었다.[33] 아말피, 피사, 제노바 등 제국과 중요한 무역 관계를 맺고 있는 다른 이탈리아 도시국가들에는 이와 같은 혜택을 주지 않음으로써 황제는 베네치아에게 경쟁적 우위를 제공했을 뿐만 아니라 비잔티움에 대한 투자를 더욱 많이 하도록 유도했다. 이러한 조치는 아주 중요했으므로 베네치아 교회의 수장인 그라도의 총주교가 1092년 봄에 직접 콘스탄티노플로 와서 이러한 무역 특혜의 협약이 체결되는 현장에 입회하기도 했다.[34]

알렉시오스의 조치는 그가 벌인 도박 중 하나였다. 다른 이탈리아 도시국가들도 똑같은 특혜를 내려달라고 요구해올 위험이 항상 도사리고 있었다. 베네치아에 내려준 관대한 특혜를 취소하거나 변경하고 싶을 때에는 어떻게 할 것인가 하는 문제도 있었는데, 황제는 1092년에는 이런 문제를 전혀 생각하지 않는 듯했다. 단기적인 파급 효과로는 베네치아에게 그런 경쟁 우위를 제공함으로써 비잔티움 상인들의 입지를 좁게 만들었다는 것을 들 수 있다. 베네치아인들의 이문 폭을 넓혀줌으로써 그들은 비잔티움 무역업자들과는 비교가 안 되는 경쟁력을 갖게 되었기 때문이다.

이런 특혜의 영향을 수량화하기는 어렵지만, 조치를 취한 직후에 알렉시오스가 비잔티움 금융 제도의 전면적인 개혁에 착수했다는 것은 우연의 일치가 아니다. 1092년 여름에 가치가 높은 새로운 고액 동전인 히페르피론(hyperpyron, 문자적인 의미는 "정련된 황금")이 주조되었고, 동시에 그보다 낮은 액면가의 여러 동전이 발행되었는데 이 동전들의 상대적 가치는 고정되어 있었다. 새로운 동전들은 한정된 수량만 발행되었으나, 국제 무역에서는 안정된 통화가 필수적인 수단이었으므로 동전의 재주조가 선행되었다. 이런 통화개혁은 심각하게 위축된 경제를 회복하기 위해 필수적인 조치였다. 비잔티움 경제는 계속되는 통화 가치의 하락으로 인해 큰 충격을 받았고 게다가 동전의 실제 가치는 아무도 제대로 알 수 없는 상태가 되어버렸던 것이다. 그러나 병들어버린 제국의 귀족 제도를 소생시키는 문제는 이러한 조치와는 전혀 다른 문제였다.

반역의 움직임이 시작되다

집권 첫 10년 동안 알렉시오스 1세 콤네노스에 대한 저항은 거의 없었다. 비잔티움의 이웃들이 벌이는 주기적인 침략 행위와 국내 경제 상황의 악화에도 불구하고 콘스탄티노플의 황제는 정치적 압박을 별로 받지 않았다. 1082년 디라키온의 함락 이후 불거져나왔던 황제에 대한 비판도 직접적인 행동으로 이어지진 않았다. 1083년 겨울에 수도에서는 황제를 전복하려는 음모가 있다는 소문이 팽배했으나, 구체적인 행동이 일어나지는 않았다.[35] 몇 년 뒤에 도나우 강변 지역을 평정하려는 황제의 원정전이 실패로 끝났다. 그 전투에서 황제는 부상을 당했고, 제국의 가장 귀중한 보물인 성모의 케이프(목에 매는 짧은 망토의 일종)를 페네체그족에게 강탈당하지 않기 위해 야생화 꽃밭에 황급히 숨겨야만 했으나, 국내에서 반란은 벌어지지 않았다.[36]

1080년대에 통치 엘리트들이 이런 수동적인 자세를 보인 것은 1070년대의 상황과 비교하면 아주 대조적인 것이다. 그전에 제국의 실력자들은 돌아가면서 반란을 일으키며 황위를 차지하기 위한 각축을 벌였었다. 1080년대에 이런 표면적인 진정 상태가 나타난 것은 귀족들의 기세가 많이 꺾였기 때문이다. 봉급 삭감, 이웃 국가들의 침략으로 인해 보유 영지에서 나오던 독립적 소득의 붕괴, 불안정한 금융 제도 등이 제국 엘리트들의 입지를 크게 약화시켰다. 그러나 귀족들이 알렉시오스에게 도전하지 못한 것은 그가 제국의 권력을 완벽하게 거머쥔 탓도 있었다. 즉위 초기에 의도적으로 일부 귀족들의 재산을 몰수함으로써 황제에게 도전을 하면 엄청난 대가를 치를 것임을 잠재적인 정적들에게 명확하게 알려주었다. 위협 세력으로 간주된 귀족들은 무자비하게 숙청되었다. 알렉시오스의 집권 첫 3년 동안에 두 명의 총주교를 사퇴시킨 것이 보여주듯이, 새 황제는 반란이나 불충의 기미는 조금도 용납하지 않았다.

그러나 1090년대에 들어와서 알렉시오스는 자신의 위상이 점점 위태로워지는 것을 미연에 방지하지 못했다. 알렉시오스가 제국을 후퇴시키고 있다는 점이 더욱 분명해졌다. 재원은 이제 거의 탕진되었고 콘스탄티노플의 견제가 잘 미치지 않는 크레타와 키프로스에서는 과도한 세금에 항의하는 반란이 터져 나왔다. 베네치아에 내려준 특혜에 분노를 표하는 사람들도 많았다. 개인과 교회에게서 빼앗은 땅은 이탈리아 무역업자에게 나눠 주었는데 재산을 빼앗긴 사람들은 어떤 보상도 받지 못했을 뿐만 아니라 항소를 할 권리도 없었다.[37]

무엇보다 알렉시오스의 한계가 명확하게 드러나는 곳은 소아시아였다. 소아시아에서 벌어지는 투르크인의 침략을 격퇴하려는 황제의 노력은 참담하게 실패했다. 해안 지역을 수복하려는 시도는 완전 수포로 돌아갔고 니케아 공성전은 전혀 성과를 올리지 못했다. 알렉시오스가 제국을 통치한다는 게 재앙인 것처럼 보이기 시작하자 비잔티움 사람들은 대안을 찾아나섰다.

놀랍게도 황제를 교체하려는 시도는 가장 불만이 많은 세력에서 나오지 않았다. 1081년 콤네노스 가문의 쿠데타로 신분이나 지위를 잃은 사람들 또는 투르크인에게 토지를 빼앗겼거나 빼앗길 위협을 당하고 있는 소아시아의 토지 소유자들은 움직이지 않았다. 알렉시오스가 외부 인사를 중요한 자리에 임명하기를 선호하여 출세 기회가 막혀버린 사람들 또한 잠잠했다. 한 저술가는 이 시기에 황제에게 올린 울적한 조언을 이렇게 써놓았다. "폐하께서 외국인 무리 중에 어떤 자를 발탁하여 그를 프리미케리오스(primikerios, 프리미는 첫 번째라는 뜻이고, 케리오스는 전투대열 중 가운데 부분이다. 즉 본진을 지휘하는 자라는 뜻으로 군부대의 최고 지휘관을 지칭한다―옮긴이) 혹은 장군으로 임명할 때마다, 자격이 충분한 로마인에게는 어떤 자리를 내려주었습니까? 그런 식의 인사는 그 로마인을 당신의 적으로 만들 뿐입니다."[38] 그렇지만 황제에 대한 가장 강력한 반발은 그의 최대 지지 세력이었던 가족들로부터 나왔다.

세르비아인들이 비잔티움 영토를 거듭 침략해 오면서 북서부 접경지대를 강화하기 위해 주요 원정전을 준비하던 1094년 봄에 사태는 절정에 도달했다. 그것은 낙타의 등을 부러뜨린 마지막 지푸라기였다. 소아시아가 대혼란에 빠진 상태에서, 전략적으로 중요도가 떨어지는 외곽지역에 군사력을 집중시킨다는 계획은 황제의 현저한 판단력 결여를 보여주는 것이었다. 그런 사실에 무슨 확인이 필요하겠는가마는, 이제 황제를 교체해야 한다는 사실이 다시금 확인되는 순간이었다.

알렉시오스의 국정 운영을 우려하는 목소리는 조카 요한 콤네노스의 귀에까지 들어갔다. 요한은 최근에 요한 두카스가 소환되면서 디라키온의 지사로 임명되었다. 조카는 반란 음모를 삼촌인 황제에게 알리려고 하지 않고 은근히 자기 자신을 후계자로 내세우고 싶어 했다. 그는 1080년대에 노르만인에 대적하는 독일과의 동맹을 강화하기 위해 하인리히 4세의 딸과 결혼할 배우자 후보로 선정된 이후에 자신이 그런 지위에 오를지 모른다는 기대감을 갖고 있었다.[39] 그러나 1092년 가을에 알렉시오스의 맏아들 요한 2세 콤네노스가 아버지와 함께 공동 황제로 즉위하면서, 황위에 오르려는 조카 요한의 꿈은 결정타를 맞았다.[40] 불가리아의 대주교 테오필락트가 황제에게 조카의 음모를 알려주자, 알렉시오스는 즉시 요한을 불러들여 엄중 경고하면서 견제했다. 이렇게 하여 조카 문제는 빠르게 해결되었으나 그 사건은 일부 황제 가족들조차도 알렉시오스가 황제 자리에서 곧 물러날 거라고 생각한다는 점을 보여주었다.[41]

조카 요한의 움직임은 비잔티움에서 벌어지던 광범위한 운동의 일부였다. 황제에게 도전하려는 다른 후보들이 많이 있었다. 그중 한 명이 미카엘 7세의 아들 콘스탄틴 두카스였다. 그는 완벽한 황실 계보를 자랑하는 청년이었으나 기질이 허약했고 병에 자주 걸렸다. 알렉시오스는 즉위한 후에 그가 잠재적 라이벌이 될 수 있음을 의식하여 그를 예의 주시했고, 그의 충성심을 확보하기 위하여 1083년 12월에 자신의 맏딸 안나 콤네네가 태어나자 콘스탄틴과 딸을 약혼시켰다.[42] 제국과 그 외의 지역에서 널리 퍼져 있는 이런 얘기가 사실이라면, 이 결혼에서는 후계자가 나올 수 없었다. 콘스탄틴은 이미 1078년에 니코포로스 3세 보타네이아테스에 의해 거세되었기 때문이다.[43]

콘스탄틴이 반란의 움직임을 전혀 보이지 않자 황실 계보도 우수하고 출중한 기품을 지닌 니케포로스 디오게네스에게 이목이 집중되었다. 그는 1071년 만지케르트에서 대패하여 굴욕을 당한 로마노스 4세의 아들이었다. 알렉시오스는 디오게네스와 그의 동생을 유년기 때부터 예의 주시했다. 두 소년은 새끼 사자 같았다고 안나 콤네네는 말하는데, 황제는 그 둘을 자신의 아들처럼 키웠다. 그는 두 아이에 대하여 나쁘게 말한 적이 없었고 그들이 잘 성장하도록 최선을 다했다. 남들이 의심스러운 눈빛으로 형제를 쳐다봐도, 알렉시오스는 명예롭고 애정 어린 태도로 그들을 대해주었다. 아무튼 황제의 딸은 이렇게 말하고 있는 것이다.[44]

니케포로스는 이제 황위를 노리는 가장 강력한 후보로 부상했다. 알렉시오스와는 다르게 그는 포르피로겐네토스(porphyrgennetos), 즉 '보라색 속에서 태어난 자'였다. 이것은 황궁의 보라색 방에서 태어난 황실의 모든 자녀를 가리키는 말이었다. 그는 자연스러운 매력, 카리스마 넘치는 성격, 훌륭한 인품, 잘생긴 용모를 갖추고 있었다. 심지어 안나 콤네네도 그에게 감명을 받았다. "그는 튼튼했고, 넓은 가슴과 금빛 머리카락을 가졌다. 또래 청년들보다 머리 하나는 더 큰 키는 거인 족과 겨룰 만했다. 그가 말을 타고 폴로 경기를 하거나 화살을 쏘거나 아주 빠른 속도로 달려와 창을 던지면, 사람들은 입을 딱 벌리고 그 자리에 얼어붙은 채 '전에는 본 적이 없는 천재를 보고 있는 것이 아닐까' 하고 생각했다."[45]

1094년 여름에 황제가 발칸반도 원정에 나서자, 니케포로스는 주도권을 잡기 위해 행동에 나서야겠다고 결심했다. 알렉시오스를 살해하는 일을 자신이 직접 결행하기로 결정하고서 니케포로스는 어느 날 저녁 겨드랑이에 칼을 숨긴 채 황제의 텐트로 접근했다. 그러나 그는 황제를 습격할 결정적 순간을 포착하지 못해 그 일을 미루었다. 황제와, 전쟁터까지 수행을 온 황비가 함께 자고 있는 침대 주위를 두른 베일 밖에서, 부채질을 하면서 모기를 쫓던 시녀가 방해가 되었던 것이다. 니케포로스는 얼마 후에 한 번 더 암살을 시도했지만 또다시 실패했다. 목욕탕에 간다던 그가 칼을 들고 있는 모습을 보조가 목격했기 때문이다.[46]

이런 수상한 행동을 보고받은 알렉시오스는 서부 지역 주둔군 사령관인 동생 아드리안에게 조용히 이 문제에 개입하여 문제를 처리하라고 지시했다. 공개적으로 조사하면 그의 약화된 위상이 더욱 낮아질 것을 우려했던 것이다. 그러나 아드리안은 디오게네스의 음모에 대하여 황제보다 더 잘 알고 있었으면서도 아무것도 발견하지 못했다고 보고했다.[47] 그러자 황제는 좀 더 직접적인 조치를 취했고, 그 결과 니케포로스는 체포되었고 고문을 참지 못한 그는 모든 것을 자백했다.

알렉시오스는 음모 가담자들에 대한 정확한 정보를 알고서는 경악을 금치 못했다.[48] 미카엘 7세와 니케포로스 3세 보타네이아테스의 전 부인이고 알렉시오스의 측근이었던 마리아 황비와, 황제의 여동생 마리아 콤네노스의 남편인 미카엘 타로니테스도 음모자 명단에 올라 있었다.[49] 니케포로스는 원로원의 선임 의원, 고위 군 장교, 영향력 있는 귀족 등의 지지를 받고 있었다.[50] 이들의 이름은 이 시기의 주요 기록인 《알렉시아스》에는 나오지 않는다. 당황스러울 만큼 광범위한 음모를 세세히 기록하기보다는 음모자들의 명단을 과감히 생략한 것이다. 그렇지만 일부 음모의 주모자들을 알아내는 것은 가능하다. 알렉시오스의 동생 아드리안은 음모를 꾸민 자들의 우두머리였다.

니케포로스에게는 제국 서부군의 사령관인 아드리안이 가장 믿음직한 동지였다. 아드리안이 니케포로스의 이복 여동생과 결혼했기 때문에 두 사람은 인척 관계였다. 아드리안이 니케포로스의 황제 암살 시도에 대해 자세히 알고 있다는 사실은 그 동생도 음모에 가담했음을 암시하는 것이었다.[51] 그리고 아드리안이 알렉시오스 암살 시도에 직접 연루되어 있음을 입증하는 정보도 있었다. 그 정보가 알려진 후에 아드리안은 종적을 감추었다.

그리하여 아드리안은 1차 십자군전쟁 내내 아무런 역할을 하지 못했다. 콘스탄티노플로 가는 길에 비잔티움 영토를 횡단했던 서방 부대를 감독하는 일도 하지 않았고, 수도에 도착한 그들을 맞이하는 일도 하지 않았다. 도를 넘은 논란과 오해가 폭력 사태로 이어져, 서방 기사들을 무력으로 제압해야 했을 때에도 아드리안의 모습은 보이지 않았다. 1097년 니케아를 공격하기 전, 중, 후 어느 시기에도 그는 모습을 드러내지 않았다. 십자군과 함께 소아시아로 들어가 안티오크로 가는 길을 안내한 사람은 제국 육군의 최고위직이었던 아드리안이 아니었다. 십자군전쟁을 기록한 많은 서방 측 사료들 중 아드리안의 이름이나 그의 존재에 대해서 언급한 사료는 단 하나도 없다. 그는 황실에서 척출되었던 것이다. 그는 수도원에서 여생을 살아야 했고, 그의 이름은 황실의 관보에서 삭제되었으며, 그의 자녀들은 12세기에 들어와 권력에서 멀어졌다.[52]

다른 주요 인사들도 세인의 시야에서 사라졌는데 이는 그들이 음모에 가담했다는 간접적 단서다. 그들 중 한 사람이 니케포로스 멜리세노스였다. 한때 알렉시오스와 권력을 다투던 정적이었던 멜리세노스는 불평꾼으로 전락하여 황제를 비방하고 노골적으로 반란을 부추기고 있었다.[53] 그러던 그도 어느 순간 갑자기 사라졌다.[54] 1094년 이전에 제국 해군을 지휘했다는 사실 이외에는 별로 알려진 것이 없는 니케포로스 콤네노스 또한 숙청되었다.[55] 그는 십자군전쟁이 벌어지던 시기에 더 이상 해당 직위를 맡고 있지 않았다. 그 자리에는 유스타티오스 키미네이아노스가 대신 들어섰다.[56] 이런 사실들은 비잔티움 엘리트들뿐 아니라 황제의 가족들도 그에게 등을 돌리고 있었음을 말해준다.

알렉시오스 정부 체제는 심각한 위협을 받고 있었다. 황제는 음모의 진상을 감추기 위해 발 빠르게 움직였다. 콘스탄틴 두카스가 황제를 위해 음모 사실을 밀고했다는 소문이 돌았다. 하지만 이것은 사실이 아니었다.[57] 황제의 주가가 얼마나 많이 떨어졌는지 보여주기라도 하듯이, 알렉시오스는 여전히 비잔티움의 주도적 인사들이 황제를 신임하고 있다는 거짓말을 퍼뜨려야 했던 것이다. 전 황비 마리아가 음모에 가담했다는 충격적인 사실은 일반 대중에게는 은폐되었다.[58] 《알렉시아스》는 많은 고위직 인물과 군대 내 장사병이 광범위하게 그 음모에 연루되었음을 보여준다. 반면에 황제의 지지자들은 "이제 소수의 인사로 국한되었고 황제의 목숨은 위태롭게 되었다".[60]

군인 알렉시오스의 연설

황제는 혈연과 혼인으로 맺어진 황실 친척들을 긴급 호출해 비상 회의를 열었다. 안나 콤네네에 의하면 "그들은 정말로 헌신적인 사람들이었다". 알렉시오스는 당시의 상황을 장악하기 위해 애썼다. 그는 담대한 결정을 내렸다. 그는, 다음 날 전 장병이 집합하는 총회를 열어 그와 함께 원정에 나선 사람들에게 자신을 도와줄 것을 직접 호소하겠다고 결정했다. 다음 날 새벽이 되자 수행원들이 알렉시오스를 따라 황제의 텐트에 모였다. 거기서 황제는 도열한 장병들 앞에 우뚝 섰다. 황금 보좌에 앉은 그는 양 뺨이 기대감으로 붉게 타오른 채 장병들을 내려다보았다. 이제 현장에는 형언할 수 없는 긴장감이 감돌았다.[61]

알렉시오스에게 충성을 바치는 사람들이 창과 칼로 무장한 채 황제를 보좌했고, 무거운 쇠도끼를 어깨에 둘러맨 바랑 친위대가 황제 뒤에 반원형을 이루며 서 있었다. 알렉시오스는 황제의 자의가 아니라 수수한 군복을 입고서 자신의 상징과 의도를 드러내고 있었다. 만약 그가 칼을 맞아 죽어야 할 운명이라면 군인의 자격으로 죽겠다는 것이었다. 황제의 통치권과 비잔티움제국의 운명이 이 한순간에 걸려 있는 듯했다.

알렉시오스는 천천히 연설을 시작했다. "제군들이 알다시피 디오게네스는 나에게 학대를 당한 적이 없다. 그의 아버지에게서 제국을 빼앗은 것은 내가 아니라, 전혀 다른 사람이었다. 나는 그를 나쁘게 대한 적이 없고 고통을 준 적도 없다." 디오게네스를 언제나 잘 돌보아주었는데, 그는 지속적으로 버릇없고 또 이기적으로 굴었다고 황제는 말했다. 디오게네스는 알렉시오스의 친절을 배신으로 되갚았다. 그는 황제를 음해하고 심지어 음모를 꾸미다가 발각되기도 했으나 그때마다 용서를 받았다. "내가 아무리 아량을 베풀어주어도 그는 나를 배반하려는 마음을 바꾸지 않았다. 그는 나의 선의에 대한 보답으로 나를 사형에 처하려 했다."[62]

황제는 자신의 연설이 장병들에게 즉각 영향을 미치는 것을 보고서 안심했다. 병사들은 알렉시오스의 자리를 다른 사람이 차지하기를 바라지 않는다고 소리쳤다. 이러한 반응은 황제의 인상적인 연설 때문이기도 했지만 갑작스러운 공포심에서 나온 것이기도 했다. 장병들은 황제의 친위대가 자신들을 무자비하게 학살할지 모른다고 생각했던 것이다. 그러나 알렉시오스가 용서에 대해서 말하고 주모자들만 골라내어 별도로 처벌한 후에 나머지는 불문에 붙이겠다고 말하자, 병사들이 일제히 환호하는 대소동이 벌어졌다. 현장에 있었던 사람들의 목격담에 의하면, "거기에 모인 장병들은 일찍이 듣도 보도 못한 커다란 함성을 내질렀다. 일부 병사들은 황제의 자상함과 관용을 칭송했고, 음모의 주모자들은 사형으로 다스려야 한다고 소리치는 병사들도 있었다."[63]

음모는 용서받을 수 없는 중대한 죄였지만 음모의 주모자들은 사형을 당하지 않고 척출되어 유배 길에 올랐다. 니케포로스 디오게네스와 그의 동료 카타칼론 케카우메노스는 눈을 불로 지지는 형을 받아 맹인이 되었다.[64]

알렉시오스는 이런 광범위한 음모가 꾸며진 사실에 큰 충격을 받았다. 안나 콤네네에 의하면, 그 음모 사건은 알렉시오스의 정신적, 신체적 건강에 커다란 악영향을 미쳤다.[65] 그 사건은 통치 후반에 알렉시오스를 크게 괴롭혔고 때때로 불안 강박증으로 숨을 쉴 수 없을 정도였다고 기록되어 있다.[66]

알렉시오스 폐위 음모의 핵심적 원인은 1090년대 초반 소아시아에서 벌어진 참사였다. 그러나 한편으로는 황제가 주요 군부대를 이끌고 북서 접경지대를 평정하는 원정전에 나서서 세르비아인들의 침략을 물리치는 일에 집중하자, 비잔티움의 등 돌린 엘리트들은 황제가 제국의 핵심 지역을 의도적으로 무시한다는 이유로 분노하여 궐기한 것이었다. 1081년 즉위한 후에 알렉시오스가 정치적으로 성공을 거둘 수 있었던 핵심적 요인은 그의 손아귀에 권력을 집중시키고 그 자신을 모든 인사, 군사 원정, 정책의 중핵으로 삼는 정치 제도를 수립한 것이었다. 이것은 자연히 귀족들의 권위와 영향력을 약화시켰다. 귀족의 몰락은 간접적으로는 황제가 모든 권력을 자신의 손아귀에 집중시킨 것에 대한 결과였지만, 직접적으로는 귀족들에게 봉급을 안 주거나 삭감한 결과였다. 과도한 세금, 철저한 국가 수입 확보, 정치적 의도가 다분한 재산 몰수 등은 비잔티움의 귀족 계급을 몰락시킨 또 다른 이유였다.

이처럼 제국의 귀족들을 의도적으로 홀대함으로써 알렉시오스의 통치는 점점 더 벼랑으로 내몰리게 되었다. 1094년 디오게네스의 음모가 발각된 후 콘스탄티노플에 돌아왔을 때 황제가 취한 첫 번째 조치는 통치 계급을 더욱 과감하게 숙청하는 것이었다. 그의 통치 초기에 중요한 책임자 자리를 맡았던 사람들은, 대거 승진된 새로운 세대들로 대체되었다. 새로운 관리들은 집안의 부, 연줄, 정치적 중요도 등을 기준으로 선발된 것이 아니라 알렉시오스에 대한 철저한 충성이라는 단 한 가지 기준에 의해 발탁되었다. 가장 큰 혜택을 누린 부류는 서부 속주 출신들이었다. 제국의 권력 구조를 크게 재편하는 과정에서 가장 눈에 띈 특징은 아나톨리아 출신의 오래된 비잔티움 귀족들을 몰아내고 그들이 맡았던 자리에 트라케 출신의 새로운 출세 가문들이 임명된 것이었다.

다른 사람들도 중요한 고위직으로 도약했다. 마누엘 부투미테스는 디오네게스 반란 사건의 여파로 처음 관직에 올랐는데, 낮은 관직에서 맴돌던 그가 일약 비잔티움의 고위 책임자 자리에 발탁된 것이다. 마누엘은 제1차 십자군전쟁 때 중요한 역할을 하게 된다. 유마티오스 필로칼레스는 너무 강인하여, 어느 성직자가 그를 위해 밤낮 기도를 해도 구원할 수 없는 사람이라고 말할 정도였는데, 그는 펠레폰네소스의 오지에서 발탁되어 키프로스섬에 대한 알렉시오스의 권위가 다시 확립된 후에 그 섬의 지사로 임명되었다.[67] 니케타스 카리케스나 유스타티오스 키미네이아노스도 반란 사건 이후에 주요 보직으로 승진 발령된 사람들이었다.[68] 니케포로스 브리엔니오스의 경우, 황제가 직접 발탁하여 안나 콤네네의 약혼자였던 콘스탄틴 두카스를 밀어내고 그녀의 약혼자로 삼았다.[69]

1094년의 획기적인 인사 조치의 결과 외국인들은 전보다 더 높은 자리에 올라가게 되었다. 10년 전 황제 밑으로 들어와 복무했던 노르만인 피터 알리파스는 황제의 신임을 더욱 얻어 중요한 측근이 되었다.[70] 제국 해군 지휘는 란둘프가 맡았는데, 그의 이름은 그가 롬바르디아 출신임을 보여준다. 그는 제국 함대를 지휘하게 된 최초의 비非비잔티움인이었다.[71] 한편 늘 황제의 신임을 받았던 타티키오스는 제국 군대의 최고위직에 올랐다. 그는 제1차 십자군전쟁 때 아주 중요하면서도 민감한 업무를 맡게 된다.[72]

고위 관리들 중 이런 대대적 인사개편에서 살아남은 인물은 얼마 되지 않는다. 조지 팔라이올로고스와 요한 두카스는 살아남아 일정한 역할을 수행했다. 전자는 황제가 십자군들과 협상할 때 황제의 이익을 적극적으로 대변했고, 후자는 콘스탄틴 달라세노스와 함께 소아시아 서부 지역을 수복하는 일에[73] 앞장섰다.[74] 그러나 디오게네스를 지지했거나 황제에 대한 여타 불평불만을 말한 자들을 단칼에 모두 다 숙청해버리는 일은 아주 큰 위험이 따르는 일이었다. 그래서 어떤 경우에는 단계적으로 숙청을 진행했다. 가령 니케포로스 멜리세노스는 음모 사건 이후에도 몇 달 동안 현역으로 남아 있으면서 1095년 봄 쿠만 스텝 유목민들을 상대로 한 토벌전에 참가했다. 그렇지만 그는 야전에서 새로 임명된 고위 사령관들의 엄중한 감시를 받아야 했고, 그 이후에 조용히 시야에서 사라졌다.[75]

이런 숙청 조치에도 불구하고 알렉시오스의 권력 장악은 여전히 불안정했다. 1095년 초, 호전적인 쿠만 족장인 토고르타크가 도나우강을 건너와 제국의 영토를 공격하고 있다는 소문이 들려왔을 때, 황제는 정치적으로 더욱 흔들리게 되었다. 쿠만족은 자신을 레오 디오게네스라고 주장하는 자의 안내를 받고 있었다. 레오라는 자는 자신이 로마노스 4세 황제의 아들들 중 한 명이라면서, 비잔티움 내의 불평불만 세력을 규합하고 또 그의 "형제"인 니케포로스 디오게네스가 닦아놓은 반란의 토대를 활용하려고 했다. 그 자는 쿠만족을 크라케의 아드리아노플까지 인도해 와 이 중요한 도시를 장기적 공성전에 시달리게 만들었고, 그동안 유목민들은 발칸반도의 다른 지역에서 노략질을 했다.[76] 힘든 방어 끝에 쿠만족을 도나우강 너머로 쫓아내긴 했지만, 비잔티움의 위기는 계속되었다.

가장 시급한 문제는 소아시아를 다시 정복하는 것이었고 무엇보다도 니케아를 수복하는 일이었다. 알렉시오스는 전에 기만술, 매수, 방어막 공격 등의 방법을 차례로 사용해보았으나 모두 무위로 끝났다.[77] 그렇다면 딱 한 가지 방안이 남아 있었다. 장기적인 포위 공성전을 벌이는 것이었다. 하지만 이 작전을 수행하려면 철통같은 방어 요새를 공격해본 경험이 있는 군인들로 구성된 초대규모 군대가 필요했다. 이 작전에 필요한 인력과 기술을 갖춘 곳은 단 한 군데뿐이었다.

6

동방의 구원 호소

제1차 십자군전쟁이 일어나기 전 몇십 년 동안, 기독교인들 사이에서는 종교적 연대라는 의식이 아주 높아졌다. 기독교의 역사와 운명을 공유한다는 이러한 연대 의식은 동방과 서방을 긴밀하게 연결시켰다. 이것은 대체로 보아 유럽 전역에 사람과 사상이 폭넓게 교류한 결과였지만 비잔티움의 선전활동이 의도적으로 촉진한 것도 있었다.

　동방과 서방은 늘 교류를 해왔지만 비잔티움제국이 적극적으로 서방 기사들을 콘스탄티노플로 유치하려고 애쓰면서 11세기에 들어와서는 그러한 교류가 제도화되기에 이르렀다. 잉글랜드의 런던에는 동원국動員局(recruitment bureau, 비잔티움제국으로 건너가서 용병으로 돈을 벌고자 하는 젊은이들을 동원하여 파견하는 잉글랜드의 정부 기관―옮긴이)이라는 기관이 있어서 명예와 부를 찾는 자들이 이곳을 찾아왔다. 또한 비잔티움 관리들은 동방으로 진출하려는 자들에게 일단 콘스탄티노플로 오면 모든 것을 돌봐주겠다고 약속했다.[1] 제국의 수도에는 황제에게 복무하겠다며 다양한 지역에서 찾아오는 사람들을 환영하기 위하여 다양한 통역사를 준비해두고 있었다.[2]

그리하여 서방에서는 집 떠나려는 모험적인 젊은이들을 만류하는 것이 힘들어지는 일도 벌어졌다. 11세기 후반에 노르망디에 위치한 권위 있는 베크 수도원의 원장이자 나중에 캔터베리 대주교에 오르는 안셀름은 윌리엄이라는 젊은 노르만 기사에게 편지를 보냈다. 이 서신에 의하면 그 당시 비잔티움에서는 높은 보수를 준다는 것이 상식처럼 알려져 있었다. 안셀름은 금전적 약속에 마음이 흔들려서는 안 된다고 조언했다. 그보다는 하느님이 그를 위해 갖고 계신 진정한 운명과 계획을 따라서 수도자가 될 것을 권유했다. 윌리엄은 이 권유를 따랐을 수도 있으나 그러지 않았을 가능성이 더 높다. 안셀름의 서신에는 이미 그의 형이 콘스탄티노플로 떠났고 윌리엄은 그 뒤를 따라갈 것이라고 쓰여 있다.[3]

서방 기사들의 유입은 알렉시오스가 즉위하기 전에도 비잔티움에서는 널리 환영을 받았다. 비잔티움제국 군대는 주로 보병으로 이루어져 있었던 반면에, 서방의 전쟁 기술은 기병대를 특히 강조했다. 서방의 무기 제조 기술이 발달하면서 튼튼한 돌격마 위에 올라탄 기사들이 전장에서 엄청난 위력을 발휘했다. 병법의 발전도 기병대의 힘을 더 강하게 만들었다. 서방의 기병대는 공수 양면에서 강력한 전투 대형을 구축하여 높은 효율성을 발휘했다.[4] 군기가 엄정했던 서방의 기병대는 단단한 방어벽을 구성했고, 이는 페체네그족이나 투르크족처럼 신속하게 움직이는 적들에게 무서운 상대였다. 왜냐하면 이들 민족은 적의 전투 대형을 분열시킨 후에 주력 부대로부터 낙오한 부대를 집중적으로 공략하는 전술을 사용했기 때문이다.

그러나 서방에서 유입되는 야심만만한 국외자들을 모든 콘스탄티노플 사람들이 반겼던 것은 아니었다. 에르베 프랑고풀로스(문자적인 의미는 "프랑크인의 아들")는 1050년대에 소아시아에서 투르크인의 침략을 잘 막아내어 황제로부터 많은 토지를 하사받고 높은 작위를 부여받았다. 그러나 비잔티움 내에서 서방 사람인 그에 대한 적개심이 너무 심했고, 결국 그는 목에 돌을 매단 채 지중해 속으로 가라앉고 말았다.[5] 로베르 크리스팽 또한 많은 업적을 세워서 비잔티움 귀족들에게 질투와 시기를 받은 인물이었다. 로베르는 전장에서 투르크인과 싸우다가 최후를 맞이한 것이 아니라 콘스탄티노플에서 질투심 가득한 정적들이 음식에 넣은 독을 먹고서 사망했다. 아무튼 이것이 당시 유럽에서 떠도는 소문이었다.[6]

서방을 향한 호소

11세기 말엽에 소아시아의 상황이 크게 악화되면서 알렉시오스는 제국 바깥에 도움을 요청하는 일에 적극 나섰다. 유럽 전역의 사람들은 1090년대에 콘스탄티노플에서 들려오는 간절한 구호 요청을 점점 더 자주 듣게 되었다. 아우라의 에케하르트는 이렇게 기록했다. "심지어 우리들도 직접 목격한 바 있는, 사절과 서한들을 알렉시오스가 보내왔다. 카파도키아, 루마니아(비잔티움), 시리아 전역이 심각한 위기에 처해 있으므로 간절히 도움을 요청한다는 내용이었다."[7] 또 다른 박식한 연대기 작가는 이렇게 말했다. "마침내 콘스탄티노플의 황제 알렉시오스는 이교도들의 끊임없는 침략과 그로 인해 제국의 영토가 점점 축소되고 있다는 사실에 전율을 느끼게 되었다. 그는 구원을 요청하는 편지를 들려서 프랑스에 사절을 파견했다. 그 편지는 위험에 빠진 그리스를 도와달라고 군주들에게 간절히 호소하는 것이었다."[8]

플랑드르 백작인 로베르에게도 황제의 보고서가 날마다 전해져 왔다. 가령 이런 내용이었다. 무수한 기독교 신자들이 살해되고 있다. 소년과 노인, 귀족과 농민, 사제와 수도자 등이 투르크인들에 의해 끔찍한 남색의 죄악을 강제로 뒤집어썼다. 또 사람들은 강제로 할례 의식을 받았고 귀족 부인과 딸들은 아무런 보호도 받지 못하고 강간을 당하고 있다. 그리스 기독교인들이 사는 이 성스러운 제국이 온 사방에서 이교도의 압박을 받고 있다.[9]

투르크인의 폭력과 기독교인의 고난을 호소하는 이런 충격적인 이야기는 서방인들의 분노를 일으켰다. 1090년대 초반에 니코메디아가 공격을 당하자 알렉시오스의 호소는 더욱 급박해졌다. 황제는 서한을 들려서 온 사방에 사절을 파견했다. 서한은 전 기독교인의 도움을 눈물로써 호소한다는, 탄식과 슬픔이 가득 담긴 내용이었다. 야만인들이 세례반(축복된 세례수를 담아두는 용기—옮긴이)을 모독하고, 교회를 파괴하여 먼지로 만드는 상황을 막아야 하지 않겠느냐고 애원했다. 이미 살펴본 바와 같이, 플랑드르의 로베르에 의하여 서방 군대는 동원되었고 마침내 그 도시를 수복하고 '성 조지의 팔'에 이르는 지역을 탈환하여, 니코메디아만에 이르는 지역을 안정시켰다.[10]

성직자들로 구성된 사절들이 전해온 제국의 붕괴 소식은 유럽 전역에 퍼져나갔다.[11] 한 연대기 작가는 이렇게 썼다. "동방의 기독교인들, 즉 그리스인과 아르메니아인은 카파도키아, 루마니아, 시리아 전역에서 투르크인에게 끔찍한 박해를 당하고 있다."[12] 동시대에 쓰인 다른 보고서는 좀 더 구체적이다. "투르크인이 팔레스타인, 예루살렘, 성묘 등을 공격했고 아르메니아, 시리아, 그리스 일부 지역('성 조지의 팔'에 이르는 지역)을 점령했다."[13] 또한 동방의 지주 계급이 토지를 약탈당해 엄청난 피해를 겪고 있다는 사실이 널리 알려졌다.[14]

비잔티움이 당하는 곤경에 대해서는 정확한 최신 정보가 잘 알려져 있어서, 우르바누스 2세가 1095년 겨울 클레르몽의 청중 앞에 섰을 때 그 주제에 관해선 더 이상 소개할 필요가 없었다. 교황은 이렇게 연설했다. "여러분은 동방의 형제들에게 어서 빨리 도움을 주어야 합니다. 그들은 여러분의 도움을 간절히 호소해왔습니다. 여러분이 이미 알고 있듯이, 페르시아인인 투르크족이 그들을 공격했고 또 '성 조지의 팔'이라고 하는 지중해의 일부 해역에 이르는 곳까지 로마인의 영토를 침략했습니다. 투르크족은 점점 더 많은 기독교인의 땅을 빼앗았고, 일곱 번의 전투에서 일곱 번 모두 패배시켰고, 많은 사람들을 살해하거나 생포했으며, 교회들을 불태우고, 하느님의 왕국을 파괴했습니다."[15]

이런 정보가 공식 소통 경로를 통해서만 서방에 도착한 것은 아니었다. 일부 소아시아 소식들은 11세기 말에 콘스탄티노플과 예루살렘을 여행한 여행자나 순례자에 의해 전파되었다. 플랑드르의 로베르는 1089년에 성지 순례를 다녀왔는데 귀국할 때 비잔티움의 곤궁한 상황을 직접 목격했다. 11세기 말, 이탈리아 남부에서 글을 쓴 아풀리아의 윌리엄은 교회 파괴와 기독교인 박해에 대한 소식을 들었지만, 그런 위기는 비잔티움 황제 탓이라고 생각했다. 황제가 자신의 취약한 입장을 강화하고자 투르크인들을 이용하려고 그들과 너무 가까운 관계를 유지하다가 그런 역효과가 났다는 것이다.[16] 알렉시오스가 술라이만과 말리크-샤와 가깝게 지내며 동맹 관계를 맺은 사실을 감안하면 이런 판단은 상당히 근거 있는 것이었다. 제국의 참담한 상황은 상당 부분 황제에게 책임이 있다는 평가가 내려지기도 했다는 점은 동방에서 흘러나오는 정보가 황제에 의해 독점적으로 통제되는 것은 아님을 보여주고 있다.

그러나 콘스탄티노플과 성지에 다녀온 서방인들이 그들 나름의 이야기를 전했음에도 불구하고, 그 이야기가 상당히 일관성을 갖고 있다는 사실은 동방의 정보가 황제에 의해서 아주 효율적으로 관리되고 있음을 보여주는 것이다. 그 보고서들의 내용, 어조, 메시지 등은 거의 동일했다. 가령, 동방의 교회들이 파괴되고 있다, 기독교인들 특히 사제들이 끔찍한 박해의 대상이 되고 있다, 소아시아는 붕괴되었고 투르크인들이 '성 조지의 팔'까지 침략해 왔다, 비잔티움은 군사적 지원을 절실히 필요로 한다 등이었다. 이러한 얘기는 언제나 거의 똑같았는데 대다수의 정보가 황제로부터 흘러나왔기 때문이다.

예루살렘이 위태롭다

무수한 보고서들에 공통적으로 포함되어 있는 정보는 예루살렘의 상황이 악화되고 있다는 것이었다. 11세기 말엽에 팔레스타인과 거룩한 도시의 상황이 점점 더 불안정해지고 있다는 것이었다. 투르크인은 처음에는 이 지역의 비非무슬림 공동체에 상당한 관용을 베풀었다. 그들이 1070년대에 카이로의 파티마 왕조로부터 예루살렘을 빼앗으면서 수니파 투르크인과 시아파 파티마 왕조 사이에 긴장이 격화되었다. 파티마 왕조는 1089년에 소아시아 해안 지역에 대규모 원정부대를 파견하여 상당한 이득을 봤다. 반면에 1091년 고위 투르크인 사령관이 전투에서 사망하면서 투르크인의 불안감은 더욱 높아졌다. 그들은 사령관의 사망을 현지 주민 탓으로 돌리며 그들을 마구 박해하거나 학살했다.[17] 안티오크에서는 그리스인과 아르메니아인을 강제로 개종시켰고 예루살렘에 사는 기독교인 주민들을 무자비하게 박해한 후에 무거운 세금과 부역을 강요했다.[18] 유대인 또한 공격의 대상이었다. 1077년 예루살렘의 주요 회당이 불태워졌는데, 이것은 이 시기에 기록된 박해의 사례들 중 일부일 뿐이었다.[19]

최근의 연구 조사는 1070년대와 1080년대의 비무슬림의 생활 조건이 과연 그렇게 나빴는가 하는 데 의문을 표시하고 있지만, 아랍 측 사료에도 제1차 십자군전쟁 이전에 예루살렘, 안티오크, 성지 등에 긴장이 격화되었다는 사실이 기록되어 있다.[20] 알레포 출신의 12세기 아랍 논평가는 이렇게 기록했다. "시리아 항구들은 프랑크인이나 비잔티움 순례자들이 바다를 건너 예루살렘으로 오는 것을 가로막았다. 살아남은 사람들은 그 소식을 고국에 전했다. 이 소식을 듣고 그들은 군사적 침략에 대비했다."[21] 또 다른 저술가는 신임 안티오크 지사인 야기-시얀이 기독교인을 노골적으로 학대했으므로 곧 반발이 일어날 것이라고 썼다.[22]

서방의 순례자들이 성스러운 도시를 방문하는 것은 점점 더 어려워졌다. 10세기와 11세기에는 예루살렘을 방문하는 순례자들이 아주 많았다. 물질적 부가 증대되고, 지적 호기심이 늘어나고, 중세 초기에 소통이 빈번하게 잘 이루어져와서 여행에 대한 태도가 개방적이었기 때문이다.[23] 그러나 소아시아와 레반트 지역에서 폭력이 난무하게 되면서 순례자 수는 극적으로 줄어들었다. 성지에 관한 충격적인 이야기들이 널리 퍼졌다. 순례자들이 투르크인에게 고문과 폭력을 당했고 석방금을 내고 풀려났다는 소문이 들려왔다.[24] 카리스마 넘치는 설교인 은자 피에르의 순례 이야기를 들은 군중들은 경악을 금치 못했다.[25] 하지만 모든 사람이 그런 얘기를 듣고 순례를 포기한 것은 아니었다. 푸아의 로저는 1095년 봄에 성도聖都 순례를 계획대로 실시했고, 일 년 뒤에 돌아와 프랑스 남부에 있는 자신의 영지에 대한 소유를 주장했다.[26] 또 다른 노르망디 출신의 한 기사도 그 얼마 후에 순례를 성공적으로 다녀온 후 쥐미에주 수도원에 기부금을 내는 것으로 무사 귀환을 자축했다.[27] 그러나 이들은 소수였다. 한 연대기 작가는 1090년대 상황이 너무나 안 좋았기 때문에 선뜻 순례를 떠나려는 사람은 거의 없었다고 적었다.[28]

서방에서 이처럼 예루살렘에 대해 점점 우려를 나타내는 상황을 알렉시오스는 적절히 활용했다. 11세기 말 콘스탄티노플에는 많은 서방인들이 살고 있었고 개중에는 황궁에서 봉사하는 고위직들도 있었다. 이런 상황이기 때문에 황제는 성도의 중요성과 정서적 유혹을 잘 알았다. 이런 이유로 황제는 예루살렘 총주교 에우티미오스에게 보에몬드와의 협약에 입회할 것을 요청했다. 보에몬드는 노르만의 1차 비잔티움 공격을 격퇴했을 때 "무서운 프랑크인"이라는 별명이 붙은 인물이었다. 총주교를 입회시키는 의도는 제국이 침략당하고 있다는 사실이 기독교권의 가장 중요한 인물들 중 하나인 인물에게도 큰 걱정거리임을 만방에 드러내려는 것이었다.[29]

또 다른 사례는 당대의 슬라브어 텍스트에 들어간 추가 삽입 자료에서 찾아볼 수 있다. 1090년 초 크로아티아의 궁정에 알렉시오스 황제와 우르바누스 2세 교황이 보낸 사절이 도착했다. 그보다 1년 6개월 전 라틴과 그리스 교회 사이에 동맹을 맺을 가능성이 생겨나기 시작하면서 벌어진 일이었다. 그 사절은 즈보니미르 왕에게 예루살렘과 성역들이 이교도 수중에 떨어졌고 그들이 이 신성한 유적들을 파괴하고 모독하고 있다고 전했다. "가장 경건한 기독교 왕인 우리의 형제 즈보니미르 폐하께, 그리스도와 성 교회에 대한 사랑으로 우리를 도와달라고 호소하는 바입니다"라고 사절들은 애원했다.[30]

알렉시오스가 1090년대 초에 플랑드르의 로베르에게 서신(일부 학자들은 위작으로 의심하는)을 보낸 이유는 예루살렘의 상황을 이용하여 서방의 반응을 이끌어내려는 것이었다. 황제는 이렇게 경고했다. 만약 기독교인들의 왕국이 투르크인에게 함락된다면 성묘 또한 영구히 잃어버리게 될 것이다.[31] 비잔티움 수도의 운명이 곧 성도의 운명이라는 말은 12세기 초에 저술된 유럽 연대기들에도 흘러 들어갔다. 수도자 로베르는 이렇게 썼다. "예루살렘과 콘스탄티노플로부터 심란한 소식이 들려왔다. 이방인이며 하느님에게 적대적인 족속인 페르시아인이 (……) 기독교인의 땅을 침략하여 살인, 약탈, 방화로 그 땅의 사람들을 죽이고 일부 기독교인들은 납치하여 그들의 소굴로 데려갔다."[32] 이러한 메시지의 출처는 콘스탄티노플의 황제로 소급된다.

알렉시오스의 예루살렘 옹호는 영리한 처사였다. 그것은 유럽의 기독교인 기사들의 반응을 촉발하려는 것이었는데, 당시 유럽 기사들은 종교적 경건함과 기사다운 봉사라는 이상을 점점 더 신봉하고 있었다. 교회는 일요일, 축제일, 종교적 기념일 등에 전투에 나서는 것을 금지했는데 이로 인해 서방의 기사들은 무차별적 전투와 군사적 정복을 초월하는 기독교적 윤리를 주입받게 되었다.[33] 공허한 언사와 구체적 실천 사이에는 현격한 차이가 있었지만(가령 수요일 일몰에서 월요일 일출 사이에 전투에 참여한 기사는 파문되어야 한다는 샤르트르의 이보가 내놓은 주장은 지나치게 이상적인 것이었다) 교회가 세속의 생활에 개입하려 했다는 것은 주목할 만한 일이고 또 분명 사회에 영향을 미쳤다.[34]

이런 서방의 상황에서, 동방이 당하고 있는 환난의 소식은 서방에 특별한 공명共鳴을 불러일으켰다. 11세기 말 예루살렘에 대한 관심이 거의 강박적 수준에 이르게 되자, 동방의 기독교인들과 성지에 대한 위협적 소식은 곧 닥쳐올 세상의 종말에 대한 공포와 완벽하게 결합되었다. 홍수, 기근, 유성의 출현, 일식 등은 세상의 종말이 가까이 다가왔음을 보여주는 듯했다.[35] 따라서 교회를 옹호해야 한다는 교황의 호소는 서방의 기사들에게 새로운 존재 이유(raison d'être)를 부여했다. 동방의 신자들을 구하는 원정에 나서는 사람들에게 정신적 보상을 내려준다는 약속은 아주 솔깃한 유혹이었다. 알렉시오스의 구원 요청은 서방에서 도화선에 불을 붙이는 촉매가 되었다.

알렉시오스가 콘스탄티노플과 예루살렘의 환난을 거론하고 이어 자신을 제국과 성도의 옹호자로 자처한 것은 이탈리아 남부의 사람들에게 큰 영향을 미쳤다. 루푸스 프로토스파타리우스라는 사람이 쓴 연대기에는 이런 내용이 쓰여 있다. "서방의 기사들이 1090년대 중반에 원정에 나선 이유는, 이교도들과의 전투에서 알렉시오스 황제의 도움을 얻어서 예루살렘의 성묘에 도달하려는 것이었다."[36] 몽스의 기베르도 콘스탄티노플 사절들이 말한 성도의 곤경이 많은 주목을 받았다고 기록했다.[37]

13세기, 테오도레 스쿠타리오테스는 알렉시오스가 예루살렘 문제를 자신한테 유리하게 이용했다고 확신했다. "그는 이탈리아인들을 동맹으로 삼아야 한다는 것을 깨달았고 그렇게 하기 위해서는 아주 영리하게 움직여야 한다는 것도 알았다." 황제는 예루살렘이 서방에서 높은 인기를 누리고 있다는 사실에 착안하여 그것을 활용하기로 마음먹었다. "바로 그 때문에 수만 명이 이오니아해를 건너서 신속하게 콘스탄티노플로 왔던 것이다."[38]

성물 외교

간단히 말해서 알렉시오스는 서방 기독교인들의 마음을 움직이는 촉매제가 무엇인지 알고 있었다. 그는 또한 성 유물에 대한 서방의 점점 높아지는 관심도 적절히 활용했다. 서방에서 그리스도의 생애와 관련된 물품들은 아무리 사소하고 또 그럴 법하지 않더라도(가령 그의 젖니와 그가 어린아이였을 때 씹었다는 빵 등) 엄청난 정신적 중요성을 차지하고 있었다.[39] 황제는 제1차 십자군 전야의 몇 년 동안에 이런 성물 욕구를 적극 활용했다. 툴의 주교 피보의 생애는 별로 특기할 만한 사항이 없으나, 이 주교가 1086년 예루살렘 순례를 갔다가 돌아오는 길에 '성스러운 십자가'의 한 조각을 가지고 돌아왔다는 점은 주목할 만하다. 주교는 이 유물을 우연히 발견한 것이 아니었다. 황제가 직접 그에게 그것을 건네주었다. 따라서 피보가 황제를 가리켜 "그리스인들의 가장 영광스러운 황제이고 또 그들에게 큰 사랑을 받는 황제다"라고 말한 것은 그리 놀라운 일이 아니다.[40]

알렉시오스는 독일의 하인리히 4세와도 성물 외교를 통해 효과를 보았다. 1080년대 초 노르만인의 침공에 맞서 싸울 때 황제는 하인리히에게 도움을 요청하기 위해 성물을 보냈던 것이다. 하인리히에게는 "가슴에 매다는 황금 십자가와 황금으로 상감한 성물함을 보냈다. 성물함 안에는 출처를 밝힌 여러 성인들의 기념품이 들어 있었다".[41]

다른 두 명의 독일 저자들에 의하면, 다른 선물로는 항아리와 주전자도 있었는데 이것들은 알렉시오스가 얼마 전에 비잔티움의 교회들로부터 몰수한 것 중 일부일 가능성이 아주 높았다.

가경자可敬者 피에르가 황제가 알프스 이북의 많은 예배당과 교회를 아름답게 장식했다고 쓴 것은, 황제가 멀리 떨어진 지역들로 보낸 성유물들을 가리키는 것이었다. 클뤼니 대大수도원의 원장인 피에르가 알렉시오스로부터 받은 성물의 구체적 면면이나 시기를 밝히지는 않았지만, 황제의 이름을 긍정적으로 거론한 것을 보면 알렉시오스가 중요한 성물을 많이 보냈다는 것을 알 수 있다. 그는 정말로 "명실공히 위대한 인물이었다".[43]

알렉시오스가 플랑드르의 로베르에게 보낸 편지는 콘스탄티노플이 수집한 성 유물에 대한 관심을 불러일으키는 계기가 되었다. 그 성물들의 면면을 살펴보면 이러하다. 예수가 채찍질을 당하기 전에 묶여 있었던 기둥과 채찍, 그리스도가 입었던 보라색 겉옷, 가시 면류관, 그리스도가 못 박혔던 '거룩한 십자가'와 몸을 고정시키기 위해 사용된 대못, 십자가에 못 박힐 때 입었던 옷, 무덤에서 나온 리넨 옷, 5000명을 먹인 오병이어가 들어 있었던 열두 개의 바구니, 열두 사도 · 순교자 · 예언자 등이 지니고 있던 물품이나 그들의 뼈.[44] 황제가 플랑드르의 로베르에게 보낸 편지를 읽은 노장(Nogent)의 기베르는 편지 내용을 요약하면서 머리카락과 턱수염이 그대로 보존된 세례자 요한의 머리가 콘스탄티노플에 있다는 사실을 주목했다. 그는 요한의 머리가 앙제의 교회 보물 창고에 보관되어 있다고 생각했기에 깜짝 놀랐다. 그는 약간 냉소적인 어조로 이렇게 썼다. "세례자 요한의 머리가 두 개일 수는 없고 또 한 사람이 머리를 둘씩이나 갖고 있다는 것도 말이 안 된다. 그렇게 말하는 것은 불경한 짓이다."[45] 그는 이 문제를 더 조사해보겠다고 말했다.

도움 요청이 점점 힘을 얻고 있던 1090년대 중반에 알렉시오스는 성스러운 십자가의 조각들을 아주 창의적으로 활용했다. 성스러운 십자가는 콘스탄티누스 대제가 통치하던 시기인 4세기에 수도로 옮겨온 이후 콘스탄티노플을 대표하는 성물이 되었다. 1095~1096년 사이에 교황 우르바누스 2세는 중부 유럽에 머물며 여러 제단과 교회들을 축성했다. 이 사실은 알렉시오스가 군사적 지원을 이끌어내기 위해 교황에게 성스러운 십자가 조각들을 보냈으리라는 것을 짐작케 한다.[46]

콘스탄티노플을 찾은 영향력 있는 서방 인사들은 수도에 보관되어 있는 성유물들을 관람했다. 1090년대 초반에 콘스탄티노플을 방문한 켄트 출신의 한 수도자는 알렉시오스의 근위대에서 근무하는 한 고향 친구를 통해 황제의 개인 예배당에 들어갈 수 있었다. 원래 그곳의 출입은 엄격하게 통제되었다. 그 수도자는 예배당 안으로 들어가 성 앤드루의 유물을 선물로 받았다. 이러한 사실은 황제가 서방인들의 호의를 얻기 위하여 모든 외교적 채널을 가동했다는 것을 보여준다.[47]

알렉시오스는 서방 인사들이 무엇을 중요하게 여기는지 환히 꿰뚫고 있었다. 그래서 유럽의 유력 인사들과 소통할 때에는 어떤 말을 쓸 것인지에 대해서도 신경 썼다. 가령 1080년대에 하인리히 4세와 접촉할 때에는 기독교적 유대감과 종교적 의무를 강조하는 언사를 사용했다. 비잔티움 황제는 이렇게 말했다. "당신과 나는 노르만 지도자인 로베르 기스카르를 상대로 협력해야 합니다. 그래야 하느님과 기독교인의 적인 그자의 사악함을 처벌할 수 있습니다. 그자는 살인자이며 범죄자입니다. (……) 당신과 나는 기독교인으로서 친구가 되어 마치 인척인 듯 가까워져야 합니다. 이렇게 상부상조하면 우리는 적들에게 무서운 존재가 되고 또 하느님의 도움을 받는 불패의 형제가 될 것입니다."[48]

이탈리아 몬테카시노의 대베네딕트 수도원과 연락을 할 때에도 그와 유사하게 아주 조심스러운 언사를 사용했다. 안부를 물어준 수도원장의 편지에 감사를 표시하고 또 하느님의 가호가 수도원장에게도 내리기를 빈 다음에, 알렉시오스는 이렇게 답변했다. "그분은 자비심과 은총을 내려 나의 제국을 명예롭게 하고 또 찬양했습니다. 나는 날마다 그분의 자비심과 참을성이 허약한 나를 지탱해줄 것을 기도합니다. 선량함과 미덕이 가득한 당신은 비록 죄인에 지나지 않은 나를 선량한 사람으로 판단해주기를 바랍니다."[49] 알렉시오스는 겸손한 태도를 내보이면서 개인적인 경건한 마음과 신앙심을 강조했다. 그것은 완전한 복종과 절제를 강조하는 종단의 수장에게 강렬한 인상을 주기 위한 철저한 계산 아래 나온 언사였다.

이처럼 알렉시오스는 서방 인사들에게 호소하는 요령을 잘 알고 있었는데, 피터 알리파스나 고이베르 같은 수도 내의 서방인들과 자주 접촉했기 때문이다. 알리파스는 1080년대에 황궁에서 근무한 노르만인이었고, 고이베르는 마르무티에 출신의 수도자로서 황제의 신임을 받았고 또 제1차 십자군 직전에는 최측근이었던 사람이다. 황제는 지원을 이끌어내고 또 제국의 어려움과 정치적 이해관계를 기독교적 의무라는 관점으로 포장하기 위해 예루살렘의 매혹을 의도적으로 활용했다.

알렉시오스는 이전에 도움을 요청했을 때 거두었던 성공 사례에서 자신감을 얻었을 것이다. 가령 1090년대 초 니코메디아가 아불-카심의 수중에 떨어졌을 때, 도움을 호소하기 위해 그가 서방에 보낸 서신들은 즉각적인 반응을 이끌어냈다. 서방 기사들이 "하느님의 도움으로" 투르크인들을 몰아내기 위해 그에게 달려왔던 것이다.[50] 그러나 비잔티움의 상황이 악화되자 황제는 좀 더 적극적이고 대규모적인 지원을 필요로 했다. 그래서 알렉시오스는 자신이 과거에 지원 요청을 보냈을 때 적극 나섰던 사람들을 일차적인 호소의 대상으로 삼았다. 가장 가능성이 높은 인물은 플랑드르의 로베르였다. 알렉시오스는 1089년 말에 로베르 백작을 친히 만난 적이 있었다. 로베르는 만남 직후에 500명의 기사단을 보내 도움을 주었다. 따라서 황제는 1090년대에 플랑드르에 제일 먼저 도움의 손길을 호소했고 심지어 1093년에 로베르 백작이 사망한 후에도 계속 도움을 요청했다. 우르바누스 2세는 1095년에 이 지역의 "모든 신자들"에게 편지를 보냈을 때, 동방의 문제를 그들에게 소개할 필요가 없다는 것을 알았다. "형제들은 오래전부터 야만족이 무자비하게 공격해와 하느님의 교회를 파괴하고 동방의 여러 지역을 쑥대밭으로 만든다는 것을 들어 알고 있습니다."[51] 교황의 진단은 정확했다. 동방의 사정을 잘 아는 플랑드르 사람들 중에는 로베르 백작의 후계자인 로베르 2세와 그의 아내 클레멘티아도 포함되어 있었다. 로베르 2세는 1097년에 반포한 칙허장에서 페르시아인들이 예루살렘 교회를 점령하고 그 일대의 기독교 신앙을 파괴했다고 슬픈 어조로 말했다.[52]

황제는 로베르 백작과의 관계를 활용하여 다른 귀족들도 동원하려 했다.[53] 도움을 요청할 대상을 넓히려는 의도로 플랑드르에 보낸 그의 서신은 백작뿐만 아니라 "지상의 모든 군주들과, 속인이든 수도자든 기독교를 사랑하는 사람들 모두"에게 발송된 것이었다.[54] 노장의 기베르가 날카롭게 지적한 바와 같이, "황제는 로베르가 부유하고 대규모 군대를 동원할 수 있는 인물이라고 보아 접촉한 것이라기보다 (……) 이 정도 권력을 가진 사람이 원정에 나선다면 자연스럽게 많은 사람들도 유인할 수 있을 것이라고 보았기 때문에 서신을 보낸 것이다. 사람들은 새로운 경험을 하기 위해서라도 황제를 지원할 가능성이 있는 것이었다".[55]

황제와 교황의 연대

그러나 알렉시오스가 가장 신경을 많이 쓴 사람은 교황 우르바누스 2세였다. 여기서도 황제는 개인적 친분을 활용했다. 전에 교황으로부터 도움을 받았다는 사실이 그에게 자신감을 주었다. 1090년 말에 알렉시오스는 우르바누스에게 사절단을 보내 페체네그족과 투르크인을 상대로 하는 싸움에 도움을 달라고 요청했다. 당대의 어느 역사가는 이렇게 썼다. "교황은 캄파니아에 있었고 모든 가톨릭 신자들에게 존중을 받았다. 또한 콘스탄티노플의 황제도 존경을 표시해왔다."[56] 그 당시 우르바누스는 아주 취약한 입장에 있었으나(이 때문에 그는 로마에 있지 않고 캄파니아에 있었다) 동방으로 군대를 보내는 데 동의했다.[57] 자신이 교황에게 보낸 메시지가 널리 퍼질 것임을 잘 알았던 알렉시오스는 육상으로든 해상으로든 제국을 도와주러 오는 군대에게는 필요한 지원을 아끼지 않겠다고 우르바누스에게 약속했다.[58] 당시에는 교황의 입지가 불안정했으므로 알렉시오스에게 해줄 수 있는 게 별로 많지 않았다. 그러나 1090년대 중반에 들어와 이탈리아와 독일의 상황이 바뀌기 시작하자 우르바누스는 수사적이고 정치적인 수완을 발휘하면서 서방의 상황과 동방이 받는 위협(이에 대해서는 알렉시오스가 지속적으로 보고해왔다)을 적절히 활용하려 했다.[59]

그런데 이런 지원에는 아주 중요한 선례가 있었다. 알렉시오스는 우르바누스에게 도움을 호소하면서 전임 황제가 예전 교황과 맺었던 협약을 거의 그대로 따라 했다. 1073년 여름 미카엘 7세 황제는 로마에 소규모 사절단을 보내 교황 그레고리우스 7세와 동맹을 맺기 바란다는 서명 요청서를 제출했다. 당시 이탈리아 남부에서 비잔티움의 지배권이 붕괴되었고 소아시아에서는 투르크인의 위협이 점증하고 있었다. 노르만인의 힘이 커지는 걸 걱정하던 교황은 미카엘 7세가 보낸 편지를 가리켜 "사랑과 감사의 말이 가득하고 로마 교회에 대한 엄청난 헌신을 보여주는 것"이라고 감사하면서 적극적으로 반응하는 회신을 보냈다.[60] 교황은 그것이 정교회와의 분열을 치유할 수 있을 뿐만 아니라 이탈리아 내에서의 자신의 위상도 강화할 수 있겠다고 생각하여 즉각 행동에 나섰다.

그레고리우스는 콘스탄티노플을 방어하기 위하여 군대를 동원한다는 아이디어가 무척 마음에 들었다. 그렇게 함으로써 교황은 모든 기독교인의 옹호자로 자처할 수 있을 뿐만 아니라 로베르 기스카르와 노르만인을 격퇴하는 데 지원을 할 수 있는 것이었다. 그 후 몇 달에 걸쳐서 교황은 유럽 전역의 지도자들에게 서신을 보내 자신의 메시지를 전했다. 예를 들어, 1074년 2월에, 부르고뉴의 윌리엄 백작에게 서신을 보내 콘스탄티노플에 군대를 보낼 것을 요청했다. "동방의 기독교도들이 사라센(사라센제국에서 전용되어 무슬림을 가리키는 말로 쓰인다. 사라센제국은 7~13세기에 서아시아를 중심으로 서쪽으로는 스페인과 아프리카, 동쪽으로는 인도에 이르는 무슬림 제국이다—옮긴이)들의 빈번한 파괴 행위로 엄청난 고통을 받고 있다. 그들이 우리에게 간절히 도움을 요청하고 있는데, 도와주어야 하지 않겠는가." 또 그에 앞서서 노르만인의 공격으로부터 교황령을 보호해주어야 한다는 말도 잊지 않았다.[61]

그다음 달 교황은 "기독교 신앙을 옹호하려는 모든 사람들"에게 서신을 발송했다. 그 서신에는 이런 섬뜩한 경고가 담겨 있었다. "이교도 족속이 기독교 제국을 무자비하게 압박하여 콘스탄티노플 성벽 바로 앞까지 몰려왔다. 그들은 야만인처럼 토지를 파괴하고 살인적인 폭력을 휘두르면서 모든 것을 약탈해갔다. 그 족속은 마치 가축을 도살하듯이 수천 명의 기독교인들을 죽였다. 고통받고 있는 사람들을 슬프게 생각하는 것만으로는 충분하지 않다. 나는 사도들의 으뜸인 축복받은 성 베드로의 권위로 여러분이 형제들에게 증원군을 보낼 것을 촉구한다."[62]

그레고리우스는 그해 내내 투르크 공격에 맞서서 비잔티움을 보호하기 위해 군사적 원정부대를 보내야 한다고 계속 연설하고 다녔다. 더욱이 1074년에 발송한 편지에는 이런 사실이 지적되어 있다. "나는 어디에서나 기독교인들이 떨쳐 일어나야 한다고 호소했고 이런 목적을 위해 기독교 신자들을 격려해야 한다고 말했다. (……) 그들은 가축처럼 죽어나가고 있는 형제 기독교인들을 지키기 위해 그들의 목숨을 내놓을 각오를 해야 한다."[63] 동방의 형제들이 당하는 고통 뒤에는 악마가 숨어 있다고 교황은 말했다. "기독교 신앙을 옹호하고 하늘의 왕에게 봉사하려는 사람들"은 자신이 하느님의 아들임을 보여주기 위해 유럽 대륙을 횡단하여 콘스탄티노플로 떠날 준비를 해야 한다.[64]

그러나 실제로 그레고리우스의 계획은 무위로 끝났다. 이것은 무관심의 결과는 아니었다. 교황의 강력한 메시지는 서방의 일부 지도자들을 크게 감동시켰다. 예를 들어 아퀴텐 공작이며 푸아투 백작인 윌리엄은 성 베드로를 위하여 그리스도의 적들을 향해 진격할 준비가 되어 있다고 말했다.[65] 토스카나 여백작 베아트리체와 부용의 고드프루아도 그 대의에 합류할 의사가 있다고 말했다.[66] 그러나 문제가 한 가지 있었다. 비잔티움 사람들은 그레고리우스와 협상하는 동시에 로베르 기스카르에게도 접근하여 1074년 여름에 이 노르만 지도자와 협약을 맺었다.[67] 이렇게 되자 교황의 이탈리아 내 입지가 위태롭게 되었을 뿐만 아니라, 유럽 기사단의 마음을 움직인 핵심사항인 동방 교회와 서방 교회의 통합 전망 역시 암담하게 되었다. 그레고리우스는 당황스럽지만 당초 제안에서 후퇴할 수밖에 없었다. 교황은 이렇게 썼다. 푸아투의 윌리엄은 동방 원정에 관여할 필요가 없다. "왜냐하면 바다 건너 지역들에서 하느님의 자비 덕분에 기독교인들이 이교도의 야만적 행위를 물리쳤다는 소문이 들려오기 때문이다. 그리하여 우리는 앞으로 어떤 일을 해야 할지 섭리의 인도를 기다리고 있다."[68] 그러나 1074년에 소아시아에서 중요한 승리는 없었다. 그 지역 기독교인의 사정이 극적으로 나아졌다는 교황의 주장을 뒷받침할 만한 증거는 없었다. 그레고리우스는 단지 가능한 한 부드러우면서도 외교적인 자세를 취하면서 뒤로 물러설 생각이었던 것이다.

그러나 알렉시오스가 교황에게 사절단을 보내어 선임 황제와 똑같은 방법을 사용한 1095년은 1074년과 비교해 두 가지 중요한 상황 변화가 있었다.

첫째, 콘스탄티노플의 상황 자체가 알아볼 수 없을 정도로 악화됐다. 그레고리우스 7세에게 보냈던 호소가 탐색전의 성격이 강하고 또 이탈리아의 정치에 발판을 마련하려는 시도였다면, 알렉시오스가 교황 우르바누스 2세에게 보낸 구원 요청은 절망적인 상황에서 필사적으로 도움을 애원하는 것이었다. 황제의 사절은 1095년 3월 피아첸차에서 종교회의를 주재하는 교황을 만나서 음울한 메시지를 전했다. "콘스탄티노플 황제의 사절이 종교회의장을 찾아와서 교황과 모든 기독교 신자들에게 성스러운 교회를 방어하기 위해 이교도에 맞서는 도움을 달라고 요청했다. 소아시아의 교회들이 콘스탄티노플 성벽까지 정복한 이교도들에 의해서 무자비하게 파괴되었다는 것이다."[69] 20년 전과는 아주 다르게, 이번에 전해진 소식은 매우 참담한 것이었다. 투르크인이 소아시아 전역을 휩쓰는데도 비잔티움제국은 무기력한 대응으로 일관해왔다는 것이다. 실제 상황은 알렉시오스의 사절들이 전하는 것보다 한결 더 위험한 것이었다. 사절들은 1094년의 디오게네스 음모 사건으로 인해 황제의 입장이 아주 취약해졌다는 사실은 말하지 않은 듯하다. 이제 비잔티움은 그야말로 재앙의 벼랑에서 비틀거리고 있었다.

둘째, 교황 그레고리우스 7세는 모든 기독교인의 옹호자로 자처하면서 상당한 이득을 얻을 수 있었다. 하지만 1090년대 중반의 우르바누스 2세는 그보다 훨씬 판돈이 큰 게임을 펼치고 있었다. 강력한 적들과 반교황을 상대해야 했던 우르바누스는 교회의 통합을 강력하게 추진하여 불화를 종식시킨 인물로 자리매김해야 한다는, 전임 교황보다 훨씬 더 강력한 동기를 갖고 있었다. 타이밍도 아주 완벽했다. 비잔티움의 붕괴 일보 직전에서 알렉시오스가 도움을 요청해온 바로 그 시점에, 하인리히 4세의 아내와 아들이 교황의 편으로 넘어옴으로써 이탈리아 내의 정치적 상황이 극적으로 바뀌었다. 우르바누스는 이를 통해 힘을 얻었고, 이는 결과적으로 황제에게 비상한 구명줄을 던져준 결과가 되었다.

교황은 좋은 기회가 왔음을 즉각 알아차렸다. 그는 자신의 처지가 많이 좋아진 것을 적극 활용하여 프랑스 전역을 방문할 계획을 세웠다. 그는 피아첸차를 찾아온 황제 사절단의 호소에 신속하면서 결단력 있게 반응했다. "교황은 많은 사람들에게 이 의무를 다하라고 호소했다. 하느님의 의지에 따라 예루살렘으로 가서 능력이 되는 한, 이교도에 맞서 싸우는 황제를 온 힘을 다해 충실하게 도와줄 것을 맹세하라고 촉구했다."[70] 우르바누스는 구체적 세부사항, 구조, 의도 등에 대한 설명 없이 원정의 원칙에 참여하라고 호소하는 편지를 발송하는 데 그치기보다는, 자신이 직접 지중해 동부를 변화시키는 원정을 조직하고 또 후원할 결심을 했다. 그는 오로지 그 목적 하나에만 전념했다. 한 연대기 작가는 이렇게 기록했다. "루마니아의 내부 지역이 투르크인에 의해 점령되고 또 기독교인들이 잔인하고 파괴적인 침략 행위에 짓밟히고 있다는 소식을 들었을 때, 우르바누스는 하느님의 사랑과 불쌍히 여기는 자비심에 촉발되어 행동에 나섰다. 그는 산을 넘고 강을 건너 갈리아에 들어가서 클레르몽에 있는 오베르뉴에서 종교회의를 열겠다고 선포했다."[71]

이는 교황의 원대한 계획이 선언되는 바로 그 순간이 될 터였다. 이제 모든 것이 교황의 능력과 체력에 달려 있었다. 그는 프랑스 전역의 지도자들 및 공동체와 소통하면서 비잔티움을 도와주는 군대를 모집하는 일에 총력을 기울일 것이었다.

7

서방의 반응

십자군전쟁은 열정, 종교적 흥분, 모험에 대한 욕망 등으로 일어난 전쟁이었다. 많은 참여자들이 우르바누스 교황의 연설을 듣고 종교적 의무와 구원의 약속에 도취되었다. 십자군이 조직된 신속한 속도와 뜨거운 열기는 갑작스러운 거대한 분출이라고 해석해볼 수 있다. 그러나 십자군은 정교하게 조직된 것이기도 했다. 서방 사람들을 들고 일어나게 만드는 데 사용된 수사는, 군사적인 관점에서나 사회적인 관점에서 십자군 병사가 되기 적합한 자들을 유인하기 위하여 세심하게 고려된 것이었다. 또 성지를 향해 출발한 전사들의 흐름을 일정하게 유지하고 또 식량을 조달하기 위한 계획이 사전에 수립되었다. 따라서 기독교인 군대가 그처럼 거창하게 집결한 사태를 제대로 이해하기 위해서는 운동 뒤에 가로놓여 있는 위태로운 계산법을 살펴볼 필요가 있다. 우르바누스의 연설은 서방의 청중을 감동시키기 위하여 세심하게 마련된 것이었으나, 그 내용은 대체로 보아 콘스탄티노플의 알렉시오스가 결정한 것이었다. 우르바누스는 까다로운 길을 걸어가고 있었다. 그의 목적은 서방의 대중을 열광시켜서 비잔티움의 군사적 목적에 부응할 수 있는 효율적이고 통제 가능한 군대를 편성하는 것이었다. 서방의 이러한 동원 작전은 아주 비상한 정치적, 군사적 복잡성을 내포한 것이었다. 그것은 결국 통제하기가 거의 불가능한 복잡한 사정들 사이에서 균형을 잡으려는 행위였다.

발품 파는 교황

우르바누스는 1095년 7월에 프랑스 남부에 도착하여 몇 달의 시간을 들여 십자군 원정의 토대를 쌓았다. 유력 인사들과 만나며 프랑스 전역을 돌아다니는 동안에 교황은 자신의 목적을 아주 강력한 어조로 반복하여 말했다. 그것은 소아시아에서 투르크인을 몰아내어 그 지역과 예루살렘의 기독교 신자들을 해방하는 것이었다. 하지만 교황은 동방의 "해방"이 구체적으로 무슨 의미인지 언급하지 않았고, 원정의 구조, 목적, 조직 등에 대해서도 별로 언급하지 않았다.[1]

어떻게 보면 클레르몽 종교회의의 전, 중, 후에 나온 우르바누스의 호소가 다소 애매모호했다는 사실은 서방의 반응이 얼마나 강력했는지를 어느 정도 설명해준다. 예루살렘으로 가는 무장 순례에 참가하는 것은 군사작전의 일환이라기보다는 종교적 신앙의 문제로 제시되었다. 이 순례에 참여한 기사들은 하느님의 일을 하려는 열정에 휘둘리고 있었고 또 대부분은 자신의 죄악을 참회하기 위한 의도로 참여했다. 하지만 군사적 문제가 종교적 문제보다 덜 중요하게 제시된 데에는 강력한 정치적 이유도 있었다. 그런 군사적 문제들은 콘스탄티노플의 황제가 처리할 예정이었다. 알렉시오스는 투르크인들에게 저항하는 데 도움을 주는 군사적 힘을 요청해왔으므로 당연히 원정을 계획하고 군수 물자의 조달 등 실무적 문제들을 책임질 것이었다.

우르바누스는 이탈리아 내에서 자신의 운이 갑자기 좋은 쪽으로 변화되고 있다는 사실에 크게 고무되었다. 그는 참여 가능한 주요 인사들을 조사하고 동원을 촉구하는 작업에 착수했다. 주요 인사들의 참여는 자동적으로 다른 사람들의 참여도 촉진할 터였다. 1095년 여름 내내 그는 폭넓게 여행을 하면서 그런 인사들을 개별적으로 만났다. 그는 몽테유의 아데마르를 만나러 갔다. 르퓌의 주교인 아데마르는 영향력 있고 연줄이 많은 인물이었는데 예루살렘 원정을 제안받자 열광적으로 수락했다. 우르바누스는 프랑스 남부를 강행군하면서 부르고뉴의 에우데스와 리옹 대주교인 휴도 만났다. 그 외에 발랑스, 르퓌, 생-질, 님므 등지를 재빠르게 순방한 후에 프랑스 북부로 올라갔다.[2]

우르바누스는 이어 프랑스 남부와 프로방스 일대의 넓은 영지를 지배하고 있던 툴루즈 백작 레몽과 접촉했다. 그는 교황청과 우호적인 가문 출신인 데다 예루살렘과 관련된 잊지 못할 추억을 갖고 있었다. 레몽의 맏형인 윌리엄은 1090년대 초반에 예루살렘으로 순례 여행을 떠났다가 그곳에서 죽었다. 그는 귀국을 할 수 없는 상황이었거나 아니면 그곳에서 말년을 보내려 했던 것으로 보인다.[3] 형 못지않게 독실한 신자인 리몽은 한 무리의 사제에게 후원금을 제공하면서 죽은 형을 위하여 매일 미사를 집전하고 기도를 올려달라고 부탁했다. 또 레몽 자신이 살아 있는 동안 내내, 르퓌 교회의 성모상 옆에 촛불을 켜놓도록 자금 봉헌을 했다.[4] 레몽은 1080년의 브릭슨 종교회의 후에 그레고리우스 7세가 도움을 요청한 주요 인물들 중 하나였다. 당시는 반교황이 선출되어 교회가 분열 위기에 처했던 시절이었다.[5]

우르바누스는 레몽의 참여가 반드시 필요하다고 생각했다. 그가 참여한다면 십자군운동이 주요 후원자의 지원을 받고 있다는 것을 널리 알릴 수 있었다. 그러면 다른 실력자들도 이에 자극을 받아 원정전에 참여하게 될 것이었다. 이것은 알렉시오스가 플랑드르의 로베르와 통신할 때 내세운 논리와 비슷한 것이었다. 황제는 로베르의 지원이 다른 사람들에게도 영감을 주어 더 많은 군사적 지원을 이끌어낼 수 있을 것으로 예상했었다. 따라서 우르바누스의 제안에 툴루즈 백작이 적극적인 반응을 보인 것은 상당히 중요한 진전사항이었다. 그것은 또 다른 이유로도 고무적인 일이었는데, 우르바누스가 신자들의 보호자라는 자신의 이미지를 강화시킬 수 있는 동맹을 많이 구축할수록, 전체 교회의 지도자라는 그의 위상은 더욱 공고해지는 것이었다.

1095년 10월 중순, 교황은 클뤼니 대수도원에 도착했다. 한때 그 수도원의 원장이기도 했던 우르바누스는 일주일 동안 그곳에 머물면서 당시 건설 중이던 새로운 수도원 교회의 대제단을 축성했다.[6] 그 무렵 이미 십자군에 대한 소문이 널리 퍼져서 예루살렘 원정에 대한 흥분과 열기가 고조되고 있었다.[7] 교황은 클뤼니 수도원에서 열릴 클레르몽 종교회의에서 신자들에게 중요한 메시지를 전할 것이라고 선언했다. 그는 캉브레 주교와 랭스 대주교 등 클뤼니 수도원 행사에 참석한 사람들에게 "그들 교구의 저명한 인사들과 강력한 군주들을" 그 회의에 데리고 오라고 요청했다.[8]

클레르몽 종교회의는 1095년 11월에 개최되었고 소아시아의 참혹한 상황을 상세히 전하는 우르바누스의 연설로 막을 내렸다. 교황의 연설은 아주 끔찍한 것이면서 고통스러울 정도로 정확한 것이었다. 청중은 동방으로부터 흘러들어온 다른 소식들을 이미 들었기에 그런 상황을 알고 있었을 것이다. 그리스제국이 해체되고 있다고 교황은 정확하게 말했다. 투르크인이 정복한 소아시아의 땅은 너무 넓어서 그 지역을 횡단하는 데에는 꼭 두 달이 걸린다. 우르바누스는 이런 말을 하면서 청중에게 행동에 나서야 한다고 호소했다. "따라서 여러분 간에 일어난 모든 불화를 중단하고, 싸움은 그만두고, 전투는 끝내야 하며, 의견 불일치로 인한 모든 갈등은 잠시 접어두어야 합니다. 성묘로 가는 원정에 나서서 사악한 종족으로부터 그 땅을 구원하십시오."[9] 교황은 이 무장 순례에 나설 의향이 있다면 비단, 황금, 수수한 천 등으로 만든 십자가를 옷에 달아 그들이 하느님의 뜻을 행하는 하느님의 병사임을 나타내 보이라고 요구했다.[10]

교황이 연설을 마치자마자 고귀한 가문 출신인 르퓌 주교 아데마르는 "얼굴에 미소를 띠고서 우르바누스에게 다가가, 무릎을 꿇으며 그 여행에 나서고자 하는데 허락과 축복을 내려달라고 요청했다."[11] 그로부터 얼마 지나지 않아 교황은 플랑드르의 신자들에게 편지를 보내어 "그 원정과 노고의 지도자로서 나를 대신하여 우리의 고귀한 아들 르퓌 주교 아데마르를 임명한다"라고 말하여 다시 한 번 르퓌의 중요성을 강조했다.[12] 우르바누스가 연설한 다음 날, 툴루즈 백작의 사절이 찾아와 레몽도 원정에 참여할 의사가 있음을 알려왔다.[13] 이러한 주요 인사의 참여는 이미 오래전에 사전 공작된 것으로, 교황의 주도적 사업이 시작부터 강력한 추진력을 확보할 수 있도록 하기 위한 것이었다.

우르바누스의 클레르몽 연설은 유럽 전역에 충격을 안겨주었다. 곧 예루살렘으로 무장 순례를 떠나야 한다는 소식이 아주 빠르게 퍼져나갔기 때문이다. 순례에 대한 관심은 루아르강 계곡에서 설교하는 아르브리셀의 로베르와 같은 활동적인 사제에 의하여 더욱 증폭되었다. 그 사제가 담당하는 지역에는 순례에 흥미를 느끼는 부유한 귀족들이 많이 살았던 것이다.[14] 디종의 성 베니뉴의 수도원장인 자렌토는 적합한 인물들을 동원하라는 지시를 받고서 노르망디로 갔다가 이어 잉글랜드를 방문했다.[15] 프랑스의 리무쟁 같은 지역은 십자군 소식이 열광적인 반응을 받으며 효율적으로 퍼져나갔기 때문에 적극적 모병 활동의 근거지가 되었다.[16]

모든 지역의 사제들은 교황의 메시지를 전파하는 임무를 부여받는데, 교황의 말을 그대로 전할 뿐 거기다가 사족을 첨가하지는 말라는 특별 지시를 받았다. 그러나 사람들의 지원을 얻어내는 주된 노력은 일차적으로 우르바누스가 담당했다.[17] 무장 봉기를 호소한 후 첫 몇 달 동안에, 교황은 프랑스에만 머무르면서 이 공동체에서 저 공동체로 계속 옮겨 다녔다. 그는 1095년과 1096년 동안에 계속 이동하면서 신자들을 설득하고, 격려하고, 강요했다. 그는 크리스마스 무렵 리모주에서 연설을 했고 1096년 봄에는 앙제와 르망에서 연설한 다음 다시 프랑스 남부의 보르도, 툴루즈, 몽펠리에 등지로 갔다가 7월에는 님므의 또 다른 종교회의에서 연설을 했다. 교황이 이 도시에서 저 도시로, 이 교회에서 저 교회로 옮겨 다니며 십자군 참여를 호소하는 연설을 했으므로, 해당 지역의 연대기 작가들은 그의 방문 목적이 무엇인지 명확히 알 수 있었다. 한 저술가는 이렇게 말했다. "우르바누스는 예루살렘 원정을 설교하기 위해 르망에 도착했다. 그 주제로 설교를 하는 것이 그가 이곳에 방문한 유일한 목적이었다."[18] 마르시니에 있는 한 교회는 "교황 우르바누스가 아퀴텐으로 와서 동방의 이교도를 진압하기 위한 기독교인 군대를 조직한 그해"에 설립을 허가받았다.[19] 바야흐로 온 세상이 흥분과 열정으로 동요하면서 예루살렘을 향해 행군하기를 기다리고 있었다.[20]

우르바누스가 친히 방문할 수 없는 곳들에는 서신이 발송되었다. 예를 들면 그는 플랑드르는 방문하지 않았다. 알렉시오스가 이미 1090년대에 성공적으로 우호적 관계를 다져놓은 곳이었기 때문이다. 우르바누스는 플랑드르의 통치자, 사제, 주민 들 앞으로 편지를 보내 박해받고 있는 기독교 신자들을 도우려는 자신의 노력에 대해서 설명했다. 플랑드르 사람들은 동방의 기독교인들이 엄청난 고통을 당하고 있음을 잘 알고 있었다. "이러한 대규모 참사에 슬퍼하고 또 그곳 주민들의 종교적 경건함에 감동하여"라고 우르바누스는 썼다. "나는 골 지역을 계속 방문하면서 그곳 주민들뿐만 아니라 통치자들에게 동방의 교회들을 해방시켜달라고 호소해왔습니다. 나는 오베르뉴 종교회의에서 이 일에 참여하는 것이 중요하다고 엄숙히 선언하면서, 이번 참여가 그들의 죄를 사면받는 준비 단계가 될 거라고 말했습니다."[21]

구원이라는 약속

원정에 참여하면 그에 대한 보상으로 죄를 사면받을 것이라는 아이디어는 십자군운동의 호소력을 더욱 넓히기 위한 것이었다. 예전에 있었던 그레고리우스 7세의 무장 봉기 호소와 알렉시오스 황제의 도움 요청은 주로 기독교인들의 상호 의무와 어려움에 빠진 형제들에 대한 유대의식을 강조한 것이었다면, 이번에 우르바누스 교황이 내놓은 것은 그보다 훨씬 강력한 호소력을 가진 것이었다. 원정 참여는 의무를 수행하는 일일 뿐만 아니라 스스로의 힘으로 구원을 성취하는 것이기 때문이었다.

우르바누스는 원정을 떠나면 정신적 보상을 받을 수 있다는 사실을 지속적으로 홍보했다. 교황은 볼로냐의 지지자들에게 편지를 쓰면서 많은 사람들이 예루살렘 원정에 나서려 하는 것을 기쁘게 생각한다고 말했다. "여러분은 또한 다음과 같은 사실도 알아야 합니다. 만약 여러분 중 아무나 세속적 목적이 아니라 영혼의 구제와 교회의 해방을 위해 그 원정을 떠나기로 결심했다면, 그는 자신의 모든 죄악에 대해 참회하는 일에서 면제됩니다. 왜냐하면 그 원정에 참여했다는 사실 자체로 모든 필요한 고백을 완벽하게 수행한 것으로 판단되기 때문입니다."²² 예루살렘 원정에 나서는 것은 속죄해야 할 구체적 죄가 있는 사람에게도 혜택을 줄 수가 있었다. 한 연대기에 의하면 우르바누스는 이렇게 제안했다. "주민들에게 저지른 무수한 잘못에 대하여 합당한 참회를 하지 못한 일부 프랑스 통치자들은" 원정을 떠날 것을 맹세하고 원정에 나서면 그것이 곧 합당한 참회 행위가 되며 따라서 엄청난 정신적 보상의 혜택을 누리게 될 것이다.²³

우르바누스는 베살루, 암푸리아스, 루시용, 세르데나 등지의 백작들에게 보낸 편지에서 이렇게 썼다. "만약 누군가가 하느님과 형제들에 대한 사랑으로 인해 그 원정에 나섰다가 전사한다면, 그는 죄악을 사면받을 뿐만 아니라 우리 하느님의 자비로운 은총으로 영원한 생명을 얻게 될 것임을 여기서 확실하게 밝혀두는 바다."²⁴ 그러나 이런 순교와 구원의 사상이 십자군들에게 널리 받아들여지기까지는 시간이 좀 걸렸다. 이 사상이 확고하게 정립된 때는 전쟁의 후반부에 가서였다. 십자군 부대가 당하는 고통이 너무나 엄청났던 나머지 자연스럽게 순교나 구원의 사상에 매달리게 된 것이다. 특히 1098년의 안티오크 공성전은 신앙을 위해 전쟁에 참여함으로써 궁극적인 대가를 지불한 사람들에게는 정신적 보상이 돌아가야 마땅하다는 믿음을 더욱 강화시켰다.[25] 이런 유인책은 아주 중요한 것이지만, 사람들이 원정전에 참여한 이유를 밝히는 사료들은 이 부분을 거의 언급하지 않는다. 프로방스 출신의 두 형제인, 시뉴의 기와 제프리는 "이교도들의 사악함과 과도한 광기를 일소하기 위하여 동방 원정에 나서게 되었다"고 말한다. "동방의 무수한 기독교인들이 야만족으로부터 박해당하고, 포로로 잡혀가고, 그들의 미개한 분노 앞에서 무참하게 살해되는 것을 차마 두고 볼 수 없기 때문"이라는 것이었다.[26]

기독교인의 고통, 정신적 보상, 예루살렘이라는 목적지 등을 한데 뒤섞은 수사적 칵테일은 사람들을 도취시켰다. 우르바누스는 또 다른 강력한 수단도 갖고 있었다. 그는 프랑스 전역을 순회하면서 방돔의 성 삼위일체 교회와 마르무티에와 무아삭의 수도원 교회 등 많은 교회들을 축성했다. 교회의 신자들은 성스러운 십자가의 조각을 선물로 받았다.[27] 예루살렘의 해방과 관련하여 그 조각처럼 사람들의 정서를 강력하게 환기시키는 것도 없었다. 원정에 참여하는 사람들이 십자가의 길(십자군 [Crusade]이라는 말이 여기서 나왔다)을 따르고 또 그들의 옷에 십자가를 단 것은 결코 근거 없는 일이 아니었다.[28]

사실 십자가의 조각들이 콘스탄티노플에 보관되어왔고 4세기(이 당시에 콘스탄티누스 대제가 그 중요한 유물을 로마의 세소리아노 왕궁에 하사했다)부터 제국의 외교 정책에서 중요한 수단으로 활용되었다는 사실은 잘 알려져 있었다. 성스러운 십자가는 비잔티움이 국제 외교를 수행하는 데 있어서 소중한 수단이었다.[29] 우르바누스가 교황청 보물 창고에 들어 있던 조각들을 나누어 주었다고 추정해볼 순 있으나, 그보다는 알렉시오스가 콘스탄티노플과 밀접한 관계가 있는 그 유물을 제공했을 것으로 보는 게 더 타당하다.

이 중요한 유물이 고위 사제를 통하여 우르바누스에게 전달된 것은 프랑스 전역의 참여 열기를 끌어올리는 데 기여했다. 교황은 쉴 새 없이 이런 연설을 했다. "예루살렘을 점령하고 콘스탄티노플에 이르기까지 기독교인들의 모든 땅을 차지한 이교도들을 몰아내기 위해서, 여러분은 예루살렘으로 가야 합니다."[30] 십자군 참여를 더 많이 이끌어내기 위하여 다른 자료들도 사용되었다. 가령 11세기 초에 성묘 교회가 파괴된 사실을 기록한 문서가 그중 하나였다. 이 문서를 공개한 것은 예루살렘의 이교도에 대한 분노를 부추기고 나아가 무슬림을 기독교인의 고난과 연결시키려는 의도였다.[31] 예루살렘 원정이 비잔티움에게 군사적 원조를 해주는 것이라는 사실은 늘 분명하게 언급되지 않았다. 구체적 임무를 거론하기보다는 예루살렘의 이름과 성지가 주는 매력을 언급하는 것이 청중을 훨씬 더 매혹시켰다.

원정 준비

기사들은 서둘러서 원정 준비에 나섰다. 몽메를의 아샤르는 클뤼니 수도원에 그의 영지를 맡기고 "2000개의 금화와 네 마리의 노새"를 받는다는 약정을 맺었다. 예루살렘까지 먼 길을 떠나려면 비용이 더 필요하다고 판단하여, 자신이 죽거나 돌아오지 않기로 결정한다면, "그의 적법한 상속 재산은 클뤼니 수도원과 수도자들에게 항구적으로 넘어간다"라고 선언했다. 그가 맺은 약정에는 이런 조문이 들어 있었다. "이러한 자금을 마련한 것은 내가 완전히 무장하고서, 하느님을 위해 예루살렘까지 싸우며 나아갈 기독교인들의 원정 대열에 참여하기 위해서다."[32]

다른 많은 사람들도 이와 유사한 조치를 취했다. 그들은 자신의 영지와 재산을 담보로 맡기고 돈을 빌렸다. 각종 사료들은 그들의 최종 목적지가 예루살렘임을 분명하게 밝혔고, 또 계약서에 서명한 사람들 모두 그리스도가 지상에 계실 때 직접 밟고 다녔던 땅을 가보고 싶다는 소망을 밝혔다.[33] 그리고 그 과정에서 자연스럽게 참회가 된다는 얘기도 솔깃한 것이었다. 부르고뉴 중부 출신의 두 형제는 "그들의 죄를 사면받고자 예루살렘 원정에 합류하게 되었다"라고 말했다.[34]

어떤 사람들은 출발하기 전에 참회를 하려고 했다. 부르고뉴의 투르뉘 출신인 휴 브로샤르는 자신이 저지른 많은 잘못을 사면받고 싶었다. 그가 크게 잘못했다고 생각한 일은 성 필리베르 교회의 땅을 빼앗은 것이었는데 그는 그 부당하고 죄 많은 행위를 속죄하고 싶었다.[35] 교회에 대하여 잘못을 저지른 죄인이 교회를 옹호하기 위하여, 상의에 십자가를 달고 이마에 십자가 표시를 한 채 행군에 나선다는 것은 잘못된 일이었으나, 이것이 잘못된 일이라는 점이 역설적으로 브로샤르의 참회하려는 마음을 더욱 강하게 만들었다.[36]

그러나 어떤 경우에는 동방 원정을 참여하겠다고 나선 기사들을 적극적으로 막아야 했다. 메쟁 출신의 문제 많은 세 기사인 퐁스, 피에르, 베르나르는 오베르뉴에 있는 르 샤프르 수도원의 교구민을 상대로 무자비한 테러를 저지른 바 있었다. 이들은 처음엔 원정에 참여하려는 시도가 좌절되었다. 많은 사람들이 이들의 과거 행위를 비난했기 때문에 현지 수도자들은 그들의 참여를 선뜻 받아주지 않고, 르망의 주교와 르퓌의 주교에게 이 형제들을 원정에 참여시켜도 되는지 여부를 판결해달라고 요청했다. 두 주교는 세 사람에 대한 비난을 경청하고서 "그 잔인한 행위에 놀랐으나, 그들이 예루살렘 원정에 참여함으로써 회개를 하려고 하는 점을 감안하여 그들의 죄를 사면해주었다".[37] 그들이 예루살렘으로 떠나는 것을 보고서 슬퍼하는 사람은 거의 없었다. 그렇지만 교회가 원정에 참여할 사람과 참여하지 못할 사람을 선별한다는 사실은 교회의 자신감과 야망이 점점 커져가고 있다는 증거였다.

교회의 힘이 세진 또 다른 이유는 교회가 원정에 필요한 경비를 제공한다는 사실이었다. 무장이든 비무장이든 원정은 비용이 많이 들었다. 장거리 원정은 식비, 교통비, 장비비, 무기 비용 등 엄청난 돈이 드는데, 개인이 아니라 여러 사람들을 동시에 지원하려면 그 비용은 더욱 크게 불어났다. 몽메를의 아샤르의 경우에서 이미 보았듯이, 비용 마련을 위해서는 교회에 기대야 했다. 왜냐하면 수도원, 주교구, 교구 등은 종종 많은 재산을 보유하고 있어서 필요한 현금을 마련해줄 수 있었기 때문이다. 엄청난 토지를 소유한 기관인 교회는 자연스럽게 돈을 빌려주고 또 매물을 사들이기도 했다. 그리하여 훗날 1099년에 예루살렘을 함락시키고 초대 예루살렘 왕에 올랐던 부용의 고드프루아는 원정을 떠나기 전 필요한 비용을 마련하기 위해 자연스럽게 교회 쪽에 시선을 돌리게 되었다. 그는 베르됭 지방의 영유권과, 모세, 스테네, 몽포콩-앙-아르곤의 성채들을 베르됭 주교인 리시에에게 팔아넘겼다. 이어 다른 영지와 소유물은 니벨 수도원에 넘어갔다. 또한 리에주의 주교가 고드프루아에게 1500마르크를 빌려주었다. 유동성이 낮은 토지 소유권을 현금으로 바꿔 고드프루아는 상당히 큰 금액을 마련할 수 있었다.[38] 노르망디 공작이며 정복왕 윌리엄의 아들인 로베르는 그의 동생인 잉글랜드 왕 윌리엄 루푸스에게서 1만 마르크라는 거금을 빌렸다. 그리하여 로베르는 공작 영지를 팔거나 제3자에게서 빌리지 않고서도 십자군전쟁에 나설 충분한 비용을 마련하게 되었다.[39]

비용, 위험, 출정에 필요한 복잡한 준비 과정에도 불구하고, 교황의 무장 봉기 호소에 대한 민중의 반응은 압도적이라고 할 정도로 열광적이었다. 프랑스 전역의 장정들이 원정을 떠날 준비를 했고, 노르망디의 로베르, 그의 처남 블루아의 스티븐, 툴루즈의 레몽 등의 지휘 아래 주요 원정부대가 편성되었다. 부용의 고드프루아, 그의 동생 보두앵, 플랑드르 백작 로베르 2세(1093년 아버지의 사망으로 백작 작위 계승) 등도 상당한 규모의 부대를 동원했다.

다른 중요한 인물들도 원정에 참여하겠다고 약속했다. 그중 한 사람은 프랑스 왕 필립 1세의 동생인 베르망두아의 휴였다. 그는 1096년 초 달이 핏빛으로 변하는 극적인 월식을 보았는데 이를 원정에 참여하라는 계시로 해석했다.[40] 필립 왕은 그리 환영받지 못하는 존재였다. 필립은 간통을 저지른 죄악으로 1095년의 클레르몽 종교회의에서 파문이 확정되었다. 그는 아내가 너무 뚱뚱하다며 그녀를 버린 후에 용모가 아름다운 몽포르의 베르트라다와 관계를 맺었다. 그러나 모든 남자들이 베르트라다는 미모를 제외하고는 추천할 만한 점이 하나도 없다고 비난했다.[41] 원정의 열기가 높아지면서 필립의 신하들은 그의 난처한 입장을 어서 해결하라고 강하게 요구하고 나섰다. 왕은 대책을 논의하기 위하여 귀족들이 참여한 특별 회의를 소집했고, 1096년 여름에 우르바누스의 승인을 다시 얻기 위해 베르트라다와 헤어지겠다고 제안했다. 그것은 서유럽의 최고 권위자가 되겠다는 교황의 계획이 성공적으로 진행되고 있음을 보여주는 표시였다.[42] 비록 필립은 십자군전쟁에는 참여하지 않았지만 그의 동생 휴가 프랑스의 왕가를 대신하여 원정에 나섰다는 것은 교황의 계획에 큰 힘을 실어주는 것이었다.

로베르 기스카르의 아들인 보에몬드는 또 다른 중요한 인물이었다. 《프랑크인의 행적》의 저자에 의하면 보에몬드는 1096년 아말피를 포위 공격하다가 예루살렘 원정 소식을 처음 들었고, 또 사람들이 "하느님이 원하신다! 하느님이 원하신다!"를 외치면서 이탈리아 남부의 항구로 행진하는 것을 목격했다. 저자는 이렇게 기록했다. "보에몬드는 성령에 의하여 영감을 받고서 그가 소유한 옷 중 가장 좋은 것을 가져오게 한 후 그 옷을 잘라서 십자가를 만들게 했다. 아말피 공성전 당시에 그와 함께 있던 대부분의 기사들도 즉각 그의 계획에 합류했다."[43] 보에몬드와 그의 부하들은 멋진 군대를 조직했다. "눈부신 햇빛 아래 반짝거리는 그들의 흉갑, 투구, 방패, 투창의 광휘를 그 어떤 인간의 눈이 감당할 수 있으리오?"[44]

그러나 보에몬드의 행동은 이런 기록이 전해주는 것처럼 즉각 벌어진 일이 아니었고 또 그럴 법한 일도 아니었다. 그는 1096년 초 바리에 있는 충신 윌리엄 플라멩구스에게 일련의 토지를 판매하라고 지시를 내렸다. 이것은 보에몬드도 다른 많은 기사들과 마찬가지로 원정에 참여하기 위해 자금을 사전에 준비했다는 뜻이다.[45] 그가 아말피 공성전을 신속하게 포기하고 부하들을 끌어모아 동방으로 곧바로 출발했다는 것은 사전 준비가 오래전부터 진행 중이었음을 보여준다. 따라서 보에몬드의 참여는 갑작스러운 결정에서 나온 행동이 결코 아니었다.

보에몬드는 호전적인 성격의 소유자였고 당당한 체격을 자랑했으며 전투 전략을 짜는 일에서부터 자신의 머리 모양을 선택하는 데 이르기까지 매사 주관이 뚜렷했다. 그는 다른 서방인들처럼 머리카락을 어깨까지 기르지 않고 귀를 살짝 덮을 정도로만 길렀다.[46] 그는 뛰어난 지휘관이었으나 1082~1083년의 비잔티움 공격에서 드러난 것처럼, 자기 중심주의와 게으름 쪽으로 기울어지는 경향이 있었다. 그의 군대가 라리사에서 제국 군대를 한참 공격하고 있는데 정작 보에몬드 자신은 친구들과 함께 강둑에 앉아 포도알을 천천히 뜯어먹었던 것이다.[47] 그러나 교황의 관점에서 보자면 이탈리아 남부 출신의 노르만 실력자가 원정에 참여하는 것은 아주 중요했다. 다른 이탈리아 사람들은 동원하기가 어려웠던 것이다. 가령 시칠리아의 로저는 참여를 거부했다. 동방에서 무슬림을 격퇴하는 전쟁에 참여하면 그의 영지 내에 들어와 있는 상당한 규모의 무슬림 공동체와 갈등을 겪게 되기 때문이었다.[48] 1085년에 아풀리아 백작에 오른 로저 보르사는 동방 원정에 전혀 흥미가 없는 것처럼 보였다. 아버지 로베르 기스카르의 사망 이후에 권력 투쟁에서 밀려난 그의 이복형 보에몬드가 동방 원정에 적극 가담한 탓이었다.

누가 총지휘관인가?

여러모로 우르바누스의 계획은 멋지게 실행되었다. 원정에 참여할 핵심 인물들을 집중 공략했고 그들의 참여는 다른 사람들의 참여도 이끌어내는 촉매제가 되었다. 그 결과 교황은 대규모 기사단에 영감을 주었다. 무장봉기 호소를 전방위에 전파하고 또 사람들의 대대적인 호응을 구체적 행동으로 발전시키기 위하여 엄청나게 노력했다. 그러나 우르바누스 계획의 어떤 부분은 여전히 애매모호했다. 그리하여 여러 실력자들은 자신이 대규모 십자군의 총사령관이라고 지레 짐작하게 되었다. 우선 우르바누스는 르퓌의 주교 아데마르를 십자군을 지도할 교황의 대리인으로 선정했다.[49] 그러나 다른 실력자들은 자신이 그 역할에 적임자라고 생각했다. 가령 툴루즈의 레몽은 자신이 예루살렘 탈환을 위한 원정대의 지도자라고 자칭했다.[50] 베르망두아의 휴는 자신의 위상을 높게 평가하고, 자신의 원정부대에서 교황의 깃발을 휘날리면서 자신이 교황을 대리하는 지도자라고 암시했다.[51] 어떤 사람들은 블루아의 스티븐이 "십자군의 머리이며 지도자"라고 생각했다.[52] 스티븐 자신도 그렇게 생각하면서 정복왕 윌리엄의 딸인 아내 아델라에게 동료 실력자들이 그를 십자군의 사령관으로 선택했다고 적었다.[53]

실제로 동방으로 가는 험난한 여행 중에 지도자 문제가 불거져나왔다. 우르바누스는 원정에 참가한 실력자들이 각자 자신이 교황의 대리인이라고 생각하는 엄청난 자존심을 그대로 내버려두어야 할 충분한 이유가 있었다. 그것은 교황이 어느 한 실력자에게 너무 기대었다가 낭패를 볼 수 있는 상황을 미연에 방지하는 것이었다. 교황이 이 전반적 통수권의 문제를 명쾌하게 거론하지 않은 데에는 또 다른 이유가 있었다. 우르바누스는 전략과 전술 측면에서 이 문제를 다소 애매모호하게 내버려두었으나, 사실을 있는 그대로 말해보자면 군사 작전의 감독과 지휘는 비잔티움 황제가 맡을 예정이었다.

마찬가지로, 십자군의 원론적인 목적(동방의 기독교 교회를 옹호하고, 이교도 투르크인을 축출하며, 마침내 예루살렘에 도착하는 것)은 분명했지만, 정밀한 군사적 목표는 애매모호한 상태였다. 예루살렘을 향후 어떻게 유지할 것인가 하는 문제는 고사하고, 그 도시를 어떻게 정복하고 점령할 것인가 하는 얘기도 나오지 않았다. 예를 들어 십자군이 예루살렘에 도착하면 구체적으로 무엇을 할 것인지에 대해서도 분명한 계획이 없었다. 투르크인들과 교전할 때 어떤 도시, 지역, 속주를 공격 목표로 삼을 것인지에 대해서도 구체적 세부사항이 없었다. 이에 대한 해명은 또다시 콘스탄티노플에서 찾아야 한다. 전략적 목표를 수립하는 것은 알렉시오스가 할 일이었다. 니케아, 타르소스, 안티오크, 기타 투르크인들에게 함락된 주요 도시들을 수복하는 것이 비잔티움의 우선순위였다. 그리고 무엇보다도 이러한 공격 목표들을 십자군이 콘스탄티노플에 도착했을 때 선뜻 받아들여야 하는 문제도 남아 있었다. 그러나 이런 군사적 계획들은 정치적인 문제들을 더 신경 쓰는 교황에게는 덜 중요한 문제였기에 그 의미도 제한적일 수밖에 없었다.

황제의 시국관도 십자군의 동원 과정을 조직하는 데 중요하면서도 기본적인 사항이었다. 알렉시오스는 서방인들의 호의보다는 군사적 지원을 더 필요로 했다. 그는 투르크인을 공격하려면 전투 경험이 있는 사람들을 유치해야 할 필요가 있었다. 그래서 교황은 이 점을 특히 강조했다. 당시의 한 사제는 이렇게 말했다. "나는 내 귀로 직접 교황 우르바누스 성하의 말씀을 들을 위치에 있었다. 성하는 일반인들에게 예루살렘 순례를 떠나라고 재촉하는 반면에 수도자들의 원정 참여는 금지시켰다."[54] 또 다른 연대기 작가에 의하면 교황은 "비전투 요원"이 원정에 참여하는 것을 금지시켰다. "왜냐하면 이런 순례자들은 도움을 주기보다 장애가 되고, 쓸모없이 부담만 주기 때문이다."[55]

어떤 문서는 이렇게 지적하고 있다. "기독교인들 사이에서 엄청난 인기와 호응이 일어나는 가운데" 교황은 원정에 걸림돌이 될 만한 사람들을 제외하려고 온갖 노력을 다했다.[56] 그는 1096년 가을, 토스카나의 발롬브로사 수도원의 수도자들에게 편지를 보낼 때 이 점을 명시적으로 강조했다. "수도자들 중 일부가 기독교를 해방시키겠다는 좋은 의도로 예루살렘을 향해 출발하는 기사단에 합류하기를 원한다는 얘기를 들었다. 이것은 올바른 희생의 방법이기는 하나 엉뚱한 사람들이 계획한 것일 뿐이다. 나는 기사들에게 이 원정에 나설 것을 적극적으로 권유했다. 그들만이 사라센의 야만 행위를 억지하고 기독교인들에게 예전의 자유를 돌려줄 수 있기 때문이다."[57] 이보다 조금 앞서서 볼로냐 주민들에게 편지를 썼을 때에도 같은 취지의 말을 했다.[58]

고위 사제들은 이런 메시지를 충실히 전했으나 어려움이 없는 것은 아니었다. 툴루즈의 주교는 상당한 재산을 가진 여자인 알테이아스의 에메리아스가 원정에 합류하지 못하도록 하느라고 상당히 애를 먹었다. 그녀는 이미 굳은 결심을 하고서 "오른쪽 어깨에 십자가를 올려놓고" 반드시 예루살렘에 도착하고 말겠다고 맹세했다. 그녀는 아주 못마땅해하며 원정을 포기하는 데 마지못해 동의했다. 그것도 주교가 구빈원을 세우는 것이 원정을 떠나는 것보다 더 의미 있고 환영받는 조치라고 가까스로 설득한 다음에야 동의를 받아낼 수 있었다.[59]

알렉시오스에게 효율적인 전투 부대를 제공하는 것은 정말 중요했다. 그런 만큼 부대의 규모를 결정하는 것도 그에 못지않게 중요했다. 단기간 내에 대규모 병력을 받아들이려면 사전에 완벽한 군수 계획을 세워 놓아야 했다. 비잔티움에 도착하는 서방인들을 환영하고, 식량을 제공하고, 길 안내를 하려면 중앙정부 차원에서 조직해야 했다. 바로 이런 군수 지원의 관점을 감안하여 교황은 첫 시작부터 원정을 떠날 사람은 맹세를 해야 한다고 강조했다. 피아첸차에서 비잔티움 사절들의 호소를 듣고 나서 "교황은 많은 사람들에게 이런 봉사에 자발적으로 나설 것을 요청했고, 하느님의 뜻에 따라 예루살렘 원정에 나서서 이교도와 맞서 싸우는 황제에게 있는 힘을 다하여 지원하겠다고 맹세할 것을 재촉했다".[60] 이러한 얘기는 클레르몽에서도 반복되었다. 그곳에서 우르바누스는 원정에 참가하겠다는 의도를 공식적으로 선언하는 것이 필수라고 강조했다.[61] 반면에 참가 의사를 번복한 사람들은 끔찍한 결과가 뒤따를 것이라는 위협을 받았고 또 그것은 하느님에게 등을 돌리는 짓이라고 경고했다. "참가 맹세를 하고서 등을 돌리는 자는 양 어깨 사이의 등에다 십자가를 져야 할 것이다. (……) 그는 나에게 합당한 사람이 아니다 〔마태복음 10장 38절 참조〕."[62]

얼마나 많은 사람들이 십자가를 기꺼이 지려 했는지 보여주는 공식적인 기록은 없다. 또 이런 집계를 과연 낼 수 있었는지도 불분명하다. 그렇지만 상당히 많은 사람들이 원정에 참여하겠다고 약속한 것은 분명하다. 이런 점에서 프랑스의 기사들을 동원하는 문제에 우르바누스가 핵심적인 역할을 한 것은 의미심장한 일이다. 교황은 원정에 합류하겠다고 자원한 사람들의 맹세를 여러 번 친히 받아주었다.[63] 그리고 그때마다 그는 리모주, 앙제, 르망, 투르, 님므 등지에서 주요 실력자들을 만나거나 십자군운동에 대하여 설교했다. 그런 만큼 그는 상당히 많은 사람들이 자원하고 있다는 것을 실감할 수 있었다.

　야심만만하고 낙관적인 교황과 곤경에 빠진 콘스탄티노플의 황제는 무장 봉기 호소가 상당한 규모의 호응을 불러일으키기를 희망했다. 하지만 두 사람은 이 정도로 대대적인 호응과 열광이 발생하리라고는 예상하지 못했다. 교황은 일찍이 1080년대 후반과 1090년대 초에 스페인 사태의 진전을 촉진하기 위하여 도움을 요청했을 때, 십자군 지원자들에게 제공한 것과 유사한 보상을 제공하겠다고 밝힌 적이 있었다. 그러나 그 당시 교황의 호소는 기사들을 이베리아반도로 유치하는 데 별 효력을 발휘하지 못했다.[64] 유럽 사람들의 마음을 격발시키고 제1차 십자군전쟁의 수문을 열어젖힌 요인은 두 가지였다. 하나는 예루살렘이라는 거룩한 도시의 유혹이었고, 다른 하나는 동방의 갑작스러운 몰락(특히 소아시아에서의 참사) 소식이 정확한 사실이었으며 또 서방인들의 우려를 불러일으킬 만한 사안이라는 것이었다.

원정의 시작과 제국의 지원

원정에 자원한 사람들의 수는 개략적이나마 알렉시오스의 귀까지 흘러 들어갔고, 황제는 그에 맞추어 준비에 착수했다. 십자군이 여러 대규모 부대로 나뉘어 비잔티움 영토를 행군하는 동안에 식량은 아무런 문제 없이 공급되었다. 이것은 황제가 군수적인 문제를 사전에 잘 조직했음을 보여주는 대목이다. 제국으로 들어오는 여러 길목과 콘스탄티노플에 이르는 주요 경로에서 필요한 군수 물자 조달 작업은 사전에 잘 조직되었다.

　원정부대의 구체적인 행군 시간표가 처음부터 마련되어 있었기에 사전 준비가 원활하게 진행될 수 있었다. 교황은 8월 15일(여름의 주요 축일인 성모 승천 축일)을 출발 일자로 확정했다. 이것은 예루살렘 원정에 전반적인 시간표를 부여한다는 의미도 있지만 동시에 비잔티움의 협력을 이끌어내기 위한 것이기도 했다. 우르바누스가 클레르몽에서 연설을 하고 나서 아홉 달이 지난 여름을 출발일로 지정함으로써, 비잔티움에 도착할 서방인들에게 제공할 식량을 충분히 비축할 시간적 여유가 제공되었다.

이런 사전 준비는 키보토스에서 아주 중요한 것이었다. 알렉시오스는 사전에 이 지역을 서방의 기사들이 집결하여 니케아 공격의 단일 부대를 구축하는 거점으로 지정했다. 이곳에 수만 명이 도착할 것으로 예상하여 그에 걸맞는 거대한 하부 구조가 마련되었다. 식료품 가게, 납품 업체, 장사꾼 등은 대규모 병력과 군마의 유입에 맞추어 사전 준비를 했다.[65] 또한 서방 병사들의 영혼에 안식을 주기 위하여 그들이 도착하기 전에 라틴 수도원도 건립될 예정이었다. 이것은 로마의 경배의식에 대하여 알렉시오스가 열린 마음을 가지고 있음을 보여주는 근거가 될 수도 있었다.[66]

원정부대의 도착과 관련하여 사전에 세심하게 대비해두어야 할 다른 측면들도 있었다. 서방인들이 도착하면 그 많은 사람들을 어떻게 효율적으로 단속할 것인가에 대한 사전 준비가 콘스탄티노플에서 마련되었다. "황제는 로마 부대의 몇몇 지휘관들을 소환하여 디라키온과 아블로나 일대에 파견하면서, 여행자들을 친절하게 환영하고 그들이 행군할 때 필요한 식량을 풍족하게 제공하라고 지시했다. 또 서방인들을 주의 깊게 관찰하고 그들의 이동을 감시하면서, 만약 서방인들이 인근 지역을 공격하거나 노략질할 때에는 소규모 교전을 통하여 그들을 제압하라는 지시도 내렸다. 이 지휘관들은 라틴어를 잘 이해하는 통역자들을 대동했다. 그들의 임무는 혹시 발생할지도 모르는 소란을 사전에 제압하는 것이었다."⁶⁷

제국의 영토를 쉽게 통과할 수 있게끔 도와주는 조치도 취해졌다. 부용의 고드프루아는 접경지대에 도착했을 때, 현지 주민들에게는 폐쇄된 시장에서 식량을 마음껏 획득할 수 있다는 특별 허가를 받았다.⁶⁸ 이것은 행군 중에 아무 때나 식량을 얻을 수 있다는 뜻이었다. 대규모 군대가 식량 부족으로 적개심을 갖게 되는 것을 예방하는 조치였으며 동시에 식품 가격을 중앙정부에서 통제하려는 것이기도 했다. 이렇게 하면 가격 인플레이션을 막을 수 있고, 현지 업자들이 공급 불균형을 이용하여 폭리를 취하는 것을 예방할 수도 있었다.

알렉시오스는 또한 비잔티움에 도착한 서방인들에게 돈을 두둑하게 쥐여주라는 지시도 내렸다. 이것은 난생 처음으로 제국 땅을 밟은 사람들에게 호감을 얻기 위한 조치였다. 그러나 한 예리한 논평가가 지적했듯이 영리한 경제 운영이기도 했다. 황제가 내놓은 모든 자금은 결국 제국의 국고로 흘러 들어왔다. 왜냐하면 황제가 하사한 돈은 결국 황제의 대리인들이 판매하는 물품을 사들이는 데 소비되었기 때문이다.⁶⁹

이러한 폐쇄 시장에 대한 허가와 두둑한 하사금은, 콘스탄티노플에 이르는 두 주요 도로가 지나가는 비잔티움의 서부 속주 전역에서도 실행되었다. 고드프루아는 1096년 가을 발칸반도의 니시라는 도시에 도착했을 때, 옥수수, 보리, 와인과 기름, 그리고 황제가 선물로 준 많은 사냥용 동물들을 받고서 흐뭇해했다. 그의 부하들에게는 마음껏 식량을 사들이거나 또는 그들이 팔기를 원하는 물품을 마음대로 팔 수 있다는 허가가 떨어졌다. 고드프루아는 그 도시에서 "아주 풍족하고 즐겁게" 며칠을 보냈다.[70] 알렉시오스가 사전에 조직한 효율적인 식량 조달 체제는 다음 사실에서도 충분히 엿볼 수 있다. 보에몬드는 에피루스, 마케도니아, 트라케를 경유하는 험준한 지형을 통과할 때 원활하게 보급품 지원을 받았다. 그래서 그의 부대는 이전보다 와인과 옥수수를 더 많이 보유하게 되었다.[71]

여기서 깊이 생각해보아야 할 핵심적인 문제는 십자군이 행군한 경로다. 주요 실력자들은 그들의 다양한 부대를 이끌고 서로 다른 경로를 통과하여 콘스탄티노플에 도착했다. 가령 부용의 고드프루아는 독일과 중부 유럽을 통과한 다음에 발칸반도를 경유하여 제국의 수도로 들어가는 육상 경로를 선택했다. 다른 실력자들은 이탈리아반도를 남하하여 아풀리아에서 배를 타고 바다를 건너서 에피루스에 상륙한 다음에 구 로마와 신 로마를 연결하는 에그나티아 도로를 타고 갔다. 플랑드르의 로베르, 베르망두아의 휴, 블루아의 스티븐, 노르망디의 로베르 등이 이 경로를 선택했고, 또한 보에몬드와 이탈리아 남부 출신의 소규모 노르만인 부대도 마찬가지였다. 이들의 경로 선택이 알렉시오스와 관련이 있음을 보여주는 직접적인 증거는 없으나, 이 부대들이 행군한 시간은 서로 장애가 되지 않을 만큼 차이를 두고 있었는데 그것을 완전한 우연의 일치로 보기는 어렵다. 이들 부대의 도착은 시간 차가 있었기 때문에 비잔티움의 자원과 인프라에 크게 무리를 주지 않았다. 따라서 그들의 도착은 사전에 미리 조정되었을 것이라고 추측하는 것이 합리적이다.

특히 한 가지 사례는 황제가 원정의 초기 단계에서부터 기획에 참여해왔다는 것을 보여주며 또 십자군 병사들이 제국의 접경지대에 도착하기 이전부터도 적극적인 역할을 했다는 것을 시사한다. 우리가 이미 살펴본 바와 같이 툴루즈의 레몽은 교황이 제일 먼저 도움을 요청한 실력자들 중 한 사람이다. 그의 재산, 지위, 전에 교황청에 해주었던 지원 등으로 인해 그는 자연스럽게 강력한 동맹으로 떠올랐다. 백작은 슬라보니아를 통과해야 하는 험난한 비잔티움 원정을 했다. 그를 수행한 한 연대기 작가는 그 원정을 이렇게 서술했다. "그곳은 접근하기 어렵고 산간 지대가 많은 버려진 땅이었는데, 우리는 그곳을 통과하는 3주 동안 야생동물이나 새를 전혀 보지 못했다." 그곳은 적대적인 영토였고 레몽의 부하들은 주기적으로 적의 공격을 받았다. 짙은 안개, 울창한 삼림, 험준한 산세 등으로 인해 남쪽으로 내려가는 레몽의 부대는 제대로 보호받지 못했다. 백작은 현지 주민들에게 가혹한 보복을 했다. 눈을 찔러 눈 멀게 하고, 발을 잘라버리고, 얼굴을 훼손하는 벌을 내려 경각심을 불러일으켰다.[72] 행군이 너무나 고통스러웠기 때문에 레몽의 군종 신부는 이런 결론을 내렸다. 하느님은 이런 식으로 십자군 병사들을 단련하고 강화시켜 "짐승 같은 이교도들"을 무찌르게 함으로써, 병사들이 죄악을 깨닫고 참회하여 지옥으로 떨어질 운명을 피하게 하려는 것이다.[73]

사실 툴루즈 백작이 이 경로를 선택한 데에는 나름대로 이유가 있었다. 주된 목적은 세르비아의 통치자인 콘스탄틴 보딘을 굴복시키는 것이었다. 보딘은 십자군전쟁이 일어나기 전에 비잔티움을 공격하여 황제를 강하게 압박했을 뿐만 아니라 반교황과도 접촉하여 우르바누스의 심기를 건드렸던 것이다. 레몽처럼 중요한 인물이 멀리 떨어진 제타의 해안 지역을 경유하여 남하한다는 것은 제1차 십자군의 행군이 사전에 치밀하게 조직되었음을 보여준다. 레몽이 달마티아 해안을 따라 남하했다는 사실은 황제와 교황이 사전에 교감하면서 함께 작업을 했다는 것을 분명하게 보여준다. 십자군 병력은 일차적으로 니케아를 탈환하고 그다음에 소아시아 서부에서 투르크인을 몰아내는 것이 목적이었지만, 알렉시오스는 자신이 이득을 얻을 수 있는 다른 지역들에도 신경을 썼다. 따라서 교황과 아주 가까운 인물인 툴루즈 백작에게 까다롭고 힘든 경로로 행군하도록 하여 보댕에게 눈에 거슬리는 행동을 시정하라고 경고하려 했던 것이다. 그러자 보댕은 불쾌함을 나타내면서 군대를 풀어서 레몽을 공격했다. 레몽을 황제의 앞잡이로 보았을 뿐만 아니라 세르비아의 독립에 위협이 된다고 생각했던 것이다.[74] 그렇지만 그 후 수십 년 동안 제국의 서북 접경지대에서 더 이상의 소요 사태는 없었다. 이것은 알렉시오스가 예루살렘 원정부대로부터 큰 소득을 올렸다는 간접적 증거다.

1096년 후반에, 엄청나게 많은 수의 병사들이 동방 여행의 첫 번째 기착지인 콘스탄티노플로 행군했다. 오늘날 학자들은 약 8만 명이 제1차 십자군전쟁에 참여했다고 추정하고 있다.[75] 일찍이 이처럼 먼 거리를 그토록 많은 병력이 이처럼 단시간에 이동한 적이 없었다. 이 점은 서유럽의 여러 지역에서 동원되어온 참가자들에게 문제를 안겨주었다. 샤르트르의 풀처는 이렇게 썼다. "서방의 모든 나라에서 사람들이 참여했으므로, 날마다 병력이 조금씩 늘어났다. 행군하는 도중에 소규모 부대는 대규모 부대로 커졌다. 부대는 다양한 나라들에서 온, 서로 다른 언어를 사용하는 병사들로 구성되었다."[76] 풀처는 나중에 원정에 참가한 사람들이 만들어내는 풍성한 양탄자의 상태를 언급했다. "한 군대 안에 이처럼 다양한 언어가 뒤섞여 있는 것을 본 적이 있는가? 프랑크인, 플레밍인, 프리지아인, 갈리아인, 알로브로게인, 로타링기아인, 알레마니인, 바이에른인, 노르만인, 잉글랜드인, 스코틀랜드인, 아퀴텐인, 이탈리아인, 다키아인, 아풀리아인, 이베리아인, 브르타뉴인, 그리스인, 아르메니아인 등의 인종이 있었다. 만약 브르타뉴인 혹은 튜턴인이 나에게 질문을 했더라도 나는 알아들을 수 없어 대답하지 못했을 것이다."[77]

예루살렘 원정은 기독교적 유대감의 표시가 되기를 표방했다. 교황은 교회의 분열, 종교적 정체성, 세속적·교회적 논쟁 등을 모두 불문에 붙이는 독특한 운동이 될 거라고 약속했다. 십자군전쟁은 로마와 콘스탄티노플 사이의 협력이 정점에 도달했음을 보여주는 사건이었고, 온 세상에 낙관론을 퍼뜨리는 위대한 사업이었다. 1098년의 바리 종교회의와 그다음 해의 로마 종교회의가 수십 년 동안 동방과 서방의 관계를 긴장시켜온 문제들을 해결하려고 시도함으로써, 교회의 통합은 곧 이루어질 것처럼 보였다. 서방인들의 도움으로 일이 잘 풀려나간다면 비잔티움은 소아시아의 투르크인을 몰아내기 위해 진격에 나설 것이었다. 원정에 참가한 서방인들은 성도에 도착하기를 간절히 원했다. 그리하여 제1차 십자군이 시작되면서 그들 사이에 엄청난 기대감이 퍼져 나갔다.

이처럼 십자군전쟁을 통해 얻을 수 있는 것이 엄청났던 반면, 알렉시오스와 우르바누스는 상당한 위험도 감수해야 되었다. 두 사람은 그들이 100퍼센트 통제한다고 장담할 수 없는 운동을 발족시킨 것이었다. 십자군전쟁 초기에 대한 안나 콤네네의 서술은 이런 난관을 잘 보여준다. 그녀는 이렇게 썼다. 황제는 서방에서 무수하게 많은 병사들이 비잔티움을 향해 오고 있다는 소식을 듣고서 동요했다.[78] "그들은 흥분과 열기에 휩싸인 상태로 모든 통로에 몰려들었다. 이 병사들과 함께 민간인들도 따라왔는데 그들의 수는 해변의 모래알이나 밤하늘의 별보다 더 많았다. 그들은 손에 종려나무 가지를 들었고 어깨에는 십자가를 메었다. 거기에는 고향에서 떠나온 여자와 아이들도 있었다. 큰 강을 향해 온 사방에서 몰려드는 지류들처럼, 그들은 우리 비잔티움을 향해 물밀 듯이 밀려왔다."[79] 그것은 황제가 기대했던 잘 조직된 효율적인 전력이 아니었다. 그렇다면 뭔가 잘못 준비되었던 것인가?

8

제국의 수도를 향하여

알렉시오스와 우르바누스는 위험한 게임을 펼치고 있었다. 십자군 홍보전이 불러일으킨 난폭한 열정은 손쉽게 통제할 수 있는 것이 아니었다. 치밀한 군수 지원 계획과 균형 잡힌 정치적 계산에도 불구하고 십자군에 대한 열광적 반응은 통제하기 힘들 정도였다. 무슬림의 압박과 그에 대한 원정 소식이 널리 퍼져나가자 그와 관련된 메시지를 중앙에서 통제하는 것은 거의 불가능했다.

1095~1096년에 십자군전쟁에 참여할 것을 설교하는 영향력 있는 카리스마적인 인물은 우르바누스 2세뿐만이 아니었다. 프랑스 북부의 아미앵 출신인 설교자 겸 은자인 피에르는 동방의 기독교인들이 받는 고통에 반응하는 분노와 흥분을 활용하여 민중 십자군을 조직했다. 안나 콤네네는 이 십자군이 아주 위험하고 또 혼란스러운 세력이라고 서술했다. 서방의 군대가 제국의 위대한 도시인 콘스탄티노플을 향해 진군해오자 알렉시오스는 자신의 권위를 주장할 필요가 있었다. 민중 십

자군에 대한 황제의 반응과 원정부대 본진의 선봉들과 맺을 동맹 관계의 네트워크가 앞으로 펼쳐질 십자군전쟁의 양상을 결정할 터였다.

당대 사람들은 피에르를 이렇게 묘사했다. "그는 유명한 은자로서 재속 신자들로부터 엄청난 존경을 받았다. 엄격한 종교적 실천 때문에 사제나 수도원장들보다 더 높은 명성을 얻었다. 그는 빵이나 고기를 먹지 않았지만 와인을 즐겨 마시고 다른 음식들도 잘 먹었다. 따라서 마음껏 쾌락을 누리면서도 금욕한다는 명성을 추구했다."[1] 피에르는 맨발로 걸어 다니면서 아주 설득력 있게 설교했다. 그가 돌아다닌 지역은 교황이 무시한 지역인 라인란트였는데, 이곳은 하인리히 4세의 영지였기 때문에 교황은 이곳에서 주민들의 지지를 이끌어내려 하지 않았다.[2] 피에르는 동방의 참혹한 상황에 대하여 끔찍한 이야기를 하고 돌아다녔다. 때로는 매혹된 청중을 상대로 자신이 최근에 예루살렘 순례를 다녀오면서 당했던 고통에 대해서도 말해주었다. 그가 성지에 다녀왔을 가능성은 그리 높지 않지만, 그는 순례를 마치고 귀국길에 교황을 만났으며 또 예루살렘 총주교의 호소 메시지를 가지고 왔다고 말했다. 우르바누스와 마찬가지로 그는 자신의 무장 봉기 호소라는 씨앗이 아주 비옥한 땅에 떨어졌음을 알아차렸다.[3]

민중 십자군

그러나 교황의 호소와는 다르게 피에르의 호소는 견고한 구조를 갖추지 못했다. 교황은 원정을 아주 세심하게 준비한 반면에(상당한 규모의 군대를 동원할 수 있는 막강한 실력자들을 찾아내고, 군사적 경험이 있는 사람들만 운동에 참여시키고, 일단 원정에 참여하겠다고 하면 공식적인 맹세를 시키는 등) 피에르는 그런 사전 준비를 하지 않았다. 원정 출발 일자도 미리 정하지 않았다. 원정에 참가할 사람들에 대한 심사 과정도 없었다. 그 결과 모든 부류의 사람이 자유롭게 참가할 수 있게 되었다. 한 논평가는 그 상황에 대하여 이렇게 말했다. "피에르의 끈질긴 재촉과 호소에 먼저 주교, 수도원장, 사제, 수도자 등이 호응했다. 이어 귀족들과 서로 다른 지역의 군주들이 반응했다. 그리고 죄인이든 경건한 사람이든 가리지 않고 일반 신자들이 지원하고 나섰는데 그중에는 간통자, 살인자, 도둑, 위증자, 강탈자 등도 포함되어 있었다. 다시 말해 기독교를 믿는 모든 종류의 사람들이 다 포함되었는데 심지어 참회하는 마음이 강한 여성도 원정에 나서겠다고 지원했다. 이렇게 하여 모든 사람이 즐거운 마음으로 그 원정에 참여했다."[4]

1096년 초 기사들의 무리가 라인란트에서 출발했는데 사제, 장정, 여자, 아이가 그 뒤를 따라갔다. 이것이 민중 십자군으로 알려지게 되는 원정의 첫 번째 파도였다. 최근에 학자들은 민중 십자군이 혼란 그 자체였다는 인상을 어느 정도 교정하려고 애쓰고 있다. 일부 유능한 사람들이 이 행렬에 참여했고 또 은자 피에르가 그러모은 잡다한 사람들 중에는 지위 낮은 귀족이나 독립적인 기사들이 포함되어 있었다는 사실을 강조한다.[5] 그렇지만 민중 십자군은 교회의 승인이 없었을 뿐만 아니라 우르바누스와 알렉시오스가 수립한 자세한 행동 계획과는 전혀 다른 움직임을 보였다.

이렇다 할 지도자가 없었기에 민중 십자군 내에서는 혼란이 계속되었다. 피에르에게 영감을 받아 원정에 나선 사람들은 교황이 지정한 공식 출발 일자를 무시하거나 망각하고서 제멋대로 출발했다. 그 원정에 대한 흥분에 휩싸이고, 동방의 참사에 대한 생생한 얘기가 귓속에 쟁쟁 울리고, 종말론적 예언에 사로잡혀 충동적으로 여행에 나선 민중 십자군은 곧 최초의 희생 제물을 발견하게 되었다. "주님의 판단에 의해서인지 아니면 판단 착오에 의해서인지, 그들은 여러 도시에 흩어져 살고 있던 유대인들에게 잔인한 마음을 먹게 되었고 그들을 무자비하게 학살했다. (……) 그러면서 그것이 원정의 시작이고 또 기독교의 적들을 처치하는 것이 그들의 의무라고 주장했다."[6]

민중 십자군은 독일 지역을 통과하면서 끔찍한 유대인 학살을 계속했다. 쾰른과 마인츠에 사는 유대인들은 이들의 잔인한 폭력의 희생자가 되었다. 폭력이 너무나 끔찍하여 학살을 피하기 위해 스스로 목숨을 끊기도 했다. "기독교인 적들이 유대인이라면 구분하지 않고 무자비하게 죽인다는 것을 알고서, 유대인들은 자신과 가족과 동료를 죽였다. 어머니들은 아이를 품에 안고서—정말 이야기하기가 끔찍하지만—칼로 찔러 죽였고, 또 성인들끼리 서로 찔러 죽였다. 그들은 할례받지 않은 자들의 손에 죽임을 당하느니 스스로의 손으로 죽음을 맞이하겠다고 결심했다." 민중 십자군은 유대인을 가축 떼처럼 도나우강 속으로 밀어넣고서 강제로 세례를 받게 하기도 했다.[7]

유대인에 대한 반감은 널리 퍼져나갔다. 부용의 고드프루아는 1096년 여름, 원정에 나서면서 유대인을 박멸하겠다고 맹세했다. 하인리히 4세가 자신의 영지 안에서 사전 허가 없이 적대적 조치가 취해지는 것을 용납하지 않겠다고 경고하고 나서야 고드프루아는 그 맹세를 철회했다. 유대인들 사이에서 고드프루아에 대한 혐오감은 너무나 깊었는데, 한 유대인은 그의 뼈를 갈아서 먼지가 되게 해달라고 기도했다.[8] 십자군

운동의 결과로 생겨난 이러한 반유대 감정은 라인란트에만 국한된 것이 아니었다. 프랑스 내에서도 유대인 공동체를 몰살해버리겠다고 위협하는 폭력 사태가 여러 건 발생했다.[9]

많은 동시대 사람들이 경악했다. 한 저술가는 유대인 박해에 참가한 자는 파문에 처하고 무거운 벌을 받을 것이라는 경고가 나왔다고 기록했다. 그러나 이러한 경고는 별 효과가 없었던 것 같다.[10] 노장의 기베르는 이 독일인 무뢰배들이 독일 사회의 가장 나쁜 집단이며, 유럽 민족의 얼굴에 똥칠을 하는 자들이라고 서술했다.[11]

이러한 견해는 콘스탄티노플에서도 표명되었다. 알렉시오스는 교황이 사전에 준비한 일정에 따라 1096년 말에 숙련된 군대가 비잔티움에 도착할 것으로 예상했다. 황제는 십자군의 제1파가 정해진 시간표보다 몇 달 앞서서 도착한 것에 놀랐을 뿐만 아니라 소아시아의 도시들을 공격하는 것은 고사하고 투르크인의 맞상대가 될 만한 병력이 되지 못한다는 사실을 알고서 더욱 경악했다. 안네 콤네네는 "그는 그들이 도착한 것을 보고서 경악했다"라고 적었는데 전혀 놀라운 일이 아니다.[12]

민중 십자군을 구성하는 여러 집단들이 콘스탄티노플에 접근해 오면서 불안감은 더욱 높아졌다. 1096년 봄 무장 순례자들이 비잔티움 접경지대에 도착하면서 무서운 폭력 사태가 자행되기 시작했다. 헝가리 왕은 순례자들이 그의 영토를 무사히 지나갈 수 있도록, 멋진 백발을 자랑하는 헝가리 군 사령관을 파견했는데, 민중 십자군은 그의 목을 베어버렸다.[13] 민중 십자군의 제1진이 도나우강에 위치한 제국의 첫 번째 관문인 베오그라드에 도착했을 때, 종교적 열기, 흥분, 무질서 등이 결합하여 더욱 혼란스러운 상황이 연출되었다. 허를 찔린 비잔티움 당국은 그 상황에 힘들게 대응했다. 제국 관리들은 식량 조달을 효율적으로 개선하기 위하여 식량 판매를 금지했다. 그러자 서방인들은 즉각 반발하면서 베오그라드 외곽 지역을 마구 노략질하기 시작했다. 비잔티움 경비대가 무력을 써서 폭동자들을 통제하면서 안정이 회복되었고, 식량 공급이 재개되고 시장이 다시 열리면서 신경질적인 반응을 보였던 자칭 십자군들도 진정이 되었다.[14]

1096년 5월 말, 은자 피에르가 비잔티움 접경지대에 도착했을 때에는 좀 더 효과적인 대응 방식이 조직되어 있었다. 디오게네스 음모 사건 이후에 출세한 레오 니케리테스는 성의를 가지고 성실하게 십자군 부대를 응대했다. 한 이야기에 따르면 은자 피에르와 그를 따라 함께 온 사람들은 온순하게 행동하는 한 요구한 것은 뭐든 다 얻었다.[15] 그렇지만 민중 십자군이 콘스탄티노플을 향해 서서히 접근해 오면서 십자군의 여러 그룹들이 문제를 일으켰다. 비잔티움의 서부 속주들에 위치한 여러 도시들이 빈번하게 습격받고 약탈당했다. 그런 피해를 통제하기 위하여, 주요 접근로를 따라 십자군만을 상대로 하는 시장들이 개설되었고 서방인들을 수행하는 경호 병력이 파견되었다. 이들에게는 문제를 일으키거나 약탈을 하는 자들을 무력으로 제압하라는 지시가 내려져 있었다. 은자 피에르가 콘스탄티노플에 도착하기 직전에 비잔티움의 모든 포도밭이 메뚜기 떼의 습격을 받았다.[16] 이것은 수도에 곧 들어올 서방인 무리가 그리 상서롭지 못한 존재임을 알려주는 전조로 널리 해석되었다.

십자군의 제1파가 콘스탄티노플에 접근해 오면서 황제가 깊은 의구심을 품었다는 안나 콤네네의 기록은 그 원정에 대한 황제의 책임을 면제해주려는 술책이라고 널리 해석되었다. 그 원정은 실제로 나중에 비잔티움과 서방의 상호 관계에 대하여 아주 파괴적인 결과를 불러왔다. 그러나 알렉시오스가 피에르와 그 일행의 콘스탄티노플 도착에 깊은 불안감을 느낀 것은 당연한 일이었다. 척후병들이 보고한 사전 정보를 듣고 더욱 깊어진 황제의 근심은 민중 십자군의 선봉대가 수도에 도착했을 때 강한 불안감으로 바뀌었다. 심지어 라틴 측 사료들도 그들의 행동이 경악스러운 것이었다고 기록한다. "이 기독교인들은 혐오스러운 행동을 했다. 도시의 왕궁들을 약탈하고 불태웠으며 교회의 지붕에서 납을 훔쳐다가 현지 그리스인들에게 팔아먹었다. 황제는 극도로 분노하여 그들에게 헬레스폰트 해협을 빨리 건너가라고 명령했다. 해협을 건너간 이후에도 그들의 행동은 바뀌지 않았다. 그들은 주택과 교회들을 불태우고 파괴했다."[17]

과거에 황제는 500명의 플랑드르 기사단 등 서방인들을 큰 어려움 없이 대할 수 있었다. 그러나 십자군과의 첫 만남은 아주 고통스러운 것이었다. 콘스탄티노플에 대한 피해를 최소화하기 위하여 그들을 소아시아로 건너가게 한 후에, 황제는 그들이 십자군 본진을 기다렸다가 투르크인을 공격할 것으로 예상했다. 그러나 그들은 광적인 열광과 잘못된 자신감이 충만하여 니케아로 즉각 출발했고, 길에서 만나는 사람들을 마구 죽였다. 《알렉시아스》는 이렇게 전하고 있다. "그들이 현지 주민들에게 저지른 만행은 정말 끔찍한 것이었다. 어린아이들을 토막 내 나무 막대기에 꿰어서 불 위에서 구웠다. 나이 든 사람들은 온갖 종류의 고문을 당했다."[18] 라틴 측 사료들도 이에 못지않게 그들을 비난한다. 《프랑크인의 행적》의 저자는 오로지 투르크인들에게만 이런 만행을 저지른 게 아니라고 지적한다. 기독교인들을 상대로도 그런 잔인한 폭행을 저지른 것이었다. 기독교인들이 거주하는 동부를 이교도의 횡포로부터 해방하기 위해 나선 십자군이 북부 소아시아의 교회들을 약탈하고 파괴하는 것은 정말 잔인한 아이러니였다.[19]

자신들이 하느님의 보호를 받고 있다고 확신한 민중 십자군의 한 무리는 니케아 동쪽에 있는, 소규모이지만 잘 방어된 성채인 제리고르도스로 진격했다. 그들은 어렵지 않게 이 성채를 점령하여 그곳의 투르크인 주민들을 학살했다. 그러나 만나는 사람마다 모조리 공격하겠다는 십자군의 외골수 야망과 명확한 작전 계획의 부재는 곧 대재앙을 초래했다. 대규모 투르크 군부대가 성채를 수복하기 위해 접근해 오면서 제리고르도스에서의 기분 좋은 황홀은 곧 끔찍한 공포로 바뀌었다.

상황은 곧 절망적으로 변해갔다. "민중 십자군은 너무 목이 말라서 말과 당나귀를 칼로 찔러 그 피를 받아 마셨다. 다른 사람들은 혁대와 옷을 썩은 물에 적신 후에 그것을 짜서 나온 물을 입속에 흘려 넣었다. 어떤 사람들은 남의 오줌을 양손으로 받아서 마셨다. 혹은 젖은 흙을 파내어 그 위에 등을 대고 누움으로써 갈증으로 바싹 마른 몸을 달래려 했다."[20] 서방인들이 항복하자 투르크인은 그들을 무자비하게 학살했다. 투르크인들은 캠프를 돌아다니면서 사제, 수도자, 어린아이 등 가리지 않고 마구 죽였다. 젊은 여자와 수녀는 옷, 역축役畜, 말, 텐트 등과 함께 니케아로 후송되었다. 젊은 남자들은 동방 여행에 나서게 만든 원동력이었던 기독교 신앙을 포기하고 이슬람으로 개종하라는 강요를 받았다.[21] 개종을 거부하는 사람들은 처참한 죽음을 맞이했다. 그들은 기둥에 매인 채 투르크인들의 검술 연습 대상이 되었다.[22]

투르크인들은 이제 키보토스로 진격하여 알렉시오스가 설치해놓은 캠프를 습격했다. 사람들은 침대에 누워 있다가 학살을 당했고 텐트는 불태워졌다. 산속으로 도망치거나 바다로 뛰어들지 않은 자들은 산 채로 불태워졌다. 포로로 잡힌 자들은 이슬람 개종과 죽음 중 택일하도록 강요당했다. 소아시아로 진격해 들어온 민중 십자군의 지도자 중 한 사람이었던 라이날드는 죽는 것보다 항복하는 것이 낫다고 생각하여 개종을 선택했다.[23] 어떤 사람들은 죽음을 선택했다. 한 사제는 미사를 집전하다가 제단 앞에서 목이 달아났다. 한 연대기 작가는 이렇게 찬탄했다. "그 운 좋은 사제는 멋진 순교를 했다. 천국으로 올라가는 안내자로 우리 주 예수 그리스도의 몸을 부여받았으니 말이다!"[24] 민중 십자군은 제리고르도스, 키보토스, 기타 지역에서 투르크인들과 상대하면서 엄청난 살상을 당했고 그들의 시신은 도시와 들판에서 거대한 무더기를 이루었다. 투르크인들은 그 시체의 뼈를 갈아서 나중에 성벽의 금간 곳을 채우는 보충재 모르타르의 원료로 사용했다. 이렇게 하여 예루살렘으로 쳐들어가려던 십자군 제1파의 시신과 그 뼈는 그들 뒤에 온 십자군의 행군을 방어하는 역할을 하게 되었다.[25]

민중 십자군이 1096년 10월 말에 당한 엄청난 실패는 알렉시오스에게도 심각한 낭패였다. 그것은 비잔티움 밖에서 도움을 요청한다는 그의 정책에 의구심을 불러일으켰다. 도움은커녕 오히려 역효과를 낳아서 제국 전체가 직면하고 있는 어려움을 더욱 가중시킬 것 같았다. 안나 콤네네에 의하면, 콘스탄티노플에서 알렉시오스와 군수 문제를 논의하던 은자 피에르는 그 참패를 냉정하게 바라보았다. 제리고르도스와 다른 도시에서 살해된 사람들은 그런 운명을 맞이해도 싸다고 그는 말했다. 그들은 말을 듣지 않고 제멋대로 행동하던 산적과 강도 무리라는 것이었다. 그 때문에 그들은 예루살렘의 성묘에서 예배할 기회가 주어지지 않았다.[26] 그와 다른 견해를 가진 동시대인들도 있었다. 노장의 기베르는 형편없는 군기, 나쁜 작전 계획, 과도한 흥분 등이 결합하여 그런 끔찍한 결과를 만들어냈다고 보았다. 만약 그 원정을 한 국가의 왕이 지휘했더라면 결과는 달라졌을 것이다. 그런 참패를 겪게 된 것은 "군기가 없는 사람들은 쉽게 죽고 또 자기 자신을 통제하지 못하는 자들은 오래 살지 못하기 때문이다".[27]

《프랑크인의 행적》은 제1차 십자군전쟁 직후에 유럽 전역에 널리 유포된 책자이고 그 후에 예루살렘 원정을 다룬 연대기의 밑바탕이 된 역사책이다. 이 사료에는 이렇게 기록되어 있다. "황제는 투르크인들이 원정부대에 엄청난 패배를 안겨주었다는 소식을 들었을 때 아주 기뻐했다." 알렉시오스는 이어 "생존자들을 헬레스폰트 해협 이쪽으로 데려오라고 지시를 내렸다. 그들이 해협을 건너오자 그는 그들을 완전히 무장해제시켰다."[28] 이 이야기는 부분적으로 제1차 십자군전쟁 이후에 널리 퍼진 황제의 부정적 이미지에 영향을 받은 것이지만, 알렉시오스가 십자군의 제1파를 못마땅하게 여겼다는 것은 분명하다. 그는 이제 제1차 십자군의 본진을 맞을 준비를 해야 했다.

본 부대의 이동

비잔티움에 곧 도착할 야심만만하고 막강한 실력자들을 맞이하는 것은 일련의 복잡한 정치적 문제를 제기했다. 1096년 여름, 프랑스 왕의 남동생 베르망두아의 휴는 디라키온 지사에게 미리 사절을 보내 자신을 어떻게 영접할 것인지에 관한 메시지를 보냈다. "황제시여, 내가 하늘

아래에서 가장 위대한 왕중왕임을 알립니다. 따라서 내가 귀국에 도착하면 나의 고귀한 신분에 걸맞은 장엄한 의식으로 환영해주는 것이 합당합니다."[29] 그리고 얼마 지나지 않아 그에 못지않게 장엄한 메시지가 도착했다. "두크스(비잔티움 황제), 우리의 영주 휴가 곧 도착할 것임을 알립니다. 그는 로마로부터 성 베드로의 황금 깃발을 가지고 왔습니다. 그가 프랑크 군대의 총사령관임을 알아주십시오. 그의 지위에 걸맞은 환영식을 준비해주시고 당신이 직접 그를 맞이할 준비를 하시기 바랍니다."[30]

그러나 휴의 콘스탄티노플 도착은 초라한 것이었다. 비잔티움 사람들이 그를 충분한 예우를 갖추어서 환영하지 않아서는 아니었다. 그는 이탈리아 남부에서 출항하여 바다를 건너는 동안에 엄청난 폭풍우를 만나 선단이 난파되었다. 그는 가져온 소유물과 병력을 대다수 잃고 에피루스 해안에 간신히 표류해 왔다. 그러자 황제의 오른팔로 떠오른 마누엘 부투미테스가 휴를 재빨리 디라키온으로 후송했다가 곧바로 콘스탄티노플로 데려왔다. 황제는 해난 사고를 당한 휴를 위로했다.[31] 《알렉시아스》는 이러한 사정을 다소 조심스러운 어조로 전하고 있다. "휴와 관련된 에피소드는 그것이 시작일 뿐이었다."[32]

베르망두아의 휴는 1096년 10월 말에 콘스탄티노플에 도착한 십자군 본진의 최초 지도자들 중 한 사람이었다.[33] 부용의 고드프루아와 동생 보두앵도 비슷한 시기에 수도에 도착했다.[34] 플랑드르의 로베르도 12월에 아풀리아에서 출발하여 곧 뒤따라왔다.[35] 함께 여행한 블루아의 스티븐과 노르망디의 로베르는 이들보다는 좀 뒤에 출발한 듯하다. 1097년 4월에 이탈리아에서 바다를 건너왔기 때문이다.[36] 그 무렵 보에몽드

는 이미 콘스탄티노플에 도착해 있었고 툴르주의 레몽은 약 100킬로 떨어진 지점까지 와 있었다.[37]

교황과 황제가 동원한 귀족들은 때때로 사소한 오해가 있기는 했지만 그래도 평화롭게 비잔티움 영토를 통과했다. 이 과정에서 생긴 오해들은 대개 지나친 의욕 때문에 발생한 것이었다. 공국의 리처드가 인솔하는 부대가 에피루스를 향해 바다를 건너던 중에 척후병이 비잔티움 선단을 해적선으로 착각하고 전투 개시 명령을 내렸다. 그러자 십자군의 선단은 일제히 석궁을 발사했는데 그중 하나가 비잔티움 지휘관 마리노스 마우로카타칼론의 투구에 떨어졌고 다른 하나는 그의 방패와 갑옷을 뚫고 들어가 팔에 박혔다. 서방의 기사들을 따라온 한 사제도 공격에 가담하여 활을 잡고서 신속하게 화살을 날렸다. 이어 그는 투석기를 잡고서 커다란 돌을 날렸는데 그것이 마리노스를 맞혀서 의식을 잃게 만들었다. 잠시 뒤 비잔티움 지휘관은 의식을 회복하고 일어섰으나 곧바로 던질 것이 다 떨어진 사제가 힘껏 내던진 보리빵에 뺨을 맞았다.[38]

다른 불상사들도 있었다. 르퓌 주교 아데마르는 마케도니아를 가로지르는 오랜 행군 도중에 휴식을 취하려다가 공격을 받았다. 아데마르는 노새와 황금을 빼앗기고 머리 쪽에 심한 구타를 당했으나, 공격자들이 빼앗은 황금을 어떻게 나눌지 설전을 벌이는 동안에 도망쳐서 최악의 상황을 피했다. 주교는 동료들에게 공격당한 사실을 바로 알렸고 그들이 순식간에 달려와 그를 도와줘 목숨을 구할 수 있었다.[39]

일이 잘못될 때마다, 이에 대해 알렉시오스가 책임을 져야 한다는 주장이 제기되었다. 심지어 주교의 경우처럼, 제국의 대리인이 아니라 현지의 기회주의적인 주민들이 벌인 소행도 황제 탓을 했다. 앞으로 살펴보겠지만, 그 후에 벌어진 일련의 사건들은 황제의 이미지를 나쁘게 만드는 데 기여했고, 라틴 측 사료들은 알렉시오스를 매도하는 정보에만 집중하는 경향을 보인다. 이와 관련하여 여러 사료들이 콘스탄티노플로의 행군 동안에 군수 물자 지원이 어떠했는지에 대해 아무런 언급이 없는 점은 특기할 만하다. 이 사료들에는 물자가 부족했다는 언급이 전혀 없는데 이것은 원정부대의 필요에 부응하기 위하여 적절한 사전 준비가 이루어졌음을 간접적으로 말해주는 것이다. 이것은 우연한 행운에 의한 결과가 아니다. 황제는 고위 관리들을 경로의 요충지에 파견하여 여러 십자군 부대를 수도까지 안전하게 안내하도록 조치했다. 한 목격자는 이렇게 썼다. "우리가 그들의 도시를 지나갈 때마다, 이 사람[알렉시오스가 보낸 관리]이 현지 주민들에게 말하여 식량을 가져오게 했다."[40] 수도에 이르는 이동로의 요충지에 시장을 세우고 유지하고 운영하기 위하여 상당한 준비와 면밀한 감독이 이루어졌던 것이다.

또 십자군 부대에 호송 부대가 파견되어 가장 효율적인 경로를 따라 이동하게 유도하고 또 문제가 발생하면 재빨리 해결해줌으로써 십자군 부대가 아무런 어려움 없이 행군할 수 있도록 도왔다. 파견된 호송관들은 각자 맡은 임무를 성공적으로 수행했다. 그러나 십자군 부대 중 한 부대가 특히 말썽을 부렸다. 보에몬드와 그 부하들은 주기적으로 주된 이동로를 벗어나 가축이나 물품을 훔쳐왔고, 한번은 어떤 성채를 "이단자들"로 가득하다는 이유로 불태워버렸다.[41] 그들은 다른 부대보다 현저히 느린 속도로 행군하면서 황제 대리인들의 경고를 우습게 생각했다.[42] 보에몬드 부대의 행동은 황제의 안내관이 도착한 이후에 갑자기 좋아졌다. 안내관은 "좋은 물건들이 가득한" 성채를 공격하겠다는 그들의 계획을 저지했고 또 보에몬드를 설득하여 부하들이 현지 주민들에게서 약탈한 물건들을 다시 돌려주게 했다.[43]

십자군 부대가 콘스탄티노플에 접근해 오자 알렉시오스는 주요 지도자들에게 좋은 인상을 주기 위해 추가 조치를 취했다. 그는 개인 친서를 보내어 수도에서 그들을 성대하게 맞을 준비가 되어 있음을 알리면서 그들과 좋은 관계를 맺고 싶다는 뜻을 강조했다. 황제는 그들에게 깊은 유대 관계를 재확인했으며, 형제로서 환영한다는 손길을 내밀었다. 때로는 자신을 아버지 같은 사람으로 여겨달라고 말했다.[44] 그러나 십자군 부대들이 수도에 도착하기 전에 서로 단합하는 것을 막기 위하여 황제는 아주 신경 써서 서방 지도자들 사이의 상호 접촉을 견제했다.[45] 황제는 대규모 부대의 도착으로 식량이 부족해질 것을 우려함과 동시에, 그들이 수도를 공격할지도 모르는 커다란 위험도 사전에 대비해야 했다. 그래서 알렉시오스는 서방 지도자들 간의 연락을 정기적으로 엿들었다.[46] 그는 또 서방의 여러 지도자들이 그들이 이끌고 온 부대보다 먼저 수도에 들어와 황제를 만나도록 함으로써 공격의 가능성을 사전에 차단했다. 그리하여 베르망두아의 휴와 보에몬드는 휘하 부대보다 훨씬 앞서서 수도에 들어갔다.[47] 블루아의 스티븐과 플랑드르의 로베르 등 원정 기록이 자세하게 전해지지 않는 지도자들의 경우에도, 이와 유사한 조치가 취해졌을 것으로 짐작된다.

툴루즈의 레몽은 자신만 먼저 수도에 들어가 황제를 만나는 것을 거부했다. 그는 부대의 호위 없이 혼자 황제를 만나 협상하면 불리한 입장에 놓이게 된다고 생각했다.[48] 그 의심은 상당히 근거 있는 것이었다. 알렉시오스가 저명한 지도자들을 한 명씩 서로 다른 시간에 만나려고 한 데에는 나름대로 속셈이 있었던 것이다. 그는 그들의 충성을 개인적으로 확인하고 싶어 했다.

황제의 사치스러운 환대

알렉시오스는 관대한 집주인이었고 서방의 지도자들을 호화롭게 맞이했다. 1097년 여름, 블루아의 스티븐은 아내 아델라에게 편지를 보내 제국의 수도에서 환대를 받은 사실을 흥분되는 어조로 보고했다. 황제는 모든 지도자들에게 선물 세례를 하고 서방의 모든 기사들에게 보급품이 잘 전달되도록 신경 썼다고 스티븐은 썼다. "우리의 시대에 이처럼 완벽한 관대함의 기질을 가진 군주를 또 찾아보긴 어렵다고 생각합니다. 내 사랑, 당신의 아버지는 내게 많은 멋진 선물을 내려주었습니다만 이 황제와 비교해보면 그것은 거의 아무것도 아니라고 할 수 있습니다. 당신이 이 황제가 어떤 인물인지 이해할 수 있도록 이렇게 몇 자 적는 것은 내게 큰 기쁨입니다."[49]

스티븐의 편지는 알렉시오스가 그에게 어느 정도 신경 썼는지를 보여준다. 황제는 그를 황궁에 불러 열흘 동안 연회를 베풀었고 많은 선물을 주면서 스티븐의 아들도 콘스탄티노플로 보내라고 초대하면서, 만약 아들이 도착한다면 역시 "이처럼 멋지고 호화로운 대접"을 받을 것이라고 말했다. 그리하여 스티븐은 황제를 위대하면서도 관대한 시혜자로 보았을 뿐만 아니라 "아버지 같은 사람"으로 보게 되었다.[50]

스티븐의 편지는 황제와 십자군 지도자들의 사이가 틀어지기 이전에 보낸 것이긴 하지만 후대의 많은 사람들이 알렉시오스의 관대함에 대하여 언급했다. 가령 십자군전쟁에 참가했던 샤르트르의 풀처는 황제가 다량의 동전뿐만 아니라 최고급 비단옷을 하사했다고 말했다.[51] 또 다른 목격자는 알렉시오스의 관대함을 경멸하고 남의 말을 잘 믿는 그의 태도를 조롱하면서, 서방 사람들은 황금, 순은, 보석, 겉옷 등 그들이 원하는 것은 뭐든지 요구하라는 말을 들었다고 기록했다.[52] 황제가 모든 요청을 다 들어주었다는 것은 사실이 아니지만, 원정부대의 지도자들로부터 개인적 지지를 얻어내고 싶은 마음이 너무나 강했던 나머지 사람들의 눈에는 그의 관대함이 마치 무한대인 것처럼 보였던 것이다.

여러 사료들은 저명한 십자군 지도자들이 알렉시오스를 개인적으로 만났다는 사실에 동의한다. 이러한 방식은 비잔티움 황제로서는 아주 파격적인 일탈이었다. 콘스탄티노플을 방문하는 외국 고위 인사들은 으레 황제로부터 좀 떨어진 곳에 자리를 잡게 된다. 키에프 통치 왕가의 구성원인 올가 공주는 10세기 중반에 콘스탄티노플을 방문했을 때 황제와 디저트만 먹었을 뿐이며,[53] 거의 같은 시기에 독일 황제가 보낸 사절은 며칠을 기다렸다가 비잔티움 군주를 알현할 수 있었다.[54]

10세기에 비잔티움 황제 알현은 복잡한 절차를 거쳐야 했다. 한 목격자는 이렇게 회상했다. "황제의 보좌 앞에는 도금 청동으로 만든 나무가 서 있었다. 나뭇가지 역시 도금 청동인데 다양한 크기의 인조人造 새들이 앉아 있었다. 새들은 자신들의 종種에 어울리는 서로 다른 노래를 불러댔다. (……) 엄청나게 큰 덩치의 인조 사자들〔무엇으로 만든 것인지는 불분명하지만 이 또한 도금되어 있었다〕이 황제를 호위하면서 꼬리로 황궁의 바닥을 내리치면서 입을 짝 벌리고 혀를 날름거리면서 포효했다. 나는 두 환관의 어깨에 기대어 이곳으로 안내되어 들어가 황제의 앞에 섰다." 이 순간 어떤 기계적 장치가 보좌를 천장까지 들어 올렸고 황제는

외국인 방문자와 대화를 나눌 수 있는 사정거리 밖으로 나갔다.[55]

십자군 지도자들과 거래를 하면서 알렉시오스는 전임 황제들이 알면 깜짝 놀라고 두려워했을 법한 방식을 선택했다. 황제는 서방의 지도자들을 편안하게 만들기 위해 비공식적인 접근방식을 사용했다. 어떤 사람들은 알렉시오스가 너무 과도하게 환대한다고 생각했다. 어떤 환영 파티에서 아주 자신감에 넘치는 한 기사는 황제가 다른 손님들과 어울리기 위해 잠시 비워둔 보좌에 떡하니 앉아버렸다. 그러한 행동에 대하여 동료 기사로부터 비난을 받자 그는 나지막한 목소리로 황제 욕을 했다. 그는 이렇게 말했다 한다. "농부 주제에!" 이 말을 번역하여 들려주자 황제는 대범하게 반응하면서, 앞날에 투르크인들을 공격해야 할 때 당할 수 있는 심각한 위험에 대하여 기사들에게 알려주었을 뿐이다.[56]

알렉시오스와 보에몬드 간의 관계는 서방 지도자들의 지지를 얻어내기 위해 어느 정도까지 공을 들였는지 잘 보여주는 사례다. 보에몬드는 아주 카리스마 넘치는 인물이었고 십자군들 사이에서 높은 충성심을 불러일으킬 수 있는 지도자였다. 그는 얼굴을 깨끗이 면도했는데, 전사라면 턱수염을 기르던 시대에 아주 이례적인 것이었다.[57] 안나 콤네네는 이 인물에 대하여 이렇게 썼다. "그는 당시 로마에서 볼 수 있는 여느 사람들(그리스인이든 야만인이든)과는 아주 달랐다. 사람들은 그를 보면 존경심을 품었고 그의 이름을 들으면 겁을 먹었다." 그는 매력적인 사람이었으나 남들에게 불러일으키는 경계심 때문에 그런 점이 많이 가려졌다. "심지어 그의 웃음소리도 남들에게는 위협으로 들렸다"라고 《알렉시아스》는 전한다. 그는 나중에 비잔티움을 공격해오는 등 알렉시오스의 천적이 될 터였다.

황제와 보에몬드는 1080년대 초에 전장에서 서로 죽기 살기로 싸우면서 상대방의 강점과 단점을 잘 알았다. 보에몬드는 콘스탄티노플로 말 타고 들어가면서 앞으로 어떤 일이 벌어질지 명확하게 예상할 수가 없었다. 그가 황제의 보좌 앞으로 안내되었을 때, 두 사람은 곧 과거에 대해서 얘기하게 되었다. 보에몬드는 이렇게 말했다고 한다. "나는 당시에 적이면서 원수였지요. 하지만 지금은 폐하의 동지로서 나의 자발적 의지에 따라 여기에 왔습니다." 알렉시오스는 첫 만남에서는 보에몬드에게 바라는 요구사항을 너무 자세하게 밀어붙이지 않았다. "오랜 여행길에 피곤하시지요. 그러니 가서 쉬십시오. 내일 우리는 현안들을 자세히 논의할 수 있을 겁니다."[58]

황제의 옛 적수를 위하여 특별한 접대가 준비되어 있었다. "보에몬드는 코스미디온으로 갔는데 그곳엔 그를 위한 특별 숙소가 마련되어 있었고 산해진미가 가득한 호화로운 식탁이 준비되어 있었다. 요리사들은 따로 붉은 생고기와 요리하지 않은 닭고기를 날것 상태로 가져왔다. 요리사는 말했다. '보시다시피 이 음식들은 우리의 전통 방식으로 조리되었습니다. 하지만 이 음식이 마음에 들지 않는다면, 여기 마련된 날고기로 당신이 좋아하는 방식으로 요리해드릴 수 있습니다.'"[59] 알렉시오스는 보에몬드가 의심이 많을 것이라고 예상했는데 과연 그러했다. 그 노르만인은 부하들에게는 많이 먹으라고 하면서 정작 그 자신은 음식에 전혀 손을 대지 않았다. 그다음 날 왜 음식에 손을 대지 않았느냐는 질문을 받자 그의 대답은 직설적이었다. "그가 음식에다 독을 넣어 나를 죽이려는 게 아닐까 하고 생각했습니다."[60]

알렉시오스는 보에몬드의 숙소를 선물로 가득 채웠다. 보에몬드는 자신의 숙소에 화려한 옷, 황금 동전, 은제 동전, 기타 값나가는 물건이 가득 들어차 있는 것을 발견할 것이었다. 숙소에는 그런 물건이 너무 많아서 안으로 걸어 들어가기가 어려울 지경이었다. 알렉시오스는 대리인에게 이런 지시를 내렸다. "보에몬드를 안내하다가 갑자기 방문을 열어서 보물들을 보여주도록 하라." 과연 보에몬드는 그 광경에 깜짝 놀랐다. 대리인은 나지막이 말했다. "오늘 이 모든 것이 당신의 것입니다. 황제의 선물이지요."[61]

황제의 사치스러운 관대함은 십자군 부대의 하위 인물들에게까지 미쳤다. 블루아의 스티븐은 알렉시오스의 선물이 "기사들의 생활을 안락하게 하고, 그의 향연은 가난한 사람들에게 힘을 북돋워준다"라고 보고했다.[62] 매주 네 명의 사절이 부용의 고드프루아와 다른 실력자들에게 파견되었다. 그들은 십자군 부대의 각 병사들에게 나눠 줄 황금 동전을 가득 싣고 갔다.[63]

불안한 공존

그러나 알렉시오스가 십자군을 따뜻하게 환영하기 위해 온갖 노력을 아끼지 않았음에도 불구하고 사태가 그의 계획대로 돌아간 것은 아니었다. 1096년 크리스마스 직전에 부용의 고드프루아가 콘스탄티노플 근처까지 접근해 오자 긴장감은 불편할 정도로 높아졌다. 거듭된 요청에도 불구하고 로렌 공작은 보스포루스 해협을 건너가기를 거부했고, 황제는 수도 가까운 곳에 경험 많은 기사들이 지휘하는 대군이 주둔하고 있다는 사실을 크게 우려했다.[64] 고드프루아를 격려하거나 위협하여 해협 건너로 보내려는 노력이 아무런 효과를 거두지 못하자, 황제는 좀 더 직접적인 방법을 사용했다. 사위 니케포로스 브리엔니오스의 지휘 아래 중무장한 소규모 부대가 고드프루아에게 파견되었다. 이 비잔티움 부대는 무력을 사용하여 그 십자군 지도자와 부하들을 도시에서 몰아내어 보스포루스 동쪽의 지정된 구역으로 이동시키리라는 명령을 받았다.[65]

오래지 않아 비잔티움 군대와 고드프루아의 병사들이 교전을 했다. 공작은 "사자처럼 포효하면서" 제국 군대의 병사 일곱 명을 베었다. 반면에 백발백중하는 브리엔니오스의 활 솜씨는 아폴로 신에 필적할 만했다. 적어도 그의 아내의 눈에는 그렇게 보였다. 그러나 이 교전의 의미는 전투에 참가한 사람들의 용맹함에 있는 것이 아니라, 알렉시오스가 십자군들에게 자신의 지시사항을 강제하기 위해서 무력을 사용했다는 사실에 있다.[66]

그러나 고드프루아를 강제로 이동시키려는 노력은 별 효과를 거두지 못했다. 그의 부하들은 콘스탄티노플 외곽에 있는 대규모 농장이나 저택을 약탈하여 도시와 주민에게 엄청난 피해를 입혔다.[67] 군사적 대응이 전혀 통하지 않자, 알렉시오스는 보급품을 끊기로 결정했다. "그는 보리와 생선의 판매를 금지시켰고 이어 빵도 판매하지 못하게 했다. 그러자 공작은 황제를 만나는 데 동의할 수밖에 없었다."[68] 그것은 상황을 더 악화시킬 수도 있는 아주 과감한 조치였다. 하지만 그 작전이 통했다. 고드프루아는 한 발 물러서서 황제를 직접 만나는 데 동의했다. 알렉시오스가 아직 열 살이 안 된 맏아들을 공작의 의심을 해소시키는 인질로 내놓았기 때문이었다.[69]

고드프루아와 부하들은 가장자리가 보라색과 황금으로 장식된 족제비 털옷과 담비 털옷으로 아주 화려하게 차려입고 회의에 참석하러 왔

다. 그 화려한 의상은 그들의 권세와 지위를 보여주는 상징물이었다.[70]
마침내 양측의 거래 조건이 합의되었다. 고드프루아는 부하들을 보스포
루스 해협 건너편, 키보토스 근처에 마련된 집결지로 이동시키는 데 동
의했다. 그 대신 그에게는 황금과 순은, 보라색 겉옷, 노새와 말들이 선
물로 제공되었다.[71] 알렉시오스는 마침내 원하던 것을 손에 넣었다. 관
대함, 뇌물, 무력은 효과를 거두지 못했지만, 보급품을 일시 끊어버린
것은 알렉시오스가 십자군과의 관계에서 한 수 위의 입장에 있음을 보
여주었다. 한 서방인은 솔직하게 말했다. "황제와 우호적인 관계를 맺
는 것이 아주 중요했다. 그의 도움과 조언이 없으면 편하게 전투를 할
수가 없기 때문이다. 같은 경로를 통하여 우리를 뒤따라오는 사람들도
이런 사정은 마찬가지다."[72] 보급품 단절은 황제의 메시지를 가장 확실
하게 전하는 효과적인 방법이었다.[73] 무력 사용은 최후의 수단이었다.

아무튼 1096~1097년 사이에 비잔티움 중앙정부에서 십자군을 응대
한 방식은 놀라울 정도로 성공적이었고 그리하여 서방 기사들의 도착은
아주 원만하게 관리되었다. 이것은 부분적으로 황제가 원정부대의 지도
자들에게 베풀어준 관대함과 관심 덕분이었다. 더불어 수도에 대한 더
실용적인 다른 조치가 위협을 최소화했다. 예를 들어 도시 출입은 엄격
하게 통제되었다. 서방인들은 소수의 인원만 장엄한 성벽을 통하여 출
입하는 것이 허용되었다. 한 사료에 의하면, 시간당 5~6인만이 도시 출
입이 허가되었다.[74]

알렉시오스의 우선순위는 기사들이 보스포루스 해협을 건너가 키보
토스에 집결하는 것이었다. 그곳에는 대규모 병력을 수용하고 식량을
제공하는 시설이 마련되어 있었다. 부용의 고드프루아와 협상한 데서

잘 드러나듯이, 병력을 이동시키는 것은 아주 긴급한 문제였다. 이미 살펴본 바와 같이, 십자군이 콘스탄티노플 가까이 다가왔을 때, 도시에는 일종의 불길한 예감이 널리 퍼져 있었다. 어떤 사람들은 원정부대의 진짜 목표는 예루살렘이 아니라 비잔티움 수도라고 생각했다. 안나 콤네네는 이렇게 썼다. "십자군은 한마음이었다. 그들은 콘스탄티노플을 점령한다는 꿈을 이루기 위하여 공동의 정책을 수립했는데 이에 대해서는 이미 앞에서 말한 바와 같다. 그들은 겉보기에는 예루살렘으로 순례를 떠나는 것 같지만 실제 그들의 의도는 황제를 황위에서 몰아내고 수도를 점령하려는 것이었다."[75] 이러한 견해는 외국인들의 숨겨진 속셈에 대하여 의심을 품는 경향이 있는 비잔티움 사람들에게서만 발견되는 것이 아니다. 제국의 변방 지역에서 글을 썼던 시리아인 미카엘 같은 관찰자들도 십자군이 비잔티움 사람들과 소규모 전투를 벌였을 뿐만 아니라 노골적으로 콘스탄티노플을 공격했다고 믿었다.[76]

도시 주민들의 불안은 부용의 고드프루아의 공격 때문에 더욱 깊어졌다. 황제의 측근들은 더욱 불안감이 증폭되었다. 콘스탄티노플에 남아 있는 알렉시오스의 몇 안 되는 동맹들은 도시 내의 적대적 당파들이 십자군의 도착을 기회로 다시 반란을 일으킬지 모른다고 생각했다. 어떤 반항 세력들은 콤네노스 가문이 권력을 찬탈한 시점으로 소급되는 원한을 복수하고 싶어 했다. 게다가 최근에 벌어졌던 디오게네스 음모 사건의 여진도 남아 있었다. 《알렉시아스》에 의하면 언젠가 황제의 측근들이 황궁으로 급히 몰려와 황제를 지키기 위해 최후의 저항을 하려고 한 적도 있었다는 것이다. 그들은 도시의 불만 세력이 언제든지 반란을 일으켜 황궁을 쳐들어올 수 있다고 생각했다. 그들은 황제에게 어서 갑옷을 입고 죽을 때까지 싸울 준비를 하라고 재촉했다. 그러나 알렉시오스는 황위에 무기력하게 앉아서 놀라울 정도로 연극적인 냉정한 태도를 보일 뿐이었다.[77]

알렉시오스를 전복시키려 한다는 음모는 콘스탄티노플은 물론 성벽 밖에서도 널리 퍼지기 시작했다. 서방의 지도자가 수도에 도착했을 때 어떤 미스터리한 낯선 사람들이 찾아와, 황제는 교활하고 의뭉스러운 사람이라고 경고하면서 그가 하는 약속과 감언이설을 믿어서는 안 된다고 조언했다.[78] 십자군과 그들의 의도에 대한 이런 의심이 널리 퍼져 있었으므로, 무엇보다도 십자군을 키보토스로 이동시키는 것이 알렉시오스의 체제 안정에 필수적이었다.[79] 대규모 군대가 콘스탄티노플 근처에 주둔하고 있다는 것은 그 자체로 아주 위험스러운 상황이었다. 게다가 도시에 이미 들어와 있는 사람들이 새로 도착한 부대에게 도움을 요청하거나 수도의 불안정한 상황을 틈타 반란을 일으킬지 모른다는 우려도 컸다.

거들먹거리는 아군을 다루는 법

알렉시오스는 이런 사정을 이미 다 염두에 두었다. 그는 서방의 주요 지도자들을 그들의 부대보다 앞서서 수도로 들어오게 하여 환대를 하면서 호의를 얻으려고 하는 한편, 공식적으로 그 자신에게 묶어두는 방법을 추구했다. 그런 방법 중 하나는 서방 지도자들을 양아들로 삼는 것이었다. 이것은 오랜 전통으로, 비잔티움 황제들은 이 전통을 활용하여 외국의 실력자들과 정신적 부자 관계를 맺었다. 십자군 지도자들은 이것을 이상하다고 생각하지 않았다. 한 연대기 작가는 고위급 외국인들을 양자로 입양하는 것은 황제의 관습이라고 썼다. 그래서 십자군 지도자들은 즐거운 마음으로 그 관습을 따랐다.[80] 또 다른 연대기 작가는 아무런 해설 없이 알렉시오스가 모든 서방 지도자들을 자신의 양아들로 삼았다고 기록했다.[81] 그러나 입양은 비잔티움의 독특한 관습이었기에, 알렉시오스는 서방 지도자들이 이해할 수 있는 방식으로 유대관계를 강화하려 했다. 그리하여 황제는 보에몬드, 부용의 고드프루아, 툴루즈의 레몽, 베르망두아의 휴, 노르망디의 로베르, 플랑드르의 로베르, 블루아의 스티븐 등에게 자신을 향해 충성 맹세를 할 것을 요구했다.

군주에 대한 충성 맹세는 중세 봉건제의 핵심 요소였고 제1차 십자군 전쟁이 전개되던 시점에 서유럽에 잘 확립되어 있던 제도였다. 이 맹세는 한쪽에 있는 군주 혹은 영주와 다른 한쪽에 있는 봉신 혹은 가신 사이에 구체적인 법적 관계를 정립시킨다.[82] 충성 맹세를 하는 가신은 영주를 평생 모시고 그를 해치지 않겠다는 약속을 하는 것이다. 이때 그는 사제 앞에서 성경이나 그에 비견하는 성물을 두고서 맹세를 한다. 알렉시오스 콤네노스는 수도를 찾아온 서방의 지도자들로부터 이런 충성 맹세를 받아내려 했다. 안나 콤네네가 나중에 설명했듯이, 황제는 각 지도자가 그의 안스로포슬리지오스(anthroposlizios, 봉신)가 되기를 요구한 것이다.[83]

이러한 요구를 받은 여러 저명한 귀족들은 자기 땅의 통치자로서, 아무런 의무나 책임을 느끼지 않는 알렉시오스에게는 물론이고 그 어떤 다른 사람에게 충성을 맹세하는 것이 말이 되냐며 강하게 반대했다. "우리 지도자들은 이것을 단호하게 거절한다. 정말로 이것은 우리에게 맞지 않는 얘기다. 우리가 그에게 충성 맹세를 바친다는 것은 정의롭지 못한 일이다."[84] 그렇지만 귀족들이 만장일치로 반대한 것은 아니었다. 베르망두아의 휴, 블루아의 스티븐 등 몇몇 지도자들은 황제에게 기꺼이 충성을 바치겠다고 말했다. 이들은 콘스탄티노플에서 황제의 환대를 받았기 때문에 이렇게 나오는 것일 수도 있지만 실용적인 목적도 포함되어 있었다. 그들은 아무튼 예루살렘까지 원정하려면 황제의 도움과 조언이 절실히 필요한 것이었다. 한 목격자는 이렇게 기록했다. "이렇게 승복하는 사람들에게 황제는 그들이 원하는 만큼의 많은 동전과 비단 의복을 제공했다. 또 그들이 장거리 여행을 완수하는 데 필요한 돈과 말도 내주었다."[85] 이러한 내용은 《프랑크인의 행적》에도 기록되어 있다. 이 저자는 알렉시오스와 비잔티움에 일관되게 적대적인 자세를 취했으므로, 왜 원정부대의 지도자들이 그에게 충성 맹세를 했는지 잘 이해하지 못했다. "왜 용감하고 단호한 기사들이 이따위 맹세를 했는가? 아마도 절실한 필요에 내몰렸기 때문일 것이다."[86]

한편 보에몬드는 더 큰 상품에 눈독을 들이고 있었다. 그는 알렉시오스에게 원정에 나서는 제국 군대의 사령관으로 임명해달라고 요구했다. 전에 제국 군대의 총사령관이었던 아드리안 콤네노스의 척출 이래 그 자리는 아마도 공석으로 남아 있었을 것이다.[87] 원정에서 얻을 것은 많고 잃은 것은 별로 없는 상태였으므로 보에몬드는 처음부터 자신이 황제의 오른팔 역할을 해야 한다고 생각했다. 만약 역할을 제대로 잘 수행한다면 좋은 기회가 아주 많이 찾아올 것을 그는 알고 있었다.[88]

1096~1097년 사이의 겨울에 소규모 전투를 벌인 후에 마침내 부용의 고드프루아와 합의가 이루어졌다. 그 합의 내용에는 공작이 다른 지도자들과 마찬가지로 알렉시오스에게 충성 맹세를 해야 한다는 것도 포

함되어 있었다. 그가 맹세를 하자 "엄청난 액수의 돈을 선물로 받았고 알렉시오스의 식탁에 초대받아 화려한 연회를 즐길 수 있었다. (……) 황제는 이어 그의 부하들에게 보급품을 풍성하게 내려주라고 명령했다."[89]

알렉시오스가 충성 맹세를 요구한 것에는 두 가지 뚜렷한 목적이 있었다. 첫째, 앞으로 서방의 기사들이 소아시아에서 탈환하게 되는 모든 도시들은 자연스럽게 황제에게 귀속되어야 한다는 장기적 목표다. 둘째, 십자군이 비잔티움 영토 내에 들어와 있으므로, 콘스탄티노플 내에서 황제의 지위를 강화해야 한다는 단기적 목표다. 두 번째 목표는 툴루즈의 레몽과 합의를 본 타협과 관련된 것이었다. 레몽은 처음에는 충성 맹세를 일언지하에 거절하며, 다른 영주에게 충성을 맹세하기 위해 십자가를 지고 비잔티움까지 온 것이 아니라고 말했다. 고향과 부모를 뒤로하고 이렇게 나선 것은 오로지 하느님을 위한 것이지 다른 사람에게 봉사하려는 뜻은 전혀 아니었다고도 했다.[90]

한동안 백작의 맹세 거부는 원정부대의 분위기를 뒤흔들어놓았다. 그것이 소아시아로의 출발을 지연시켰고, 이미 황제에게 충성 맹세를 한 다른 지도자들의 심기를 건드렸기 때문이다. 플랑드르의 로베르, 부용의 고드프루아, 보에몬드 등은 모두 맹세를 했으므로 레몽도 그렇게 하는 것이 좋겠다고 재촉했으나 아무 소용이 없었다. 그러다가 마침내 타협이 이루어졌다. "이 시점에 백작은 부하들과 상의한 후에 부하들이 황제의 목숨을 위협하거나 황제의 재산을 빼앗는 일은 하지 않겠다고 맹세했다." 그렇지만 "백작 자신의 권리가 위태롭게 되므로" 충성 맹세는 할 수 없다고 고집했다.[91] 알렉시오스는 이 타협안을 받아들였는데,

이로 인해 그의 속셈이 무엇이었는지 드러났다. 십자군 캠프가 성벽 밖에 주둔하고 있는 상황에서, 그가 확인받고자 했던 것은 그의 목숨과 지위가 위협받지 않으리라는 약속이었던 것이다.

알렉시오스는 보에몬드에 대해서도 유연한 태도를 보이면서 그의 요구를 수용했다. 그 노르만인은 황제의 가신이 되는 것에 동의하면서 그 반대급부를 요구했다. "황제는 만약 보에몬드가 자발적으로 맹세를 한다면 안티오크 너머의 땅을 그에게 하사하되 그 길이는 15일간의 여행 거리, 그 너비는 8일간의 여행 거리가 되게 해주겠다고 말했다. 그리고 보에몬드가 충성 맹세를 잘 준수한다면 그 영토를 건드리지 않겠다고 약속했다."[92] 사실 이렇게 약속된 토지의 가치는 거의 무시할 만한 것이었다. 아무튼 그것은 제국에게 이득이 되는 약속이었다. 제국의 전통적 접경지역 너머의 땅을 보에몬드에게 하사하는 것은 비잔티움과 투르크인 사이에 완충 지대를 설정하는 것이기 때문이다. 그러나 노르만인은 다른 관점을 갖고 있었다. 그는 이득을 얻기 위해 대규모 십자군을 활용할 생각이었다. 이탈리아 남부에서 그의 입지가 불안정하다는 점을 감안하면 이것은 매력적인 전망이었다. 이탈리아 남부에서는 그의 이복동생과 숙부가 이미 지배권을 차지했던 것이다. 즉 이 합의는 보에몬드와 황제 모두에게 이득이 되는 것이었다.

보에몬드는 자신의 영지가 생길 것이라는 전망을 너무도 흡족하게 생각하여 황제와 툴루즈의 레몽 사이에 불거진 충성 맹세 문제에도 황제 편을 들면서 개입했다. 보에몬드는 처음엔 레몽을 어르다가 나중에는 원정부대 중 가장 강성한 세력인 레몽을 위협하고 나섰다. 만약 그가 계속 충성 맹세를 거부한다면 그를 상대로 전투를 할 수밖에 없다고 엄포를 놓았다.[93] 이런 강경한 자세로 인해 보에몬드는 원정부대의 병사들 사이에 높은 신임을 얻게 되었다. 병사들은 십자군 지도자들 사이의 불화는 소아시아의 투르크인을 공격한다는 당면 목표를 위태롭게 만드는 일탈로 보았던 것이다. 이렇게 하여 황제와 레몽 사이에 타협을 이끌어 낸 보에몬드는 십자군운동의 추진력을 활성화시킨 공로를 차지했다. 알렉시오스 또한 그를 좋게 보기 시작했다. 전에는 라이벌이었던 인물을 소중한 동맹으로 여기게 되었고 상식적으로 행동하고 얘기가 통하는 사람으로 생각했다. 간단히 말해서 믿을 만한 사람이 되었다.

십자군이 비잔티움에 도착하던 1096~1097년에 황제는 당면한 문제들이 많았지만, 그래도 십자군 지도자들과의 관계를 공식화함으로써 장기적인 목표를 추진해나가야 한다고 생각했다. 그는 무엇보다도 십자군이 소아시아에서 차지하게 될 도시와 지역들을 어떻게 처리할 것인가에 관심이 많았다. 이 문제는 콘스탄티노플에서 이루어진 충성 맹세에 명시적으로 언급되었다. 부용의 고드프루아와 다른 서방의 기사들은 "황제를 찾아와서 맹세를 했는데, 앞으로 그들이 어떤 도시, 땅, 요새를 차지하든 그것들이 당초 비잔티움제국의 것이었다면 당연히 제국에 넘겨주겠다는 것이었다".[94]

이 합의에 대한 소식은 비잔티움 너머의 지역에도 급속히 퍼져나갔고 무슬림 세계에도 널리 알려지게 되었다. 바그다드와 다마스쿠스에서 활동하는 논평가들도 제국의 도시에서 합의된 조건들에 대해 대략적으로 알고 있었다. 한 논평가는 이렇게 썼다. "십자군이 비잔티움에 도착했을 때, 프랑크인들은 일차적으로 그리스인들의 왕과 계약을 맺었다. 그들은 황제에게, 그들이 탈환한 도시를 황제에게 넘겨주겠다고 약속했다."[95] 또 다른 논평가는 원하는 것을 얻으려는 알렉시오스의 결단과 고집에 대해서 이렇게 논평했다. "비잔티움 황제는 그들이 황제의 영토를 통과하는 것을 거부했다. 그는 이렇게 말했다. '당신들이 내게 안티오크를 넘겨주겠다고 맹세하지 않는다면 이슬람 땅으로 들어가는 것을 허락하지 않겠소.'"[96]

라틴 측 사료들은 서방인 지도자들이 한 약속뿐만 아니라 알렉시오스가 내놓은 약속도 언급했다. 《프랑크인의 행적》의 저자는 이렇게 썼다. "황제는 우리 서방의 모든 사람들에게 신의와 안전을 약속했다. 또한 육군과 해군을 거느리고 우리와 합류하고, 육상과 해상으로 식량을 조달해주고, 잃어버린 모든 것을 원상복구해주도록 신경 쓰겠다고 맹세했다. 더욱이 성묘로 가는 길에 우리 순례자들을 괴롭히거나 화나게 하는 일은 결코 없을 것이라고 약속했다."[97]

그로부터 몇 년 뒤 누가 약속을 제대로 지켰는가 혹은 어겼는가 하는 문제를 두고서 양측은 서로 비난전을 벌이게 된다. 그러나 한 가지 사항은 분명하다. 알렉시오스는 충성 맹세의 개념을 명확하게 이해했고 서방의 통치자처럼 행동했으며, 충성 요구를 서방 기사들이 잘 이해하는 언어로 요구했다. 황제가 이 상호 약속이 앞으로 벌어질 어려운 상황에서 파기될 수도 있다는 점을 알았는지 여부는 별개의 문제다.

《프랑크인의 행적》의 저자는 의무는 양날의 검이라고 뒤이어 지적했다. 십자군이 콘스탄티노플에 도착했을 때 황제가 원정부대들을 이끌고 친정에 나설 것이라고 추측되었으나 실제로는 그렇게 하지 않았다. 그렇지만 십자군이 키보토스에 집결할 때 황제는 그들의 총사령관 자격으로 행동하면서 선물을 하사하고, 식량을 제공하고, 각 부대의 움직임을 조정하고, 투르크인을 상대로 하는 적절한 전략에 대해서 조언했다. 그리고 충성 맹세를 요구함으로써 황제는 자신이 원정부대의 중심임을 확실히 했다.

하지만 이것은 알렉시오스를 곤란한 상황에 빠뜨렸다. 그는 소아시아의 주요 도시와 지역을 탈환하기 위해서 병력이 긴급하게 필요했기 때문에 서방에 도움을 요청한 것이었다. 당시 그 지역에서 투르크인들이 계속 공격해 오고 있는 데다, 제국의 귀족들이 황제에게 반란을 일으켜 그를 더욱 취약한 상태로 만들었다. 제국의 상황이 이렇게 불안정했으므로 알렉시오스는 원정전에서 적극적인 역할을 할 형편이 되지 못했다. 안나 콤네네는 사정을 이렇게 설명한다. "황제는 무자비한 투르크인들을 상대로 하는 원정전에 따라나서고 싶었으나, 심사숙고한 끝에 동행하지 않기로 결정했다. 비잔티움 군대는 엄청난 규모의 프랑크인 부대를 대적할 수 있는 병력이 아니었다. 황제는 오랜 경험에 의하여 라틴인이 얼마나 믿을 수 없는 사람들인지 잘 알고 있었다." 알렉시오스는 자신의 부재중에 콘스탄티노플에서 또다시 반란이 발생할 것을 우려했다. "그래서 그 당시에 황제는 원정부대에 동행하는 것을 포기했다"라고 안나 콤네네는 썼다. "그러나 그의 직접 참전이 현명치 않다고 하더라도, 그가 마치 켈트인들과 함께 있는 양 그들을 충실히 지원하는 것이 중요하다는 사실을 황제는 잘 알았다."[98]

하지만 아직 황제는 자신의 속셈을 겉으로 드러낼 필요는 없었다. 초기에는 십자군을 이끌고 소아시아로 들어가 작전에 참여할 여유가 있었다. 원정부대가 성공을 거두면서 투르크인을 상대로 계속하여 진격할 경우에는 어떻게 할 것인지 아직 결정하지 않았지만, 1097년 늦은 봄에 이르러 모든 것이 황제에게 유리한 방향으로 돌아가고 있었다. 그는 서방의 지도자들과 원만하게 협상을 완수했고 또 원정부대에 지원을 아끼지 않겠다고 약속했다. 하지만 서방의 기사들이 무슨 기대를 하고 있든 간에, 그는 협상의 그 어떤 단계에서도 자신이 친히 예루살렘 원정을 지휘하겠다고 명시적으로 말한 적은 없었다. 그들의 장래 관계는 기사들이 소아시아에 들어가 전투를 얼마나 성공적으로 수행할 것이냐에 달려 있었다. 그리하여 알렉시오스는 십자군이 첫 번째 주요 목표인 니케아로 진군하는 상황을 예의 주시했다.

9

적과의 첫 번째 만남

십자군의 소아시아 진격은 승리와 재앙, 잔인한 폭력과 갈등하는 자존심 등이 뒤섞인 이야기다. 알렉시오스는 정치적 불안정 때문에 원정부대를 직접 지휘하지 못하고 제국의 중심부에 머무르면서 전쟁을 원격조종하려 했다. 그것은 위험한 접근 방식이었으나 십자군 진격의 첫해에는 승리를 거둘 수 있었다.

1097년 봄에 키보토스에 집결한 십자군의 병력 규모는 수만 명을 헤아렸다. 이 대규모 부대에 보급품을 조달하는 것은 엄청난 일이었다. 블루아의 스티븐은 키보토스의 원만한 시설 운영에 깊은 인상을 받았다. 그는 아내에게 보낸 편지에, 십자군을 위하여 엄청난 양의 식량과 보급품이 사전 준비되어 있었다고 썼다.[1] 다른 사람들도 그 도시에 물자가 풍부하고 밀, 와인, 기름, 치즈 등 서방인들에게 꼭 필요한 생필품을 파는 상인들이 아주 많다는 사실을 언급했다.[2]

발칸반도에서와 마찬가지로 물품 가격은 시장의 기능이나 수완 좋은 상인들의 변덕에 맡겨져 있지 않았다. 한 저술가는 이렇게 기록했다. 십자군 제1진이 키보토스에 도착하기도 전에 이미 필요한 물품들이 다량으로 마련되었을 뿐만 아니라 제국 중앙정부의 통제로 인해 가격이 고정되어 있었다.[3] 식량과 보급품이 풍성하자 십자군 부대의 사기는 한껏 높아졌다. 그 덕분에 서방 군대 사이에서 황제의 위상도 따라서 높아졌다. 병사들에게 주기적으로 돈을 지급해주었기 때문에 그들 사이에 선의와 감사하는 마음이 충만했다. 그리하여 키보토스에 집결한 십자군 병사들은 어서 빨리 니케아의 적을 향해 진격하기를 원했다.[4] 알렉시오스는 이러한 열광을 잘 활용하면서 만약 투르크인을 패배시키고 그 도시를 탈환한다면 황금, 순은, 말 등등 더 많은 선물을 내려주겠다고 약속했다.[5]

첫 교전

십자군은 1097년 초여름에 니케아를 향해 출발하여 5월에 도착했다. 니케아의 웅장한 성벽 근처에 캠프를 설치한 서방인들은 정면 공격으로 도시를 탈취하려 했다. 알렉시오스는 그들의 작전을 듣고 깜짝 놀랐다. 그는 이미 오래전에 무력으로 그 도시를 탈환하는 것은 불가능하다고 결론을 내렸기 때문이다.[6] 사실 그도 1090년대 초에 무력으로 니케아를 수복하려다 실패한 나머지 서방에 도움을 요청했던 것이다. 니케아를 함락시키는 유일한 방법은 막강한 병력의 지원을 받으며 장기 공성전을 펴는 것이라고 황제는 생각했다. 하지만 십자군 지도자들은 알렉시오스의 구상을 즉각 거부했다.

서방 기사들은 일정한 포위 범위를 정하고 서서히 올가미를 잡아당기는 방식 대신에, 니케아 성채의 강도를 재빨리 측정한 후 그 방어 시설을 점검하면서 성벽을 돌파해버릴 생각을 했다. 그들은 일부 주요 지도자들이 현장에 도착하기도 전에 공격을 개시했다. 노르망디의 로베르와 블루아의 스티븐이 니케아에 도착했을 때 공격은 이미 진행 중이었다.[7]

비록 거세게 밀어붙이기는 했으나 십자군의 최초 공격은 아무런 성과도 거두지 못했다. 한 십자군의 증언에 의하면, 니케아는 웅장한 성벽으로 둘러싸여 있어서 그 주민들은 적의 공격이나 공성기의 화력 따위는 두려워하지 않았다. 이미 언급한 바와 같이, 그 도시는 완벽한 지형에 자리 잡았고, 서쪽에 커다란 호수가 있는 등 천혜의 자연 지형에 의해 보호받고 있었다.[8] 이런 방어 시설을 돌파하기 위하여, 서방의 기사들은 투석기를 고안하여 제작했다. 이 투석기는 웅장한 성채를 크게 파괴할 만한 위력은 없었으나, 공병들을 엄호하여 그들이 성벽 가까운 곳까지 접근하여 성벽 밑바닥을 파헤치도록 지원할 수 있었다. 툴루즈의 레몽이 지휘하는 공병 부대가 성벽의 방어 시설 일부분을 허물어버리자, 십자군 캠프의 사기는 높아졌고 투르크인 수비대는 경악했다. 방어병들은 밤새 보수 공사를 해서 그 허물어진 구간을 다시 원상복구시킬 수 있었다.[9]

십자군은 작전 초기에 사상자가 많이 발생하는데도 정면 공격을 계속 고집했다. 칼데룬의 기사 볼드윈은 성벽의 출입문을 향해 공격하다가 방어군이 흉벽에서 던진 돌에 맞아 목이 부러졌다. 겐트의 볼드윈도 흉벽에서 날아온 화살에 맞아 부상을 입었고 결국 사망했다. 또한 십자군 캠프 내에서 질병이 돌기 시작했다. 젊고 용감한 포세스의 기(Guy)는 열병에 걸려 사망했다.[10]

니케아 성내에서 방어하는 사람들은 엄청난 전략적 우위를 점하고 있었다. 성벽과 탑처럼 우뚝 솟은 흉벽에서 아래를 내려다보면 십자군들의 동향이 환히 파악되었고 그에 따라 사전에 대응할 수가 있었다. 방어군은 또한 성벽 아래 노출되어 있는 십자군 병사들을 향해 투사물을 발사하거나 활을 쏘거나 돌 같은 무거운 물건들을 내리 던질 수가 있었다. 니케아를 방어하는 투르크인들은 영리했다. 그들은 성벽 가까운 곳으로 접근하는 적병을 향해 불타는 기름, 수지, 모르타르 등을 투하했다.[11] 더욱이 투르크인들은 십자군이 1096년 여름부터 키보토스에 집결하여 몇 달에 걸쳐서 장기 공성전에 필요한 식량과 물품을 비축했다는 사실을 알고 있었다. 그들은 방어를 너무나 자신하는 나머지 항복하는 일은 결코 없을 것이라고 생각했다. 그래서 니케아의 지사 킬리디 아르슬란은 공성전이 전개되는 동안에 성내에 있지도 않고 소아시아의 다른 지역에 가 있었다.[12] 알렉시오스와 마찬가지로, 니케아의 방어군은 자신들의 도시가 적의 정면 공격에 함락될 가능성은 전혀 없다고 생각했다.

그들은 살해한 적병을 아주 잔인한 방식으로 처리함으로써 자신감을 노골적으로 드러냈다. 노르망디의 로베르 부대 소속의 한 기사는 공격 중 본대에서 낙오되어 방어군들에게 생포되었다. 방어군은 그를 살해한 후에 체인에 매단 날카로운 쇠갈고리에 시체를 건 후 흉벽으로 끌어올렸다. 이어 그 시체의 옷을 벗긴 다음 알몸에다 밧줄을 감은 뒤 성벽 한쪽 옆에 매달아놓아 십자군 병사들이 그 광경을 다 볼 수 있게 했다. 그 메시지는 아주 분명했다. 니케아를 함락시키려 하는 것은 사람, 시간, 힘의 낭비다.[13]

십자군도 이에는 이, 눈에는 눈 작전으로 대응했다. 니케아의 수비대를 구원하기 위해 파견된 투르크인 소부대가 패배하여 병사 전원이 살해되었다. 십자군은 그들의 머리만 따로 베어내 창끝에다 꽂고서 성벽 주위를 행진하며 성내 주민들이 모두 볼 수 있게 했다. 안나 콤네네는 이에 대하여 이렇게 논평했다. "그렇게 한 것은 도시의 야만인들이 멀리에서도 무슨 일이 벌어졌는지 파악하게 하여 첫 번째 교전에서 그런 패배를 당한 것에 겁먹게 하려는 것이었다. 그러면 야만인들은 앞으로의 전투에서 적극적으로 나서고 싶은 의욕이 떨어질 것이었다."[14]

서방의 기사들은 도시을 더욱 강하게 압박했다. 공성전은 11세기에 서유럽에서 급속히 기술이 발달한 분야였다. 이탈리아 남부의 노르만인들은 적의 도시를 포위하여 천천히 목을 죄면서 항복시키는 방법보다 단단하게 축성된 도시들을 정면 공격하여 함락시키는 방법을 잘 알고 있었다. 노르만인들이 1050년대와 1060년대에 아풀리아, 칼라브리아, 시칠리아를 신속하게 정복할 수 있었던 것은 공성 기술의 혁신 덕분이었다. 그들은 특히 방어가 강한 요새들을 공격할 때 아주 창의적인 공격 방식을 구사하여 성공을 거두었다. 그래서 십자군 제1진이 니케아에 도착하자마자 그 도시의 방어력을 측정하는 공성기를 재빨리 제작하기 시작했다.

성벽의 구간들 중에 고나타스 탑이 방어하는 구간에 특히 주의를 집중했다. 이 탑은 1세기 전에 반란이 발생했을 때 큰 피해를 입어서 이미 기울어지고 있는 상태였다. 원정부대의 지도자들은 그곳이 가장 약한 구간이라는 것을 금방 알아보았다.[15] 툴루즈의 레몽은 그 구간에 사용할 특수 공성기의 고안을 감독했는데, 그것은 둥그런 원통형의 기계로서 바깥으로 두터운 가죽이 씌워져 있어서 기계 안에서 일하는 공병을 보호하게끔 되어 있었다. 공성기를 성벽에 바싹 밀착시키고, 기계 안에 들어간 공병들이 쇠로 된 굴착 도구를 사용하여 성벽 밑바닥의 돌을 파내고 그 빈자리에 나무 들보를 집어넣고서 불을 지르는 것이다. 이 작업으로 고나타스탑이 금방 붕괴되지는 않았지만 성벽에 상당한 피해를 입혔다. 이는 니케아 성내에 공포를 촉발시켰다.[16]

알렉시오스는 투르크인들 사이에 점증하는 불안 심리를 교묘하게 이용하려 했다. 황제는 펠레카노스에 전초 기지를 설치하고서 그 지점에서 공성전의 진행 과정을 직접 감독했다. 1차 니케아 함락 공격이 시작되었을 때, 마누엘 부투미테스가 몰래 성안으로 들어가서 해결안을 협상했다. 마누엘은 주민들에게 황제가 지난날 투르크인에게 보여주었던 관대함을 상기시키면서, 십자군이 성벽을 돌파하여 도시로 입성했을 때 벌어질 무서운 결과에 대해서 경고했다. 마누엘은 도시가 자발적으로 즉각 항복한다면 주민들을 관대하게 처리하겠다는 서면 보증서를 제시했다.[17]

투르크인들은 니케아의 방어 능력을 자신하면서 협상을 거부했다. 게다가 도시를 구원하기 위해 대규모 투르크 군대가 오고 있다는 보고를 받았다. 사실 공성전 초기 단계에서 불안하고 답답한 것은 십자군이었다. 기독교인 순례자인 척하면서 서방인들의 캠프에 잠입한 스파이가 고문을 당하고 털어놓은 고백에 의하면, 니케아의 방어군은 외부 세계와 자유롭게 소통을 하고 있으며 대규모 투르크 군대가 도시를 구원하기 위해 오는 중임을 알고 있다는 것이었다.[18] 서쪽에 있는 아스카니아 호수를 통해 니케아로 계속 보급품이 지원되는 것을 목격한 십자군은 장기 공성전이 항복을 이끌어낼 것이라고 막연하게 희망하기보다는 뭔가 결정적인 조치를 취해야 하겠다고 생각했다.

알렉시오스는 군사작전을 조심스럽게 통제하면서 니코메디아만에서 배들을 이동시켜 호수를 봉쇄하라는 지시를 내리고 도시 공격을 더욱 강화하라고 주문했다. 비잔티움 궁수들을 성벽 가까이 배치하여 엄청난 지원 사격을 하게 함으로써 흉벽 위의 투르크인들이 머리를 밖으로 내밀지 못하게 했다. 제국 군대는 나팔과 피리 소리를 요란하게 울리며 동시에 함성을 내질렀는데 곧 대규모 공격이 벌어질 것이라는 인상을 적에게 안겨주었다. 멀리서 제국 군대의 깃발들이 휘날리며 다가오는 광경은 곧 대규모 추가 공격이 감행될 것 같은 암시를 주었다.[19]

알렉시오스의 계획은 이처럼 엄청난 제국 군대의 우월성을 보여줘 니케아가 그의 조건을 받아들이면서 항복하기를 유도하는 것이었다. 다시 한번 마누엘 부투미테스가 성안으로 몰래 파견되었다. 마누엘은 이번에는 황제가 금색 글자로 손수 집필한 항복 조건이 들어 있는 크리소불(chrysobull, 칙서)을 가지고 갔다. 그 조건에는 니케아 주민들을 사면해 주는 것은 물론이고 "니케아의 모든 야만인들에게 예외 없이 두둑한 돈을 선물로 준다"라는 조항도 들어 있었다.[20] 이번에는 황제의 영리한 설득이 위력을 발휘하여 투르크인은 항복에 동의했다.

알렉시오스로서는 중요한 수확이었고 서방에 도움을 요청한 그의 야심 찬 정책이 정당화되는 순간이었다. 그렇지만 그 상황은 아주 조심히 다루어야 했다. 서방의 기사들이 협상에 의한 휴전을 못마땅하게 여길 것을 두려워한 황제는 성벽에 대한 "공격"을 연출하라고 지시했다. 그런 가짜 공격의 목적은 방어망을 뚫고 성공적으로 도시를 함락시킨 것은 십자군이 아닌 비잔티움 군대라는 인상을 주기 위한 것이었다.

1097년 6월 19일, 황제와 투르크인 사이에 맺어진 합의를 알지 못하는 서방의 십자군이 성벽 공격을 계속하는 동안에, 비잔티움 병사들은 니케아 서쪽의 호수 쪽 성벽을 몰래 기어 올라가 흉벽에 도착하여 제국의 깃발을 게양했다. 나팔과 피리 소리에 맞추어 알렉시오스 1세 콤네노스 황제의 군대가 니케아를 함락시키고 점령했다는 소식이 도시의 성벽으로부터 널리 선포되었다.[21]

보상과 불만

니케아가 함락되었다는 사실은 무슬림 세계에 엄청난 충격을 주었다. 다마스쿠스에 거주하는 당대의 한 저술가는 이렇게 기록했다. "프랑크인의 군대가 콘스탄티노플 쪽 바다를 따라 엄청난 수의 병사를 거느리고 나타났다는 일련의 보고들이 들어오기 시작했다. (……) 그 보고가 사람들의 입을 타고서 널리 퍼져나가기 시작하자, 사람들은 불안감을 느끼면서 심란해했다."[22] 공성전 중에 허물어진 성벽 구간을 메우기 위해 투르크인의 묘석墓石을 가져다 썼다는 소문이 들려오면서 투르크인들은 더욱 신경이 날카롭게 서게 되었다. 서방의 대규모 원정부대가 소아시아의 다른 지역을 공격해 올 때 벌어질 사태를 미리 보여주는 예고편 같았기 때문이다.[23]

니케아 함락은 십자군 병사들 사이에서도 뜨거운 반응을 일으켰다. 그들이 볼 때 예루살렘 원정은 하느님의 축복을 받고 있다는 증거였다. 도시가 점령되었다는 사실이 분명하게 알려지자, 성벽 내외에서 "오 하느님, 영광을 받으소서!"라는 라틴어와 그리스어 함성이 크게 울려 퍼졌다.[24] 니케아 함락은 기사들이 하느님의 일을 제대로 하고 있다는 것을 보여주었다. 나중에 원정이 어려움을 겪으면서 상황이 불리하게 돌아가는 단계에 들어갔을 때, 십자군은 니케아 함락을 자주 거론하며 힘을 얻었다. 하느님의 보호 아래 행군하는 군대에게 난공불락의 목표물 같은 것은 있을 수가 없었다.

니케아 수복은 알렉시오스의 일차 목표 중 하나였다. 서방의 기사들이 보여준 야망, 속도, 결단은 정말로 특기할 만한 것이었다. 1097년 6월의 니케아 수복은 서방에서 군사적 지원을 얻기로 한 황제의 결정을 포괄적으로 정당화했다. 알렉시오스로서는 더할 나위 없는 승리였다.

니케아가 큰 유혈 사태 없이 비잔티움 손에 다시 들어왔다는 사실은 황제의 장래 계획을 밝게 하는 것이었다. 그는 서방 기사들의 손에 학살 당할 뻔한 투르크인을 구제해준 친구 겸 보호자로 자신을 선전할 수 있었다. 황제는 니케아의 투르크 주민들을 관대하게 조치함으로써 이런 의도를 더욱 강화했다. 제국에서 관대하게 사면하고 또 선물을 내려준다는 약속을 받았기 때문에 니케아 주민들은 아무런 피해도 입지 않고 마음대로 다른 곳으로 떠나는 것이 허용되었다.[25] 십자군 병사들도 보상을 받았다. 황금, 순은, 값비싼 옷이 지도자들에게 하사되었고, 낮은 계급의 장사병들은 도시 탈환 기념으로 동전을 받았다.[26]

그러나 모든 사람이 황제의 관대한 조치를 흡족하게 여긴 것은 아니었다. 알렉시오스의 역할에 대하여 의구심이 표명되었고 또 왜 서방의 힘과 기술로 생기는 혜택을 황제가 챙겨가느냐는 의문이 제기되었다. 몇 달 뒤, 원정에 따라 나선 고위 사제는 랭스 대주교인 마나세스 2세에게 이런 편지를 보냈다. "십자군의 지도자들은 감사를 표시하러 온 황제를 서둘러 만나러 갔습니다. 그들은 황제로부터 아주 값나가는 선물을 받은 다음에 일부는 그에게 고마움을 느꼈으나 일부는 악감정을 품은 채 돌아왔습니다."[27] 아이러니하게도 알렉시오스의 관대함이 이런 악감정을 불러일으키는 원인이 되었다. 일부 기사들은 하느님의 뜻을 실천하기 위해 건너온 것이므로 비잔티움 황제로부터 금전적 보상을 받는 것이 부적절하다고 생각했다.

알렉시오스가 니케아에서 다시 한 번 충성 맹세의 문제를 거론한 것도 불만을 일으키는 또 다른 원인이 되었다. 안나 콤네네는 황제가 1097년 6월에 이미 맹세한 모든 기사들에게서 그 약속을 재확인하려 했다고 주장하는데, 이는 설득력이 떨어지며 라틴 측 사료에도 이를 뒷받침하는 부분들이 발견되지 않는다.[28] 니케아 함락 이후 알렉시오스가 맹세를 받아내려 했던 것은 과거에 충성 맹세를 하지 않은 기사들에 한정되는 것이었다. 일부 저명한 지도자들은 콘스탄티노플에 있을 때 황제의 주목을 받지 못했다. 가령 보에몬드의 조카 탄크레디는 황제에게 충성 맹세를 하는 것을 은근슬쩍 회피했다. 탄크레디 전기를 집필한 12세기의 저술가에 의하면, 그런 맹세가 구속의 멍에라고 생각했다는 것이다.[29] 니케아 함락 이후에 탄크레디에게도 그 맹세가 요구되자 그는 거세게 반발했다. 그러나 황제의 거듭되는 요청에 마침내 그는 조건을 제시했다. 다른 지도자들에게 이미 지급한 보상 이외에 추가 보상을 주어야 한다는 것이었다. 비잔티움 고위 관리가 그의 오만한 태도를 문제 삼으면서 탄크레디에게 달려들었고, 황제는 두 사람을 간신히 떼어놓았다. 이번에도 맹세를 하도록 탄크레디를 설득하여 원만하게 사태를 무마한 사람은 보에몬드였다.[30]

알렉시오스가 니케아 함락 이후에 자신의 권위를 강화하려 했던 것은 소아시아 행군에 직접 참여하지 않기로 한 결정과 관계가 있었다. 아무튼 황제는 당분간은 친정에 나설 생각이 없었다. 황제는 니케아 함락을 감독하고 목격하기 위해 그 도시로 건너왔지만, 아나톨리아 깊숙한 곳으로 진격해들어가는 것은 동행하지 않으려 했다. 십자군전쟁 직전에 수도에서 벌어진 모반 사건 이후 수도를 비우고 야전에 나서는 것이 너무나 위험하다고 생각한 황제는, 신임하는 노련한 장군을 임명하여 서방 군대가 행군하는 데 도움을 주도록 조치했다. 그가 선택한 장군은 어릴 적부터 친구였던 타티키오스였다. 우락부락하고 경험 많은 타티키오스는 지난 오랜 세월 동안 알렉시오스에게 충성을 바쳐왔다. 특히 디오게네스의 모반 사건이 벌어질 때 황제 곁을 굳건히 지켰다. 그는 코끝이 자상으로 떨어져나가 그 부분을 황금 보철물로 채워 넣었다. 아마도 1090년대 중반에 치열한 궁정 내 싸움이 벌어졌을 때 얻은 상처인 듯하다.[31] 타티키오스는 십자군 부대의 소아시아를 가로지르는 행군을 안내할 부대의 사령관직을 맡았고 또 예루살렘으로 가는 과정에서 함락시키게 될 도시들을 제국을 대신하여 접수하는 임무도 맡았다.[32]

  십자군 도착 직전의 비잔티움의 위기 상황을 감안하면, 직접 친정에 나서지 않으려 한 알렉시오스의 태도는 이해할 만한 것이다. 황제는 툴루즈의 레몽에게 친정에 나서지 못하는 이유를 이렇게 설명했다. "내가 순례자들과 함께 여행을 떠나면 알레마니인, 헝가리인, 쿠만인 등 야만족들이 제국을 침략하여 파괴할 것이기 때문입니다."[33] 그것은 빈말이 아니었다. 1095년 봄에 있었던 쿠만족의 침략은 비잔티움을 거의 벼랑 끝까지 몰고 갔으나, 황제는 그들을 상대로 직접적인 대응에 나서지 못했다. 대신 그는 하기아 소피아 대성당을 찾아가 목판을 두 개 제단 위에 올려놓고 처분을 바라는 정교한 의식을 거행했다. 한 목판은 유목민을 상대로 요격에 나서야 한다는 내용이었고, 다른 하나는 요격하면 안 된다는 것이었다. 그는 이런 문제를 하느님에게 맡기면서 그 뜻을 물었던 것이다.[34]

그러므로 1097년 당시에, 알렉시오스가 수도를 비우고 소아시아 친정에 직접 나서는 것은 실제로 너무나 위험한 일이었다. 앞으로 살펴보겠지만, 그로부터 1년 뒤에 안티오크에서 절망적인 보고서가 도착하여 난관에 봉착한 거의 궤멸 직전에 있는 십자군을 위해 황제가 군대를 이끌고 급히 동쪽으로 와달라고 간청했을 때, 황제가 실제로 도와줄 수 있는 것은 거의 없었다. 서방에 도움을 요청했을 때 황제의 입지는 너무 취약했고 바로 그 이유 때문에 제1차 십자군이 원정에 나선 것이었다. 그렇지만 1097년에 알렉시오스는 여전히 원정부대를 통제하고 있었다. 니케아 함락 이후에 일부 기사들이 곧장 행군에 나서자고 주장하기도 했지만, 십자군이 6월 말에 나설 수 있었던 것은 그때 황제의 출발 명령이 떨어졌기 때문이었다.[35]

비잔티움 군대의 소아시아 진격

한편 황제는 소아시아 북부에 머물면서 서부 해안 지역과 강변 계곡들을 수복하려는 작전을 감독했다. 니케아가 확보되자 알렉시오스는 원정부대를 편성하여 요한 두카스와 콘스탄틴 달라세노스에게 지휘권을 맡기면서 스미르나에 있는 차카의 근거지를 공격하라고 지시했다. 일단 스미르나를 확보하면 두 지휘관은 투르크인들에게 함락되었던 다른 도시들을 탈환하는 작전에 나설 계획이었다. 그런 다음 다시 내륙으로 들어가 두카스는 마이안데르 계곡으로 행군하고, 달라세노스는 측면에서 지원 작전을 전개하면서 북쪽의 아비도스를 향해 진격하기로 했다. 이 군사 작전의 목적은 소아시아 서부 지역의 방대한 영토를 일거에 회복하려는 것이었다.[36]

황제가 주도하는 작전은 타티키오스의 지원을 받았다. 그는 1097년 6월 말 니케아를 출발하여 동쪽으로 진군하는 십자군 부대를 안내할 때, 일부러 황제에게 도움이 되는 노선을 선택했다. 타티키오스는 아나톨리아 중부를 가로지르는 직선 경로를 선택하지 않고 남쪽인 피시디아의 안티오크까지 안내해갔다. 이것은 요한 두카스의 수복 작전이 전개되는 동안에, 해안 지대와 내륙 지대에 들어간 비잔티움 군대의 위력을 극대화하기 위한 것이었다.[37] 즉 투르크인들에게 항복하지 않을 경우 대규모 부대의 공격을 받아 처참한 살육을 당하게 된다는 경고의 메시지를 보낸 것이다.

투르크인들에게 더욱 강력한 인상을 주기 위해 두카스는 니케아에서 포로로 붙잡은 차카의 딸을 함께 데리고 갔다. 그 여자는 도시가 이미 함락되었고 차카의 위력은 쇠퇴하고 있다는 것을 보여주는 증거였으며, 그녀가 비잔티움 사람들에게 좋은 대우를 받았다는 사실은 마음이 흔들리는 차카의 추종자들에게 황제와 협력하면 얻게 될 혜택을 미리 보여주는 것이었다.[38]

1097년 여름에 시작된 비잔티움제국의 수복 작전은 놀라운 성공을 거두었다. 스미르나, 에페수스, 그리고 해안의 모든 도시들이 수복되었다. 두카스 부대가 진격하면서 필라델피아, 사르디스, 라오디케아, 코마, 람페 등이 함락되거나 항복해왔다. 1098년 여름에 이르러, 서부 해안과 내륙의 일부 핵심 도시들은 다시 한 번 제국의 손에 들어왔다. 이렇게 수복된 도시들에는 비잔티움 지사들이 재빨리 임명되었다. 임명된 사람들 중 가령 카스팍스, 히아레아스, 페체아스, 미카엘 케카우메노스, 유스타티오스 카미즈테스 등은 디오게네스 음모 사건 이후에 부상한 신진 세력이었다. 이들은 1090년대 중반까지만 해도 무명 인사들이었다. 그런데 이제 제국의 동방 속주들에서 반격의 최전선에 나선 새로운 친위대로 부상한 것이었다.[39]

근 10년 동안 제국의 근심거리였던 차카는 마침내 스미르나에서 쫓겨나는 신세가 되었다. 그의 몰락은 극적이었다. 킬리디 아르슬란의 조언을 듣기 위해 아비도스에 도착한 차카는 거창한 연회가 끝난 직후에 살해되었다. 이전 니케아 지사였던 자가 차카의 배에다 깊숙이 칼을 찔러 넣었다. 그는 이미 소아시아의 투르크인들에게 부담스러운 존재가 되어 있었던 것이다.[40]

비잔티움제국의 행운이 이처럼 반전하자 킬리디 아르슬란은 황제와 타협을 시도했다. 이러한 상황을 안네 콤네는 "이러한 것들은 성공을 할 수밖에 없었다"라고 적고 있다. 그녀는 합의된 사항에 대하여 세부 사항을 제시하지는 않지만, "해변 속주들에 평화가 회복되었다"라는 사실은 소아시아에서의 비잔티움의 행운이 갑작스럽게 또 결정적으로 좋아졌다는 것을 보여주는 유의미한 시사점이었다.[41]

동부 속주들 중 가장 중요한 도시와 지역이 이제 제국의 손안에 들어왔다. 투르크족을 소아시아에서 완전히 몰아내려면 아직 해야 할 일이 많이 남아 있었지만, 그래도 황제는 현실적으로 수복 가능한 영토에 대하여 현실적인 관점을 유지해야 했다. 수복된 땅에 황제의 권위를 다시 수립하기 위하여 믿을 만한 관리를 임명하는 문제 이외에도, 1097~1098년에 얻은 땅을 항구적으로 유지하는 것이 무엇보다도 중요했다. 십자군이 니케아에서 더 남쪽으로 행군을 계속함에 따라, 투르크인들이 군대를 다시 규합하여 니케아와 나머지 지역을 새롭게 압박해 올지도 몰랐기 때문이다. 이러한 사정이었기에 킬리디 아르슬란과의 합의는 알렉시오스로서는 아주 바람직한 사태 발전이었다. 소아시아 서부 지역에서 제국의 위상을 다시 구축할 수 있을 뿐만 아니라 비잔티움 내에서 황제의 지위를 더욱 공고히 할 수 있었던 까닭이다.

황제는 십자군의 힘을 아주 현명하게 활용했다. 우선은 니케아 수복이라는 직접적 효과를 거둘 수가 있었고 나아가 소아시아 서부 지역에서 투르크인들에게 전반적인 압박을 가하는 간접적 효과를 거두었다. 그러나 역설적이게도 알렉시오스와 킬리디 아르슬란 사이의 적극적 합의로 서부 지역의 상당한 땅이 제국의 손안에 들어온 것은 십자군에게 부정적인 영향을 미치게 되었다. 이제 투르크인은 서부 지역은 버리고 나머지 지역에서 온 힘을 다하여 십자군에 맞서려 했던 것이다.

첫 번째 기적의 승리

니케아에서 출발한 직후에 서방의 군대는 둘로 나뉘었다. 한 부대는 보에몬드, 탄크레디, 노르망디의 로베르 등이 이끌었고 다른 한 부대는 플랑드르의 로베르, 툴루즈의 레몽, 베르망두아의 휴, 르퓌 주교 등이 담당했다. 부대를 이렇게 나눈 데에는 현실적인 이유들이 있었다. 지금껏 보급품이 황제에 의하여 원만하게 조달되기는 했지만, 십자군은 너무 대규모 부대였고, 또 한여름 땡볕 더위에 아나톨리아 중부 고원을 통과하여 이동하는 부대에 적시에 식량을 조달하는 것은 여간 어려운 문제가 아니었다.

행군에 나선 지 며칠 안 된 7월 초에 황폐한 도시인 도릴라이온에 접근한 보에몬드는 십자군 선봉대를 미행하는 투르크 척후병들을 발견했다. 그는 즉각 본진에 이 사실을 알렸지만, 서방 기사들과 싸우기 위해 행군 중이던 킬리디 아르슬란 휘하의 대규모 투르크인 부대에게 매복 공격을 당하게 되었다. 적들이 "늑대처럼 고함을 질러대고 하늘을 뒤덮을 만큼 화살을 맹렬히 발사해 오자"[42] 십자군들 사이에 공포와 충격이 전염병처럼 퍼져나갔다.

투르크인들이 질러대는 고함은 정말로 무서운 것이었다. 한 목격자는 이렇게 썼다. "그들은 자기들 말로 재빠르게 지껄이면서 찢어지는 소리를 내질렀는데 마치 악마의 고함처럼 들렸다." 그들은 아마도 "알라후 아크바르(알라는 위대하다)"라고 소리 질렀을 것이다. 그러나 서방인들을 겁먹게 한 것은 고함 소리뿐만이 아니었다. 그들의 공격은 너무나 맹렬하여, 원정에 함께 따라 나선 사제들은 곧 닥쳐올 죽음을 직감하고 눈물을 줄줄 흘리면서 하느님께 기도를 올렸다.[43] 또 다른 서방인은 이렇게 기록했다. "이제 그 이후는 어떻게 말할 수 있을까? 우리는 겁먹은 채 온 몸을 떨면서 우리 속에 들어간 양들처럼 서로 부둥켜안았다. 온 사방에 적들이 구름 떼처럼 몰려오고 있어서 어느 쪽으로도 방향을 돌릴 수가 없었다. 이런 일이 벌어진 것은 우리의 죄악 때문이라는 게 분명했다. (……) 이제 우리는 살아남을 희망이 없었다."[44]

보에몬드의 부하들은 말 탄 궁수들에게 포위당한 채 가까운 강변으로 내몰렸다. 그러나 이것은 다행스러운 일이었다. 갑옷을 입고 무거운 칼을 든 기사들에게, 마실 물이 있다는 사실은 생사를 결정할 만큼 중요한 것이었다. 게다가 투르크인의 말들은 습지에서는 잘 달리지 못했다.

이렇게 하여 상황이 어느 정도 유리해지자, 십자군은 많은 사상자 수에도 불구하고 전열을 재정비하여 증원군이 도착할 때까지 치열하게 싸울 수가 있었다. 보에몬드의 기민한 전략과 엄정한 군기는 왜 이 노르만 지도자가 병사들 사이에서 높은 인기를 누리는지를 잘 설명해주었다. 그는 부하들에게 진지를 사수할 것을 명령한 다음, 적과의 최초 교전에서 손수 모범을 보이며 지휘했다. 십자군 병사들은 그들의 신앙을 유지했다. "우리는 부대원들 사이에 은밀한 메시지를 전했다. 하느님을 찬양하면서 이렇게 말했다. '현재의 진지를 철통같이 유지하라. 그리스도와 성 십자가의 승리를 믿어라. 그러면 너희들은 엄청난 전리품을 얻을 것이다!'"⁴⁵ 하지만 기사들의 사기를 유지해준 것은 신앙만은 아닌 듯했다.

부용의 고드프루아, 툴루즈의 레몽, 베르망두아의 휴 등의 부대에서 증원군이 도착하자 전세는 서방인들 쪽에 유리하게 기울기 시작했다. 르퓌 주교 아데마르의 등장은 결정적 역할을 했다. 주교는 투르크군 캠프를 습격하여 불을 지르고 후방에서 적을 공격했다. 뒷문 단속이 제대로 안 되자 십자군을 공격해 오던 투르크 부대는 혼란에 빠졌고 곧 대열이 흩어지기 시작했다. 십자군에게 치욕적인 패배를 안겨줄 것 같던 전투가 이제 엄청난 승리로 뒤바뀌었다. 일부 논평가들이 이것을 하느님의 은총과 가호의 또 다른 증거로 보았던 것은 그리 놀라운 일도 아니다. "그 이튿날 그리고 사흘 날에 투르크인들이 계속하여 달아난 것은 하느님의 위대한 기적이었다. 그러나 하느님 외에 그들을 추격하는 십자군 병사들은 없었다. 하느님은 우리의 여행이 수포로 돌아가는 일이 없도록 돌보셨을 뿐만 아니라, 기독교를 위하여 평소보다 더 많은 번영과 영광이 있도록 주관하셨던 것이다."[46]

그렇지만 투르크인들은 십자군에게 강한 인상을 남겼다. 그들의 놀라운 승마 기술, 멋진 활쏘기 솜씨, 군사적 능력 등은 서방인들의 찬탄을 이끌어냈다. 몇몇 십자군들은 투르크인들이 기독교 신자가 아닌 것을 한탄했다. "[투르크인들은] 자신들이 프랑크인과 한 뿌리에서 나온 종족이라고 하면서 프랑크인과 투르크인을 제외하고는 아무도 기사로 태어날 수가 없다고 말한다. 이것은 사실이어서 아무도 부인하지 못한다. 하지만 그들이 그리스도와 기독교권에 대한 믿음이 강력했더라면 얼마나 좋겠는가. (……) 그들보다 더 강하고 용감하고 기술 좋은 병사들을 찾아보기 어렵다. 그렇지만 하느님의 은총 덕분에 우리 십자군은 그들에게 승리했다."[47] 서방의 기사들은 이처럼 적의 군사적 능력에 대하여 마지못해 인정을 해주기는 했지만, 킬리디 아르슬란에 대해서는 "아주 고상한 남자이기는 하지만 그래도 여전히 이교도일 뿐이다"라고 말했다. 원정부대에 미치는 투르크족의 위협이 너무나 컸으므로 적의 장점을 있는 그대로 받아들이기 어려웠던 것이다.[48] 알렉시오스가 강조했듯이, 투르크인은 너무나 강력한 전사들이었다. 전투에서 엄정한 군기를 유지하지 않으면 십자군은 학살당할 우려가 있었다.[49]

도릴라이온에서 적의 공격을 물리친 후에 기사들은 아나톨리아 중부를 가로질러 행군을 계속했다. 십자군은 이렇다 할 저항을 받지 않고 신속하게 전진했다. 투르크인들이 십자군과 감히 교전할 생각을 하지 못하고 알아서 피해버렸기 때문이다. 십자군이 현대 터키의 북부 해안에 있는 헤라클레이아에 접근했을 때, 적은 "강력한 팔뚝이 쏘아올린 화살이 활대를 떠나는 것처럼" 도망치기에 바빴다.[50] 이처럼 적의 저항이 거의 없었던 것은 서방 기사들이 도릴라이온에서 엄청난 승리를 거두었기 때문이었다. 한 아랍 저술가는 이렇게 썼다. "이슬람의 대의에 치욕적인 수치를 안긴 그 소식이 전해지자, 투르크인들의 불안은 더욱 커졌고 공포와 경악은 더욱 늘어났다."[51]

황제의 서방 출신 대리인, 보두앵

소아시아가 십자군의 진군에 길을 열기 시작하자, 타티키오스는 십자군이 전략적 요충 도시부터 먼저 점령하도록 유도했다. 그런 도시들은 사전에 결정되어 있었다. 그래서 비잔티움 사령관은 성지로 가는 직선 도로로 십자군을 안내한 것이 아니라 장차 추가 정복의 근거지가 될 여러 도시들을 통과하여 지나가도록 유도했다. 그중 하나가 카이사레아(오늘날의 카이에르시) 동쪽에 있는 플라스텐시아였는데 이곳은 1097년 가을에 수복되었다. 십자군과 황제 사이에 맺어진 합의에 따라 이 도시는 황제가 임명한 지사에게 넘겨졌다. 이곳의 지사는 1080년대 중반부터 알렉시오스 밑에서 근무해왔던 피터 알리파스였다. 이제 십자군을 상대로 중요한 연락관 업무를 맡은 피터는 황제의 이름보다는 "하느님과 성묘에 대한 충성을 바치기 위하여" 그 도시를 수성하는 책임을 맡았다고 한 논평가는 말했다.[52]

십자군이 동쪽으로 진격하면서 수복한 다른 도시들에 대해서도 유사한 조치가 취해졌다. 소아시아 남동부 일부 지역은 시에몬이라는 사람이 책임자로 임명되었는데, 투르크인의 공격으로부터 그 지역을 보호하겠다고 맹세했다.[53] 또 부르고뉴 출신의 웰프는 아다나에서 투르크인들을 축출했고, 소규모 십자군 부대가 남부 해안의 사정을 정탐하기 위해 도착했을 무렵에는 이미 그 도시를 장악했다. 그는 피터 알리파스와 마찬가지로 황제에게 복무하는 서방인으로서 십자군이 소아시아를 가로질러 행군하는 동안에 비잔티움을 위해 여러 도시들을 수복했다.[54]

탄크레디와 고드프루아의 동생인 보두앵이 지휘한 두 번의 교전도 다른 전투와 비슷한 목적을 갖고 있었던 듯하다. 1097년 가을 보두앵은 원정부대의 본진으로부터 떨어져 나와 킬리키아로 행군해 들어갔는데 이러한 움직임은 십자군 지도부의 허락을 받은 것이었다. 탄크레디 또한 비슷한 시기에 본대로부터 벗어났으나 지도부의 사전 허가를 받지는 않았다. 그는 독자적인 길을 개척하면서 안티오크로 들어가겠다고 말했으나, 실은 보두앵이 무슨 짓을 하려고 하는 건지 알아보려는 속셈이었다.[55]

두 사람은 곧 타르소스로 향해 가면서 서로 싸우게 되었다. 타르소스는 소아시아의 남동부 해안에 있는 부유하면서도 전략적으로 중요한 도시였다. 탄크레디가 먼저 그 도시에 도착해 직접 공격을 하지 않으면서도 적절히 협박을 가하여, 그 도시의 성루 위에다 자신의 군기를 휘날리게 했다. 보두앵은 그 이후에 타르소스에 도착하여 탄크레디의 군기를 뽑아내고 자신의 군기를 휘날리게 했다. 탄크레디가 아다나로 이동하고 거기서 다시 마미스트라로 옮겨가면서 보두앵이 그 뒤를 바싹 쫓는 형국이 되었고, 두 사람 사이의 적대감은 더욱 악화되었다. 마침내 두 사람의 군대는 서로 대놓고 전투를 하는 지경에 이르렀다. 탄크레디의 부대가 기습 공격해 오자 보두앵의 부하들은 공격을 가볍게 물리쳤다.[56]

이 사건을 해석하는 것은 좀 어려운 문제다. 두 사람의 싸움은 보통 각자 개인적인 이익을 채우려다가 벌어진 일이라고 간주된다. 진군하는 동안 돈을 벌어보려던 중에 좋은 전리품이 나타나자 서로 싸우게 되었다는 것이다. 하지만 이 사건을 제대로 해석하려면 또다시 콘스탄티노플 쪽을 쳐다보아야 한다.

보두앵은 콘스탄티노플에 있을 때, 감히 황제의 보위에 앉았던 오만 무례한 기사를 준엄히 꾸짖으면서 황제의 눈에 들었다. 그의 비난은 《알렉시아스》에 전문이 수록되어 있다. "당신은 이런 일을 다시는 해서 안 됩니다. 특히 황제의 가신이 되겠다고 약속한 이후에는 더 더욱 가당치 않은 일입니다. 로마 황제들은 신하들이 황제와 나란히 의자에 앉는 것조차도 허락하지 않았습니다. 그것이 이곳의 관습이고, 황제 폐하의 가신이 되겠다고 맹세한 사람은 이 나라의 관습을 따라야 합니다."⁵⁷

당시 알렉시오스는 자신이 믿고 일을 맡길 수 있는 서방인들을 찾고 있었다. 황제는 십자군 행군 동안에 중책을 맡길 군사 지휘관을 물색했다. 푸른 눈동자, 부드러운 얼굴, 공포를 일으키는 사람 등의 명성을 가진 보에몬드 또한 후보로 고려했다. 그러나 그 누구보다도 보두앵이 조건을 가장 완벽하게 충족시키는 인물이었다. 따라서 보두앵이 해안 지역으로 진격하는 부대의 책임자가 된 것과, 그 후에 타르소스와 소아시아의 동남 지역으로 행군하게 된 것은 결코 우연의 일치가 아니었다. 그 도시를 장악하는 것은 십자군 부대의 다음 목표인 안티오크를 공격하기 위해서는 필수적인 과정이었다. 타르소스는 훌륭한 자연 항구를 갖춘 요충지였다. 투르크인들은 이 도시를 근거지로 삼고서 시리아 해안을 괴롭혀올 수가 있었다. 그렇게 되면 소아시아 남부뿐만 아니라 키프로스에서 오는 십자군의 보급품 수송로가 끊어질 우려가 있었다. 알렉시오스는 이미 키프로스섬을 십자군에게 군량을 조달하는 일차적 기지로 삼고 있었다. 원정부대가 시리아에서 성공을 거두려면 지중해 동부 해역에서 해상 교통로를 확보하는 것이 필수였다. 보두앵이 타르소스와 인근 도시(가령 마미스트라)를 장악하는 것은 비잔티움 동부에서 가장 중요한 도시였던 안티오크를 수복하는 대규모 작전의 핵심 사항이었다.

이렇게 볼 때 보두앵을 파견하여 타르소스와 내륙의 여러 도시들을 탈환하게 한 것은 개인적인 이익을 채우는 노략질과는 아무 상관이 없고 오히려 황제의 지시 아래 이루어진 전투였던 것이다. 이러한 이유 때문에 십자군 본진에서 보두앵이 이탈하는 것을 타티키오스가 사전 동의해주었던 것이다. 또 보두앵이 결단코 탄크레디를 물리치려 했던 배경도 어느 정도 설명이 된다. 탄크레디는 고집이 세고 야심만만하여 아주 다루기 어려운 성격의 소유자였다. 보두앵이 끝내 탄크레디를 상대로 무력을 쓰게 된 것은 원정 작전의 전반적 틀을 지키려는 데 필요한 조치였던 것이다.

보두앵은 타르소스, 아다나, 기타 소아시아 남서부의 여러 도시들을 장악하고서 수복한 도시와 지역을 타티키오스와 다른 비잔티움 사람들에게 넘겨주었다. 이런 상황에서 타티키오스는 6개월 뒤에 보급품 조달과 병력 증강을 위해 십자군 캠프를 잠시 떠나야 할 때, 보에몽드에게 그 도시들의 임시 통치를 맡길 수가 있었다.[58] 보두앵은 알렉시오스의 이해관계를 적극 옹호하고 나섰다. 그리하여 얼마 지나지 않아 투르크인을 몰아내려고 애쓰는 다른 도시들은 그에게 도움을 요청해왔다. 보두앵은 잠시 본진에 다시 합류했다가 두 번째 공격에 나섰는데 이번에는 코카서스 쪽으로 들어갔다. 그는 에데사 지사인 토로스로부터 그 도시로 와달라는 요청을 받았다. 토로스는 비잔티움 황제가 임명한 관리로서 한 현지 사료에 의하면 "사자와 같이 용맹한 자세로" 투르크인을 상대로 싸우면서 도시를 지켜온 사람이었다.[59]

그 지역의 주민들은 보두앵을 구원자로 여기며 환영했다. 한 목격자는 이렇게 기록했다. "우리가 아르메니아의 시읍들을 통과할 때 현지 주민들이 십자가와 깃발을 들고 밖으로 나와 우리를 환영했고 심지어 우리의 발과 옷에 입을 맞추었다. 그들은 하느님을 경외하는 사람들이었는데, 우리가 오랫동안 그들을 압박해온 투르크인들을 물리치고 그들을 보호해줄 것이라는 얘기를 들었기 때문이다."[60] 현지 주민들이 보두앵을 그처럼 열렬히 환영한 것은 황제가 그 지역을 보호하고 지키기 위해 보두앵을 보냈다고 믿었기 때문이다. 에데사에 세워진 '하란 출입문'에 새겨진 명문을 살펴보면, 황제는 십자군이 도착하기 전에도 그 지역을 보호하려고 필사적으로 노력해왔음을 알 수 있다.[61] 이것은 또한 에데사 주민들이 보두앵에게 세금과 정부 수입의 절반을 떼어주겠다고 한 제안의 배경을 설명해주기도 한다. 이 도시와 그 일대를 공격한 것은 결코 보두앵의 사복을 채워주려는 의도가 아니었다. 그 자금은 사전에 황제를 위해 마련된 것이었는데 이제 전통적 의미에서 살펴볼 때 황제의 대리인인 보두앵에게 내주려 했던 것이다.[62]

플라스텐시아와 타르소스와 마찬가지로 에데사는 넓은 지역을 지배하는 전략적 요충지였고 보두앵이 이 도시를 장악한 것은 더 큰 작전 계획의 일환임이 분명하다. 알렉시오스는 동부 지역의 중요한 도시와 지역의 연결망을 구축하여 신임하는 부장에게 맡기려 하고 있었다. 보두앵은 그러한 역할에 딱 들어맞는 지휘관이었다. 보두앵은 신심이 깊고, 경험이 많고, 유능한 지휘관이었으며 삼형제 중 막내였다. 하지만 형제들이 물려받은 재산은 11세기 들어 크게 줄었다. 보두앵은 예루살렘 원정을 나서기 전에 필요한 자금을 만들기 위하여 자신의 영지 대부분을 팔아야 했다. 그는 예루살렘 원정을 순례로 보았을 뿐만 아니라, 동방에서 새로운 삶을 개척하기 위한 기회로 보는 십자군 지휘관 중 한 사람이었다.

보두앵은 공식적으로 콘스탄티노플을 위해 에데사 공격에 나섰다. 그가 비잔티움 의복을 입고 현지 사람들처럼 턱수염을 길렀다는 점에서 이러한 태도를 알 수가 있으나 그 외에도 이를 뒷받침하는 중요한 단서들이 있다. 가령 에데사의 지사로 부임한 후에 보두앵은 그 일대를 순찰할 때 두 명의 나팔수를 앞세워서 미리 자신의 도착을 알리는 것을 좋아했다. 보두앵은 전차를 타고 순찰했는데 그 마차의 황금 방패는 자신의 권위가 어디에서 오는지를 분명하게 보여주었다. 그 방패에는 제국의 권위를 상징하는 콘스탄티노플의 독수리가 새겨져 있었던 것이다.[63]

보두앵이 에데사와 그 일대 지역에서 알렉시오스의 대리인으로 임명되었다는 사실은 그에게 두크스(doux, 지사)라는 공식 직함이 수여되면서 널리 선포되었다. 이 때문에 라틴 측 사료들은 이 시기에 보두앵이 듀크(duke, 공작)의 지위를 갖게 되었다고 말한다. 그는 본국에 있을 때에는 이런 직함이 없었던 것이다.[64] 보두앵은 에데사에서 중책을 맡고 있었으므로, 도시를 떠나 십자군 본진에 합류하는 것을 꺼려했다. 그는 그 도시에서 중요한 책임을 맡고 있었다.[65] 그의 영국인 아내 고디비어가 사망한 후에 현지 토호의 딸과 결혼한 것도 보두앵이 현지에 뿌리를 내리려 했다는 것을 암시한다.[66] 간단히 말해서 비잔티움 동부를 수복하려는 야심 찬 구상과 작전 계획을 가진 알렉시오스에게 보두앵은 아주 이상적인 대리인 장군이었다.

안티오크에서의 고난

보두앵이 황제의 권위를 확장하는 일에 매진하는 동안에, 나머지 십자군 부대는 동쪽으로 계속 이동해갔다. 1097년 10월에, 그들은 마침내 대도시 안티오크에 도착했다. 안티오크는 방어가 견고할 뿐만 아니라 천혜의 요충지에 자리 잡고 있었다. 동쪽과 북쪽의 양면에는 산들이 병풍처럼 둘러쳐져 있었고 서쪽으로는 오론테스강이 흐르고 있어서 자연스럽게 적의 접근을 차단하는 장애물 역할을 했다. 그리고 안티오크는 2미터 두께에 20미터 높이의 성벽이 도시를 둘러싸고 있었고, 여러 개의 성탑에서 아래를 내려다보면 적들이 어떤 움직임을 보이는지 쉽게 파악할 수 있었다.[67]

안티오크는 위치와 방어 시설뿐 아니라 그 엄청난 크기로도 보는 이를 압도했다. 성벽은 도시 주위를 길이 5킬로미터의 원형을 이루며 둘러싸고 있었는데 성벽 안의 면적은 약 1500에이커(약 6제곱킬로미터)에 달했다. 한 관찰자는 성안의 주민들이 식량만 충분히 공급된다면 얼마든지 오랫동안 그 도시를 방어할 수 있다고 말했다.[68] 게다가 도시의 면적이 엄청나게 넓었기 때문에 성내에서 농작물을 재배하여 자급자족할 수 있었다.

안티오크의 지사인 야기-시얀은 도시의 방어를 너무나 자신했기 때문에 원정부대가 도착할 것이라는 소식을 듣고도 아무런 방어 태세를 취하지 않았다. 그 덕분에 서방의 기사들은 장기간 행군을 했음에도 도시 주변을 천천히 정찰하면서 부대를 재편성할 수 있었다. 더욱이 십자군은 시기 적절하게 안티오크에 도착했다. 여름의 찌는 듯한 더위는 물러갔고 식량은 아주 풍부히 비축해두었다. 그들은 "포도가 많이 달린 포도밭, 곡식이 많이 저장된 창고, 사과가 많이 매달린 사과나무, 그리고 각종 풍부한 먹을거리 등을 발견하고서" 즐거워했다.[69]

무엇보다도 그 풍경은 기이할 정도로 평소와 다름없는 분위기를 풍기고 있었다. 성내의 사람들은 성 밖에 대군이 집결해 있다는 사실을 조금도 의식하지 않고 평소 하던 일을 하고 있었다. 그리고 그 도시를 공격하러 온 사람들은 앞날의 고충과 위험은 의식하지 못하고 작전 계획 수립에 몰두했다. 툴루즈의 레몽을 따라온 군종 신부는 그립다는 듯한 어조로 이렇게 썼다. "그들은 처음에는 엉덩이 살, 어깨 살, 양지살 등 가장 좋은 살코기만 먹었고 곡식이나 와인에 대해서는 대수롭지 않게 생각했다. 그 좋은 시절에, 성벽 위에 서 있는 경계병들만이 안티오크 내부에 적들이 숨겨져 있다는 것을 우리에게 상기시켰다."[70]

십자군은 도시 외곽 지역에 캠프를 설치하고 성 시메온 항구를 점령하여 키프로스에서 오는 해상 수송로를 확보했다. 키프로스는 알렉시오스가 최근에 권위를 회복시킨 후에 새 지사를 임명한 곳인데 현지 지사는 기사들에게 가는 보급품의 조달을 독려했다.[71] 타르소스와 다른 해변 도시들이 이미 탈환되었으므로, 키프로스든 다른 곳에서 오는 것이든 해상 수송로는 단절될 염려가 없었다.

십자군은 이제 안티오크의 물류를 완전 봉쇄하려고 했다. 이것이 처음에는 도시의 물가를 크게 상승시켰으나 도시의 지리와 규모 때문에 완전 봉쇄는 거의 불가능했다. 한 무슬림 연대기 작가는 이렇게 썼다. "기름, 소금, 기타 생필품들은 안티오크에서 값이 비싸졌고 또 구할 수 없게 되었다. 그러나 많은 물품들이 도시로 밀수되면서 해당 물품들의 가격이 다시 싸졌다."[72]

포위 공성전이 큰 성과를 올리지 못하는 것도 문제였지만, 또 다른 중요한 문제가 불거졌다. 그것은 공격에 나선 십자군 병사들의 생활 조건이 악화되었다는 것이다. 대규모 도시를 공격하기 위해 포위작전을 펴는 군대의 가장 큰 문제는 충분한 식량과 목초지를 확보하는 것이다. 말한 필을 유지하는 데에도 하루 20~40리터의 신선한 물이 필요하고 또 다량의 건초가 있어야 하며, 그러자면 주위에 충분한 목초지가 있어야 한다. 안티오크 성벽 밖에 집결한 말이 몇 필이나 있었는지 정확하게 추정하기는 어렵다. 그러나 고위급 귀족들이 1인당 여러 필의 말을 데리고 왔으므로 아마도 수천 필은 되었을 것이다. 그처럼 많은 말과 또 그 말들을 타고 다니는 기수들을 유지하는 비용과 관리의 문제는 엄청난 것이었다.

불길하게도 십자군이 안티오크에 도착한 지 몇 주 만에 보급품이 떨어지기 시작했다. 그들이 도착했을 때만 해도 먹을 것이 풍성했던 그 땅은 곧 앙상한 모습으로 변해버렸다. 그해 말에 생활 조건은 너무나 열악해졌다. 샤르트르의 풀처는 그런 상황을 이렇게 기록했다. "그러자 굶어 죽게 생긴 사람들은 들판에서 아직 덜 자란 콩 줄기, 소금도 치지 않은 온갖 종류의 약초, 심지어 장작이 부족하여 요리하지도 않아 식감이 안 좋은 엉겅퀴 등을 먹었다. 그들은 말, 당나귀, 낙타, 개, 심지어 쥐도 먹었다. 그보다 더 못한 사람들은 동물 가죽과 똥 속에서 발견된 곡식

씨앗을 먹었다."[73]

11월 중순이 되어 식량을 찾아서(혹은 다른 이유로) 캠프를 벗어나는 사람들은 심각한 위험을 각오해야 되었다. 룩셈부르크의 아벨라르라는 젊은 기사는 "왕족의 피를 가진 아주 고귀한 신분의 젊은 청년이었는데, 역시 신분 높고 아름다운 어떤 여자와 사과나무가 가득 열린 정원에서 주사위 놀이를 했다." 그러나 그는 매복하고 있던 적에게 붙잡혀 그 자리에서 참수당했다. 투르크인은 여자 또한 붙잡아서 무수히 강간하고서 목을 베어 죽였다. 두 남녀의 잘려진 머리는 십자군 캠프로 날아들었다.[74] 투르크인들은 그들의 자신감을 과시하기 위해 안티오크 총주교인 옥수스 사람 요한을 성벽 위에 거꾸로 매단 다음에, 서방 군대의 사람들 앞에서 총주교의 발바닥을 쇠막대기로 사정없이 내리쳤다.[75]

식량 부족에 이어 전염병이 들이닥쳤다. 에데사 출신의 한 연대기 작가에 의하면, 안티오크 성벽 밖에 주둔한 십자군 부대는 5명 중 1명 꼴로 기근과 질병으로 사망했다.[76] 인구 밀도가 높은 캠프 지역에서 영양실조로 허약해진 병사들 사이에 감염이 맹렬한 속도로 번져나갔다. 지저분한 물에는 치명적인 티푸스균과 콜레라 박테리아균이 들어 있었다. 끝없이 내리는 비에 침수된 텐트 또한 병사들의 사기를 높이거나 질병의 감염을 예방하는 데 도움을 주지 못했다.[77]

인근 도시인 다마스쿠스의 에미르인 두카크가 지휘하는 군대가 1097년 크리스마스 직후에 안티오크를 구원하러 나서면서 상황은 더욱 악화되었다. 그러나 다행스럽게도 적의 선봉대는 군량 수집 작업에 나섰던 보에몬드와 플랑드르의 로베르에게 발견되었다. 두 지도자는 즉각 교전에 나섰다. 십자군은 엄청나게 수적 열세에 있었으나 전투 대열을 촘촘

하게 형성하여 적의 전선을 돌파함으로써 두카크 부대에 포위되는 것을 모면할 수 있었다.[78] 십자군의 완강한 저항은 투르크 군대의 사기를 크게 꺾어놓았다. 두카크는 식량 부족과 질병에 허약해지고 온 사방에 무방비 상태로 노출된 십자군을 간단히 끝장낼 수 있을 거라고 기대하면서 안티오크를 향해 출발했다. 그러나 보에몬드와 플랑드르의 로베르는 그들의 공격에 맞서 엄청난 결단과 엄정한 군기를 보여주었고, 두카크와 그 부하들은 그들의 모습을 보고 경악했다. 그리하여 두카크 부대는 안티오크로 계속 진격하지 않고 회군하여 본거지로 돌아가기로 결정했고, 십자군은 이들의 회군을 보고 크게 놀랐다. 이렇게 하여 안티오크의 십자군을 공격하려던 최초의 대규모 무슬림 군대는 첫 번째 전투에서 패배를 당하고 뒤로 물러섰다.

그러나 십자군 사이에서 안도감은 그리 오래 가지 못했다. 한 달 뒤인 1098년 벽두에 척후병들은 알레포 지사인 리드완이 이끄는 또 다른 대규모 증원군이 빠르게 다가오고 있다는 보고를 해왔다. 십자군 부대의 주요 지도자들은 작전 회의를 열고서 다음과 같은 결정을 내렸다. 약 700명의 기사들이 알레포 군대를 맞상대하여 싸우는 동안에, 나머지 원정부대는 안티오크에 그대로 머물러서 공성전을 계속해나간다.

보에몬드, 플랑드르의 로베르, 블루아의 스티븐 등은 1098년 2월 8일 어두운 밤에 캠프를 빠져나왔다.[79] 이들이 알레포 군대와 마주쳤을 때, 보에몬드는 다시 한 번 뛰어난 지휘관 역할을 수행했다. 두카크 부대와의 교전에서 그러했듯이, 투르크인들은 수적 우세를 가지고 서방의 기사들을 압도하려 했다. 그러나 보에몬드는 주위에 있던 병사들에게 대열을 철통같이 지키라고 재차 명령했다. "용맹한 병사들이여, 전속력을 다하여 돌격하고 하느님과 성묘를 위해 용감하게 싸우라. 왜냐하면 너희는 이것이 육체의 전쟁이 아니라 정신의 전쟁이라는 것을 아는 까닭이다. 용맹스럽게 싸우면서 그리스도의 옹호자가 되라. 편안한 마음으로 돌격하라. 그러면 하느님이 너희를 지켜주실 것이다!"[80]

보에몬드의 불같은 연설은 휘하 병사들에게 영감을 주었고 적의 병사들에게는 겁을 주었다. 그렇지만 병사들의 사기 못지않게 십자군의 야전 전술도 중요했다. 십자군 기병대의 일부 부대는 보이지 않는 곳에 매복하여 적을 기습 공격할 좋은 순간을 기다렸다. 기병대는 아주 완벽한 순간을 선택하여 투르크 병사들을 흩어놓는 데 성공했고, 소규모 낙오 부대로 전락한 적들을 마음껏 유린했다. 십자군이 맹렬하게 반격에 나서자 리드완 군대는 전열이 허물어지기 시작했다. 이렇게 하여 다시 한 번, 엄청나게 불리한 상황을 극복하고 기적 같은 승리를 거두게 되었다.

그 성공을 이끌어낸 나머지 십자군 지도자들의 주가는 크게 올라갔다. 반면에 틀루즈의 레몽은 건강이 좋지 못해 요격전에 나서지 못했고, 뒤에 남아 안티오크 잔류 병사들을 관리했다. 그를 포함해 타티키오스와 비잔티움 부대는 다마스쿠스 지사와 알레포 지사를 상대로 거둔 승리에 대해 그다지 공로를 인정받지 못했다. 보에몬드는 부하들에게 영감을 불러일으키면서 맹렬하게 싸웠다. 한 목격자는 이렇게 기록했다. "온 사방에서 십자가로 보호되던 보에몬드는 투르크 부대를 향하여 거세고 사납게 돌격했다. 그 모습은 마치 사나흘을 굶은 채 동굴에서 뛰쳐나와 소의 목을 물어뜯어 그 피를 마시고, 양의 안전 따위는 전혀 신경 쓰지 않은 채 양 떼를 덮쳐서 양들을 이리저리 물어뜯는 사자 같았다."[81] 그것은 인물 숭배의 첫 시작을 알리는 사건이었고 그 후 몇 해 동안 보에몬드에 대한 엄청나게 강력한 컬트 문화가 형성되었다.

리드완 군대의 패주는 십자군 병사들의 사기를 크게 높여주었다. 또한 안티오크 성내의 주민들에게는 엄청난 충격을 안겨주었다. 투르크인 병사들의 베어진 머리를 말뚝에 꽂아, 성벽 출입문 위에서 방어하는 병사들이 잘 볼 수 있는 곳에다 효수 처리하여 간담을 서늘하게 만들었던 것이다. 그것은 성내의 주민들이 항복을 하지 않고 계속 버티면 앞으로 어떻게 되는지를 미리 보여주는 예고편이었다.[82]

그렇지만 킬리디 아르슬란, 두카크, 리드완 등과 세 차례 교전하는 동안에, 십자군은 대재앙 일보 직전까지 내몰려 있었다. 그들은 각각의 교전에서 승리를 거둠으로써 살아남았지만 앞으로 대규모 무슬림 군대를 상대로 성공할 수 있는 가능성은 점점 더 줄어들고 있었다. 니케아, 다마스쿠스, 알레포의 지사들은 실패할 수 있었을지 몰라도, 바그다드의 술탄과 카이로의 비지어는 차치하고서라도 조만간 대對 십자군 전투에 나설 많은 다른 현지 통치자들이 있었다. 관건은 행운이 다하기 전에 과연 십자군이 안티오크를 함락시킬 수 있을 것인가였다.

10

갈등하는 십자군의 영혼

리드완의 공격을 물리친 이후에도 십자군은 여전히 적의 공격에 노출되어 있었다. 공성전이 길어질수록 십자군은 부상과 질병 때문에 더욱 허약해졌다. 1098년 전반기에, 고통스러운 안티오크 공성전은 원정부대의 지도부 내에 심각한 수준의 불화를 촉발시켰다. 동방과 서방(비잔티움의 재정복과 기독교의 십자군운동) 사이의 미묘한 세력 균형은 십자군 병사들의 사기 추락과, 서로 갈등하는 지도자들의 개인적 야망 때문에 크게 흔들리게 되었다.

이런 상태를 해소하기 위하여 르퓌의 아데마르 주교는 기사들에게 사흘간의 단식을 지시하고 또 행렬을 이루어 엄숙한 자세로 성벽 주위를 한 바퀴 돌라고 명령했다. 그는 전보다 더 자주 미사를 올리고 찬송시를 암송하라고 요구했고, 모든 사람이 턱수염을 깎으면 더 좋은 행운이 찾아올 것이라고 말했다.[1] 십자가를 가슴에 단 사람이 너무 적다면서 병사 전원이 옷에다 십자가를 달아야 한다고 생각했다.[2] 아데마르 주교가 볼 때, 캠프 내의 지독한 고통과 종교적 경건함의 결핍 사이에는 분명한 연관이 있었다.

안티오크를 꼭 함락시켜야만 하는가?

십자군 부대의 사기가 추락하면서 병사들이 탈영하는 일도 흔해졌다. 십자군 지도부는 비타협적 자세를 유지하면서 도망치다 발견된 병사들에게는 가혹한 징벌을 내렸다. 은자 피에르, 목수 월터, 그랜트메스닐의 윌리엄 등은 탈영을 시도하다가 탄크레디에게 발각되어 굴욕스러운 징벌을 받았다. 월터는 보에몬드의 텐트 바닥에 "쓰레기처럼" 엎드려야 했고 그다음에는 병사들이 보는 앞에서 매질을 당했다.[3] 공성전을 포기한 자들은 하수구에 내버려야 마땅하다고 한 논평가는 말했다.[4] 십자군 캠프의 사기는 너무나 떨어져 있어서 심지어 지도자들도 안티오크가 함락될 때까지 결코 현장을 떠나지 않겠다는 맹세와 약속을 해야 되었다.[5]

이런 약속은 고위 지도자들이 서로 단단히 결속하려는 방책이었는데, 실제로 그들 중 어떤 사람들은 공성전에 대하여 심각한 회의를 느끼고 있었다. 예를 들어 보에몬드는 공성전 초기에 현장을 떠나겠다고 위협했다. 그는 사상자가 너무 많다고 불평했고 또 식량 가격이 폭등하고 있는데 자신은 부하들의 식량을 모두 대줄 수 있을 정도로 부자가 아니라고 항의했다.[6] 다른 지도자들은 그렇게 노골적이지는 않으나 간접적인 방식으로 항의했다. 블루아의 스티븐은 건강을 회복해야 한다는 이유를 대며 타르소스로 퇴각했다. 하지만 실은 안티오크의 고통을 감당할 배짱이 없어서 그런 식으로 돌려서 말한 것이었다.[7] 노르망디의 로베르도 좀 더 편안한 환경에서 사태 추이를 지켜보아야겠다고 생각하면서

1097년 크리스마스 즈음에 소아시아의 남부 해안에 있는 편안한 장소로 퇴각했다.[8] 공성전 현장으로 돌아오라는 거듭된 요청이 있었으나 돌아오지 않았다. 하지만 로베르는 아예 귀국을 해버리지는 않았다. 동시대의 어떤 연대기 작가는 로베르가 원정을 포기하고 노르망디로 돌아가지 않은 것을 기이하게 여겼다. 그는 의지가 약하고, 돈을 낭비하고, 맛있는 음식을 사랑하고, 전반적으로 게으르고 호색한이었기 때문이다.[9]

가장 화급한 문제는 십자군 부대에 어떻게 식량과 보급품을 조달할 것인가 하는 것이었다. 인근의 타르소스는 1097년에 비잔티움 군대에 의해 수복되었다. 마지막까지 투르크 수중에 남아 있던 남부 해안의 항구 도시 라오디케아 또한 수복되었다. 알렉시오스는 라오디케아를 안티오크 지원의 일차적 보급 기지로 삼았다. 그리하여 라오디케아는 키프로스에서 보내오는 "와인, 곡식, 다수의 소[牛]" 등이 집결되는 물류의 주축이 되었다.[10] 보급 작전은 키프로스섬의 지사인 유마티오스 필로칼레스가 맡았는데 그는 1098년 봄에 이르러 라오디케아의 행정도 책임지게 되었다.[11]

해적의 노략질에 대한 우려가 거의 사라졌다고 해도, 물자가 귀중한 겨울 석 달 동안, 수천 명에 달하는 사람들과 말에게 충분히 돌아갈 정도의 보급품을 적시에 조달할 수는 없었다. 이 문제를 해결하는 데에는 두 가지 방안이 있었다. 하나는 보급 라인을 획기적으로 개선하는 것이고, 다른 하나는 안티오크 공성전에 투입된 병사들의 수를 크게 증가시켜서 도시를 철저하게 봉쇄하여 공성전을 조기에 끝내는 것이었다. 루카의 브루노는 동방의 상황에 대하여 고국 주민들에게 소식을 알릴 때 이렇게 말했다. "안티오크는 십자군 부대에 포위되었으나 공성전이 아주 잘 진행된 것은 아니었다."[12]

　보급품 조달의 주도적 대응은 타티키오스가 맡게 되었다. 이 비잔티움 사령관은 십자군 부대의 병참과 안티오크로의 순조로운 행군을 책임져왔다. 1098년 1월 말, 그는 "옥수수, 보리, 와인, 고기, 밀가루, 각종 생필품을 선적한 수송선들을" 보내겠다고 약속하면서 십자군 캠프를 떠났다. 그는 개인 사물을 놔두고 떠났지만 결국 돌아오지 않았다.[13]

　타티키오스의 이탈은 나중에 악명 높은 사건이 되었다. 이 사건은 그와 알렉시오스 황제가 십자군을 안티오크 성벽 앞에 버려둔 채 십자군을 배신한 사건으로 널리 인용되었다. 한 연대기 작가는 이렇게 기록했다. "그는 십자군 지원을 약속하고 현장을 떠나갔다. 하지만 그는 약속을 이행하지 않았다. 그가 안티오크로 다시 돌아오지 않았기 때문이다."[14] 공성전 현장에 있었던 아길레르의 레몽은 이렇게 말했다. "타티키오스는 신의 저주와 함께 현장을 떠났다. 이런 비겁한 행위[돌아오지 않음]를 함으로써 그는 그 자신과 부하들에게 영원한 수치와 오명을 남기게 되었다."[15] 《프랑크인의 행적》의 저자는 이렇게 평가를 했다. "그는 거짓말쟁이이고 앞으로도 그럴 것이다."[16]

　이러한 평가들은 부당한 것이다. 타티키오스가 현장을 떠난 지 몇 주 뒤인 1098년 3월 4일, 성 시메온 항구에 배들이 입항하여 안티오크 공성전에 필요한 식량, 보급품, 장비, 물자 등을 부려놓았다. 선단이 도착한 타이밍은 결코 우연이 아니었다. 그 배를 함께 타고 왔던 루카의 브루노가 확인해주었듯이 그 배의 선원들이 잉글랜드 사람이었던 것도 우연이라 할 수 없다. 알렉시오스는 라오디케아를 탈환한 후에 그곳에 잉글랜드인으로 구성된 경비대를 설치했다. 따라서 안티오크에 비상 보급품을 싣고 온 사람들이 이 잉글랜드인들일 가능성이 높다.[17] 타티키오스는 약속을 이행한 것이다.

그럼 왜 십자군과 당대의 연대기 작가들은 이런 사실을 인정하지 않았을까? 그 이유는 원정부대 내에서는 이미 비잔티움 황제의 역할에 대한 커다란 의심이 고개를 들고 있었기 때문이다. 우선 타티키오스가 현장에 부재한 상태에서, 만약 안티오크가 함락된다면 그 도시를 누구에게 넘겨주어야 할지 막연했다. 십자군 지도자들은 콘스탄티노플에 있었을 때 앞으로 탈환할 도시와 지역은 비잔티움 관리에게 넘겨주겠다고 약속했던 것이다. 이것은 십자군 부대 내에 불안감을 유발했다. 십자군은 비잔티움 사람들이 공성 작전에 대한 믿음을 잃어버린 것이 아닌가 의심했고, 나아가 이처럼 엄청난 사상자 수에도 불구하고 십자군이 과연 공격을 계속할 필요가 있는가 하고 의문을 품었다.[18] 안티오크가 기독교의 관점에서 중요한 도시인 것은 틀림없었다. 성 베드로의 초대 교구였으니까 말이다. 하지만 이 도시의 함락은 성묘의 해방과는 아무 관계가 없었다. 그러니 함락이 잘 안 되는 안티오크는 내버려두고 예루살렘으로 직진하는 것이 어떻겠는가?

십자군이 엄청난 고충에도 불구하고 안티오크에 계속 머무른 것은 전장에는 없지만 원정 작전의 지도자 역할을 하는 황제에게 바쳤던 충성 맹세 때문이었다. 이렇게 볼 때 황제가 강요했던 충성 맹세는 아주 효과적인 조치였다. 그 맹세 덕분에 십자군 지도자들은 알렉시오스의 권위에 승복했고 또 황제는 원정의 군사적, 전략적 목표를 주도적으로 수립할 수 있었다. 황제는 자신의 권위를 어느 정도 확신했으므로 이제 더이상 타티키오스를 서방 캠프에 돌려보내지 않아도 무방하다고 생각했거나 아니면 십자군 지도자들의 의무사항을 계속 단속하기 위하여 타티키오스 자리에 고위 대리인을 보내도 된다고 생각했을 것이다.

보에몬드의 계략

이렇게 생각하게 된 한 가지 이유로는 황제가 보에몬드에 대하여 아주 잘못된 계산을 하고 있었다는 사실을 들 수 있다. 콘스탄티노플에 있을 때, 보에몬드는 황제를 위하여 완벽한 호위 무사 노릇을 했다. 황제의 이해관계를 철저하게 챙겨주고 원정부대의 다른 주요 지도자들과 황제 사이를 중재해준 아주 이상적인 오른팔 같은 사람이었다. 그는 여러 번 황제를 위하여 십자군과 황제 사이의 갈등을 성공적으로 해결해주었다.[19] 그래서 황제는 보에몬드가 계속하여 충실한 대리인 역할을 해줄 것으로 기대했을 것이다. 하지만 그러한 예상은 잘못된 것이었다.

타티키오스가 현장을 떠남으로써 비잔티움의 고위 관리가 없게 된 1098년 봄에 이르러, 보에몬드는 천금의 기회를 발견했다. 그는 안티오크의 미래에 대하여 새로운 합의가 필요하다며 알렉시오스를 배제하는 아이디어를 제시하기 시작했다. 그가 내놓은 제안은 도발적인 것이었다. 그는 황제가 자신의 의무사항을 제대로 이행하지 않았으므로 그와 맺은 충성 맹세는 더 이상 유효하지 않다고 말했다. 황제는 친히 십자군 부대를 따라오지도 않았고, 그가 기사들을 따라가게 한 소규모 비잔티움 부대는 이미 철수했으며, 이처럼 궁핍한 상황에서 군사적 보급품을 적시에 대주지 않았고, 기사들에게 필요한 물품을 계속하여 제공하지 않았다는 것이었다. 간단히 말해서 황제는 배신자라는 얘기였다.[20]

보에몬드는 안티오크를 알렉시오스에게 넘겨줄 필요가 없다고 결론 내렸다. 따라서 성벽을 파괴하고 도시를 함락시킨 지도자가 누구든 그가 안티오크를 개인적으로 차지해야 한다고 주장했다. 다른 십자군 지도자들은 이 노르만인의 야심을 잘 알고 있었기에 그런 주장을 무시해 버렸다. 하지만 보에몬드는 주장을 굽히지 않았다. 1098년 5월 말, 그는 안티오크 문제를 또다시 거론했다.

이번에는 지도자들이 이전보다 더 그의 얘기를 들어줄 듯한 자세를 취했다. 십자군 캠프 내의 생활 조건이 개선되지 않았고 도시의 방어를 돌파하는 데 아무런 진전이 없었기 때문이었다. 거기다가 모술의 야심 찬 지사인 카르부가가 십자군 부대를 영원히 끝장내기 위해 대규모 군대를 이끌고 행군해 오고 있다는 소식도 보고되었다. 카르부가의 군대는 아주 물자가 풍부했으므로, 라틴 측과 그리스 측의 사료들은 그 부대가 셀주크 술탄인 바르키아루크가 직접 자금을 대고 또 파견했을 거라고 추정했다.[21] 안티오크의 위기는 정점을 향해 내달리고 있었다.

카르부가 부대의 움직임과 목표를 알려주는 첩보는 아주 우려스러운 것이었다. 십자군 지도자들은 작전 회의를 개최하여, 병사들의 사기를 떨어뜨리고 대량 탈주를 야기하는 일이 없도록 그 소식을 비밀에 붙이기로 결정했다. 이런 위급한 상황에서 보에몬드가 또다시 안티오크의 장래에 대한 문제를 제기한 것은 다소 뜬금없는 주장처럼 보일 수도 있었다. 십자군 부대가 완전 궤멸될 수도 있는 상황에서, 이 노르만인은 황제에게 바친 맹세의 법적 효력에 의문을 제시하고 또 도시의 지배권과 승리의 전리품을 분배하는 문제를 또다시 들고 나온 것이었다. 보에몬드는 다른 지도자들이 모르는 어떤 것을 알고 있는 듯했다.

사실 보에몬드는 안티오크 성벽의 여러 방어 탑들 중 하나를 맡고 있는 방어군 대장인 피루즈와 내통하고 있었다. 피루즈는 십자군이 도시에 진입하는 것을 묵인해주겠다고 합의한 것이었다. 몇몇 목격자들은 보에몬드가 피루즈의 아들을 생포하여 인질로 잡고 있었다고 기록했다. 다른 사람들은 피루즈가 하느님으로부터 영감을 받았고 또 안티오크를 기독교인들에게 넘겨주라고 말하는 하느님의 환시幻視를 보았다고 생각했다. 그는 아르메니아 사람인데, 투르크인들이 성내의 주민들을 학대하는 것을 보고서 분노했다는 기록도 있다. 또는 그가 두둑한 보상의 유혹을 물리치지 못한 것이라는 얘기도 있다.[22] 진상이 무엇이었든 간에 보에몬드는 으뜸 패를 손에 들고 있었고 그것을 다른 지도자들에게 감추었다. 그가 피루즈와의 협상에서 성공을 거둔 데에는 둘 다 그리스어를 말할 줄 안다는 사실도 도움이 되었다. 피루즈는 비잔티움제국의 도시였던 안티오크에서 오래 살아서 그리스어를 익혔고, 보에몬드는 이탈리아 남부에서 성장했기 때문에 그리스어를 말할 줄 알았다. 하지만 안네 콤네네는 보에몬드가 외국인 억양이 너무나 심한 그리스어를 말한다고 지적했다.[23]

카르부가 부대가 안티오크를 향해 다가오는 상황에서, 도시의 장래에 대한 보에몬드의 제안이 다시 의논되었다. 십자군 지도자들 중 가장 부유하고 또 영향력이 큰 툴루즈의 레몽은 그 제안을 바로 거절했다. 그가 보기에 그것은 콘스탄티노플에 있을 때 황제에게 바친 맹세를 노골적으로 위반하는 것이었다.[24] 원래 레몽은 지도자들 중에서 충성 맹세를 아주 못마땅하게 여기면서 가장 나중에 할 수 없이 동의했었다. 그런데 이제 그 맹세를 준수할 것을 가장 강력하게 주장하는 사람으로 나섰다.

대부분의 다른 십자군 지도자들은 보에몬드의 제안에 대해 의구심을 갖고 있었으나, 그래도 그는 몇몇 지도자들로부터 비록 조건부이긴 하지만 지지를 받아냈다. 어느 지도자가 혼자 힘으로 안티오크를 함락시킬 수 있다면 그가 도시를 지배해도 좋다는 조건이었다. 그러나 그의 지배는 어디까지나 한시적이고 또 조건부이며, 결국에는 도시를 비잔티움에 넘겨주어야 한다는 것이었다. 이러한 합의는 아주 꼼꼼하게 문서화되었다.[25] 이제 십자군 지도자들은 도시에 대한 전면 공격을 준비했다. 카르부가 군대가 도착하기 전에 최후의 일전을 벌여서 도시를 함락시키려는 것이었다.

지도자들의 작전 회의가 개최된 지 나흘 후인 1098년 6월 2일, 십자군은 공격을 개시했다. 그들은 성벽을 방어하는 경비대를 방심시키기 위하여 대규모 군대가 현장을 떠나는 척하는 양동작전을 펼쳤다. 그러고서 야음을 틈타서 다시 현장으로 돌아와, 성 조지 대문 앞에서 플랑드르의 로베르와 부용의 고드프루아가 이끄는 부대에 합류했다. 보에몬드 휘하의 소규모 군대는 피루즈가 지휘하는 성탑 아래에 집결했다.

주위가 안전하다는 것을 확인한 다음, 보에몬드 부대의 제1진이 흉벽꼭대기에 걸쳐놓은 사다리를 타고 성벽을 오르기 시작했다. 피루즈는 합의된 대로 그들을 기다리고 있었다. "프랑크인들의 숫자가 너무 적구나!" 그는 절망에 빠져서 한탄했다. 그가 보기에 그 정도 병력으로 도시를 함락시킨다는 것은 불가능했다.[26]

어둠 속에서 사다리를 탄다는 것은 그리 쉬운 일이 아니었다. 사르트르 출신의 기사인 풀처를 위시하여 여러 열성적인 병사들이 한꺼번에 사다리에 올라탔으므로 더욱 등반이 쉽지 않았다.[27] 여러 사람이 매달렸기 때문에 사다리에 과부하가 걸려 격하게 흔들렸다. 여러 사람이 떨어져 부상을 당했고 또 소음도 굉장했다. 그러나 신의 가호인 양 행운이 작용하여, 때마침 불어온 강풍이 그 소음을 죽여주었고 사다리는 다시 성벽에 걸쳐졌다. 이번에는 병사들이 신속하게 등반했다.[28] 성벽 꼭대기에 집결한 십자군 병사들은 소리를 죽여가며 살금살금 걸어가다가 만나는 적병마다 살해했다. 그리고 성벽 아래에서 기다리고 있는 고드프루아와 플랑드르의 로베르에게 공격 신호를 보낼 수 있는 지점까지 도달했다. 이제 도시의 출입문들 중 하나를 돌파할 시간이 된 것이다.[29]

십자군은 그 출입문을 돌파하고 안티오크 시내로 몰려 들어갔다. 그들은 도중에 만나는 자들을 모조리 살해하면서 점점 더 도시 깊숙한 곳으로 진입했고, 놀란 주민들은 잠자다 말고 침대에서 벌떡 일어났다. 보에몬드는 단 한 가지에만 온 정신을 집중시켰다. 그것은 성벽의 가장 높은 곳에다 그의 깃발을 가능한 한 빨리 꽂는 것이었다. 그 깃발은 도시가 함락되어 이제 기독교인의 손에 들어왔음을 온 사방에 알려줄 것이었고, 또 다른 십자군 지도자들에게 안티오크가 보에몬드의 손에 함락되었음을 주지시킬 터였다. 전투의 열기가 뜨거운 상황에서도, 그는 이미 함락 이후의 문제를 생각하고 있었다.[30]

안티오크의 다른 성문들이 비무슬림 주민들에 의해 열리면서 사태는 십자군에게 유리한 방향으로 신속하게 전개되었다. 십자군 병사들이 이 거리에서 저 거리로 공격해 들어가는 동안에 일부 주민들이 온 몸으로 그 성난 노도를 막으려 했고, 그 과정에서 도시 안에 살고 있던 많은 기독교인들이 살해되었다. 어둠 속에서 공포와 흥분이 교차되는 가운데 적과 아군을 제대로 구분할 시간이 없었다. 안티오크 공격은 무자비했다. 그 후 여러 날 동안, 시체가 거리에 켜켜이 쌓였고 부패하는 시신들은 초여름 더위에 고약한 냄새를 풍겼다. 한 목격자는 이렇게 보고했다. "온 사방의 모든 거리에 시체가 가득했다. 그 누구도 고약한 냄새 때문에 그곳에 오래 있을 수가 없었다. 또 시체 더미를 밟지 않고서는 도시의 좁은 길을 걸어다닐 수가 없었다."[31]

도시의 지사인 야기-시얀은 겁먹고 인근 산속으로 달아났다. 기독교인 현지 주민들이 그를 발견했고, 그들은 지사를 노새에서 끌어내려 그의 칼로 목을 쳤다. 그의 특징적인 머리(털이 많이 난 커다란 귀와 허리까지 내려오는 턱수염 때문에 아주 크게 보였다)는 전리품으로 안티오크로 보내져 십자군에게 바쳐졌다.[32]

8개월 동안의 고통스러운 공성전 끝에, 안티오크는 마침내 1098년 6월 3일에 함락되었다. 그러나 도시 안에 있는 단단한 요새는 아직도 버티고 있었다. 안티오크 공격 중에 수천 명의 십자군이 전사했고 무수한 병사들이 부상을 입었다. 일부 병사들은 탈영하여 귀국했다. 아무튼 공성전은 승리로 끝났다. 그러나 도시에 입성한 병사들은 그 성공을 즐길 시간이 없었다. 카르부가의 부대가 그다음 날 현장에 도착했기 때문이다.

정면 대결을 택하다

카르부가 부대는 다마스쿠스 지사나 알레포 지사가 동원한 부대보다 훨씬 대규모였다. 카르부가는 성벽 옆에다 캠프를 설치하고 장비를 세심하게 배치하는 한편 도시 내 요새에서 저항하는 무슬림 세력과 접촉했다. 십자군 부대가 탈진하여 무력한 상태라 적의 공격을 두려워하고 있다는 것을 알고 있던 카르부가는 성내 요새의 수비대에게 맹렬한 공격을 감행하라고 지시했다.

십자군은 이 첫 공격을 물리칠 수 있었다. 그러자 카르부가는 도시를 봉쇄하여 질식시킬 작전을 펴기로 했다. 이제 포위하던 자가 포위당했다. 안티오크와 외부 세계의 연락은 단절되었다. 그러나 비잔티움 황제에게 도움을 호소하는 절박한 메시지를 전달할 사절단은 카르부가 부대가 도착하기 며칠 전에 콘스탄티노플을 향해 떠났다. 그 후 십자군이 성 밖으로 탈출하려는 시도는 투르크인들에 의해 손쉽게 분쇄되었다.

카르부가의 봉쇄 작전은 곧 효과를 나타내기 시작했다. 포위를 시작한 지 한 달이 지나자 도시 안에는 더 이상 보급품이 남아 있지 않았다. 한 연대기 작가는 이렇게 기록했다. "우리의 병사들은 말과 당나귀 고기를 먹었고 그것을 서로에게 팔았다. 암탉은 15실링, 달걀은 2실링, 그리고 호두는 1페니였다. (……) 기근이 너무나 심각하여 병사들은 무화과 잎사귀, 포도나무, 엉겅퀴, 기타 온갖 종류의 나무 잎사귀를 먹었다. 말, 낙타, 당나귀, 암소, 들소 등의 가죽을 삶아서 먹기도 했다."[33] 소화하기 어려운 나물을 먹기도 했는데, 그것을 먹은 병사들은 식중독에 걸리기도 했다. 가죽 신발이나 가죽 제품을 먹거나 말의 피를 마신 병사도 있었다.[34] 샤르트르의 풀처는 이런 고통을 당하는 분명한 이유가 있다고 생각했다. 많은 십자군 병사들이 도시의 함락 이전 혹은 이후에 현지 여자들과 성관계를 맺었다. 하느님은 그런 방종한 간음 행위를 벌주고 있다는 것이었다.[35]

십자군에게는 원정 기간 중의 그 어느 때보다 기적이 필요했다. 그리고 실제로 그런 기적을 발견했다. 별다른 특징이 없는 피터 바돌로매라는 사람이 툴루즈의 레몽과 르퓌 주교를 찾아와 자신이 본 환시를 보고했다. 벌써 여러 달 동안 성 앤드루의 비전이 그에게 나타나 그리스도의 옆구리를 찌른 창이 숨겨져 있는 장소를 알려주었다. 피터 바돌로매의 인도 아래 도시를 수색한 결과, 성스러운 창의 일부분이 안티오크의 성 베드로 교회 바닥에서 발견되었다.[36] 그 발견은 십자군의 사기가 밑바 닥까지 떨어져 있던 시기에 커다란 사기 진작의 계기가 되었다. 이런 중 요한 유물, 특히 고통을 상징하는 유물의 발견은 아주 의미심장한 일이 었다. 후대의 논평가들이 이 유물의 신빙성을 부정하고 있지만 말이다. 그것은 위기의 순간에 결단력을 강화시켰다. "기사들은 더 이상 기근의 고통을 견뎌낼 수 없다고 생각했다. 그래서 고위직이든 하급직이든 기 사들은 함께 의논하면서, 잔인한 기근을 견디면서 하루하루 쇠약해져가 다가 마침내 죽는 것보다는 차라리 싸우다가 죽는 것이 더 낫다고 생각 했다."[37]

십자군 지도자들은 이제 적군과 정면 대결할 것을 결정했다. 보급품 이 거의 바닥이 났지만 그래도 말들에게는 원기를 회복시키기 위해 사 료를 주어야 한다는 명령이 내려졌다. 투르크 부대를 공격하기 사흘 전 에 십자군은 엄숙한 축하 행렬에 참가했고, 성찬식을 올렸으며, 고해성 사를 했다.[38] 그리고 1098년 6월 28일, 십자군 병사들은 안티오크에서 출발하여 오론테스강 위에 걸린 다리 문을 지나서 4개 여단으로 나뉘어 도시 앞으로 전개했다. 카르부가는 그것을 보고서 경악했다. 적이 요격 에 나섰다는 보고를 들었을 때 그는 체스를 두고 있었다. 그는 그 보고 가 정확한 것인지 확인하고 또 어떻게 행동할 것인지 생각하느라 중요 한 대응 시간을 놓쳐버렸다. 그는 허기진 병사들이 전면전을 벌이기 위 해 도시에서 나오다니, 어떻게 그처럼 용감하고 또 어리석은지 도저히 믿을 수가 없었다.[39]

그 순간 십자군은 완전히 허물어질 수도 있었다. 안티오크 방어는 소수의 병력과 함께 뒤에 남아 있는 툴루즈의 레몽에게 맡겨져 있었는데 레몽은 또다시 병을 앓고 있었다. 그와 함께 남아 있는 기사는 겨우 200명 정도였고 만약 도시 내 요새의 무슬림 방어군이 공격에 나선다면 그 병력으로 대응해야 했다. 반면에 카르부가는 강을 건너는 순간에 가장 취약한 상태에 있던 십자군을 상대로 공격을 펼치지 않고 그냥 가만히 있었다.[40]

십자군이 강을 건너온 후에 카르부가는 마침내 공격 명령을 내렸다. 십자군은 다시 한 번 전투 대형을 단단하게 유지했다. 이것은 카르브가 부대에 공포를 안겨주었다. 십자군이 이전에 거둔 몇 번의 승리 소식을 듣고서 그 용맹함을 알고 있었던 것이다. 십자군 부대는 엄정한 군기를 유지했고 소규모 부대를 적군의 중심부에 투입했다. 적군은 십자군 기병대의 강한 압박 아래 서서히 무너지기 시작했다. 한 목격자에 의하면, 카르부가 부대는 와해되기 시작했고 사령관은 마치 사슴처럼 달아났다. 그의 캠프와 그 안에 비축되어 있던 모든 물자는 약탈되고 몰수되었다. 카르부가가 안티오크를 수복하고 십자군 부대를 궤멸시킨 후 열 예정이었던 축하 행사를 위하여 데려온 많은 투르크 여자들도 포로로 붙잡혔다. 샤르트르의 풀처는 이렇게 썼다. "서방인들은 그 여자들에게 아무런 죄악을 저지르지 않았다. 그러나 그들의 배에다 창을 찔러 넣었다."[41]

예루살렘 원정의 종말처럼 보이던 때가 가장 영광스러운 시간으로 바뀌었다. 카르부가 부대를 상대로 거둔 승리는 너무나 의외여서 그 현장을 목격한 사람조차도 어떻게 승리를 거둘 수 있었는지 제대로 이해하지 못하여 어리둥절했다. 그 전투 현장에 참가했던 아길레르의 레몽에 의하면 카르부가의 패배는 신의 개입 때문이었다. 하느님이 기독교인 군대에 섭리의 소낙비를 내려서 병사들은 은총과 인내의 감화를 입었고 그리하여 적을 맹렬하게 공격할 수 있었다.[42] 또 다른 목격자 역시 신의 개입이 분명 있었다고 말했다. 무수한 초자연적 기사들이 현장에 나타나 함께 싸웠는데 그들은 흰 깃발을 휘둘렀고 십자군 병사들 옆에서 조지, 메르쿠리우스, 데메트리우스 같은 성인들의 인도를 받고 있었다.[43] 어떤 연대기 작가에 의하면, 승리의 결정적 요인은 성스러운 창이었다. 카르부가는 그 창을 보는 순간, 공포로 심장이 얼어붙었고 그리하여 도망치게 되었다.[44] 동시대의 아랍 논평가들은 그보다는 더 나은 통찰력을 보여주었다. 카르부가는 거만한 사람으로서 그의 행동과 인품은 다른 에미르들에게 반감을 불러일으켰다. 에미르들은 사로잡은 기사들을 살해하려 했는데 카르부가는 그것을 금지했다. 이는 카르부가가 인기 없게 된 주요 원인이었다. 더욱이 그는 자신의 부대 내에 있던 반목 세력에 의해 전투 중에 발목을 잡혔다. 그 세력은 전투 중 기회가 생기면 바로 카르부가를 배신하겠다고 맹세했던 것이다.[45]

카르부가 부대의 패배는 십자군 병사들에게 기적처럼 보였으나 그들이 승리를 거두게 된 데에는 그보다 세속적인 이유가 있었다. 투르크인 부대에 갑자기 번진 대혼란은 무능한 지도부와 신통치 못한 의사소통 때문이었다. 십자군의 작전은 제한적인 것이었고 때로는 현재의 진지를 유지하는 것 정도였지만, 그것이 워낙 엄정하고 굳건해서 역으로 무슬림 군대가 퇴각하는 듯한 인상을 안겨주게 되었다. 그러자 투르크인들의 혼란은 공포로 바뀌었다. 말발굽이 일으키는 먼지와 서로 부딪치는 금속의 소음과 전투의 함성이 허공을 찢어놓는 전투의 혼란 속에서, 홍분 잘하는 투르크 군대는 그 대규모 병력이 오히려 장애가 되었다. 야전에 나온 여러 명의 지휘관들은 현재 전투 상황이 어떻게 돌아가는지 알아내려고 우왕좌왕했고 카르부가의 명령이 떨어지기만을 기다렸다.

민첩하고, 군기가 엄정하고, 지휘관이 훌륭한 십자군 부대는 현재의 전선을 굳건하게 지키는 능력 덕분에 그런 놀라운 성공을 거둘 수 있었다. 그 전투 이전에 이미 서방인들은 무슬림을 상대로 세 번의 승리를 거두었고 또 안티오크를 함락시킨 바 있었다. 이런 성공 뒤에는 분명히 하느님의 가호가 있는 것이었으므로 그들은 더 이상의 징조를 필요로 하지 않았다. 그러니 성스러운 도시 또한 기독교인의 손에 넘어오는 것은 시간 문제일 뿐이었다.

십자군 내외부의 분열

안티오크 전투의 후유증으로 인해 십자군 지도자들은 그들의 위치를 다시 한 번 되돌아보게 되었다. 예루살렘으로 이동하는 것은 겨울이 될 때까지 기다려야 한다고 생각했다. 원정부대가 재편성되어 공격력을 갖추려면 그 정도 시간이 걸리기 때문이었다. 카르부가 부대가 패배하면서 도시 내의 요새도 항복하여 병사들의 사기는 더욱 높아졌다. 또 십자군은 도시 인근의 주민들로부터 지원을 받기 시작했다. 주민들은 십자군을 도시의 새로운 영주로 받아들였던 것이다.

그러나 예루살렘 공격을 늦추게 된 데에는 부대 재편성 말고도 다른 이유가 있었다. 아길레르의 레몽은 십자군이 머뭇거리지 말고 계속 행군에 나서야 한다고 주장했다. 만약 십자군이 곧바로 성도 공격에 나선다면 아무런 저항도 받지 않을 것이라고 확신했다. 시리아와 팔레스타인의 주민들이 카르부가 부대의 패배 이후 너무나 겁먹고 허약해져서 그들 중 누구도 행군에 나선 서방 기사들에게 돌멩이 하나 던지지 못할 것이라고 주장했다.[46] 그러나 군사적 이유 말고도, 안티오크를 어떻게 처리할 것인가 하는 문제가 있었다. 십자군 지도자들은 의견 불일치로 혼란을 겪고 있었다. 도시가 함락되자 점령의 실무 절차가 발목을 잡았다. 안티오크, 그 밖의 도시들과 지역, 요새 등을 어떻게 지배할 것인가? 도시와 그 외의 지역들은 누구의 권위 아래에 들어갈 것이고 또 어떻게 통제할 것인가? 식량 조달과 업무 지원과 관련하여 현지 무슬림 주민들로부터 어느 정도 협조를 받을 수 있을 것인가? 비잔티움 국경 너머에 있는 도시들은 누가 영유권을 가져갈 것인가? 원정부대의 전반적인 목표는 예루살렘 해방인가? 아니면 다른 목표도 있는가? 카르부가를 패배시킨 이후 몇 달 동안은 이런 질문들 때문에 제1차 십자군의 영혼이 갈등하게 되었다.

이런 위기 상황의 핵심에는 보에몬드와 툴루즈의 레몽 사이의 불화가 자리 잡고 있었다. 보에몬드는 자신이 안티오크를 통치해야 한다고 주장한 반면 레몽은 알렉시오스에게 바친 충성 맹세를 지켜야 하고, 십자군 원정은 정복전이 아니라 무장 순례였다는 점을 강력하게 주장했다. 그 결과 이러지도 저러지도 못하는 답보 상태가 계속되었다. 보에몬드는 안티오크를 떠나는 것을 거부했다. 레몽은 보에몬드가 안티오크 영유권을 포기하지 않는 한 예루살렘 행군에 나서지 않겠다고 맞섰다.

십자군은 붕괴하기 시작했다. 원정부대의 지도자들은 전에는 전투에서나 작전회의에서 놀라운 단결력을 보여주었다. 그러나 안티오크 함락 이후, 서로 갈등하는 개인적 야망 때문에 원정부대의 목표가 흔들리게 되었다. 카르부가 전투 승리 이후, 원정에 참여하는 병사들은 자신이 원하는 지도자 밑에서 자유롭게 복무할 수 있다는 놀라운 선언이 나왔다. 그것은 원정부대가 사분오열되어 있다고 공개적으로 인정하는 것이나 다름없었다. 서방에서 귀중하게 여기는 전통적 유대, 단결, 충성심이 느슨해진 것을 넘어 와해되고 있다는 것을 의미했다. 이런 극적인 방향 전환은 대체로 레몽에게 유리하게 작용했다. 그의 대중적 인기와 높은 명성 때문에 기존에 소속되지 않은 병사들도 그를 따랐기 때문이다.[47] 이렇게 하여 그의 부대에 들어오게 된 사람으로 《프랑크인의 행적》의 저자도 있었다. 그는 이탈리아 남부에서 보에몬드를 따라 십자군 원정에 참전했으나 예루살렘 공격이 지연되는 데 대하여 좌절감을 느꼈던 것이다.

다른 십자군 병사들도 그런 분열적인 상황 속에서 자신의 이익을 추구했다. 오랜 안티오크 공성전으로 빈곤해진 다수의 기사들과 보병들이 에데사로 출발했다. 보두앵이 자신의 휘하에 와서 근무하면 두둑한 금전적 보상을 해주겠다고 약속했기 때문이다.[48] 한편 보두앵의 형 고드프루아는 텔-바쉬르 같은 인근 요새와 도시를 점령하여 그곳에서 세금을 거두어서 부하들과 나누어 가졌다.[49] 이것은 그의 인기를 높여주었고 자연히 많은 병사들이 그의 휘하에 몰려들었다. 계급이 낮은 기사들도 돈을 벌 기회를 놓치지 않으려 했다. 레몽 필레는 손쉬운 돈벌이의 기회가 있다고 약속하면서 병사들을 모아서 비옥한 자발 아스-수마크 고원으로 행군해갔다. 그는 처음에는 다소 성공을 거두었으나, 1098년 7월에 마아라트 알-누만을 무리하게 공격했다가 부대가 거의 전멸할 뻔했다.[50]

이렇게 하여 제1차 십자군은 한없이 추락하고 있었다. 이 무렵 원정 부대에게 가장 필요한 것은 강력하고 단호한 지도부였으나 지도자들 사이의 불화가 처음에는 은근하게 그리고 나중에는 노골적으로 터져 나왔다. 십자군 병사들이 그런 상황에 절망하여 자기들 멋대로 안티오크 성벽을 허물어뜨려 지도자들에게 경각심을 일으키려 한다는 소문이 널리 퍼졌다. 엄청난 대가를 지불하고 획득한 그 소중한 도시를 파괴한다는 것은 그 어떤 행동보다 과격한 것이었다. 그러나 병사들의 분노는 이해할 만했다. 안티오크 통치에 대한 지도자 간의 불화가 모든 문제의 원인이었다.[51]

이러한 답보 상태를 해소하기 위하여 십자군은 알렉시오스 황제에게로 시선을 돌렸다. 이미 살펴본 바와 같이, 카르부가 부대가 안티오크를 향해 접근해올 때 블루아의 스티븐을 단장으로 하는 사절단이 황제에게 파견되었는데, 극심한 어려움을 겪고 있는 십자군 부대를 구원하기 위하여 친히 제국 군대를 이끌고 와달라고 요청하려는 것이었다. 스티븐은 필로멜리온에서 알렉시오스를 만나서 안티오크 상황을 간략하게 말했다. "안티오크가 점령되기는 했지만 도시 내 요새는 아직 함락되지 않았고, 십자군 병사들은 곧 포위될 위기에 놓여 있습니다. 지금쯤투르크인들에게 학살당하고 있을지 모릅니다."[52] 안티오크는 투르크인에게 다시 빼앗길지 모르고, 십자군은 유혈 낭자한 최후를 맞이하게 될 것이었다. 그럼에도 황제는 남하하여 십자군을 도와줄 마음이 없었다. 1097~1098년의 비잔티움 정복전이 성공을 거두어 이미 소아시아 서부에서 킬리디 아르슬란과 합의에 도달한 상태였으므로, 황제는 휘하의 제국 부대에게 콘스탄티노플로 돌아가자는 명령을 내렸다.[53]

황제의 이러한 결정이 아직 전해지지 않았으므로, 안티오크 함락 후 여러 달 동안 알렉시오스가 곧 도착할 것이라는 소문이 널리 퍼졌다.[54] 한편 고위 비잔티움 대리인의 부재는 행정 구조에 공백을 남겼다. 니케아와 다른 도시의 경우에는, 황제가 임명한 대리인(마누엘 부투미테스, 피터 알리파스, 부르고뉴의 웰프, 보두앵)이 곧바로 나서서 상황을 장악했다. 그러나 안티오크에는 이런 대리인이 없었고, 그동안 지시를 내리고 또 안내를 해주었던 황제도 도와주지 않는 상황에서 십자군은 어떻게 해야 할지 갈피를 잡지 못했다.

이런 교착 상태를 돌파하기 위하여 두 번째 사절단이 알렉시오스에게 파견되었다. 황제에게 원정부대를 지휘해달라고 설득하는 것이 주된 목적이었다. 1098년 늦여름, "고드프루아 공작, 생-질의 레몽 백작, 보에몬드, 노르망디 백작, 플랑드르 백작 등은 신분 높은 기사인 베르망두아의 휴를 콘스탄티노플의 황제에게 파견하여, 동쪽으로 와서 이 도시를 접수하고 십자군에게 약속한 의무사항을 이행할 것을 요청하게 했다."[55] 한 사료는 베르망두아의 휴가 콘스탄티노플에서 알렉시오스를 만났을 때 공격적으로 요구사항을 말했다고 기록하고 있지만, 실제로는 유화적 어조로 말했을 가능성이 높다. 유화적이었든 공격적이었든, 결국에는 별 효과가 없었다. 알렉시오스는 동쪽으로 가려는 의사가 없었기 때문이다.[56]

황제가 안티오크에 왔다면 십자군의 행군을 방해하는 답보 상태를 해결했을 것이다. 십자군 내에서 점증하는 황제에 대한 적개심도 해소했을 것이다. 안티오크 함락 몇 주 후에, 성스러운 창이 숨겨진 장소를 찾아냈던 피터 바돌로매는 더 많은 비전을 보고 듣기 시작했다. 이번에 피터는 성 앤드루에게서 비잔티움 사람들이 안티오크를 차지해서는 안 된다는 말을 들었다. 만약 그렇게 한다면 그들이 니케아를 모독했던 것처럼 이 도시 또한 더럽히게 될 것이라고 일러주었다.[57] 이렇게 하여 알렉시오스와 비잔티움에 대한 태도는 점점 더 적대적이 되어갔다.

이런 어려운 상황에서 1098년 8월 1일에 르퓌의 아데마르 주교가 열병에 걸려 사망했다. 주교는 원정 내내 교황의 대리인이었을 뿐만 아니라, 두려움 없는 용기로 십자군 지도자들과 병사들의 존경을 한 몸에 받고 있었다. 그는 탄크레디가 보낸 투르크인의 잘려진 머리 70개를 보고서 기쁨을 표했는데 이것은 그의 인기를 더욱 높여주었다.[58] 제1차 십자군의 영광을 노래한 서사시 《안티오크의 노래》는 아데마르가 병사들의 열광에 동참한 일을 기록하고 있다. 병사들은 기사들이 죽은 투르크인의 살을 먹고서 이어 와인으로 목구멍을 씻어 내리는 광경을 보고 흥분했는데, 아데마르 또한 그 흥분에 동참했다는 것이다.[59]

황제가 없는 상황에서 주교라도 현장에 있었더라면 십자군 캠프 내의 긴장을 완화시켜 주었을 것이다. 안티오크 공성전이 최악의 상태에 있었을 때 하느님의 분노 때문에 이런 결과가 왔으므로 단식하며 기도해야 한다고 하여 병사들을 북돋워주었던 것처럼 말이다.[60] 교황의 대리인인 주교는 동방과 서방을 잇는 다리였고, 십자군 부대의 "통치자며 목자"였으며, 사람들의 불안을 진정시켜주는 힘이었다. "하느님과 인간의 사랑을 받았고" 모든 면에서 결점이 없었던 아데마르는 아주 곤란한 순간에 사망한 것이었다.[61]

1098년 9월 11일, 보에몬드, 툴루즈의 레몽, 부용의 고드프루아, 플랑드르의 로베르, 노르망디의 로베르 등 십자군 지도부의 이름으로 교황 우르바누스 2세에게 편지가 발송되었다. 편지는 이렇게 보고했다.

투르크인과 이교도는 진압했지만 아르메니아인, 시리아인, 심지어 그리스인 등 이단자들을 격퇴하는 것은 불가능하다.[62]

이는 핵심적 순간이었다. 십자군 지도자들은 황제를 포기하고 그 대신 교황에게 시선을 돌려서 동방으로 와서 그들을 격려해달라고 요청했다. "이렇게 하여 교황께서는 우리가 시작하고 교황께서 설교한 예수 그리스도의 원정을 완성하게 될 것입니다. 교황께서는 예루살렘의 성문을 열고, 성묘를 해방시키고, 온 세계에 기독교인의 이름을 높이 드높일 것입니다. 교황께서 여기에 와서 교황께서 시작한 원정을 우리와 함께 완성한다면 온 세상이 교황께 복종할 것입니다…… 아멘."[63]

편지는 마지막 문단에 이르러 한 걸음 더 나아갔다. 황제는 원정부대를 충분히 도와주지 않는다고 비난받을 뿐만 아니라, 원정전을 적극 방해하기까지 했다고 성토했다. 십자군 지도자들은 이렇게 썼다. "교황께서는 우리를 저 부당한 황제로부터 떼어놓아야 합니다. 그는 우리에게 했던 많은 약속을 전혀 지키지 않았습니다. 그는 제멋대로 우리의 일을 훼방 놓고 또 피해를 입혔습니다."[64] 그러나 교황은 알렉시오스 못지않게 원정부대에 합류하고 싶은 마음이 없었다. 그는 고위 사제인 피사의 다임베르트를 보내 죽은 아데마르를 대신하게 했다.

예루살렘으로

그러는 동안에 안티오크의 사정은 좋아지지 않았다. 도시를 함락시킨 후 몇 달 동안, 보에몬드는 심술궂은 짓을 계속했다. 자신의 뜻을 관철시키려고 툭하면 레몽에게 시비를 걸었다. 툴루즈 백작이 마아라트 알-누만을 정복하러 나서자, 보에몬드는 레몽보다 한발 앞서 그 도시로 달려가 공격함으로써 백작이 그 도시를 차지하여 세력권을 넓히려는 것을 방해했다. 마침내 그 도시가 장기간의 어려운 공성전 끝에 함락되자, 보에몬드는 뻔뻔스럽게도 마아라트 알−누만의 많은 부분을 점령하여 그 땅을 레몽에게 넘겨주지 않았다. 안티오크 내의 영향력을 확대할 속셈이었다.

두 십자군 지도자를 중재하려는 노력은 모두 실패로 돌아갔다. 안티오크의 성 베드로 교회에서 보에몬드를 만난 레몽은 알렉시오스에게 바친 맹세를 엄숙하게 거론하면서 약속을 변덕스럽게 위반하는 일이 없어야 한다고 강조했다. 그러자 보에몬드는 안티오크 총공격 전에 지도자들 사이에 맺어진 합의문을 내놓으면서 이 합의 또한 구속력 있는 것이라고 주장했다. 그러자 툴루즈 백작은 다시 말했다. "우리는 주님의 십자가, 가시 면류관, 그 외의 많은 성스러운 유물을 걸고서 황제의 동의 없이는 제국 판도 내에 있는 도시와 성을 차지하지 않겠다고 맹세했습니다." [65] 레몽은 부용의 고드프루아, 플랑드르의 로베르, 노르망디의 로베르 등 동료 지도자들의 판단을 따르겠다고 말했다. 단, 보에몬드가 그들과 함께 예루살렘 공격에 나서야 한다는 조건이었다. 레몽은 그 문제를 나중에 해결하기로 미룬다면 타협하겠다는 의사를 내보인 것이었다. [66]

그것은 합리적인 제안이었다. 여러 지도자들은 두 사람의 주장이 나름 일리가 있다고 생각했다. 충성 맹세는 그 자체로 명백하고 또 절대적인 것이지만 알렉시오스 또한 자신이 지켜야 할 합의를 지키지 않은 측면이 있었다. 십자군 내에서 초조한 분위기가 더욱 고조되자 보에몬드는 물러서지 않고 버티는 것이 최상의 방법이라고 생각했다. 그의 호전적인 태도는 마침내 효과를 발휘했다. 1099년 초, 툴루즈의 레몽은 보에몬드의 요구를 더 이상 거부하지 않고 그가 참전하지 않아도 예루살렘 진격에 나설 준비를 했다.

그러나 다른 지도자들도 보에몬드의 경우를 보면서 고집을 부리면 혜택이 돌아온다는 것을 배워서, 원정에 함께 나서는 대신에 보상을 달라고 부유한 툴루즈 백작에게 요구했다. 그렇게 하여 부용의 고드프루아와 노르망디의 로베르에게 각 1만 솔리디, 그리고 플랑드르의 로베르에게 6000솔리디, 탄크레디에게 5000솔리디가 각각 지급되었다. 이것은 예루살렘 진격이 순수한 종교적 열정보다는 금전적 탐욕에 의해 뒷받침된 것임을 보여준다. 당초 십자군 원정의 밑바탕이었던 이상주의는 실용적인 문제로 대체되어갔다. 황제에 대한 충성 맹세가 더 이상 유효하지 않다고 일방적으로 선언하고, 정신적 목적을 완전히 내버리지는 않았다 하더라도 선수금을 요구하는 등 물질적 혜택을 요구하여 관철시킨 것이다. 안티오크 함락 이후에 십자군전쟁은 아주 다른 차원을 획득했다.[67]

예루살렘 행군 중에는 더 많은 어려움이 발생했다. 1098~1099년 사이의 겨울에 마아라트 알-누만을 함락시킨 이후에, 12개월 전에 안티오크 성벽 앞에서 겪었던 것보다 더 심각한 기근이 닥쳐왔다. 극심한 기아와 체력 저하, 그리고 더 이상 지켜야 할 금기가 거의 없는 상태에서 십자군 병사들은 죽은 투르크인의 엉덩이에서 베어낸 살을 먹었다. 굶주린 많은 병사들이 조리되기도 전에 인간의 살을 먹으려 했다.[68]

예루살렘으로 내려가는 길에 위치한 도시나 성읍의 현지 통치자들은 십자군이 다가오자 노심초사했다. 십자군 부대가 두카크, 리드완, 카르부가 등의 군대를 패배시켰다는 소식을 들었을 뿐만 아니라, 마아라트 알-누만 같은 성읍을 점령한 후에 어떤 잔인한 짓을 저질렀는지 소문을 들었기 때문이다. 십자군은 포로들이 금화를 감추기 위해 그것을 삼켰다고 생각하여 그들의 배를 사정없이 갈랐다는 것이다. 그리하여 샤이자르, 홉스, 자발라, 트리폴리 등의 에미르들은 툴루즈의 레몽에게 막대한 선물을 보내어 그의 호의를 얻고 또 그들 도시에 대한 공격을 예방하려 했다.[69]

십자군이 아르카에 도착했을 즈음 행군 속도는 아주 더뎠다. 아르카 공성전은 석 달이나 걸렸으나 완수하지 못했다. 이 무렵 알렉시오스는 십자군이 안티오크에서 살아남았고 또 자신을 대하는 태도가 완전히 달라졌다는 것을 알게 되었다. 그는 현지에 사절단을 파견하여 십자군이 안티오크와 다른 도시들을 비잔티움 관리에게 넘겨주지 않는 것은 충성 맹세의 위반이라고 항의했다. 사절단은 황제가 1099년 6월 24일에 원정부대에 합류할 것이니 현재의 위치를 지키면서 황제의 도착을 기다려 달라고 요청했다. 십자군 지도부는 이 문제를 논의했다. 그러자 지도부는 증원군의 도착을 환영하는 파와, 더 이상 비잔티움 사람들과는 협력할 필요를 느끼지 못하는 파로 나뉘게 되었다. 상당한 선물을 제시한 사절단의 약속도 반황제파에게는 아무런 영향을 미치지 못했다.[70]

알렉시오스가 원정부대에 합류하겠다는 소식은 예루살렘 진격을 서두르는 빌미가 되었다. 그래야 반황제파는 그들의 입지를 강화할 수 있기 때문이었다. 그리하여 1099년 5월 초에 십자군은 아르카 공성전을 포기하고 전속력으로 예루살렘을 향해 진격하기로 결정을 내렸다. 이렇게 하여 지난 18개월 동안에, 원정의 범위, 목적, 성격이 이전과는 확실히 달라진 상태에서, 십자군은 원래 목표인 예루살렘 탈환에 갑자기 집중하게 되었다.

11

와해되는 십자군

십자군은 안티오크에서 엄청난 고난을 겪었다. 수많은 병사들이 사망했고, 살아남은 자들은 열악한 생활 조건과 힘든 일들로 인해 마음이 황폐해졌다. 식인 행위를 해야 할 정도였으니 말이다. 이런 모든 어려움을 극복하고 1099년 6월 7일 예루살렘에 도착한 십자군은 엄청난 보람과 환희를 느낄 수밖에 없었다. 한 연대기 작가는 십자군 부대가 최종 목적지에 도착했을 때 기쁨의 눈물을 흘렸다고 기록했다.[1]

그렇지만 아직 해야 할 일이 많이 남아 있었다. 예루살렘은 아주 강력하게 축성된 요새 도시였다. 성벽은 웅장했고, 서방 기사들의 도착을 이미 여러 달 전부터 예상하고 있었던 예루살렘은 방어 시설과 경비대도 훌륭하게 갖추고 있었다. 십자군 지도부가 작전 회의를 하는 동안에, 급성 이질을 앓고 있던 탄크레디는 회의를 빠져나와 근처의 동굴로 황급히 달려갔다. 거기서 그는 공성기 제작에 필요한 장비들을 발견했다. 과거에 그 도시를 공격하던 세력이 남겨두고 철수한 것들이었다. 그것은 십자군에게 좋은 행운이 있을 것임을 알려주는 징조였다.[2] 또, 현지에서 필요한 물자들을 조달하고 있는데 식량과 보급품, 밧줄, 망치, 못, 손도끼, 큰 도끼 등을 적재한 제노바 배 여섯 척이 야파 항구에 들어왔다는 소식이 전해졌다.[3] 그 물자들을 캠프까지 가져오려면 적지를 왕복 80킬로미터가량 통과해야 했지만, 이 또한 십자군에게는 좋은 징조였다. 그것은 전반적인 원정 계획의 성공과 실패를 결정할 정도로 중요한 선물이었다.[4]

서방 기사들이 여러 번 전투에서 승리하며 무자비한 전사라는 명성을 올리기는 했지만 그래도 예루살렘의 수비대는 자신들이 적을 물리칠 능력을 충분히 갖추고 있다고 생각할 만했다. 안티오크와는 다르게 예루살렘은 엄청난 방어시설을 갖춰놓고 있었다. 이것만으로도 십자군에게 위협이 되었지만 지난 2년 동안 십자군의 병력 규모가 급격히 줄어들었다는 문제도 있었다. 전투뿐만 아니라 질병과 전염병으로 많은 병사들이 즉시 전력에서 이탈했던 것이다. 십자군이 예루살렘에 도착했을 때 그 병력은 당초 규모의 3분의 1 정도로 줄어든 것으로 추정되어왔다.[5] 성도의 주민들은 십자군이 도시의 성벽 앞에서 겪는 여러 가지 어려운 상황들을 알고 마음을 놓았다. 이번에 십자군의 주된 문제는 식량이 아니었다. 이 점에 대하여 샤르트르의 풀처는 이렇게 기록했다. "우리의 병사들은 빵과 고기의 부족으로 고통을 당하지는 않았다. 그러나 그 일대에 시냇물이 없고 또 용수 조달이 제대로 안 되어 아주 가물었기 때문에, 병사들은 물론이고 동물들도 식수 부족으로 고통을 겪었다."[6]

십자군의 임박한 공격에 대비하여 예루살렘 성벽 밖의 모든 우물을 폐쇄했거나 독약을 쳐놓아서 병사들은 사용할 수가 없었다. 그리하여 가장 가까운 수원水源에서 식수를 조달하는 데에도 왕복 19킬로미터 거리를 여행해야 되었다. 황소와 들소 가죽을 꿰매어 이어붙인 커다란 가죽통으로 다량의 물을 담을 수 있었는데, 물을 길어가지고 오겠다고 용감하게 자원한 병사들은 매복의 위험을 무릅써야 했다. 물을 수송해오면 식수 쟁탈전이 치열하게 벌어졌다. 너무나 목이 마르고 덥기 때문에 벌어지는 일이었다. 어떤 병사들은 이런 식수 운반에서 돈을 벌 기회를 엿보았다. 그들은 동료 병사들에게 돈을 지불하라고 요구했다. 그 결과 식수는 공정하게 나누어지는 것이 아니라 갈취나 다름없는 가격으로 판매되었다. 또 돈을 낼 능력이 있거나 그런 용의가 있는 사람들도, 그 물이 지불한 만큼의 가치가 있다고 언제나 생각하지는 않았다. 때때로 그 물은 흙탕물이었으며 어떤 때는 거머리가 들어가 있기도 했다. 지저분한 물은 질병의 원인이 되었다. 현장의 목격자들은 오염된 물을 마셔서 병사들의 목구멍과 배가 크게 부어오르기도 했고 때로는 고통스러운 사망에 이르기도 했다고 기록했다.[7]

물을 사 마실 능력이 안 되는 병사들에게는 다른 대안이 많지 않았다. 대안들 중 하나는 예루살렘 성벽 바로 밖에 있는 실로암 샘이었다. 이 샘은 자연 샘물이었고 또 마셔도 안전했는데, 늘 물이 차 있는 것은 아니고 때때로 물이 차올랐다. 그러나 이 샘까지 가는 것은 아주 어려운 문제였다. 샘이 도시의 홍벽과 아주 가까운 곳에 있어서, 성벽 위에서 아래로 쏘아대는 화살이 치명적일 수 있었다.[8] 게다가 매복의 위험도 도사리고 있었다. 어떤 십자군 병사들은 그 샘에 갔다가 공격을 받아 사망했고, 또 어떤 병사들은 생포되어 그 후 소식을 알 수가 없었다.[9]

예루살렘의 주민들은 카이로의 강력한 비지어인 알-아프달이 보낸 메시지에 힘을 얻었다. 비지어는 자신이 그 도시를 구원하기 위해 가고 있으며 보름이 지나면 현지에 도착할 것이라고 알려왔다. 비지어의 전령들 중 한 사람이 십자군에 생포되어 고문을 받다가 이 소식을 털어놓았고, 그리하여 십자군 부대 내에 공포가 널리 퍼져나갔다. 또한 매 부리는 사람이 중간에 가로챈 전서구傳書鳩에 묶여 있던 서신 내용도 십자군 병사들을 더욱 겁먹게 만들었다. 그 내용은 이러했다. 서방의 기사들은 어리석고 고집이 세고 질서가 없다. 그러니 아크레와 카이사레아의 무슬림 지사들은 십자군을 공격하라. 실제로 공격에 나선다면 십자군이 아주 만만한 상대임을 알게 될 것이다.[10]

십자군은 그런 소식을 접수하자 도시 함락 계획을 서둘러야겠다고 결정했다. 1099년 7월 8일, 십자군은 십자가를 들고 엄숙한 행렬을 이루어 예루살렘 성벽 주위를 맨발로 걸으면서 하느님의 도움과 자비를 간청했다. 성내 주민들은 그 행렬을 활쏘기 연습의 주요 기회로 생각하면서 도시 주위를 도는 기사들에게 화살을 날렸다. 성내 주민들은 남루하고 고단한 서방의 군대 따위는 전혀 두려워할 대상이 아니라고 여기는 듯했다.[11]

그러나 십자군은 전투의 승리를 위하여 오로지 하느님의 개입에만 의존하는 것은 아니었다. 두 개의 공격용 탑이 신속하게 제작되었다. 그 탑이 준비되자마자 한 탑은 도시의 남쪽 벽에 바싹 붙였고, 다른 탑은 예루살렘의 서쪽 방면을 지키는 위풍당당한 사각 성탑에다 바싹 붙였다. 도시의 수비대는 공격용 탑의 제작 과정과 설치된 위치를 예의 주시하면서 방어를 강화하고 또 대응 장비를 적소에 설치했다.[12]

거룩한 승리와 피의 향연

무더운 7월에 십자군은 결정적 이득을 얻을 탁월한 전략적 조치를 취했다. 그들은 사각 성탑 옆에서 제작한 공성탑을 7월 9일 밤에 해체하여 도시의 북쪽 성벽 바로 옆에다 다시 조립해 세웠다. 그곳은 방어 병력이나 시설이 허술했고 또 성벽 아래의 땅도 평평했던 것이다.[13] 이제 본격적으로 예루살렘 공격이 시작되었다. 성의 방어용 참호는 재빨리 메워졌고 성벽 밑 부분은 해체되었다. 십자군은 투석기로 돌을 날리고 또 적들에게 화살을 비처럼 쏟아부어, 성벽 밑에서 작업하는 십자군 공병들을 엄호했다. 거대한 파성추를 이용하여 성벽 아래쪽에 공격 탑을 밀어 넣을 정도의 공간을 확보했다. 십자군은 파성추를 뒤로 빼내는 시간을 아끼기 위하여 아예 그것을 현장에서 불태워버렸다. 적의 화살 세례에도 불구하고 공격용 탑이 성벽의 빈 공간을 찾아들어가자, 공병들은 성벽 밑에서 파괴 작업에 돌입했다. 다른 병사들은 공격용 탑 맨 꼭대기에 올라가서 성벽을 지키는 적의 병사들과 백병전을 벌였고 곧 흉벽 위로 올라서게 되었다.[14] 예루살렘은 갑자기 동요하기 시작했다.

도시의 북쪽 성벽에서 진입 작전이 제대로 수행되는 동안에, 남쪽 성벽에서도 십자군 부대들 사이의 긴밀한 협공이 이루어졌다. 잘 만들어진 단단한 공성탑이 흉벽에 바싹 붙여졌다. 하지만 그 공격용 탑은 효과를 올리기 위한 것이 아니라, 적의 화력을 일부러 그곳에 집중시키면서 다른 곳에서 벌어지는 십자군의 공격을 신경 쓰지 못하게 하려는 것이었다. 이 양동작전에 넘어간 적은 도시의 남쪽이 더 취약하다고 생각하여 그곳에 방어 병력을 집중시켜야 한다고 결론 내렸다. 그리하여 예루살렘이 갖고 있는 열다섯 대의 투석기 중에서 아홉 기가 남쪽에 배치되었다. 기름, 송진, 역청, 머리카락 등으로 만든 불덩이를 발사하는 무기도 남쪽에 집결되었다. 남쪽 성벽의 방어는 결과적으로 성공이었다. 십자군의 공격용 탑이 불타올랐고 상당한 사상자가 발생했기 때문이다. 예루살렘 주민들의 반격은 아주 훌륭했고 그래서 툴루즈의 레몽이 지휘하는 십자군은 철수를 고려했다. 그러나 바로 그때 성벽의 다른 곳에서는 공격이 아주 원활하게 진행 중이라는 소식이 들려왔고 레몽은 다시 공격하기로 마음을 바꾸었다. 남쪽의 공성탑이 불타버리고, 십자군 기사들 머리 위로 돌, 기름, 화살이 비처럼 쏟아지는 가운데, 북쪽 성벽이 돌파되어 십자군이 성내로 쇄도하고 있다는 보고가 들어왔다.

예루살렘 내의 저항은 금방 붕괴되었다. 도시의 지휘관인 이프티카르 아드-다울라는 자신의 안전을 먼저 생각하면서 십자군 지도자들과 타협을 하여, 성스러운 도시를 넘겨주는 대신에 도시 내의 요새까지 안전하게 갈 수 있는 통행권을 보장해달라고 했다. 그는 요새에 틀어박혀 카이로에서 오는 부대가 예루살렘에 도착할 때까지 버틸 생각이었다. 지사, 그의 아내, 기타 선별된 사람들이 안전하게 도시를 떠나게 해주겠다는 합의가 십자군 지도자들에 의해 존중되었다.[15] 그렇지만 무슬림 지휘관은 걱정을 했다. 마아라트 알-누만의 지사도 1099년 봄에 보에몽드와 비슷한 합의를 보았으나 결국 도시를 떠나던 중에 살해되었던 것이다.[16]

예루살렘은 1099년 7월 15일에 십자군에게 함락되었다. 라틴 측 사료들은 도시로 들어간 십자군의 행동을 아주 자세하게 묘사한다. "몇몇 이교도들은 자비롭게도 참수를 당했다. 누군가는 성탑에서 쏜 화살을 맞아 죽었고, 또 어떤 사람들은 고문을 오래 당한 후에 뜨거운 화염에 휩싸여 불타 죽었다. 집과 거리에는 무수한 잘려진 머리와 손과 발이 나뒹굴었고 병사와 기사들은 시체들을 넘어 이리저리 내달렸다.[17]

학살 규모는 아주 낙관적인 목격자들에게도 충격을 줄 만큼 대대적인 것이었다. "도시 전역이 시체들로 넘쳐났고 생존자들은 시신들을 성벽의 출입문 밖으로 끌고 나가 쌓아놓았는데 그 크기가 집채만 했다. 그누구도 일찍이 이처럼 대규모의 이교도 학살은 들어본 적이 없었다. 시신들은 피라미드처럼 높게 쌓아올린 장작더미에서 불태워졌고, 하느님을 제외하고는 그 숫자가 어느 정도인지 알지 못했다."[18]

또 다른 저술가는 비록 현장에 있지는 않았지만 그 공격의 참상에 대해서 같은 의견을 제시했다. "만약 당신이 거기에 있었더라면 당신의 발목은 죽은 자들의 피로 더러워졌을 것이다. 내가 무엇을 말하겠는가? 주민 누구도 살아남지 못했다. 여자와 아이도 예외가 아니었다."[19] 예루살렘 약탈에 대한 이야기들은 극적이면서도 비참하다. 승리자들은 당시 상황을 의도적으로 그렇게 적어놓았다. 그들은 요한 묵시록을 기준점으로 삼아서 기독교인의 성공이라는 의미를 강조하려 했던 것이다.[20]

다른 사료들도 예루살렘 함락 이후에 벌어진 사건들에 대하여 자세한 정보를 전한다. 한 무슬림 저술가는 경악하는 어조로 알-아크사 모스크에서만 이맘(이슬람 교단의 지도자. 원래는 이슬람의 신앙생활 및 의식에서 모범적인 지도자를 가리켰는데, 특히 수니파에서는 칼리프를, 시아파에서는 제4대 칼리프인 알리의 직계 자손 가운데 학덕이 뛰어난 사람을 이렇게 부른다—옮긴이), 학자, 무슬림 신도 등 7만 명이 살해되었다고 기록했다.[21] 예수 그리스도의 십자가형에 대하여 처절한 복수를 해야 한다는 외침이 울려퍼졌고 유대인 또한 대규모로 학살되었다. 십자군에게는 도시 입성을 자축하고

싶은 마음보다는 보복하고 싶은 마음이 더 강했다.[22]

일부 십자군 병사들은 성묘를 찾아가서, 마침내 목적지에 도달하게 도와주신 하느님에게 감사 기도를 올렸다. 그러나 다른 많은 병사들에게는 다른 우선사항들이 있었다. 전리품에 대한 욕구는 끝이 없어 보였다. 십자군은 무슬림들이 귀중한 금화를 빼앗기지 않기 위해 그것을 삼킨다는 소문을 들었다. 샤르트르의 풀처는 이렇게 기록했다. "우리의 기사와 병사들이 한 짓을 직접 목격한다면 당신은 크게 놀랄 것이다. 그들은 사라센에 대한 소문을 들었다. 그리하여 금방 죽여버린 사라센의 배를 칼로 갈랐다. 배 속에서 사라센이 살아 있을 적에 삼켜버린 금화를 꺼내기 위해서였다! 마찬가지로 며칠 뒤에 병사들은 시체들을 한데 모아 커다란 무더기를 만든 후에 불을 질러 재로 만들었다. 위에서 언급한 금화를 좀 더 쉽게 찾기 위해서였다!"[23]

예루살렘에 들어간 십자군 병사들은 아무 재산이나 닥치는 대로 차지했다. 많은 병사들은 도시 함락 이전에는 아주 제한된 수단을 가지고 근근히 생활을 했지만 이제는 기독교권에서 가장 중요한 도시의 재산을 마음껏 차지할 수 있었다.[24] 유혈과 학살이 계속된 이틀이 지나간 뒤에 원정부대 지도자들은 질병의 창궐을 막기 위해 시체들을 거리에서 치우기로 결정했다. 피에 굶주린 보복 심리가 가라앉자 십자군 병사들은 도시의 주민들을 좀 더 차분하고 제대로 대하기 시작했다. 한 유대인 논평가는 예전의 무슬림 통치자들보다는 십자군을 더 좋아했다고 기록했다. 새로운 주인은 적어도 그들에게 음식을 제공했기 때문이다.[25]

예루살렘은 마침내 기독교인의 손으로 돌아왔다. 그것은 거대한 야망에서 시작된 여행의 종착점이었다. 전례 없는 규모로 조직된 십자군 수만 명은 유럽과 소아시아를 경과하는 동안 적대적인 땅에서 온갖 어려움을 극복하고 마침내 그런 업적을 달성했다. 대규모 군대에 식량과 음수 등 군수 물자를 조달하면서 질서와 기강을 유지한다는 건 굉장히 어려운 일이었다. 십자군 병사들은 일찍이 체험했던 것보다 더 고통스럽고 무더운 지형에서, 방어가 잘 되어 있는 요새, 성읍, 도시 들을 공격하여 함락시켰다. 그것은 큰 업적임에 틀림없다. 니케아, 안티오크, 예루살렘 등 지중해 동부 지역의 3대 도시이고 또 기독교의 초석인 도시들이 단 2년 만에 정복되었다.

1096년에 서유럽을 떠난 십자군 병사들에게는 예루살렘이 가장 중요한 도시였다. 그런 예루살렘을 정복한 것은 놀라운 업적이었고 십자군의 결단, 기량, 집념을 증언하는 것이었다. 병사들은 고난, 긴장, 공포를 겪었다. 또한 많은 병사들이 최종 목적지에 도달하지 못하고 죽었다. 예루살렘 정복을 축하해야 할 시간이었다.

"도시가 함락되어, 순례자들이 성묘에서 예배를 올리고, 손뼉을 치면서 주님에게 새로운 노래를 부르며 기뻐하는 모습을 보는 것은 보람찬 일이었다"라고 당시 현장에 있었던 아길레르의 레몽은 말했다. "그들의 영혼은 위풍당당한 승리의 하느님에게 찬양의 기도를 올렸다. 그 기쁨은 말로 설명할 수가 없었다. 새로운 날, 새로운 기쁨, 새롭고 영원한 행복. 우리의 노력과 사랑이 모두를 위하여 새로운 말과 노래를 만들어낸 것이다. 앞으로 여러 세기 동안 축복받을 이날은 우리의 슬픔과 고초를 기쁨과 환희로 바꾸어놓았다. 나는 이날이 모든 이교주의를 종식시켜 기독교의 우위를 확인해주었을 뿐만 아니라 우리의 신앙을 회복시켰다고 선언한다. 이날은 주님이 만드신 것이다. 우리는 기뻐하고 즐거워해야 한다. 이날 때문에 하느님은 우리 위에서 환히 빛나고 또 우리를 축복하신다."[26]

예루살렘을 어떻게 통치할 것인가

예루살렘 점령 직후에 십자군은 다음과 같은 어려운 결정을 내려야 할 상황에 직면하게 되었다. 도시를 어떻게 통치할 것인가. 현지 주민들과 어떻게 교류하고 상호작용할 것인가. 비잔티움제국과 알렉시오스 황제와는 어떤 관계를 유지할 것인가. 어떻게 보급품을 조달할 것인가. 십자군은 앞으로 어떤 저항을 받게 될 것인가. 십자군 지도부는 예루살렘 점령이 일시적인 성공이 아니라 항구적인 기독교 통치의 기반이 되어야 한다고 생각하면서 이에 필요한 여러 조치들을 취해야 한다고 판단했다.

　의논할 시간은 많지 않았다. 예루살렘과 그 주변 지역을 재빨리 장악해야 할 필요가 있었다. 십자군이 도시를 약탈하는 순간에도, 카이로에서 대규모 군대가 예루살렘을 향해 오고 있다는 소식이 전해졌다. 도시를 점령한 지 일주일이 지난 후 취해진 최초의 조치로, 십자군 지도부는 그들 중 가장 부유하고 능력 있고 독실한 사람을 군주로 뽑자고 제안했다. 군주 정부의 수립은 기사들이 가장 잘 알고 있는 정치 제도를 실천하려는 것이었다. 그러나 한 사람에게 권력을 몰아주려는 데에는 다른 의도와 목적이 있었다. 그것은 안티오크 함락 이후에 십자군을 괴롭혔던 분열과 우유부단을 되풀이하지 말자는 것이었다. 그 역할에는 툴루즈의 레몽이 적임자였다. 그러나 십자군의 예상과는 다르게, 독실한 기독교 신자인 레몽은 제안을 거절했다. 이 성스러운 도시에서 왕이라는 칭호는 하느님의 아들에게나 어울린다는 것이었다. 그런 경건한 태도는 존중받아 마땅하지만 그래도 십자군은 권위 있는 지도자가 필요했다. 만약 레몽이 나서지 않겠다면 누가 그 역할에 적임자인가?

부용의 고드프루아도 십자군 행군 중에 좋은 모습을 보였다. 그는 근면하고 믿음직스러웠으며, 분열을 획책하는 성격의 사람도 아니었다. 콘스탄티노플에 있을 때 충성 맹세와 관련하여 그가 보여준 저항의 태도는, 그가 필요한 경우에는 강단을 보여주는 사람이라는 것을 증명했다. 원정이 끝난 후에 성지에 그대로 남겠다는 그의 결심 또한 그에게 유리하게 작용했다. 고드프루아에게는 이 제안에 대해 두 번 물어볼 필요가 없었다. 하지만 레몽이 왕이라는 칭호에 거부감을 보이는 것을 의식하여, 그는 그 문제를 우회할 수 있는 방안을 찾아냈다. 1099년 7월 22일 고드프루아는 성묘의 '수호자'로 지명되었다. 이제 서방의 정복자들을 정착민으로 바꾸는 것이 그가 해야 할 일이었다.

예루살렘 정복 소식이 유럽 전역에 울려퍼졌다. 유럽 대륙이 받은 충격도 대단했지만, 십자군의 정복은 예루살렘 현지에도 엄청난 충격과 변화를 가져왔다. 그 도시는 여러 세기 동안 무슬림, 유대인, 기독교인의 고향으로서 올리브유, 향료, 대리석, 유리 등을 지중해 전역에 수출했다. 또한 이슬람 세계에서도 중요한 순례 중심지였다. 11세기의 한 방문자에 의하면 수천 명의 무슬림 순례자들이 예루살렘을 방문했다. 메카보다는 한결 접근하기가 용이한 곳이었기 때문이다.[27]

기독교인의 정복은 도시의 사회적, 인종적, 경제적 구조를 크게 바꾸어놓았다. 무슬림은 예루살렘과 팔레스타인의 다른 성읍과 도시들에서 떠났고 거주하던 곳에 그들이 가져갈 수 없는 것을 모두 남겨놓았다.[28]

그 결과 이 도시의 특산품인 기름, 도자기, 과일 등은 생산이 중단되었다. 이러한 지역 경제를 다시 가동시키는 것 이외에도, 레반트 지역과의 무역을 지배했던 무슬림 네트워크를 대체할 새로운 연결망을 신속히 구축해야 할 필요가 있었다. 제노바와 베네치아의 상인들은 기꺼이 그 빈자리를 메우려 했고 자신들에게 아주 유리한 조건으로 협상했다. 새로운 십자군 식민지에 물품을 공급하는 데에 대한 보답으로, 이 도시국가들에게는 지중해 동부 해안의 여러 도시들, 가령 안티오크, 예루살렘, 그리고 성도의 주요항구인 티레에 머무를 숙소와 값비싼 부동산이 제공되었다.[29]

그러나 가장 중요한 선결 과제는 예루살렘을 항구적으로 통치할 수 있는 방안을 확보하는 것이었다. 십자군 지도부는 전에 카이로의 파티마 왕조가 보낸 사절을 접견한 적이 있었다. 1099년 봄에 남쪽으로 행군하고 있었는데 그들이 힘을 합쳐 수니파 투르크인들에게 대항하자고 십자군에게 제안해왔던 것이다.[30] 십자군은 그 제안을 즉각 거부하지는 않았지만 파티마 왕조는 거부당했다고 그들 나름의 판단을 내렸다. 그무렵 십자군은 예루살렘을 향해 진격하고 있었다. 카이로의 비지어 알-아프달이 지휘하는 대규모 군대가 예루살렘을 향해 진군하고 있을 무렵, 십자군은 예루살렘을 이미 점령한 상태였다. 비지어 군대는 8월 초에 성도 근처에 도착했다. 8월 10일, 기사들은 예루살렘에서 나와서 아스칼론 근처에서 적에게 접근했는데 파티마 군대는 십자군을 보고 깜짝 놀랐다. 혼란과 공포를 느낀 비지어 군대는 숲속으로 도망쳤으나, 수많은 병사들이 화살에 맞거나 창에 찔려 죽었다. 엄정하게 군기가 잡혀 있던 십자군은 엄청난 수의 대군을 맞이하여 예상 밖의 승리를 거두었다.

달아나던 알-아프달의 군대는 아스칼론의 성벽 뒤로 후퇴했고, 그곳에 틀어박힌 채 사기가 저하된 생존자들은 곧 고국으로 돌아가는 배에 올랐다.[31]

이러한 승리에도 불구하고 십자군 정착의 초창기 단계는 불안정했다. 무슬림 군대는 1098~1099년 사이에 탈환한 도시들에 끊임없이 압박을 가해왔다. 이런 어려운 상황을 완화하기 위하여 십자군 지도부는 유럽에 긴급한 구원을 호소했다. 1100년 봄, 르퓌 주교의 사망 후에 후임으로 보내진 교황의 대리인이었던 피사의 다임베르트 대주교는 "모든 대주교, 주교, 군주, 그리고 게르만 지역의 가톨릭 신자들"에게 편지를 보내, 성지에 구원군을 보내어 이미 탈한환 도시와 지역을 지키기 위해 고군분투하는 기독교인을 도와달라고 호소했다.[32]

그 호소는 여러 곳에서 열렬한 호응을 이끌어냈다. 유럽의 많은 사람들이 예루살렘 점령 소식과 원정에 나선 사람들의 놀라운 무공에 매혹되었기 때문이다. 성도를 탈환한 영웅들이 적의 공격에 무방비로 노출되어 있다는 소식이 나돌자, 새로운 무장 순례자의 물결이 1100년에 예루살렘을 향해 출발했다. 이렇게 하여 롬바르디아, 부르고뉴, 아퀴텐, 오스트리아 등지에서 온 부대가 1101년 봄에 비잔티움에 도착했다. 당초 십자군 원정에 참가했으나 예루살렘 땅은 밟지 못하고 고국으로 돌아온 베르망두아의 휴와 블루아의 스티븐 등 여러 기사들도 이 물결에 가세했다.

새롭게 동원된 십자군은 동료들의 업적 못지않은 전공을 올리겠다고 다짐하며 1101년 초여름에 니코메디아 근처에 집결했다. 소아시아를 관통하는 직행 경로로 이동하라는 알렉시오스의 조언을 거부한 채 이들은 투르크인들이 장악하고 있는 지역의 중심부로 이동했다. 그들이 파플라고니아의 메르시반에 도착했을 때, 킬리디 아르슬란이 이끄는 대규모 투르크군이 공격에 나섰고, 그들의 공격을 받은 십자군은 거의 전멸했다. 새로운 십자군을 예루살렘으로 안내하던 툴루즈의 레몽을 포함하여 소수의 생존자들은 콘스탄티노플로 돌아왔다. 동방의 기독교인 입장을 강화하려던 시도는 실패로 끝났다.[33]

성지에서 계속 고전하던 십자군은 1100년 여름 고드프루아의 사망으로 더욱 어려움을 겪게 되었다. 예루살렘 함락으로부터 거의 1년이 지난 시점이었다.[34] 거의 동시에 보에몬드는 멜리테네 근처의 전장에서 한 투르크인 에미르에게 포로로 붙잡혔다.[35] 이렇게 하여 십자군은 유능한 고위 지도자를 두 명이나 잃게 되었고 이것은 인근 무슬림의 지속적인 공격을 방어해야 하는 십자군의 저항 능력을 크게 약화시켰다.

이러한 혼란 상황은 탄크레디와 피사의 다임베르트 때문에 더욱 악화되었다. 탄크레디는 재빨리 자신을 삼촌인 보에몬드의 후임자라고 선언했다. 다임베르트는 동방에 도착하자마자 자신을 예루살렘의 총주교라고 선언했다.[36] 고드프루아의 죽음과 보에몬드의 생포로 인한 권력 공백을 기회로 여긴 두 사람은 직접 예루살렘을 통제하려 했다. 그러자 성도 내의 다른 파당은 그런 움직임에 반대하면서, 에데사의 보두앵에게 사절단을 보내어 어서 예루살렘으로 내려와 죽은 형(고드프루아)의 자리를 맡아달라고 요청했다.[37]

비잔티움과의 관계 회복을 위한 노력
역사가들은 지금껏 에데사에 도움을 호소한 것에 대하여 별로 신경을 쓰지 않았다. 그러나 보두앵에게 호소한 것은 의미심장한 일인데 이는 곧 알렉시오스와의 관계를 회복하려는 시도이기 때문이다. 십자군은 아스칼론에서 무슬림 부대를 격퇴했으나 새로운 정착촌들에 가해지는 투르크인들의 압박은 지속되고 있었다. 생필품 조달에도 심각한 문제점이 있었다. 피사, 제노바, 베네치아 등에서 배들이 도착하여 기독교인들이 점령한 동방에 새로운 경로를 개설하기는 했지만, 키프로스섬과 비잔티움제국이 통제하는 소아시아 남부의 항구들과 연계된 보급로를 예루살렘 정복 이후에도 계속 유지해야 하는 더 어려운 문제가 도사리고 있었다. 에데사에서 황제의 대리인으로서 효율적이면서도 믿음직스럽게 임무를 수행해온 보두앵은 분명 비잔티움과의 관계 개선에 적임자였다.

보두앵은 친척인 르부르그의 보두앵을 그의 부재중에 에데사를 다스릴 지사로 임명해놓고서, 곧장 예루살렘으로 출발했다. 그는 현장에 도착하여 그 도시에서 급속히 번지고 있는 반비잔티움에 대한 적개심을 누그러뜨리기 위해 최선을 다했다. 다임베르트와 탄크레디가 이끄는 반비잔티움 그룹은 1100년 여름에 안티오크 총주교인 요한을 콘스탄티노플로 쫓아버리고 그 자리에 라틴 교회 출신의 고위 사제를 앉힘으로써 비잔티움 사람들을 더욱 화나게 만들었다.[38] 보두앵이 11월에 예루살렘에 도착했을 때 환영 인파 중에는 서방인들뿐만 아니라 그리스와 시리아계 기독교인들도 많이 섞여 있었다는 사실은 많은 점을 시사한다.[39] 1100년 크리스마스 날에 보두앵은 베들레헴에서 대관식을 거행하고 예루살렘의 왕이라는 호칭을 받았다. 그의 형 고드프루아는 성묘 입구의 땅에 묻혔다.[40]

보두앵은 반비잔티움 감정을 완화시키고 황제와 화해하려는 의욕이 강했다. 그러나 도시의 긴장 상태는 1101년 여름까지 계속되었다. 그 무렵 말썽을 일으키던 다임베르트가 교체되었는데, 보두앵이 교황에게 지속적으로 로비를 한 결과, 교황 대리인이 동방으로 파견되어 그를 대체했던 것이다.[41] 그 직후에 보두앵은 야파를 점령했고, 그리하여 십자군은 바다로 접근하는 결정적 요충지를 얻게 되었다. 그 도시의 책임자로 브뤼주의 오도 아르팽이 임명된 것은 우연의 일치가 아니었다. 이 기사는 알렉시오스와 가까운 인물로서 그 후 12세기 초에 황제와 프랑스 중부를 연결하는 중요한 연락관으로 활약하게 된다. 오도의 임명은 비잔티움과의 관계를 개선하려는 또 다른 전향적 조치였다.[42]

1102년 봄에 이르러 비잔티움의 지원은 더욱 절실한 문제가 되었다. 그해 여름에 예루살렘을 십자군으로부터 탈환하기 위해 카이로에서 파견한 또 다른 무슬림 대군이 람라에서 서방인들에게 엄청난 타격을 가했다. 보두앵이 요격에 나섰지만 십자군은 한심할 정도로 준비가 덜 된 데다 수적으로 크게 열세였다. 예루살렘 왕은 다행히 도망칠 수 있었지만 그의 취약한 입장이 여지없이 드러나고 말았다. 아직 십자군이 통제하는 성읍들은 최소한의 방어 부대로 간신히 지키고 있었고, 전투에서 패전한 후 병력은 급격하게 줄어들었으며 지원군은 어디에서도 올 것 같지 않았다. 보두앵의 상황은 그야말로 사면초가였다.[43]

콘스탄티노플과 연결의 가교를 구축하는 것이 필수였다. 그런 조치들 중 하나가 반비잔티움 감정이 심한 다임베르트를 예루살렘 총주교 자리에서 해임하고, 대신에 나이든 프랑스인 사제인 에브레마르를 임명한 것이었다. 에브레마르는 성품이 아주 유연한 인물이었다.[44] 그러나 더 핵심적인 조치는 황제의 도시에 사절단을 보내 비잔티움과의 동맹 관계를 재건하려고 한 것이었다. 보두앵은 "가장 겸손한 자세와 온건한 호소로 알렉시오스에게 접근하여 (······) 기독교인들의 참상을 콘스탄티노플의 황제에게 호소하려 했다".[45] 고위 관리가 사자 두 마리를 선물로 대동하고 수도로 파견되었다. 파견 관리는 황제에게 도움을 요청하면서, 특히 키프로스와 제국의 다른 도시들에서 식량이 원활히 공급되어야 한다는 것을 호소했다. 그리하여 알렉시오스와 협약이 체결되었다. 황제는 보두앵의 사절들에게 그와 교황청과의 관계가 피해를 입은 것에 대하여 회복 조치를 취해줄 것을 요구했다. 황제가 십자군을 배신했다는 허황된 소문 때문에 그와 교황청의 관계가 아주 나빠졌다는 것이다. 이 요구를 들어준다면 그에 대한 답례로 황제는 "자비를 베풀고 (······) 보두앵 왕에게 명예와 사랑을 보여주겠다"라고 맹세했다. 이 소식은 곧 예루살렘에 전해졌다.[46]

알렉시오스는 십자군과 화해해야 할 나름의 이유가 있었다. 보에몬드가 아나톨리아 동부에서 투르크인에게 생포되어 안전하게 제거되었지만, 황제에게 탄크레디는 여전히 위협의 대상이었다. 탄크레디는 안티오크를 전진 기지로 삼으면서 새로이 수복된 킬리키아 내의 제국 영토를 침략하여 마라시를 점령하고 이제 라오디케아를 향해 진군하고 있었다.[47] 이것은 콘스탄티노플과 예루살렘 사이의 새로운 동맹을 뒤흔들어 놓았고 그리하여 십자군 지도부는 탄크레디에게 대항하는 조치를 취했다. 툴루즈의 레몽은 1102년 황제를 대신하여 라오디케아를 구원하려 했으나 성공을 거두지 못했다.[48] 르부르그의 보두앵은 공개적으로 자신을 탄크레디의 적이라고 선언하면서 보에몬드의 석방 보상금을 모금하는 작업에 착수했다. 보에몬드가 안티오크로 돌아오면 남과 다투기 좋

아하는 조카를 그의 영향력으로 제압할 것이라는 희망을 갖고 있었던 것이다.[49]

초기에는 이런 희망대로 일이 돌아갔다. 1103년 포로상태에서 풀려난 보에몬드는 탄크레디를 밀어내고 안티오크의 통제권을 다시 장악했다. 그는 에데사의 보두앵과 좋은 관계를 유지했다. 시리아 북부 공격에도 그들은 공동으로 참여했다.[50] 그러나 곧 일은 틀어지기 시작했다. 보에몬드는 1103년 후반 혹은 1104년 초반에 콘스탄티노플에서 보낸 사절을 퉁명스럽게 대했다. 사절은 비잔티움 황제와 예루살렘 왕 사이에 맺어진 합의에 따라 보에몬드가 적극적으로 협력해야 하는데 그렇게 하지 않는다는 우려를 표시했던 것이다.[51] 그는 투르크인들에게서 석방된 이후에 다른 주요 서방 기사들과도 사이가 틀어지기 시작했다. 서방 기사들은 자신의 영토를 확장하는 데에만 혈안이 된 보에몬드를 좋게 보지 않았다. 십자군 지도부의 상황은 아주 악화되었고 한 목격자는 이 무렵 십자군 지도부 내의 상호 관계는 완전히 붕괴했다고 서술했다.[52]

사태는 1104년 초여름에 극적인 전환을 맞이하게 되었다. 이 무렵 르부르그의 보두앵과 에데사 부대는 소아시아 남동부의 성읍인 하란을 공격하고 있었는데 그를 지원하기 위해 보에몬드와 탄크레디가 안티오크 부대를 이끌고 출전했다. 이 공성전에서 십자군이 참패하고 보두앵은 포로로 잡혀갔는데도, 보에몬드와 탄크레디는 안전거리를 유지한 채 구경만 하다가 현장에서 철수해버렸다. 적어도 무슬림 측 사료에 의하면 사정이 그러했다.[53]

하란 참패는 십자군에게 엄청난 충격이었다. 다마스쿠스의 한 연대기 작가에 의하면 기독교인들은 그 패전에 크게 상심했고 무슬림의 승리에 마음이 크게 동요되었다. 반면에 무슬림에게 이 승리는 엄청난 힘이 되었고 그들은 이 승리를 행운의 바퀴가 마침내 거꾸로 돌기 시작했다는 전조로 받아들였다.[54] 이러한 행운의 반전은 엄청난 파급 효과를 가져왔다. 그것은 성지 내 라틴 측 정착촌들 사이의 미묘한 세력 균형을 뒤흔들어놓았을 뿐만 아니라, 비잔티움과의 관계에도 악영향을 미쳤다. 또다른 문제점은 보두앵이 생포되고 그와 함께 있었던 에데사의 고위 관리들도 포로로 잡혀가자, 탄크레디는 북쪽으로 행군하여 에데사를 점령해버렸다는 것이었다. 에데사 주민들은 이런 사실을 그리 불편하게 여기는 것 같지 않았지만 알렉시오스는 그런 사태 변화를 좋게 볼 수가 없었다. 비록 그가 십자군 내부의 혼란을 이용하여 킬리키아와 라오디케아에 제국의 권위를 회복하기는 했지만 말이다.[55]

그러나 이보다 더 심각한 문제는 하란 패전을 바라보는 보에몬드의 태도였다. 이 노르만인은 이제 이런 생각을 했다. 안티오크를 안전하게 장악했고, 에데사는 조카 탄크레디가 지배하고 있고, 보두앵은 포로로 잡혀가 제거되었으며, 기독교인의 예루살렘 장악은 이제 아주 불안정하게 되었다. 그러니 이제 십자군 나라들 전체를 그 자신이 장악하여 지배자로 나설 수 있는 절호의 기회가 도래한 것이다. 그래서 그는 생포자들이 접근해왔을 때 르부르그의 보두앵에 대한 석방 보상금 지불을 거부했고 이어 라오디케아 공격에 나섰다. 하지만 이 공격은 성공을 거두지 못했다.[56] 1104년 가을에 보에몬드는 그의 부하들을 안티오크의 성 베드로 교회에 집결시켰다. "우리는 세상에서 가장 부유한 두 나라를 화나게 했다"고 그는 말했다. 게다가 동부에는 비잔티움과 페르시아에 대항하여 계속 싸울 수 있는 충분한 병력이 없다. "우리는 바다 건너에 있는 사람들에게 지원을 요청해야 한다. 갈리아 사람들을 격분시켜야 한다. 그들의 용감한 태도가 우리에게 힘을 줄 것이다. 오직 그들만이 이 땅에 와 우리를 도울 것이다." 보에몬드는 유럽으로 건너가서 그 자신의 군대를 모집하겠다는 의지를 밝혔다.[57] 그의 눈은 예루살렘 혹은 콘스탄티노플, 아니 그 둘을 모두 바라보고 있었다.

안나 콤네네에 의하면 보에몬드는 십자군 전쟁 동안 자신이 저지른 배신행위에 대하여 황제가 복수하러 올 것이라고 확신했다. 그래서 그는 몰래 귀국했다. 심지어 그는 자신이 죽었다는 소문을 일부러 퍼뜨렸고, 그의 시신을 담아갈 관을 짜놓으라고 명령하기까지 했다. 그의 배가 제국의 해역을 지날 때, 그는 석관 속에서 닭 사체 옆에 누워 있었다. 닭들의 사체에서는 아주 강력하면서도 인상적인 죽음의 냄새가 풍기고 있었다.[58]

보에몬드는 이탈리아에 상륙하자마자, 우르바누스가 1090년대 중반에 아주 교묘하게 써먹은 똑같은 곡조의 노래를 불러대며 새로운 원정 부대에 대한 지원을 호소하고 다녔다. 교황이 동방의 위험한 상황을 자세히 묘사하고, 투르크인들의 야만적 행위를 비난하고, 동방 교회의 곤경을 이야기한 이유는 비잔티움을 돕기 위한 것이었다. 그러나 이제 보에몬드의 목적은 비잔티움을 파괴하려는 것이었다.

12

제1차 십자군의 후일담

예루살렘 원정에 참여했다 고국으로 돌아온 사람들은 성대한 환대를 받았다. 그들의 행적은 어디에서나 널리 칭송되었다. 십자군의 승전과 예루살렘 함락에 대한 노래들이 프랑스 중부에서 만들어져 《안티오크의 노래》와 《예루살렘의 노래》 같은 제1차 십자군 서사시의 밑바탕을 이루었다.[1] 십자군의 업적은 예루살렘 원정에서 돌아온 사람들이 서유럽에다 세운 일련의 종교적 시설이나 재단에 의해서도 기념되었다. 플랑드르의 로베르는 브뤼헤 근처에 수도원을 설립하여 성 앤드루에게 봉헌했다. 성인은 1098년 안티오크에서 로베르를 여러모로 도와주었을 뿐만 아니라 그가 성스러운 창을 발견하도록 안내해주었다.[2] 십자군은 예루살렘으로부터 많은 성물과 유물을 가지고 돌아왔는데, 그것은 원정전의 성공을 말해주는 구체적인 증거일 뿐만 아니라 유럽의 교회와 수도원을 성지와 직접 이어주는 새로운 연결고리이기도 했다.[3]

  돌아온 십자군은 그들의 업적을 가지고 정치적 자산을 극대화했다. 앙주의 풀크 5세, 플랑드르의 로베르, 샤토-공티에의 레이놀드 등은 성지에서 돌아온 이후에 법령이나 칙허장에 "예로솔리미타누스(Jerosolimitanus, 예루살렘 사람)"라는 별칭을 사용했다.[4] 어떤 사람들은 돌아온 기사들의 명예로부터 간접적인 혜택을 얻으려 했다. 12세기 초입의 첫 몇 년 동안에, 네 명의 자식을 둔 프랑스의 필립 1세는 저명한 십자군 지도자 혹은 예루살렘 원정부대에 참여했던 지도자들의 딸과 혼사를 맺었다. 장래 루이 6세로 왕위에 오르게 되는 필립 1세의 후계자는 십자군 원정에 참여하여 1101년에 공훈을 세운 로슈포르의 기(Guy)의 딸과 결혼했다.[5] 필립 1세의 또 다른 아들인 망트 백작 필립은 트루소의 기의 딸과 결혼했다. 트루소의 기는 동방에서의 공적이 그리 혁혁하지 못했음에도 귀국하여 좋은 대접을 받은 것이다.[6]

원정에 참여한 모든 사람이 좋은 실적을 올린 것은 아니었다. 블루아의 스티븐과 베르망두아의 휴는 안티오크 함락을 전후하여 알렉시오스 황제에게 현장 소식을 전하기 위해 십자군 부대를 떠났었다. 두 사람은 그 후 원대 복귀하지 않고 귀국했다. 두 사람은 예루살렘 땅을 밟겠다는 맹세를 지키기 위하여 원정부대에 다시 들어갔으나, 1101년의 실패로 결국 목적지에 도착하지 못하고 중간에 사망했다. 두 사람의 사후 평가는 극명하게 갈렸다. 휴는 순교자로 사망한 뛰어난 군인으로 칭송받지만,[7] 블루아의 스티븐은 십자군을 찬양하는 대중의 노래 속에서 반역자겸 광대로 조롱받았다.[8]

많은 십자군 병사들이 고국에 돌아오지 못했다. 원정 중에 발생한 사상자 수를 정확하게 산출하기는 어렵지만, 예루살렘 원정길에 오른 사람들 중 상당수가 전사하거나 질병으로 사망했고 탈주자도 많았다. 그리하여 당초 길 떠난 병사들 중 4분의 3 정도가 최종 목적지에 도착하지 못했다.[9] 고국에 남아 있던 사람들에게 원정에 나선 사랑하는 사람들의 행방을 모른다는 것은 엄청난 부담이었다. 예를 들어 에노에 있던 보두앵의 아내는 남편이 1098년 베르망두아의 휴와 함께 황제에게 파견된 직후에 실종되었다는 소식을 듣고 큰 충격을 받았다. 그가 전사했다는 소식이 들려오는가 하면 포로로 붙잡혀 아직 살아 있다는 소식도 전해졌다. 알아볼 수 있는 모든 수단을 동원한 후에도 희망을 잃지 않았던 그녀는 남편을 직접 찾기 위해 성지로 출발했다. 이것은 십자군전쟁 동안에 벌어진 무수한 실종 이야기 중 하나일 뿐이다.[10]

영웅 보에몽드

돌아온 기사들 중에서 단연 가장 돋보이는 사람은 보에몽드였다. 십자군전쟁 동안에 그가 세운 공훈과, 전투 중에 보여준 뛰어난 용기로 인해 그는 십자군전쟁의 상징으로 등장했다. 킬리디 아르슬란, 두카크, 리드완, 카르부가 등의 군대와 맞서 싸운 그는 이탈리아 해안에 도착하기 전에 이미 하나의 전설이 되어 있었다. 그에 대해서는 많은 이국적인 이야기들이 전해졌다. 안티오크와 예루살렘의 함락 과정에서 그가 보여준 뛰어난 무공, 다니슈멘드족에게 포로로 잡혀간 일화, 감옥에 있는 동안 동료 십자군과 은밀하게 연락을 주고받은 일, 다니슈멘드 태수의 딸을 유혹하여 감옥으로부터 해방된 일,[11] 투르크인들이 그를 가리켜 "기독교인들의 작은 신"이라고 지칭한 일화 등이 널리 퍼졌다.[12]

십자군전쟁 직후에 보에몽드와 그의 모험담을 둘러싼 컬트적 숭배는 《프랑크인의 행적》이라는 책이 널리 유포되면서 자연스럽게 형성된 것이었다. 이 책은 이탈리아 남부 출신의 십자군 병사가 집필한 것으로 보인다. 그는 1096년에 동방 원정길에 올랐다가 안티오크에서 툴루즈의 레몽 군대에 합류한 병사였을 것으로 짐작된다. 《프랑크인의 행적》은 12세기 초에 높은 인기를 누린 책자인데 이 책의 핵심 등장 인물이 보에몬드다.[13]

1105년 말에 이 노르만인이 유럽에 돌아오자, 그는 성공한 원정전의 일원을 넘어 십자군전쟁을 대표하는 영웅으로 대접받았다. 그는 다른 동료 지도자들에 비해 훨씬 두드러진 존재였다. 그의 업적은 동료들에 비해 훨씬 자세하게 기억되었고 또 많은 공감을 이끌어냈다. 그러나 사실 관계를 따져보면 묘한 아이러니가 느껴진다. 보에몬드는 예루살렘 함락 당시에 현장에 있지도 않았다. 그는 안티오크의 지배권을 상실할 것을 두려워하여 그 원정전에 따라가지 않았던 것이다. 그는 1099년 겨울에 예루살렘에 도착하여 십자군의 맹세를 완수했는데, 이때에도 보두앵과 함께 갔다. 그가 없는 동안에 알렉시오스의 측근인 보두앵이 안티오크를 차지할지도 모른다고 우려했기 때문이다.[14] 그러나 이런 일들은 그의 떠오르는 명성을 조금도 훼손하지 않았다.

이탈리아에 도착한 보에몬드는 우르바누스의 후계자인 교황 파스칼 2세의 영접을 받았다. 그는 교황에게 보낸 편지에서 자신을 "안티오크의 군주"라고 지칭했고, 귀국한 후에도 이 호칭을 종종 사용했다.[15] 미혼이었던 보에몬드는 최고의 신랑 후보로 평가받았다. 잘생기고, 용감하고, 모험심 강하고, 이타적인 면모 등은 중세 초기 기사들의 전범으로 칭송되었다.

곧 그에게 시집가고 싶은 왕가의 신부 후보들이 줄을 서게 되었다.

그렇지만 그 줄에 서서는 안 되는 여자가 있었는데 바로 프랑스 왕 필립 1세의 딸 콩스탕스였다. 그녀는 이미 샹파뉴 백작인 트루아의 휴와 약혼한 몸이었다. 그러나 보에몬드의 위신이 너무나 높았기 때문에 그녀는 재빨리 약혼을 파기했다. 즉각 휴는 부적절한 배우자 후보라고 알려졌다. 그가 무슨 짓을 했기에 그런 불명예를 당해야 하는지에 대해서는 분명한 설명이 나오지 않았다.[16] 예루살렘 원정에 직접 참여하지 않았던 콩스탕스의 아버지는 유명한 십자군 기사의 반사 영광을 누리게 됨을 기쁘게 생각했고 그리하여 그 결혼에 선뜻 축복을 내려주었다.

보에몬드는 당대의 가장 실력 있는 여자와 결혼하는 것을 조금도 망설이지 않았다. 그녀의 조부모는 프랑스 왕, 키에프 공주, 홀란드 백작, 작센 백작 등을 지낸 사람들이었다. 1106년 봄 샤르트르 대성당에서는 화려한 결혼식이 거행되었다. 소아시아와 시리아에서 보에몬드와 함께 싸웠던 사람들, 비록 원정부대에 동참하지는 못했지만 그렇게 했더라면 좋았을걸 하고 생각하는 사람들을 포함하여, 프랑스의 저명한 사람과 실력 있는 사람들이 하객으로 참석했다.[17]

보에몬드는 거침없는 행보를 이어갔다. 결혼식을 올리기 이전부터 그는 새로운 동방 원정에 나설 사람들을 모집하고 다녔다. 그는 교황의 축복을 받았고 전장에 가지고 갈 성 베드로의 깃발을 제공받았으며 각종 지원을 아끼지 않을 교황 대리인이 그와 함께했다.[18] 교황은 동방 원정을 다녀온 교황 대리인이 알렉시오스에 대해 아주 나쁘게 기록한 보고서를 읽은 후 비잔티움을 치려는 보에몬드의 캠페인을 적극 지지하게 되었다.[19] 그러나 파스칼 2세가 비잔티움제국에 대한 전면적인 공격을 승인했다기보다는, 우선 성지를 지원하려는 노력에 힘을 실어주었다고 보는 것이 더 타당하다. 교황은 그리스 교회, 비잔티움, 알렉시오스 등에 대하여 적개심을 품고 있지 않았다. 따라서 그가 보에몬드를 밀어주기로 한 것은 이런 제한적인 관점에서 바라보아야 한다.[20]

그러나 무장 봉기에 대한 호소가 점점 더 강력해지자 보에몬드의 야심은 노골적으로 드러났다. 그는 1105~1106년 사이에 광범위한 지역을 여행하면서 그를 따라 새로운 원정에 나서는 사람들은 니케아, 안티오크, 예루살렘 승전보다 더 웅대한 군사적 승리를 거두게 될 것이라고 약속했다. 그의 첫 번째 목표물은 디라키온과 콘스탄티노플이었다.[21] 그는 왕가의 사위가 된 후 연줄 덕분에 1107년에 이탈리아 남부에서 대규모 부대를 모집했고 비잔티움의 서쪽 측면을 공격할 준비를 갖추었다.

오더릭 비탈리스는 이렇게 썼다. 온 사방에서 보에몬드를 돕겠다는 사람들이 몰려들었고, 그들은 알렉시오스에게서 제국을 빼앗으려 할 뿐만 아니라 그를 죽이려고 했다.[22] 보에몬드는 알렉시오스를 성토하는 아주 위력적인 선동꾼이었다. 그는 자신의 십자군전쟁 모험담으로 교회 신도들을 매혹시켰고 또 청중에게 지금 십자가를 어깨에 메고 예루살렘으로 떠나야 한다고 촉구했다. 하지만 그에 앞서 콘스탄티노플의 황제를 먼저 공격해야 한다고 역설했다.[23] 보에몬드는 교황에게 보낸 편지에서 그리스 정교가 저지른 이단적 행위들을 길게 열거함으로써 같은 기독교인을 공격한다는 것을 정당화하는 핑계로 삼았다.[24]

그러나 잉글랜드에서는 보에몬드의 호소가 냉정한 대접을 받았다. 보에몬드는 잉글랜드 왕 헨리 1세에게 지원 요청차 해협을 건너가겠다고 통지했는데, 왕은 그를 환영하지 않는다는 퉁명스러운 대답을 보내왔다. 왕은 때가 겨울철인 만큼 해협을 건너기가 쉽지 않을 것이라고 답변했다.[25] 잉글랜드 왕은 당시 노르망디 공략을 구상 중이었으므로, 보에몬드와 군사적 자원을 나누어 쓸 생각이 없었다. 또 12세기 초에 헨리 1세는 울프리쿠스가 이끄는 콘스탄티노플 사절단을 영접한 일이 있었다. 울프리쿠스는 알렉시오스의 선물을 가지고 왔는데 그중에는 성 요한 크리소스토모스의 팔도 포함되어 있었다. 이 성유물은 후에 애빙던에 소장되었다. 이처럼 비잔티움의 황제가 보에몬드의 모병 노력을 약화시키기 위해 여러 나라와 동맹을 추구했을 가능성이 있다.[26] 또 알렉시오스가 십자군전쟁 이후에 서유럽 국가들과 중요한 외교 관계를 지속하려고 애썼다는 다른 증거들도 있다.[27]

비잔티움 공격이 실패하다

보에몬드의 무장 봉기 호소는 열광적인 반응을 이끌어냈지만, 그의 비잔티움 공격은 처참한 실패작으로 끝났다. 1107년 10월에 원정길에 오른 보에몬드는 발칸반도의 남서부 지역인 에피루스로 진격했다. 이곳은 알렉시오스가 제위에 오른 후 두 번이나 성공적으로 방어한 적이 있는 지역이었다. 황제는 1084~1085년에 로베르 기스카르의 군대를 대패시킨 전략을 참고하여, 먼저 이탈리아의 도시국가들과 동맹을 맺었다. 이것은 이탈리아에 연결되는 서쪽 보급로를 끊어서 효과적으로 지상을 봉쇄하려는 작전이었다. 일단 포위의 올가미를 쳐놓은 후에 서서히 그것을 좁혀가면 되는 것이었다. 보에몬드는 알렉시오스를 처치하고 콘스탄티노플을 점령한 후에 안티오크의 탄크레디와 합류한다는 원대한 계획을 세웠으나, 황제의 지상 봉쇄 작전에 가로막혀서 서서히 붕괴되고 있는 자신을 발견했다. 부하들이 질병과 기근으로 계속 죽어나가자 평화 조약을 구걸하는 것 이외에 다른 방안이 없었다. 그는 오늘날 알바니아에 있는 디아볼리스(혹은 데볼)에서 황제와 굴욕적인 만남을 가진 후 알렉시오스의 강화 조건을 받아들였다. 이 조건은 《알렉시아스》에 전문이 소개되어 있다.

보에몬드는 1097년에 콘스탄티노플에서 황제에게 충성 맹세를 바쳤다는 사실과, "어떤 예기치 못한 사건들"로 인해 그 맹세를 위반했다는 것도 인정해야 되었다. 그는 자신이 비잔티움을 공격함으로써 그 맹세를 위반했다는 사실을 인정하면서, 그것이 알렉시오스를 배신한 것이지만 동시에 일시적인 정신 이상의 결과였다고 말했다. 그는 자신이 마침내 제정신을 되찾게 되었다고 진술했다.[28]

그리하여 보에몬드는 이제 새로운 충성 맹세를 바치게 되었다. 그는 이제 공식적으로 알렉시오스뿐만 아니라 그의 아들이며 후계자인 젊은 왕자 요한 콤네노스의 가신이 되었다. 그는 명예와 용기를 발휘하여 주군의 목숨을 수호할 것이며, 이런 약속은 "망치로 두드려 만든 쇳덩어리 조각상"처럼 단단한 것이라고 말했다. 그는 또 이런 약속도 했다. "무슨 일이 벌어지건 나는 이번 약속을 위반하지 않겠습니다. 나를, 지금 맺은 이 조항들을 위반한 사람으로 돌변하게 만드는 그 어떤 명시적 혹은 암묵적 이유와 방법 등도 앞으로는 절대로 존재하지 않을 것입니다."[29]

디아볼리스에서 합의된 조약은 이어 어떤 속주, 성읍, 마을이 비잔티움제국에 속하는지 규정하고 그 지역에 대한 통치권을 제국이 갖고 있다는 점을 분명하게 밝혔다. 타르소스 군구軍區와, 키드노스강과 헤르몬강 사이에 있는 모든 킬리키아 지역을 황제의 땅으로 규정하고, 라오디케아와 그 일대 지역, 알레포와 시리아 북부 및 코카서스 지역의 모든 성읍도 제국에 귀속된다고 명문화했다.[30] 이런 지역들을 이처럼 열거한 목적은 어느 지역이 알렉시오스의 통치(사실적이든 법률적이든) 아래 들어가는지를 명확하게 밝히려는 것이었다. 이것은 제1차 십자군전쟁 이전에 제국의 지배가 미쳤던 지역의 경계를 다시 확정 짓는 것 이상의 의미를 갖고 있었다. 왜냐하면 여러 지역에서(특히 킬리키아에서) 비잔티움 군대는, 투르크인에게서 수복한 일부 땅들을 장악한 보에몬드와 탄크레디가 이끄는 부대와 교전해야 되었기 때문이다. 보에몬드는 자신의 영지를 제국에게 돌려주기로 합의했고, 조카 탄크레디를 포함하여 황제의 정적들이 원래 비잔티움의 소유였던 성읍을 포기할 때까지, 그들과 무자비한 전쟁을 수행할 것을 약속했다.[31]

비잔티움 동부의 보석인 안티오크 문제는 보에몬드가 마침내 그것을 제국에 돌려주는 데 동의함으로써 해결되었다. 반면에 보에몬드는 사망할 때까지 알렉시오스를 대신하여 그 도시를 통치하는 제국의 지사직을 유지하고, 그의 사후에는 그 도시가 "새로운 로마이며 도시들의 여왕인 콘스탄티노플의 제국"으로 넘어가게 되었다. 그러나 보에몬드가 "충복이면서 가신으로서의" 의무사항을 제대로 이행하지 않는다면 사망 이전이라도 황제는 그 도시에 대한 소유권을 주장할 수 있었다.[32] 안티오크에 그리스 정교회 총주교가 부임하고 또 그리스식 의례를 따르기로 하고, 이를 앞으로 항구적으로 구속력을 발휘하는 이해 사항으로 결정했다.[33] 이것은 보에몬드가 도시의 지배권을 강화하던 1100년에 옥수스 사람 요한을 축출하고 그 자리에 서방의 고위 사제를 임명한 절차를 뒤집는 것이었다.[34]

탄크레디가 동방에서 말썽을 계속 일으키는 동안에(그는 1107년에 비잔티움 군대가 킬리키아에서 퇴각하자 그 지역으로 다시 들어왔다) 알렉시오스는 보에몬드에게 세바스토스라는 고위직을 수여하고 그를 안티오크 지사로 공식 임명했다. 이것은 양보가 아니었다. 알렉시오스는 안티오크를 수복할 수 있는 최선의 방법은 보에몬드를 그의 대리인으로 지명하는 것임을 잘 알고 있었다.[35]

이런 모든 조건들을 노르만인은 받아들였고, 다음과 같은 포괄적인 약속을 황제에게 했다. "나는 내가 동의한 모든 이해 사항을 충실히 준수할 것입니다. (……) 결코 나의 맹세를 위반하거나 약속을 어기지 않겠습니다. 나와 나의 모든 부하들은 생각과 행동에 있어서 로마인의 제국을 돕고 또 명예롭게 하기 위하여 최선의 노력을 다하겠습니다."[36] 보에몬드는 성스러운 복음서에 손을 얹고서 또 기독교권의 가장 유명한 성물들 앞에 서서 그리스도의 이름을 걸고서 그 조약들을 준수할 것을 맹세했다. 그러한 성물들 중에는 그리스도의 십자가, 가시 면류관, 십자가에 매달린 그리스도를 찌른 창 등이 있었다. 그 창의 존재는 1098년에 안티오크에서 발견된 성스러운 창이 가짜였음을 묵시적으로 말해주었다.[37]

이것은 알렉시오스로서는 엄청난 승리였다. 그의 주장이 합당했음을 불가역적으로 증명해주는 것이었다. 그 승리에 왕관을 씌워준 것은 '소아시아의 보석' 안티오크였다. 제1차 십자군의 기사들이 볼 때 원정의 절정은 1099년의 예루살렘 점령이었다. 그러나 알렉시오스 황제는 9년 뒤 디아볼리스 조약으로 절정에 도달했다. 십자군 부대는 비잔티움이 니케아를 수복하고 소아시아 해안 지역을 다시 찾는 데 도움을 주었다.

그러나 보에몬드와 체결한 합의서는 황제가 서방에 지원을 호소한 정책이 마침내 완결되었음을 보여주는 전환점이었다. 그것은 그의 통치뿐만 아니라 그의 정책이 정당했음을 입증해주었다.

그러나 현실적으로 알렉시오스의 성공은 그리 확실한 것이 아니었다. 예루살렘 점령 이후에 서방에서 그의 명성은 크게 떨어졌다. 아직도 황제를 존경하는 십자군 기사들이 많긴 했다. 가령 플랑드르의 로베르와 노르망디의 로베르가 그러 했는데, 알렉시오스는 그들이 예루살렘에서 고국으로 돌아가는 길에 콘스탄티노플을 경유할 때, 성대한 잔치를 베풀어 비잔티움에 대한 좋은 인상을 갖게끔 노력했다.[38] 알렉시오스는 무슬림에게 포로로 잡힌 기사들의 석방 보상금을 내주었고 또 1101년의 실패한 원정에서 살아남은 사람들을 아주 관대하게 대했다.[39] 그러나 십자군전쟁을 서술한 최초의 두 책은 황제를 아주 나쁜 이미지로 묘사해놓았다.

《프랑크인의 행적》은 특히 알렉시오스를 아주 사악한 인물로 묘사했다. 이 책의 저자는 이렇게 썼다. 황제는 은자 피에르와 그의 민중 십자군이 제리고르도스에서 대패했다는 소식을 듣고서 고소해했다.[40] 황제는 사악하고 교활한 자로서, 자신의 부하들에게 기회가 있을 때마다 십자군 병사들을 살해하라고 지시했다.[41] "마음이 병들었던 그는 언제나 화를 냈으며 기만과 술수를 써서 기독교 기사들을 함정에 몰아넣을 궁리만 했다. 그러나 하느님의 은총 덕분에 그나 그의 부하들은 기사들에게 피해를 입힐 수 있는 시간과 공간을 얻지 못했다."[42] 황제는 바보이면서 악당이었다. 니케아에서 황제는 투르크인들을 살려주고 이어 콘스탄티노플로 데려와 교육을 시킨 후에 다시 소아시아로 보내 서방의 기

사들과 맞서 싸우도록 지시했다. 알렉시오스는 매 단계마다 예루살렘 원정을 훼방 놓으려고 애썼다.[43]

툴루즈의 레몽 부대의 일원으로 원정에 참여한 아길레르의 레몽도 회고담에서 황제를 사정없이 비난했다. 그는 이렇게 썼다. 알렉시오스는 대리인들에게 뇌물을 주어 동방으로 떠나는 십자군 부대에게 콘스탄티노플에 대하여 장밋빛 보고서를 제출하게 했다. 그가 내놓는 우정의 말들은 아무런 의미도 없고 실질도 없었다.[44] 레몽은 황제가 머리끝에서 발끝까지 거짓말쟁이라고 비난했다. 그는 니케아에서 고통받는 프랑크인을 위하여 숙박 시설을 건립하고 십자군 병사들에게 후한 보상을 내려주겠다고 약속했다. "프랑크인들은 그 착한 말을 믿었고 승복할 준비를 했다. 그러나 일단 니케아를 수복하자, 알렉시오스는 십자군에게 아주 배은망덕한 태도를 보였다. 그가 살아 있는 한 병사들은 그를 욕하고 또 배신자라고 부를 것이다."[45] 여기에 더하여 황제는 아주 위험한 곳인 줄 알면서도 십자군 병사들을 소아시아와 안티오크로 가도록 등을 떠밀었다고 썼다. 레몽에 의하면 알렉시오스는 서방인들을 죽음의 땅으로 내몬 것이었다.[46]

충성 맹세를 위반한 자는 누구인가?

이런 맹렬한 비난은 황제가 1096~1097년에 콘스탄티노플에서 십자군 지도자들에게 강력하게 요구했던 충성 맹세의 맥락에서 이해되어야 한다. 이것은 또 십자군이 비잔티움에게 넘겨주어야 마땅한 안티오크 같은 도시들을 왜 넘기지 않고 직접 차지하게 되었는지에 대한 이유를 설명해준다. 십자군전쟁을 서술한 1세대 저술가들은 황제를 아주 부정적으로 묘사했다. 그래서 보에몬드가 알렉시오스에게 했던 저 엄숙한 복종 맹세를 위반한 것이 당연한 듯 느껴질 정도다. 보에몬드의 입장은 황제가 약속을 이행하지 않았다는 것이었다. 알렉시오스의 배신(십자군의 배신이 아니라)이 그 충성 맹세를 무효로 만들었다는 주장이다. 《프랑크인의 행적》에 의하면 황제는 기사들을 보호하고 또 바다와 육지를 통하여 충분한 보급품을 조달해주겠다고 약속했다. 알렉시오스는 또한 육군과 해군을 대동하고 원정부대를 따라나서기로 약속했다.[47] 그는 안티오크 공성전 전후에 현장에 전혀 나타나지 않았는데 이로 인해 십자군 지도자들이 황제에게 바친 맹세가 완전 무효가 되었다.[48]

황제의 약속 위반은 아주 강력하게 주장되었으나, 그러한 비난의 근거는 빈약한 것이었다. 알렉시오스는 십자군이 콘스탄티노플로 행군하는 도중에 보급품을 충분히 조달했고 또 키비토스에 식량 비축 시설을 건설하여 니케아 공성전 동안에 식량을 원활하게 지원했다. 서방인들은 보급품에 대해서는 아무런 불만 없이 소아시아로 건너갔는데, 이는 식량 조달 계획이 세심하게 수립되어 철저하게 이행되었음을 보여주는 것이다. 십자군 부대가 1098년 가을에 안티오크에 도착했을 때, 비잔티움 사람들은 장기 공성전에 대비하여 필요한 조치를 취했다. 이 때문에 리베몽의 안셀름은 고국에 보내는 편지에 옥수수, 와인, 기름, 기타 생필품이 예상했던 것보다 더 많다고 썼던 것이다.[49]

1097~1098년 사이의 겨울에 보급품이 제대로 조달되지 못한 것은 불운한 일이었다. 그러나 겨울에는 식량을 모으는 것이 어렵고 또 적지를 지나 안티오크에 식량을 조달하는 게 쉬운 일이 아님을 감안할 때, 그런 기근 현상이 벌어졌다는 것은 그리 놀라운 일이 아니다. 아무튼 그

시기에 벌어진 기근 현상에 대하여 알렉시오스에게 어느 정도 책임이 있는지는 불분명하다. 블루아의 스티븐은 1098년 3월(이 당시 십자군 캠프의 기근 상황은 최악이었다) 안티오크에서 그의 아내에게 편지를 쓸 때 황제의 책임에 대해서는 전혀 언급하지 않았다.[50]

오히려 십자군 캠프로 가는 식량은 키프로스와 라오디케아에서 계속 들어왔다. 심지어 타티키오스가 십자군 캠프에서 떠난 후에도 그러했다. 킬리키아의 현지 사령관들과, 시리아 북부의 '검은 산' 수도원의 그리스인 수도자들이 서방인에게 식량과 기타 물자를 보낸 것 또한 알렉시오스가 배후에서 계획하고 지시했기 때문이었을 것으로 보인다. 특히 '검은 산' 수도원은 역사적으로 콘스탄티노플과 긴밀한 관계를 유지해온 기관이었다.[51] 한 십자군 역사가가 인정하고 있듯이, 알렉시오스의 전령들은 계속하여 현지 주민들에게 땅과 바다로 십자군 부대용 식량을 공급하라고 재촉했다.[52] 안티오크 함락 이후에도 비잔티움 배들이 서방 군대에 갈 보급품을 계속 실어왔고, 심지어 1099년의 아르카 공성전 동안에도 보급을 멈추지 않았다.[53]

알렉시오스는 자신이 원정에 나선 서방 기사들에게 식량 조달 의무를 충실히 이행했다고 생각했다. 안티오크 상황이 아주 처참하다는 보고를 받기 직전인 1098년 6월에 몬테카시노 수도원장에게 보낸 답신 편지에서 황제는 이렇게 썼다. "당신의 사려 깊은 편지가 말하고 있듯이, 나는 당신이 프랑크인의 군대에 도움을 주기를 간절히 호소합니다. 나는 나의 제국 판도가 그들이 있는 곳까지 뻗치기 때문에 모든 문제에서 그들을 돕고 조언할 생각입니다. 나는 지금껏 내 능력이 되는 한도 내에서 최대한 도움을 주었는데, 친구나 친척이라기보다는 아버지로서 그렇게 한 것입니다. (……) 하느님의 은총으로 그들이 막 시작한 일이 계속하여 번창하기를 바라고, 또 좋은 의도가 그들을 이끌어주는 한 결국 그렇게 될 것이라고 생각합니다."[54]

이 무렵 십자군이 진행 상황에 만족하고 있다는 또 다른 증거도 있다. 1098년 2월 리베몽의 안셀름은 랭스 대주교인 마나세스에게 보낸 편지에서, 원정부대가 직면한 어려움을 대수롭지 않게 여기면서 소아시아를 통과하여 안티오크에 이르는 도중에 별다른 장애물이 없었다는 사실을 강조하고 있다. 기독교인들에 의해 200여 개의 성읍과 요새가 수복되었는데 안셀름은 그것을 대단한 업적으로 여겼다. "서방의 모母교회는 자신에게 이런 영광스러운 명성을 가져다주고 또 동방 교회에 이런 큰 도움을 주는 병사들을 길러낸 것에 대하여 기뻐해야 합니다."[55] 간단히 말해서, 1098년 전반기에 원정이 성공적으로 진척되고 있다고 생각하는 사람들이 십자군 부대에 많이 있었고, 알렉시오스에 대한 고충이나 불평은 별로 없었던 것이다. 안티오크를 개인적으로 차지하려고 소동을 부리는 보에몬드에게 동조하는 십자군 지도자들이 별로 없었다는 사실은, 그들이 알렉시오스가 의무사항을 위반했다고 여기지 않았음을 증명하는 것이다.

오히려 사정은 그 반대였다. 알렉시오스에게 지시와 조언을 요청하는 메시지가 안티오크에서 반복적으로 발송되었다. 안티오크가 점령되기 직전에 블루아의 스티븐이 황제에게 파견되었고, 그로부터 얼마 지나지 않아 베르망두아의 휴가 파견되기도 했다. 알렉시오스에게 적대적인 《프랑크인의 행적》에서도 휴가 알렉시오스에게 가져간 메시지의 내용이 명확하게 밝혀져 있다. 부용의 고드프루아, 툴루즈의 레몽, 보에몬드, 노르망디의 로베르, 플랑드르의 로베르, 그 외의 여러 기사들은 황제가 직접 안티오크로 와서 그 도시를 접수해주기를 요청했다. 이것은 그 도시가 함락된 이후에도 황제에게 바친 맹세가 여전히 유효했다는 명백한 증거다.[56]

따라서 십자군 지도부 내에 분열이 일어난 이후에 알렉시오스에 대한 태도가 비난하는 쪽으로 바뀌기 시작한 것 같다. 1098년 가을에 이르러, 황제는 온갖 비난을 다 받는 피뢰침이 되었고, 손쉽게 십자군 지도부 내의 각종 논란과 갈등하는 야망을 불러일으킨 원인으로 취급되었다. 9월에 원정에 참여한 최고위 기사들이 교황에게 편지를 보냈는데 그 내용은 지난 2년 동안 십자군이 겪은 고초를 자세히 서술한 것이었다. 그 도시를 전에 공격하여 점령한 투르크인들로부터 그리스도가 십자군을 구원해주었다고 편지는 설명했다. 엄청난 희생을 치른 후에 서방 군대가 니케아를 점령했고 이어 안티오크도 함락했다. 기사들은 이제 교황에게 십자군 부대에 합류하여 친히 원정을 지휘하여 그가 시작한 이 대업을 완성해달라고 간원했다.[57]

편지를 쓴 사람들은 교황에게 이런 호소를 하는 이유를 명백하게 밝혔다. 그들은 황제가 하느님의 군대를 돕는 일을 게을리했을 뿐만 아니라 적극적으로 방해하기까지 했다고 주장했다. "그는 그가 동원할 수 있는 모든 장애물을 우리의 길 위에 설치해놓았습니다."[58] 자신의 연대기에 이 편지를 인용한 샤르트르의 풀처는 이 마지막 문장은 포함시키지 않기로 했다. 그가 보기에 불공평하고 근거 없는 주장이었기 때문이다.[59] 안티오크 점령 이후에 십자군이 허물어지기 시작하던 1098년 후반에 이르러 알렉시오스 황제의 명성에 먹칠을 하려는 시도가 강하게 일어났다.

비잔티움 통치자가 비난받는 이유는 이러했다. 십자군 지도자들이 그들끼리 언쟁을 벌여서 상황이 악화되어가는데도, 황제가 안티오크로 직접 와서 그 상황을 통제하지 않았다는 것이었다. 따라서 콘스탄티노플에서 맺어진 계약을 위반한 것은 서방의 기사들이 아니라 황제였다. 하지만 또다시 이러한 주장에는 여전히 의심스러운 구석이 있다. 왜 알렉시오스가 친히 안티오크에 와야 하는지, 또 그가 오지 않은 것이 계약의 위반이 되는지 여부는 불분명하다. 그리고 니케아와 소아시아의 다른 많은 성읍들과 마찬가지로, 왜 안티오크를 황제의 대리인에게 인계하지 않았는가 하는 의문도 설명되지 않는다.

게다가 콘스탄티노플에서 충성 맹세 의식에 입회한 목격자들은 알렉시오스가 원정에 직접 합류하겠다고 명시적으로 약속한 적이 없다고 분명하게 말했다. 오히려 아길레르의 레몽이 출발할 때, 제국의 수도에 있던 황제는 처리해야 하는 다양한 문제들 때문에 직접 참여하지는 못할 것 같다고 분명하게 밝혔다.[60]

달리 말해서, 십자군 지도자들의 주장은 근거가 빈약한 것이다. 그들 중에 아길레르의 레몽 같은 사람은 그 점을 잘 의식하고 있었던 듯하다. 이 연대기 작가는 충성 맹세의 문제를 아예 거론하지 않고 있는 것이다. "내가 기만적이고 혐오스러운 조언을 해준 황제의 배신에 대하여 언급할 필요가 있을까? 그것을 알고 싶은 자는 다른 사람에게서 알아내도록 하라."[61]

우리가 이미 살펴본 바와 같이, 안티오크를 차지할 욕심이 강했던 보에몬드는 예루살렘으로 진격하고 싶어 하는 다른 지도자들과 병사들의 바람을 무시해버렸다. 십자군 지도부가 타협을 하기 위해 안티오크의 성 베드로 교회에 모였을 때, 툴루즈의 레몽은 알렉시오스에게 한 약속이 무효라는 비난을 조용히 일축하면서, 황제에게 바쳤던 맹세의 말을 크게 낭독하여 거기 모인 사람들에게 상기시켰다.[62] "우리는 주님의 십자가, 가시 면류관, 그 외의 많은 성스러운 유물을 걸고서, 황제의 동의 없이는 제국 판도 내에 있는 도시와 성을 차지하지 않겠다고 맹세했습니다."[63]

알렉시오스에게 바친 충성 맹세에 대한 논쟁을, 레몽같이 전적으로 그 맹세를 지켜야 한다고 생각하는 사람들과, 보에몬드와 같이 지킬 필요가 없다고 생각하는 사람들 사이의 충성과 도덕적 정직성의 문제로만 보기가 쉽다. 황제와 합의한 사항에는 중요한 법적 의미가 내포되어 있지만, 동시에 십자군 지도자들 사이에 벌어진 논쟁을 뒷받침하는 실용적인 문제들도 있었다. 각 지도자들의 상호 관계 또한 툴루즈 백작이 안티오크를 제멋대로 차지하려는 보에몬드에게 반대하게 만든 이유이기도 했다. 단지 레몽이 순전히 알렉시오스에 대한 맹세를 지키고 싶어서 그렇게 한 것이 아니라 동료 지도자(그리고 경쟁자)가 자신보다 우위에 서는 것을 용납할 수 없었던 것이다. 이런 점에서 황제에게 바친 맹세는 레몽이 그 뒤에 숨기 참으로 적당한 좋은 방패였다. 높은 도덕적 입장을 견지하면서도 보에몬드를 공격할 수 있으니까 말이다.

비잔티움 관점에서도 안티오크와 그 주변 지역의 실제 현실은 복잡하고 미묘한 것이었고 그래서 충성 맹세의 조항을 고답적으로 주장하는 것보다는 더 균형 잡힌 접근 방식이 필요했다. 알렉시오스가 십자군의 주요 지도자들이 이해할 만한 형식과 방식을 이용하여 충성 맹세를 요구했을 때 그는 자신의 의도가 무엇인지 명확하게 알고 있었다. 1096년 후반과 1097년 초기에 그의 주된 관심사는 원정부대가 아무런 말썽을 일으키지 않고 콘스탄티노플을 통과하도록 하는 것이었다. 그 당시 제국의 수도 내에서 황제의 권력 장악은 아주 불안정했기 때문이다. 그리고 그가 십자군 지도자들로부터 받아낸 약속은 시간이 지나갈수록 점점 더 효과적인 힘을 발휘했다. 그 맹세 덕분에 알렉시오스는 자신이 십자군의 개별 지도자들과 십자군 전체로부터 부당한 대접을 받았다고 주장할 수 있었다.

이러한 비난과 맞비난이 난무하고 충성 맹세가 무효(혹은 유효)라는 다소 황당한 논쟁이 벌어지는 가운데, 보에몬드는 비잔티움의 권리 주장과 동료 십자군 지도자들의 반대에 맞서서 자신이 실제적으로 안티오크를 지배하고 있다는 것을 명확하게 보여줄 필요가 있었다. 그러기 위해선 황제가 약속을 위반했다고 주장하는 것이 정치적 급선무였고 바로 이 때문에 12세기 초엽에 유럽에는 황제에 대한 안 좋은 인식이 널리 퍼지게 되었다. 그리하여 12세기 초반에 연대기를 저술한 작가들은 알렉시오스가 원정부대를 지원하겠다는 약속을 위반했다는 것을 강조했을 뿐만 아니라 나아가 알렉시오스 황제의 인격을 전면적으로 모독하려는 시도에 집중했다.

전갈 같은 자, 알렉시오스

황제의 명성에 결정적 피해를 입힌 것은 《프랑크인의 행적》이나 아길레르의 로멩이 쓴 연대기가 아니었다. 그보다는 보에몬드가 1104년 말에 이탈리아로 돌아온 후에 비잔티움 공격에 필요한 병사들을 모집하던 시기에 집필된 일련의 이야기들이 결정타를 가했다. 1107년 무렵에 수도자 로베르, 돌의 볼드릭, 노장의 기베르 등이 집필한 역사서는 《프랑크인의 행적》을 폭넓게 활용하면서 황제에 대한 부정적 묘사를 충실하게 반복했다. 1096년 민중 십자군이 학살되었을 때 알렉시오스가 이를 고소하게 여겼다는 일화는 세 명의 역사가가 똑같이 충실하게 되풀이했다.[64] 이들은 《프랑크인의 행적》을 자의적으로 해석하여 황제가 겁쟁이였기 때문에 안티오크에 오지 않았다고 냉정하게 기술했다.[65]

그러나 이들은 《프랑크인의 행적》을 되풀이하거나 해석하는 데 그치지 않고 알렉시오스의 단점과 흠을 더욱 자세히 열거하는 데 집중했다. 노장의 기베르는 특히 창의적이었다. 가령 황제의 어머니는 흑마술에 통달한 여자 마법사라고 기술하는 식이었다. 더욱이 알렉시오스는 아주 사악한 자여서 딸이 둘 이상 있는 집안은 그중 한 명을 창녀로 바쳐야 한다는 포고를 반포하기도 했다. 또 창녀 짓을 해서 번 돈은 국고로 귀속시키라고 명령했다. 또한 황제는 아들이 둘 이상 있는 집안은 그중 한 명을 거세시키라고 명령했다. 이처럼 남성을 제거당한 젊은 청년들이 많았기 때문에 알렉시오스가 서방에 도움을 요청한 것은 당연한 일이라고 기베르는 썼다.[66]

12세기와 그 후대의 역사가들은 이런 황당한 주장들을 추가하여 널리 퍼뜨렸다. 한 역사서는 알렉시오스가 1085년에 로베르 기스카르를 패배시킬 수 있었던 이유를 다음과 같이 설명한다. 알렉시오스는 로베르의 아내에게, 독약을 먹여 남편을 살해하면 그녀와 결혼하겠다고 말했고, 그 여자는 주문받은 그대로 실천에 옮겼다.[67] 이러한 주장은 호베든의 로저 같은 역사가에 의하여 더욱 윤색되었는데, 그는 알렉시오스

가 실제로 시켈가이타와 결혼했으나 그녀를 황비로 대관시킨 직후에 산 채로 불태워 죽였다고 주장했다.[68]

알렉시오스에 대한 적대적 태도는 12세기 초에 더욱 심해졌다. 맘스버리의 윌리엄은 이렇게 썼다. "알렉시오스는 정직한 거래를 한 사람이라기보다는 배신과 교활한 술수를 능수능란하게 해치우는 사람으로 더 잘 알려져 있다."[69] 그보다 수십 년 뒤에 글을 쓴 티레의 윌리엄 주교는 라틴 측에서 동방의 황제를 어떻게 보는지 잘 요약했다. "알렉시오스는 믿을 수가 없다. 그는 전갈 같은 자다. 그는 순한 얼굴을 하고 있지만 꼬리에 독을 숨기고 있다. 그 꼬리에 물려 부상을 당하는 것은 적극 피해야 한다."[70]

이러한 견해는 그 후 수 세기에 걸쳐 반복되었다. 가령 18세기에 에드워드 기번은 이런 중세의 희화화를 그대로 따르고 있다. 기번은 이렇게 썼다. "알렉시오스 황제는 사자의 발자국을 쫓아다니면서 사자가 먹다 남은 찌꺼기를 게걸스럽게 먹어치우는 자칼에 비유된다." 기번은 황비 에이레네도 남들의 비난을 수긍하면서 같이 황제를 비난했고 남편을 대단치 않게 여겼다고 적었다. 그래서 황제가 죽은 후 그의 묘비명에 이런 글을 새겨넣으라고 명령했다. "당신은 살아 있을 때와 마찬가지로 위선자로 죽었다."[71]

알렉시오스 황제의 명성은 결코 회복되지 않았고 그에 대한 악평은 제1차 십자군전쟁을 해석하는 데 폭넓은 영향을 미쳤다. 황제는 예루살렘 원정 이야기와 특히 그 원정의 기원과 관련해서는 거의 언급되지 않는다. 왜냐하면 안티오크의 충성 맹세 논쟁 이후에 그가 역사에서 완전히 삭제되었기 때문이다. 그 당시 라틴 측 역사가들에 의해 완전히 무시된 알렉시오스는 그때 이후 역사의 주변부에 머물렀다. 그는 십자군전쟁의 부수적인 단역 정도에 지나지 않았다.

그리고 1108년 알렉시오스의 디아볼리스 승전은 그의 나쁜 이미지를 더욱 강화시켰다. 이제 십자군의 합법적인 소유물로 간주되는 지역들(특히 안티오크)에 대해 알렉시오스가 소유권을 주장하고 나선 데 대하여 서방의 역사가들이 일제히 비난했기 때문이다. 그러나 진상은 다르다. 보에몬드는 자신이 새롭게 지사로 '임명된' 도시로 돌아가지 않았다. 이것은 안티오크에 대한 황제의 권위가 명목에 불과하다는 걸 보여준다. 황제는 디아볼리스에서 합의된 조항들을 이행하라며 탄크레디에게 사절단을 보냈으나 무시당했다. 노르만인 탄크레디는 황제의 요구를 일언지하에 거절했다. 그의 적들이 강력한 무기를 갖추고 쳐들어 온다고 해도 안티오크 지배권을 결코 내려놓지 않겠다고 황제의 사절에게 말했다.[72]

1111년에 보에몬드가 사망했을 때, 조약에 따르면 안티오크 영유권은 비잔티움에 귀속되어야 마땅했다. 그러나 그의 죽음은 황제에게는 불리한 것이었다. 보에몬드가 살아 있는 한, 그가 탄크레디에게 압력을 행사할 것이라는 희망이 있었으나 이제는 그것도 무망해졌다. 이제 알렉시오스는 보에몬드와 합의한 조건들을 정치적 자산으로 삼을 기회가 사라졌다. 그 합의문을 가지고 초창기 십자군 연대기들의 비판적 어조를 시정할 수도 없게 되었다.

반면, 보에몬드는 반역자로 알려진 것이 아니라, 오히려 정반대의 인물로 추앙받게 되었다. 대참사로 끝난 에피루스 공격에도 불구하고 서방에서 그가 누리는 인기는 조금도 수그러들지 않았다. 그가 황제와 체결한 합의는 비잔티움 이외 지역에서는 거의 알려지지 않았다. 그의 사망 후 10년 뒤에 집필된 책에서 아헨의 알베르트는 이렇게 썼다. "안티오크의 위대한 군주인 보에몬드는 하느님의 지명을 받은 자다."[73] 이탈리아 남부의 카노사 대성당의 반구 천장에 새겨진 글은 디아볼리스 조약과는 무관하게 보에몬드에 대한 좋은 기억만을 나열하고 있다.

> 시리아의 위대한 군주가 이 지붕 아래 누워 있다.
> 그보다 더 나은 사람이 이 세상에 다시 태어나는 일은 없으리라.
> 그리스는 네 번 정복되었고 세상의 많은 지역들은 오랫동안
> 보에몬드의 천재성과 힘을 기억할 것이다.
> 그는 수십의 군대로 수천의 적을 정복했다.
> 안티오크는 그것을 잘 알고 있다.

그 교회의 남쪽 끝에 있는 청동 문들에는 보에몬드가 아주 고상한 사람이었다고 새겨져 있다. "그는 비잔티움을 정복했고 시리아를 적들로부터 보호했다. 그를 신이라고 부를 수는 없겠지만 범인凡人이 아닌 것만은 분명하다. 이 교회에 들어오는 순간, 위대한 보에몬드를 위해 기도하라. 이 위대한 전사가 천국에서 편안히 쉴 수 있도록."[74]

보에몬드가 비잔티움을 네 번이나 정복했다는 주장은 억지다. 이 노르만인이 에피루스를 공격한 세 번의 전투(1081~1083, 1084~1085, 1107~1108)는 모두 실패로 끝났으며 십자군전쟁은 보에몬드가 제국을 상대로 승리를 거두었다는 증거가 되지 못한다. 그가 디아볼리스에서 치욕적으로 항복했다는 점을 감안하면 더욱 그러하다. 그러나 카노사

대성당의 천장에 새겨진 글자 외에도 이 시기에 진실 왜곡이 이뤄졌다는 증거는 또 있다. 프랑스의 루아르 지방에 살았던 어떤 수도자가 쓴 시는 보에몬드의 마지막 제국 공격이 대성공이었다고 노래한다. 안티오크의 영웅은 궁지에 몰린 수퇘지처럼 싸운 알렉시오스 황제를 거칠게 공격했을 뿐만 아니라, 그에게 맞서는 제국 군대를 지푸라기처럼 날려버렸다. 그 전투는 비잔티움의 대승으로 끝난 것이 아니라 정반대로 보에몬드의 승리로 마무리되었다. 보에몬드는 강화 조약에 동의했고, 노르만인의 우월함을 흔쾌히 받아들인 황제는 그 조약에 기꺼이 서명했다는 것이다. 이 시에 의하면 보에몬드에게 충성을 맹세한 것은 황제였지 그 반대가 아니라는 것이다.[75] 보에몬드에 관한 한 기억과 현실은 서로 무관한 듯하다. 이것은 알렉시오스 황제에 대해서도 마찬가지다.[76]

우르바누스 2세에 대한 서술

제1차 십자군전쟁 이후에 관련자들의 역할과 명성에 과장과 날조가 가해진 것은 이 두 인물뿐이 아니다. 놀라운 일이지만 교황의 위상에 대해서도 그런 왜곡이 가해졌다. 예루살렘 원정의 기초 작업에 관련하여 우르바누스 2세는 핵심적이면서 결정적인 기여를 했다. 그는 유럽의 기사들을 고무하고 격려했으며 엄청난 영감을 주어 수만 명의 사람들이 십자가를 메고 성지로 출발하게 했다. 교황의 역할은 십자군 지도자들도 널리 인식하고 있었다. 그것은 안티오크가 함락된 다음 해인 1098년에 십자군 지도자들이 현지에서 교황에게 보낸 편지가 증명해준다.[77]

그러나 우르바누스는 십자군전쟁을 서술한 최초의 역사서에서 거의 언급되지 않는다.《프랑크인의 행적》과 아길레르의 레몽이 저술한《프랑크인의 역사》는 제1차 십자군이 교황 우르바누스 2세에 의하여 구상되고 격려되고 또 실행되었다는 사실을 언급하지 않는다. 툴루즈 백작과 함께 여행했던 아길레르의 레몽은 예루살렘 원정 이야기의 초반부에서 교황청을 아예 거론하지 않았다. 직접적이든 간접적이든 예루살렘 원정을 촉발시키고 중세 세계를 영원히 바꾸어놓게 되는 순간(클레르몽에서의 감동적인 연설)은 언급되지 않는다.《프랑크인의 행적》도 클레르몽에 대해서 말하지 않는다. 이 책은 교황이 알프스 북쪽으로 가서, 무장봉기하여 동쪽으로 출발하라고 격려했다고 보고한다. 하지만 교황을 십자군전쟁의 창시자로 지목하지는 않는다. 교황은 단지 "모든 프랑크인들의 땅에서 엄청난 흥분과 감동을 일으켰을 뿐이다." 이 책의 저자에 의하면 교황은 당시의 시대정신에 기댔을 뿐 사건을 주도적으로 일으킨 것은 아니었다.[78]

클레르몽 설교 10년 뒤에 집필된 이야기에서 비로소 교황청의 역할이 분명하게 기술되고 또 강조되었다. 예루살렘 점령 몇 년 뒤에 역사서를 집필한 수도자 로베르, 돌의 볼드릭, 노장의 기베르 등은 십자군전쟁의 기원을 재조명하면서 우르바누스를 주역으로 설정하여 그를 예루살렘 원정의 핵심 인물로 기술했다. 의도적이든 아니든 교황은 이제 알렉시오스 황제가 배제된 빈자리를 채워넣는 인물로 등장했다. 서방의 기사들을 동원하는 데 핵심적 역할을 했던 황제는 십자군전쟁 후 10년 만에 주변부로 밀려났고 그 후 거기에 계속 머물렀다.

물론 우르바누스가 예루살렘 해방에 공로가 없다거나, 동방 교회를 돕기 위해 수만 명의 사람을 동원한 그의 노력이 아무런 영향력도 없었다고 얘기하려는 것은 아니다. 교황은 성도의 함락에 대해서는 알지 못했을 것이다. 예루살렘을 점령한 지 몇 주 후인 1099년 7월 말에 사망했기 때문이다. 그 당시 동방의 소식은 그리 빠르게 전해지지 못했다. 그는 교회를 통합시키려던 자신의 노력이 어떤 효과를 거두었는지 미처 보지 못했다. 1098년의 바리 종교회의에서 그리스 교회와 화해하는 문제가 거론되기는 했지만, 사태는 그가 희망한 것처럼 잘 진척되지 못했다. 그러나 교황이 서유럽에서 십자군전쟁을 지원한 것은 대가다운 솜씨였고 서방 세계에서 교황청의 역할을 획기적으로 변모시키는 계기가 되었다.

우르바누스는 1088년 테라치나에서 교황으로 선출되었다. 그와 다른 고위 주교들이 로마에서 축출되었기 때문이다. 앞서 살펴본 것처럼 1090년대 초에 그의 입지는 불안정했다. 독일의 강력한 황제인 하인리히 4세의 지원을 받는 반교황 클레멘트에게 밀리고 있었던 것이다. 그러나 제1차 십자군의 승리로 인해 두 사람 간의 경쟁은 우르바누스에게 결정적으로 유리하게 결론이 났다. 반교황 클레멘트 3세는 무명 인사나 다름없게 되었다. 반교황의 인기가 이처럼 시들해졌기 때문에 1100년 가을에 클레멘트 3세가 사망하자 그의 후계자는 안전을 위해 야간에 몰래 선출되어야 했다.

그 무렵 하인리히 4세는 우르바누스의 후계자인 파스칼 2세에게 승복할 뜻을 공공연하게 흘리고 다녔다.[79] 독일 황제는 교황과 사이가 틀어지는 바람에 제1차 십자군에 참여할 기회를 놓쳤다. 예루살렘이 함락되자, 그는 1102년 겨울에 거행된 일련의 미사에서 자신도 동방 원정을 떠날 뜻이 있다고 밝혔다.[80] 그는 1103년 초에 대부인 클뤼니 수도원장

휴에게 편지를 보내 서방 교회의 분열을 치유하고 싶다고 말했다. 그는 예루살렘 원정을 마치고 돌아오는 기사로서의 혜택을 누리려 했을 뿐만 아니라 로마 교황청과의 대화도 재개하기를 바랐다.[81]

그렇지만 하인리히의 그런 움직임에도 불구하고 새 교황은 십자군전쟁으로 획득한 막강한 권위를 계속하여 행사했다. 1102년에 이르러 하인리히는 이단으로 비난을 받았을 뿐만 아니라, 그로 인해 예루살렘에서 돌아온 사람들이 하인리히를 공격해야 한다는 요구까지 나왔다.[82] 교황의 권력은 이처럼 막강해졌고 그리하여 1103년 초에 독일 황제는 교황의 고위 측근에게 서방 교회의 분열에 자신의 책임이 있다고 인정하고 화해하고 싶다는 뜻을 밝혀야 했다.[83]

주교 임명권 문제(교황청과 독일 황제가 다투게 된 문제)가 마침내 결말을 보게 된 것은 1122년의 보름스 합의와 1123년 초의 제1차 라테란 종교회의에서였다. 그동안 십자군 원정을 기술하는 2세대의 역사가들 저서에서 교황이 핵심적인 인물로 등장하게 되었다. 이렇게 볼 때 제1차 십자군은 의심할 나위 없이 로마 교황청에 승리를 가져다준 사건이었다.

십자군전쟁이 제국에 가져다준 것

우르바누스의 무장봉기 호소를 촉발시킨 배후 인물, 알렉시오스 1세 콤네노스에게도 예루살렘 원정은 놀라운 성공이었다. 십자군은 제국의 행운에 대규모 반전을 가져다주었다. 1095년 봄, 비잔티움은 아주 위태로운 상황에 놓여 있었다. 소아시아 지역의 수복을 위해 마련한 교두보를 거의 다 빼앗긴 상태였고, 그리하여 그 지역에서 펼친 제국의 정책은 완전한 실패작으로 끝나가고 있었다. 제국의 북쪽 지역도 그리 사정이 좋은 것이 아니었다. 그곳에 진출한 세르비아와 쿠만 유목민들이 제국의 군사적 자원을 크게 고갈시켰다. 콘스탄티노플은 압박을 받아 거의 붕괴 직전이었고, 전면적인 반란이 일어나 황제 자리와 목숨을 위협할 정도였다.

그러나 그로부터 12년 뒤 제국의 사정은 완전히 달라졌다. 니케아는 완전히 제국의 지배 아래로 들어왔고 소아시아의 서부 해안과 내륙의 핵심적인 강변 계곡 지역은 다시 비잔티움의 통제를 받게 되었다. 투르크 세계의 골치 아픈 인물들은 말끔히 정리되었고, 1098년 여름 이래 킬리디 아르슬란과 좋은 관계를 맺어 평화를 확보했다.[84] 킬리키아와 아나톨리아 남부 해안의 주요 항구들도 수복되었다. 심지어 세르비아인들도 1097년 콘스탄티노플로 행군 중이던 툴루즈의 레몽의 현명한 개입으로 잠잠해졌다. 그리고 가장 중요한 일은 안티오크가 기독교인의 손으로 되돌아온 것이었고 비잔티움은 그 도시의 영유권을 강력하게 주장할 수 있게 되었다.

1108년 디아볼리스 조약 이후에 탄크레디가 소란을 일으켜 골치가 아프기는 했지만 일시적인 것이었다. 예루살렘에서 십자군이 겪었던 것처럼, 도시의 정복 이후에도 무슬림의 위협은 줄어들지 않았다. 동방에 자리 잡은 서방의 기사들은 알렉시오스와 비잔티움이 핵심 동맹이며 그 도움이 필요하다는 것을 잘 알았다. 이 때문에 에데사와 예루살렘에서 보두앵 휘하에서 군종사제로 일한 연대기 작가 샤르트르의 풀처는 제국의 분노를 사지 않으려고 조심했다. 그가 저술한 십자군 역사서는 시종일관 황제에게 유화적이다. 우리가 이미 살펴본 바와 같이, 그는 1098년에 안티오크의 기사들이 교황에게 보낸 편지의 마지막 문장, 즉 알렉시오스가 십자군을 제대로 도와주지도 않고 오히려 원정부대에 각종 피해를 입히고 있다는 내용을 그의 연대기에서 삭제하기까지 했다. 서방의 동료 역사가들과는 다르게, 풀처는 장래 도움을 받아야 할 사람들을 화나게 해서 득 될 것이 별로 없음을 잘 알았다.[85] 또 다른 역사가들도 알렉시오스와 비잔티움을 조심스럽게 평가하면서, 일부 동료 역사가들의 신랄한 비판과 일정한 거리를 두었다.[86]

알렉시오스는 계속하여 동쪽의 상황을 예리하게 주시했다. 1105년에 툴루즈의 레몽이 사망하자, 황제는 트리폴리에 있던 그의 후계자에게 사절을 보내 그의 충성과 지원을 확인했다. 트리폴리는 생전의 레몽이 12세기 초에 활동 기반으로 삼았던 도시였다.[87] 3년 뒤 황제는 콘스탄티노플을 방문한 툴루즈의 베르트랑으로부터 충성 맹세를 받았다. 베르트랑은 10년 전 십자군 지도자들이 받았던 것과 똑같은 대접을 받았다. 황제가 친히 성대한 연회를 베풀고, 많은 선물을 하사하고, 온갖 혜택을 주었다.[88]

십자군이 비잔티움에 가져다준 혜택은 여러 가지 다른 방식으로 측정해볼 수 있다. 12세기 초에 엄격하고, 자신감 넘치고, 군국주의적인 새로운 제국이 등장했는데, 이는 황제인 알렉시오스의 이미지를 그대로 닮은 것이었다. 1081년 콤네노스 가문의 쿠데타 당시에 엉망진창이던 경제는 통화의 재주조, 베네치아와 다른 이탈리아 도시국가들과의 교역 증가, 십자군전쟁 등으로 되살아났다. 군대에 지출하는 비용도 마침내 안정되었다. 알렉시오스는 집권 전반기에는 거의 매년 야전에 나가 있었으나, 십자군이 제국의 영토를 통과한 이후에는 친히 군대를 이끌고 나가는 일이 거의 없었다. 1107년에 이르러 제국의 조세 제도는 서류상으로 기록된 보유 토지를 기준으로 완벽하게 재정비되었고 그리하여 개인 부동산과 그에 따른 소득을 정확하게 파악할 수 있었다. 안정과 번영이 제국에 되돌아왔다.

1118년 알렉시오스의 사망 당시에 후계자인 요한 2세에 대한 조언을 목적으로 작성된 멋진 시가 한 편 있다. 이 시는 알렉시오스가 즉위했던 후에 직면했던 어렵고 혼란스러운 시기에 주목하면서 알렉시오스의 통치를 회고한다. 그러나 "서방에서 온 기사들의 대규모 이동"을 포함하여 온갖 어려운 문제들이 이 위대한 통치자 앞에서 겁먹고 위축된 상태로 굴복했다. 요한 2세가 아버지와 똑같은 방법을 사용한다면 그 또한 선왕의 요령과 기술로부터 혜택을 볼 것이었다. 알렉시오스는 돈과 선물은 "신속하면서도 점잖은 방식으로" 제공해야 한다고 말했다. 새 황제는 서방인들의 "벌린 입"에다 황금과 선물을 아낌없이 넣어주어야 한다. 이런 일에 대비하기 위하여 요한은 커다란 방에다 "많은 것들"을 비축해야 한다. 그래야 "오래전과 마찬가지로 언제나 우리들 주위에서 어른거리는 많은 나라들의 탐욕을 만족시킬 수 있을 것이다." 간단히 말해서, 새 황제는 콘스탄티노플을 "황금의 샘"처럼 대하라는 것이다. 보상과 유혹이 아주 풍부하게 흘러나와 골고루 분배되는 황금의 샘. 이렇게 하는 한 그의 통치는 안정될 것이다. 이것은 알렉시오스의 성공적인 정책들을 바탕으로 한, 자신감 넘치는 세계관이었다.[89]

이 시는 황제가 십자군전쟁 이후에 얼마나 강성해졌는가를 보여준다. 이 시는 또한 알렉시오스가 통치 후반기에 어떻게 행동했는지도 말해준다. 독일의 하인리히 4세의 아들이며 후계자인 하인리히 5세가 1111년에 로마로 진군하여 교황 파스칼 2세를 포로로 잡아넣었을 때, 알렉시오스는 몬테카시노에 사절을 보내 교황에 대한 위로를 전하고 교황을 홀대한 태도에 유감을 표시했다. 황제는 친히 로마로 진격할 의향도 있었다. 로마와 교황청의 장래 안전을 보장하기 위하여, 알렉시오스는 그 자신이나 아들 요한이 로마의 황제로 대관식을 거행할 수도 있다고 제안했다.[90] 십자군전쟁의 결과로 비잔티움의 운수가 크게 펴서 이제 알렉시오스는 로마의 황제 자리를 노릴 정도로 야망이 커지게 되었다.

비잔티움과 그 황제들에 대한 의구심은 서유럽인들의 의식 속에서 점점 더 굳어져왔다. 그것이 아주 단단하게 굳어진 것은 1146~1147년에 제2차 십자군이 소아시아로 건너갔다가 실패한 직후였다. 이 무렵부터 알렉시오스에 대한 부정적 묘사가 효력을 발휘하기 시작했다. 독일과 프랑스의 십자군 부대가 어려움에 직면하게 되자, 하느님의 일을 하는 사람들이 실패를 겪게 된 데 대한 희생양을 찾아낼 필요가 있었다. 그 결과 콘스탄티노플의 황제인 마누엘 1세 콤네노스에게 비난이 집중되었다. 알렉시오스의 손자인 마누엘 황제는 유럽 전역에서 악의적인 인신 공격의 대상이 되었다. 할아버지에게 집중되었던 비난, 가령 기만, 이중거래, 이슬람과의 내통, 기독교 옹호자들에 대한 배신 등이 이제 그 손자에게 마구 퍼부어졌다. 비잔티움에 대하여 전면적인 십자군전쟁을 전개해야 한다는 요구가 봇물처럼 터져나왔다. 그리하여 서방 내에서 제국의 명성은 다시 회복되지 못했다.[91]

바로 이때 안나 콤네네는 아버지의 명성을 회복해야 할 때가 되었고 또 그의 업적을 상세히 기록해야 하겠다고 생각했다. 하지만 그녀는 어떻게 하면 알렉시오스의 통치에 대하여 균형 잡힌 이야기를 제공할 수 있을 것인가 하는 까다로운 문제에 봉착했다. 알렉시오스는 한편으로 비잔티움을 패배와 붕괴로부터 구제했는가 하면 다른 한편으로는 일련의 새로운 문제들을 가져오는 씨앗을 뿌렸다. 그녀가 써낸 《알렉시아스》는 수식이 많은 화려한 문장을 구사하고 있고, 여러 사항들이 서로 모순되며 각종 숨겨진 의미가 가득하다. 이 책은 출간 이래 사람들을 헷갈리게 하고, 혼란에 빠뜨리고, 오도했다.

먼저 우리는 안나의 이야기에 나오는 사건들의 잘못된 시간적 순서를 바로잡음으로써 명확한 그림을 볼 수가 있다. 1090년대 중반에 비잔티움제국은 대재앙의 가장자리에서 비틀거리고 있었다. 알렉시오스의 동부 정책들은 엄청나게 실패했고 콘스탄티노플의 북쪽 지역은 유목 민족의 새로운 압박을 받아 어려움을 겪었다. 그 결과 다른 지역에서 행사되던 제국의 통제권마저 위태롭게 되었다. 제국의 재정이 이미 바닥을 드러낸 상태였으므로, 알렉시오스는 동부 지역에서 본격적인 반격을 시도할 수 있는 자원이 결핍되어 있었다. 그리하여 그는 자신감이 떨어졌고 비잔티움 귀족들은 전면적인 반란을 일으키려 했다.

안나 콤네네가 말했듯이, 서방에서 온 골치 아픈 기사들을 다루는 것은 문제의 일부분일 뿐이었다. "신하들의 반발은 그에 못지않게 황제에게 어려움을 안겨주었다. 사실 그는 국내의 반란 세력을 십자군보다 더 심각한 위협으로 여기면서 황위를 유지하기 위해 최선을 다했고 놀라운 솜씨로 귀족들의 반란에 대응했다. 하지만 누가 황제에게 닥쳐온 그 많은 문제들을 정확하게 묘사할 수 있을 것인가? 그런 상황은 그에게 모든 사람을 상대로 모든 것이 되라고 강요했고, 그는 상황에 맞추어 최선을 다해 적응할 수밖에 없었다."[92]

안나는 황제를 끝없이 부딪쳐 오는 파도에 맞서서 비틀거리는 배를 운

항해야 하는 키잡이에 비유했다. 한 파도가 지나가면 곧이어 다른 파도가 그에게 닥쳐왔다. "끝없는 비애가 밀려와서, 말하자면 고난의 바다 같았다. 그는 숨 쉴 틈도 없었고 눈을 편안히 감고 있을 시간도 없었다."[93] 알렉시오스는 이런 고난의 파도에 아주 과감하게 대응했다.

제1차 십자군을 다룬 이야기는 이전에도 많이 나왔다. 보에몬드, 부용의 고드프루아, 툴루즈의 레몽 같은 사람들의 무훈은 여러 세기 동안 세대에서 세대로 이어져가며 칭송되었다. 귀국하지 못한 칼데룬의 보두앵이나 몽메를의 아샤르 같은 사람들의 이름과 업적은 후대를 위해 기억되었고, 성도 예루살렘을 해방시키려 한 그들의 영웅적 행동과 이타적 태도는 두고두고 기억되었다.

제1차 십자군전쟁의 원인을 제공한 사람들의 이름은 그리 잘 알려져 있지 않다. 중세 유럽의 모습을 다시 형성한 십자군 원정을 논의하는 곳에서는 아불-카심, 부르수크, 토고르타크, 니케포로스 디오게네스 같은 사람들이 논의되어야 한다. 이들은 비잔티움을 붕괴 일보 직전까지 몰고감으로써 알렉시오스로 하여금 서방에 도움을 호소하게 만든 사람들이었다. 이런 사람들의 공격, 호전적 태도, 반란은 서방의 기독교인들이 예루살렘 해방을 위해 궐기하게 만든 계기가 되었다. 성도는 과거 무슬림에게 함락된 이후 450년 이상 이교도의 손에 들어가 있던 것이다.

그러나 그 누구보다도 중요한 한 사람이 있으니 바로 알렉시오스 1세 콤네노스다. 그는 십자군을 동방으로 오게 만든 일련의 사건들을 최초로 작동시킨 장본인이다. 동방에서 온 구원 요청은 중세 세계의 모습을 다시 형성시키고, 유럽의 지리적, 경제적, 사회적, 정치적, 문화적 지평을 크게 넓혀놓았다. 그로부터 900년 이상이 흐른 지금, 알렉시오스는 다시 한 번 제1차 십자군전쟁의 역사에서 무대의 중심인물로 자리매김 되어야 마땅하다.

감사의 말

대부분의 학부 학생들이 느끼는 바이지만, 학기가 시작하고 어느 시점에 이르면 오전 9시에 시작하는 강좌가 불공정하다고 여기고 때로는 잔인하다는 느낌마저 갖게 된다. 나는 1992년 케임브리지대학의 역사학부 건물의 계단을 힘겹게 올라갔던 일을 지금도 기억한다. 내가 그 학기에 선택한 강좌 이름은 '비잔티움과 그 이웃 국가들 800~1200년'이었는데 그 강좌의 첫 강의를 듣기 위하여 힘들게 침대에서 일어나 학교에 나왔던 것이다. 그러나 강의가 시작되고 5분이 채 지나지 않아 나는 마치 샷을 세 번 추가한 에스프레소 커피를 마신 것처럼 긴장하면서 흥분이 되었다. 나는 무자비한 페체네그 스텝 유목민들에 대해서 듣게 되었고 그 민족이 후추, 주홍색 비단, 중동산 가죽 등을 얻을 수 있다면 그 보답으로 뭐든지 해주려 한다는 것을 알게 되었다. 나는 또 왜 이교도인 불가르 지도자들이 9세기에 기독교도가 되기를 선택했을까 하는 의아한 생각도 들었다. 나는 새로운 로마인 제국 도시 콘스탄티노플에 대해서도 재미난 이야기를 들었다.

그 첫 번째 강의가 안겨준 흥분 때문에 나는 비잔티움제국과 그 이웃 국가들에 대하여 아주 많이 알고 싶다는 욕구를 갖게 되었다. 그러므로 내가 대학원에 진학하여 이 주제를 계속 연구하게 된 것은 당연한 일이었다. 문제가 있다면 그중에서 어떤 주제를 선택할 것인가 하는 것뿐이었다. 내 시선을 사로잡은 것은 알렉시오스 1세 콤네노스 황제의 통치 시기였는데, 아주 놀라울 정도로 풍부한 사료가 있었으나 아직 대답하지 못한 문제들이 많은 역사적 시기였다. 그리하여 다음과 같은 사실이 분명해졌다. 11세기 말과 12세기 초의 비잔티움제국을 깊이 있게 파고들려면, 그 시기의 문헌들을 충분히 섭렵해야 하고 특히 《알렉시아스》를 잘 알고 있어야 했다. 그런 다음에 이탈리아 남부에서 나온 그리스어와 라틴어 사료, 스텝 유목민들의 세계, 콘스탄티노플의 고고학과 유물 문화, 발칸반도·소아시아·십자군전쟁의 역사, 중세 교황청, 성지에 수립된 라틴 식민지들에 대해서도 훤히 알아야 했다. 오전 9시 강의에서 느꼈던 흥분이 그 뒤에 깊은 열정으로 바뀌었다. 때때로 압도되는 느낌과 좌절감이 있었지만, 어느 경우든 신나는 흥분감은 사라지지 않았다.

지난 여러 해 동안 지원과 도움을 아끼지 않아 여기서 감사를 표하고 싶은 많은 사람들이 있다. 우스터대학의 학장과 동료 교수들은 1997년 이래 아주 편안하고 멋진 보금자리를 제공해주었다. 이분들은 한없이 관대하게 베풀어준 대신에 요구사항은 별로 많지 않았다. 내게 스탠리 J. 시거 방문 펠로우십을 수여해준 프린스턴대학에도 감사드린다. 그 덕분에 새로운 연구의 길을 개척할 수 있었다. 하버드대학의 동료들은 내가 덤바튼 오크스에서 여름 시즌 구성원이 될 수 있도록 도움을 주었다. 보들리도서관, 특히 아래층 열람실의 직원들은 인내심을 발휘하면서 내게 호의를 베풀어주었다. 옥스퍼드대학의 여러 동료들에게도 감사의 말을 전해야겠다. 나는 그곳에서 고대 후기와 비잔티움 연구 분야의 몇몇 최고 권위 학자들과 함께 연구할 수 있었다.

옥스퍼드의 많은 동료들에게 감사를 표하고 싶은데, 특히 마크 휘토, 캐서린 홈스, 시릴과 말리아 망고, 엘리자베스와 마이클 제프리스, 마르크 록스터만, 제임스 하워드-존스턴은 이름을 거론하고 싶다. 이들은 11세기와 12세기 역사에 대하여 그들의 의견을 공유해주었다. 또 조너선 셰퍼드에게 특별히 감사드린다. 그는 케임브리지대학에서 내게 첫 강의를 들려주었을 뿐만 아니라 내가 비잔티움에 주목하도록 이끌어주었고 또 그 후에 중요한 조언을 아끼지 않았다. 학부와 대학원의 내 제자들을 위시하여 회의장에서 밤늦게까지 콘스탄티노플, 알렉시오스, 십자군을 토론했던 동료 교수들에게도 감사드린다. 만약 내가 이들과 다른 사람들의 조언을 제대로 받아들이지 못했다면 송구하다고 말씀드리고 싶다.

캐서린 클라크는 내게 제1차 십자군전쟁에 대하여 완전히 새로 써보라고 조언해준 사람이다. 펠리시티 브라이언의 캐서린 클라크와 그녀의 멋진 팀이 이끌어주고 도와주지 않았더라면 이 책은 집필되지 못했을 것이다. 보들리 헤드의 윌 설킨과 하버드대학 출판부의 조이스 셀처도 집필 내내 큰 도움을 주었다. 여그 헨스겐은 여러 가지 어려운 질문들을 해옴으로써 이 책을 한결 더 좋게 만들어주었다. 클로에 캠벨의 인내심과 조언은 한결같았고 또 너무나 소중했다. 앤서니 히피슬리에게도 감사드리고 또 지도를 작성해주신 마틴 루비코브스키에게 큰 신세를 졌다. 소년 시절부터 나에게 많은 영감을 주신 나의 부모님께도 감사드린다.

나는 아내 제시카에게 큰 빚을 졌다. 그녀는 유목민들, 비잔티움, 지중해 동부 등에 대하여 강의를 듣던 그 첫날에 나와 함께 수업을 들었다. 그리고 나는 그날 오전에 그녀에게 그 새로운 세계에 대해서 아주 흥분된 어조로 말했었다. 내가 평생 매달릴 주제를 발견했다고 말했을 때, 그녀는 침착하게 내 말을 다 들어주고, 클라운스 카페에서 첫 번째 카푸치노를 마시던 내게 그 주제를 한번 끝까지 깊이 연구해보라고 격려해주었다. 이 책을 그녀에게 바친다.

피터 프랭코판
2011년 7월

옮긴이의 말

서기 1000년대는 유럽 중세의 한가운데 시점으로 두 가지 중대한 흐름이 있었다. 하나는 이슬람 세력과의 대립이고 다른 하나는 밀레니엄 사상이다.

이 무렵 유럽 북방의 야만인들은 거의 제압이 되었고 폴란드, 헝가리, 덴마크, 노르웨이 등이 기독교화되기 시작했다. 1000년대 후반기에 이르러 유럽 남부의 이슬람 세력은 압바시야 칼리프 왕조의 쇠락으로 후퇴하고 있었다. 노르만인은 약진하여 이탈리아 남부와 시칠리아를 아랍인의 손에서 빼앗아냈다. 그러나 이슬람과의 대결은 15세기까지 지속되어 일진일퇴의 호각지세를 구축했다. 1453년에 비잔티움제국의 콘스탄티노플이 오스만제국의 메흐메트 2세에게 함락되었고 서방은 1492년에 이슬람 세력을 스페인에서 완전 몰아냈다.

한편 11세기에는 밀레니엄 사상이 널리 퍼져 있었는데 중세 사람들은 종말이 다가오고 있다고 믿었다. 기독교 신자들은 하느님이 6일 만에 천지를 창조한 점에 착안하여, 우주의 지속 기간은 단계마다 1000년의 시간대를 가진 여섯 단계로 나뉜다고 보았다. 시편 90장 4절에서 지상의 1000년은 하느님에게는 1일과 같다고 했기 때문이다. 이 6000년(하느님의 엿새)이 다 지나가고 나면 세상을 지배하던 대악마는 지하 토굴에 갇히고, 새로운 1000년(밀레니엄)이 도래하면 재림한 그리스도가 다스리게 되고 이어 최후의 심판이 닥쳐온다고 믿었다(요한 묵시록 20장). 천지창조의 시기는 기원전 5200년경이라고 추정되어 여섯 번째 단계는 서기 800년 전후에 끝나는 것으로 믿어졌으나, 그 시기가 지나가자 중세 사람들은 서기 1000년을 전후한 시기에 다시 밀레니엄이 시작되리라고 대망했다.

십자군전쟁은 이 두 가지가 합쳐져서 나온 중세의 가장 중요한 사건이다. 교황이 원정에 참여하는 모든 사람에게 죄의 사면이라는 정신적 보상을 약속하면서 밀레니엄에 대한 기대가 더욱 높아져 십자군 지원자들을 분기시켰다. "하느님이 원하신다!"라는 십자군의 구호는 이것을 잘 말해주고 있다. 그런 십자군전쟁 중 제1차가 가장 중요한데, 성지 예루살렘을 탈환하고 그곳에 현지 국가를 세우는 등 괄목할 만한 성과를 거두었기 때문이다. 이처럼 성공을 거둘 수 있었던 중요한 이유 중 하나는 당시 이슬람 세계가 일시적 허약함과 혼란 상태에 빠져 있었기 때문이다. 그러나 예루살렘과 그 인근에 세워진 허약한 프랑크 국가들, 그리고 콘스탄티노플의 라틴 제국(제4차 십자군이 콘스탄티노플에 세운 일시적 국가)은 곧 무너졌다.

제1차 십자군 원정이 끝난 후에 서유럽과 서방 교회의 입장에서 집필된 《프랑크인의 행적》은 제1차 십자군의 고난을 비잔티움제국의 황제 탓으로 돌렸다. 그러나 이 책의 저자 피터 프랭코판은 근년에 들어와 비잔티움 연구가 활발해지고, 특히 알렉시오스 황제의 딸 안나 콤네나가 집필한 《알렉시아스》에 대한 연구가 폭넓게 진행되면서 많은 새로운 사실이 알려졌다고 말한다. 그러면서 제1차 십자군전쟁을 일으킨 근원적 인물은 기존에 알려진 대로 교황 우르바누스 2세라기보다는 비잔티움 제국의 황제였다고 주장한다. 당시 우르바누스 교황은 반교황 클레멘트 3세와의 대립 때문에 교회 내의 입지를 강화해야 할 입장에 있었는데, 그때까지 소원했던 비잔티움제국과의 관계 회복에서 돌파구를 찾으려 했다. 그런 상황에서 알렉시오스의 구조 요청이 오자 교황이 적극 반응했고, 밀레니엄을 대망하던 중세 사람들도 적극 참여하게 되었다.

하지만 알렉시오스 황제에 대한 서방의 평가는 아주 나쁘다. 가령 에드워드 기번은 《로마제국 쇠망사》 제59장에서 "알렉시오스 황제는 사자의 발자국을 쫓아다니면서 사자가 먹다 남은 찌꺼기를 게걸스럽게 먹어치우는 자칼에 비유된다"라면서 혹평했다. 티레의 윌리엄 주교는 황제를 전갈에 비유하면서 이렇게 말했다. "알렉시오스는 전갈 같은 자다. 그는 순한 얼굴을 하고 있지만 꼬리에 독을 숨기고 있다." 피터 프랭코판은 이런 인신공격성 저평가는 서구 위주의 역사서들로부터 편향적인 영향을 받은 탓이라면서, 황제의 행적을 객관적으로 검토하여 십자군의 역사를 공정하게 기술하려 한다. 이 과정에서 저자는 동방에서 나온 많은 관련 증거들을 제시한다.

제1차 십자군은 니케아-안티오크-예루살렘으로 이어지는 세 번의 중요한 전투를 벌였다. 온갖 어려움을 무릅쓰고 작전을 펼쳐서 1097년 6월에 니케아를 함락시키고, 1098년 6월 3일에 안티오크를 접수, 그리고 1099년 7월 15일에 예루살렘을 점령했다. 안티오크 공성전에서 십자군은 크게 고전했는데, 이때 비잔티움 황제가 별로 도와주지 않자 부용의 고드프루아, 동생 보두앵, 블루아의 스티븐, 노르망디의 로베르, 툴루즈의 레몽, 베르망두아의 휴, 플랑드르의 로베르 등 십자군 지도자들과 황제 사이에 금이 가기 시작했고 이들은 콘스탄티노플에 남아 있던 황제를 의심의 눈으로 바라보았다. 피터 프랭코판은 제국 내의 정치적 불안정과 서부 해안의 외세 침략 등으로 황제가 직접 전투 현장으로 갈 수 없었다고 설명한다. 이탈리아 남부에서 온 보에몬드와 탄크레디 같은 노르만인 지도자는 그들 나름의 이권을 챙기려고 안티오크 접수후에 그 도시를 황제의 대리인에게 넘겨주지 않고 독립적인 통치를 꿈꾸었다. 그러나 가장 큰 문제는 예루살렘 점령 이후였다. 유럽의 여러 군사 지도자들이 각자 야심과 권력욕을 드러내기 시작하고 그리하여 권력투쟁이 벌어지면서 현실정치의 추악한 면면이 세세히 드러났던 것이다.

한편 십자군의 예루살렘 정복 이후 보에몬드는 몰래 이탈리아 남부로 돌아가서 병력을 모집하고 알렉시오스를 공격할 계획을 세운다. 그러나 보에몬드는 황제 군대에 패배하여 황제에게 충성을 바치는 조건으로 조카 탄크레디가 다스리는 안티오크의 명목상 지사에 임명되었다. 이런 보에몬드가 《프랑크인의 행적》에서 핵심적 인물로 소개되고 고향인 이탈리아 남부에서는 영웅처럼 대접받은 것은 역사적 아이러니다.

저자는 이 책에서 여러 가지 관점으로 알렉시오스에 대해 변론한다. 지금껏 서방 측의 대표적 사료였던 《프랑크인의 행적》에 맞서서, 알렉시오스의 딸 안나 콤네네가 부왕의 사망 50년 후에 쓴 《알렉시아스》를 교차 비교한다. 전자는 12세기 초에 높은 인기를 누린 서방의 책자인데, 알렉시오스를 아주 사악한 인물로 묘사한다. 반면에 《알렉시아스》는 비잔티움제국이 십자군 지원을 원활히 할 수 없었던 사정을 설명한다. 피터 프랭코판은 지금껏 서방의 학자들이 서방의 자료에만 의존하여 십자군전쟁을 평가해왔는데, 《알렉시아스》를 위시하여 동방의 여러 사료를 참조하면서 비잔티움제국과 투르크족의 활동 상황을 감안해야만 십자군전쟁에 대하여 중립적이면서도 종합적인 서술이 가능하다고 주장한다. 이 책은 그런 신념을 충실하게 실천한 결과물이다.

자신의 힘이 아니라 외세를 끌어들여서 나라를 지키는 것이 얼마나 고단하고 굴욕스러운 일인지, 이 책은 그 경과를 잘 보여주고 있다. 도움을 주러 온 세력은 처음에는 종교라는 대의명분을 내세우지만 결국에는 다들 자기 이익과 속셈을 계산하기에 바빴다. 이처럼 다양한 인적 구성과 이해관계를 가진 십자군 세력을 때로는 당근으로, 때로는 채찍으로 달래면서 결국 소아시아에서 투르크를 몰아내어 자신의 입지를 굳힌 알렉시오스는 분명 노련하면서도 현명한 통치자다. 그의 원활한 통치술 덕분에 제국은 그 후 1세기가량 안정된 정치적 기반을 닦을 수 있었다. 외세와의 미묘한 균형과 견제라는 것은 1000년 전 비잔티움제국과 소아시아에서 벌어진 단 한 번의 사건이 아니라, 지금 여기에서도 진행 중인 역사적 현상이다.

저자의 글은 논리적이고 수미일관하여 참으로 읽기가 좋다. 국내에서는 기존에 몇 권의 십자군 책이 나와 있으나, 20세기 후반과 21세기 초반에 이루어진 연구 성과를 충실히 반영하여 십자군 역사를 균형 있게 다룬 경우는 이 책이 처음이 아닌가 한다. 역사를 사랑하는 독자들에게 일독을 권한다.

주

주석에 사용된 약어

Albert of Aachen	*Historia Iherosolimitana*, ed. and tr. S. Edgington (Oxford, 2007).
Anna Komnene	*Alexiad*, revised tr. P. Frankopan (London, 2009).
Baldric of Dol	*Historia Jerosolimitana*, in RHC, Occ. vol. 4, pp. 1~111.
Barber and Bate, *Letters*	*Letters from the East: Crusaders, Pilgrims and Settlers in the 12th ‒ 13th Centuries* (Farnham, 2010).
Bernold of Constance	*Die Chroniken Bertholds von Reichenau und Bernolds von Konstanz*, ed. I. Robinson (Hanover, 2003).
Ekkehard of Aura	*Frutolfs und Ekkehards Chroniken und die Anonymen Kaiserchroniken*, ed. F-J. Schmale and I. Schmale-Ott (Darmstadt, 1972).
Fulcher of Chartres	*A History of the Expedition to Jerusalem 1095‒1127*, tr. F. Ryan (Knoxville, 1969).
Geoffrey Malaterra	*De rebus gestis Rogerii Calabriae et Siciliae Comitis et Roberti Guiscardi Ducis fratris eius*, ed. E. Pontieri, in RIS, 2nd edition (Bologna, 1927~1928).
Gesta Francorum	*Gesta Francorum et aliorum Hierosolimitanorum*, ed. and tr. R. Hill (London, 1962).
Gregory VII, *Register*	*The Register of Pope Gregory VII 1073~1095*, tr. H. E. J. Cowdrey (Oxford, 2002).

Gregory Pakourianos	P. Gautier, 'Le typikon du sébaste Grégoire Pakourianos', *Revue des Etudes Byzantines* 42 (1984), pp. 6~145.
Guibert of Nogent	*Gesta Dei per Francos*, ed. R. Huygens (Turnhout, 1986).
Hagenmeyer, *Epistulae*	*Epistulae et chartae ad historiam primi belli sacri spectantes: die Kreuzzugsbriefe aus den Jahren 1088-1100* (Innsbruck, 1901).
Ibn al-Athir	*The Chronicle of Ibn al-Athir for the Crusading Period from al-Kamil fi'l-Ta'rikh*, Part one, tr. D. S. Richards (London, 2002).
John the Oxite	P. Gautier, 'Diatribes de Jean l'Oxite contre Alexis Ier Comnène', *Revue des Etudes Byzantines* 28 (1970), pp. 5~55.
John Skylitzes	*Ioannis Scylitzae Synopsis historiarum*, ed. I. Thurn (New York, 1973).
John Zonaras	*Epitome Historiarum*, ed. M. Pinder and T. Büttner-Wobst, 3 vols. (Bonn, 1841-1897).
Katakalon Kekaumenos	*Sovety i rasskazy Kekavmena*, ed. and tr. G. Litavrin (Moscow, 1972).
	Manuel Straboromanos P. Gautier, 'Le dossier d'un haut fonctionnaire d'Alexis Ier Comnène, Manuel Straboromanos', *Revue des Etudes Byzantines* 23 (1965), pp. 168~204.
Matthew of Edessa	*Armenia and the Crusades*, tr. A. Dostourian (Lanham, 1993).
MGH, SS	*Monumenta Germaniae Historica, Scriptores*, 32 vols. (Hanover, 1826-).
Michael Attaleiates	*Michaelis Attaliotae Historia*, ed. I. Bekker (Bonn, 1853).
Michael the Syrian	*Chronique de Michel le Syrien*, ed. and tr. J-B.

Chabot, 4 vols. (Paris, 1899–1910).

Miklosich and Müller	*Acta et diplomata graeca medii aevi sacra et profana*, 6 vols. (Vienna, 1860–1890).
Nikephoros Bryennios	*Nicephori Bryennii historiarum Libri Quattuor*, ed. and tr. P. Gautier (Brussels, 1975).
Orderic Vitalis	*The Ecclesiastical History of Orderic Vitalis*, ed. and tr. M. Chibnall, 6 vols. (Oxford, 1967–1980).
Patrologia Latina	*Patrologia Latina*, ed. J–P. Migne, 221 vols. (Paris, 1844–1864).
Ralph of Caen	*The Gesta Tancredi of Ralph of Caen*, tr. B. Bachrach and D. Bachrach (Aldershot, 2005).
Raymond of Aguilers	*Historia Francorum qui ceperunt Iherusalem*, tr. J. Hill and L. Hill (Philadelphia, 1968).
RHC, Occ.	*Recueil des Historiens des Croisades, Historiens Occidentaux*, 5 vols. (Paris, 1841–95).
RHC, Or.	*Recueil des Historiens des Croisades, Historiens Orientaux*, 4 vols. (Paris, 1869 – 98).
RIS	*Rerum Italicarum Scriptores*.
Robert the Monk	*Robert the Monk's History of the First Crusade, Historia Iherosolimitana*, tr. C. Sweetenham (Aldershot, 2006).
Theophylact of Ohrid	P. Gautier, 'Discours de Théophylacte de Bulgarie', *Revue des Etudes Byzantines* 20 (1962), pp. 93 – 130.
William of Apulia	*La geste de Robert Guiscard*, ed. and tr. M. Mathieu (Palermo, 1961).
William of Tyre	*Chronicon*, ed. R. Huygens, 2 vols. (Turnhout, 1986).

들어가는 글

1. Fulcher of Chartres, I.2.i, pp. 62~3.
2. Robert the Monk, I.1, p. 79.
3. Ibid., pp. 79~80.
4. Fulcher of Chartres, I.3.iv, p. 66.
5. Baldric of Dol, IV.1, p. 15.
6. Robert the Monk, I.1, pp. 79~80.
7. 우르바누스의 연설에 대한 주된 이야기들은 십자군전쟁이 벌어지고 난 이후인 12세기 초에 집필되었다. 12장 319~321쪽 참고.
8. Guibert of Nogent, I.1, p. 87; 다음 자료도 참조. Fulcher of Chartres, I.3.v~viii, pp. 66~7; Robert the Monk, I.2, p. 81; R. Somerville, *The Councils of Urban II: Decreta Claromontensia* (Amsterdam, 1972), p. 74.
9. Robert the Monk, I.2, pp. 81~2; Fulcher of Chartres, I.4.iv, p. 68; Guibert of Nogent, II.5, p. 117.
10. V. Tourneur, 'Un denier de Godefroid de Bouillon frappé en 1096', *Revue belge de numismatique* 83 (1931), pp. 27~30; cf. N. Bauer, 'Der Fund von Spanko bei St Petersburg', *Zeitschrift für Numismatik* 36 (1926), pp. 75~94.
11. 예를 들면 다음 자료 참조. J. Riley-Smith, The First Crusade and the Idea of Crusading (London, 1986), pp. 31.
12. 클레르몽에서 통과된 예루살렘에 관한 선포에 대해서는 다음 자료 참조. Somerville, *Councils of Urban II*, pp. 74, 124, 다음 자료도 참조. R. Somerville, *Papacy, Councils and Canon Law* (London, 1990), pp. 56~65 and 325~37. 다음 자료도 참조. Riley-Smith, *First Crusade*, pp. 13~30.
13. 그 편지는 1097년 니케아에 집결한 십자군 병력이 30만 명이었는데 1099년 9월에 벌어진 아스칼론 전투 때에는 겨우 2만 명을 넘었다고 말한다. 그러나 이 수치는 그 당시 예루살렘과 다른 도시에 주둔하고 있었던 서방 기사들의 병력은 포함하지 않은 것이다. Barber and Bate, *Letters*, pp. 34~5. 십자군 부대의 병력 규모에 대해서는 다음 자료 참조. J. France, *Victory in the East: A Military History of the First Crusade* (Cambridge, 1993), pp. 122~42.
14. Raymond of Aguilers, I, p. 18; Albert of Aachen, V.40, pp. 392~4.
15. Albert of Aachen, III.28, p. 182.

16. Ralph of Caen, 119, p. 135.

17. 예를 들면 다음 자료 참조. J. Riley-Smith, *The First Crusaders 1095~1131* (Cambridge, 1997); M. Bull, *Knightly Piety and the Lay Response to the First Crusade: The Limousin and Gascony* (Oxford, 1993); France, *Victory in the East*; T. Asbridge, *The First Crusade: A New History* (London, 2004). 십자군 전쟁 전반에 대해서는 다음 자료 참조. C. Tyerman, *God's War: A New History of the Crusades* (London, 2006), J. Phillips, *Holy Warriors: A Modern History of the Crusades* (London, 2010).

18. J. Nesbitt, 'The rate of march of crusading armies in Europe: a study and computation', *Traditio* 19 (1963), pp. 167~82; A. Murray, 'The army of Godfrey of Bouillon 1096~9: Structure and dynamics of a contingent on the First Crusade', *Revue Belge de Philologie et d'Histoire* 70 (1992), pp. 301~29; B. Bachrach, 'Crusader logistics: From victory at Nicaea to resupply at Dorylaion', in J. Pryor (ed.), *Logistics of Warfare in the Age of the Crusades* (Aldershot, 2006), pp. 43~62.

19. 예를 들면 다음 자료 참조. S. Edgington, 'Albert of Aachen reappraised', in A. Murray (ed.), *From Clermont to Jerusalem: The Crusades and Crusader Societies* (Turnhout, 1998), pp. 55~67; J. France, 'The use of the anonymous *Gesta Francorum* in the early twelfth century sources for the First Crusade', in ibid., pp. 29~42; J. Rubenstein, 'What is the *Gesta Francorum* and who was Peter Tudebode?', *Revue Mabillon* 16 (2005), pp. 179~204.

20. A. Vauchez, 'Les composantes eschatologiques de l'idée de croisade', in A. Vauchez (ed.), *Le Concile de Clermont de 1095 et l'appel à la Croisade* (Rome, 1997), pp. 233~43; H. Möhring, *Der Weltkaiser der Endzeit: Entstehung Wandel und Wirkung einer tausendjahrigen Weissagung* (Stuttgart, 2000), and B. E. Whalen, *Dominion of God: Christendom and Apocalypse in the Middle Ages* (Cambridge, Mass, 2009).

21. J. Bliese, 'The motives of the First Crusaders: A social psychological analysis', *Journal of Psychohistory* 17 (1990), pp. 393~411; G. Anderson, R. Ekelund, R. Herbert and R. Tollinson, 'An economic interpretation of the medieval crusades', *Journal of European Economic History* 21 (1992), pp.

339~63.

22. C. Ottoni, F-X. Ricaut, N. Vanderheyden, N. Brucato, M. Waelkens and R. Decorte, 'Mitochondrial analysis of a Byzantine population reveals the differential impact of multiple historical events in South Anatolia', *European Journal of Human Genetics* 19 (2011), pp. 571~6.

23. A. Johansen and D. Sornett, 'Finite time singularity in the dynamics of the world population and economic indices', *Physica* A 294. 3~4 (2001), pp. 465~502, citing J. DeLong's University of California, Berkeley 'Estimating World GDP' project.

24. Bernold of Constance, p. 520.

25. Anna Komnene, XIII.6, p. 373.

26. Ia. Liubarskii, 'Ob istochnikakh "Aleksiady" Anny Komninoi', *Vizantiiskii Vremennik* 25 (1965), pp. 99~120; for Anna's sources, actual and possible, 다음 자료 참조. J. Howard-Johnston, 'Anna Komnene and the Alexiad', in M. Mullett and D. Smythe (eds.) *Alexios I Komnenos - Papers* (Belfast, 1996), pp. 260~302.

27. R. Bedrosian (tr.) *Aristakes Lastivertc'i's History* (New York, 1985), p. 64.

1. 위기의 유럽

1. Gregory VII, Register, I.1, p. 1.

2. Ibid., I.25, p. 30.

3. 다음 자료 참조. U-R. Blumenthal, *The Investiture Controversy: Church and Monarchy from the Ninth to the Twelfth Century* (Philadelphia, 1988); G. Tellenbach, *The Western Church from the Tenth to the Early Twelfth Century* (Cambridge, 1993); H. Cowdrey, *Pope Gregory VII, 1073~1085* (Oxford, 1998).

4. Gregory VII, *Register*, III.6, p. 181; III.10a, pp. 192~3.

5. Hugh of Flavigny, II, p. 458; Lampert, *Annales*, pp. 258, 264~5; Berthold, p. 284; Bonizo of Sutri, Liber, 8, p. 609.

6. Gregory VII, *Register*, VII.14, pp. 342~4.

7. Benzo of Alba, *Ad Henricum*, VI, Preface, p. 502.

8. C. Erdmann (ed.), *Die Briefe Heinrichs IV* (Leipzig, 1937), 18, p. 28.

9. P. Kehr, 'Due documenti pontifici illustranti la storia di Roma negli ultimi anni del secolo XI', *Archivio della Società Romana di storia patria* 23 (1900), pp. 277~83.

10. Bernold of Constance, p. 508.

11. 우르바누스는 스페인으로 싸우러 간 기사들에게 죄의 사면을 약속했고, 이것은 분명히 전쟁에 지원한 사람들에게 엄청난 정신적 보상이 되었으며 중요한 기폭제가 되었다. 그러나 당시에는 죄를 사면해 주겠다는 교황의 제안이 유럽의 기사단 전체에게는 별반 영향을 미치지 못했다. 다음 자료 참조. J. von Pflugk-Hartung, *Acta pontificum Romanorum inedita*, 3 vols. (Leipzig, 1880~8), 2, pp. 142~3; Urban II, *Epistolae et Privilegia, in Patrologia Latina* 151, cols. 288, 302~3, 332~3. 다음 자료도 참조. A. Becker, *Papst Urban II*, 2 vols. (Stuttgart, 1964~88), 1, pp. 246ff.

12. F. Liebermann, 'Lanfranc and the antipope', *English Historical Review* 16 (1901), pp. 330~2.

13. P. Kehr, 'Papsturkunden in Rom: Erster Bericht', *Nachrichten von der Gesellschaft der Wissenschaften zu Göttingen, Phil-hist. Kl.* (1900), pp. 148~9.

14. 클레르몽 3세에게 보낸 답변만 전해지고 있다. A. Pavlov, 'Otryvki grecheskago teksta kanonicheskikh otvetov russkago mitropolita Ioanna II', *Zapiski Imperatorskoi Akademii Nauk*, 22.5 (1873), pp. 169~86.

15. 제국의 후계자들은 종종 태어나자마자 혹은 그 직후에 공동 황제로 대관되었다. 따라서 호칭의 공식에는 두 이름을 표기하는 공간이 필요했다. *De Cerimoniis aulae Byzantinae libri duo*, ed. J. Reiske, 2 vols. (Bonn, 1829~30), 48, vol. 2, pp. 686~92; 46, vol. 2, p. 679.

16. C. Will, *Acta et scripta quae de controversiis Ecclesiae Graecae et Latinae* (Leipzig, 1861), pp. 150~4.

17. J. Mansi (ed.), *Sacrorum Concilium Amplissima Collectio*, 31 vols. (Florence, 1759~98), 20, cols. 507~8; Gregory VII, *Register*, VI.5b, p. 281. Alexios' excommunication is mentioned by Bernold of Constance, pp. 479~80.

18. William of Apulia, IV, p. 230; cf. Anna Komnene, I.13, p. 40.

19. 이와 관련된 가장 믿을 만한 자료는 종교회의에서 합의된 교회법령, 교황이 플랑드르, 토스카나, 스페인 등에 보낸 여섯 통의 편지, 우르바누스가 클레르몽 종교회의 이후에 프랑스에서 행한 설교(가령 1096년 2월, 앙제르에서 행한 설교)에 대한 동시대의 기록 등이다. Somerville, *Councils of Urban II*, pp. 74, 124; Hagenmeyer, *Epistulae*, pp. 136, 137~8; W. Wiederhold, 'Papsturkunden in Florenz', *Nachrichten von der Gesellschaft der Wissenschaften zu Göttingen, Phil-hist. Kl.* (1901), pp. 313~14; P. Kehr, *Papsturkunden in Spanien. I Katalonien* (Berlin, 1926), pp. 287~88; L. Halphen and R. Poupardin, *Chronique des comtes d'Anjou et des seigneurs d'Amboise* (Paris, 1913), pp. 237~8.

20. Geoffrey Malaterra, IV.13, p. 92; W. Holtzmann, 'Die Unionsverhandlungen zwischen Kaiser Alexios I und Papst Urban II im Jahre 1089', *Byzantinische Zeitschrift*, 28 (1928), pp. 60~2.

21. Anna Komnene, V.9, p. 151.

22. Holtzmann, 'Unionsverhandlungen zwischen Kaiser Alexios I und Papst Urban II', pp. 60~2.

23. Ibid.

24. Ibid., pp. 62~4.

25. Theophylact of Ohrid, Peri egkalountai Latinon, in P. Gautier (ed. and tr.), *Theophylacti Achridensis Opera* (Thessaloniki, 1980), p. 249.

26. Ibid., pp. 251~61.

27. Ibid., pp. 271~9.

28. H. Seyffert (ed.), *Benzo von Alba. Sieben Bücher an Kaiser Heinrich IV* (Hanover, 1996), I.14~17, pp. 140~54.

29. Geoffrey Malaterra, IV.13, pp. 92~3.

30. R. Somerville, *Pope Urban II, the Collectio Britannica, and the Council of Melfi* (1089) (Oxford, 1996), pp. 175~80.

31. 그의 논평은 콘스탄티노플의 총대주교인 니콜라스 3세에게 보낸 편지에 나온다. Holtzmann, 'Unionsverhandlungen zwischen Kaiser Alexios I und Papst Urban II', pp. 64~7.

32. Thus Becker, *Papst Urban II*, 2, pp. 80ff.

33. Ibid., p. 60.

34. Ibid., pp. 59~60.

35. Pavlov, 'Otryvki grecheskago teksta', pp. 169~86.

36. Anna Komnene, IV.1, p. 109.

37. E.g. *Regii neapolitani archivi: monumenta edita ac illustrata*, 6 vols. (Naples, 1845~61) 5, no. 457, pp. 146~7; no. 458, pp. 148~52; no. 462, pp. 157~9; no. 467, pp. 174~8; *Codice Diplomatico Barese*, 6 vols. (Bari, 1897~1902), 3, no. 24, pp. 39~40; no. 35, p. 41; no. 36, p. 42; no. 27, p. 43; no. 28, pp. 44~5; no. 29, pp. 45~6; no. 30, pp. 46~7; D. Morea (ed.), *Il chartularium del monastero* (Montecassino, 1892), p. 136.

38. Bernold of Constance, pp. 470~80.

39. G. Spata, *Le pergamene greche esistenti nel grande archivio di Palermo* (Palermo, 1861), pp. 163~6, 173~5, 179~82; S. Cusa, *I diplomi greci ed arabi di Sicilia pubblicati nel testo originale*, 2 vols. (Palermo, 1868~82), 2, p. 391.

40. Bernold of Constance, p. 483; Anna Komnene, VIII.5, p. 224.

41. F. Sisic (ed.), *Letopis Popa Dukljanina* (Belgrade, 1928), pp. 413~16; P. Frankopan, 'Co-operation between Constantinople and Rome before the First Crusade: A study of the convergence of interests in Croatia in the late 11th Century', *Crusades* 3 (2004), pp. 1~13.

42. Fulcher of Chartres, I.5.xi, p. 71.

43. Bernold of Constance, pp. 458, 462.

44. Herrand of Halberstadt, *Epistola de causa Heinrici regis, MGH Libelli*, 2, p. 288.

45. *MGH Constitutiones et acta publica imperatorum et regum*, 2 vols. (Hanover, 1893), 1, p. 564; Bernold of Constance, p. 520.

46. Bernold of Constance, p. 520.

47. Geoffrey Malaterra, IV.23, p. 101; Bernold of Constance, p. 463.

48. 피아첸차의 회의 기록에 대해서는 다음 자료 참조. R. Somerville, *Pope Urban II's Council of Piacenza* (Oxford, 2011).

2. 콘스탄티노플의 회복

1. C. Mango and R. Parker, 'A Twelfth-Century Description of St Sophia', *Dumbarton Oaks Papers* 14 (1960), pp. 235~40.

2. E. Legrand, 'Constantin le Rhodien: Description des oeuvres d'art et de l' église des Saints Apôtres, suivie d'un commentaire par Th. Reinach', *Revue des Etudes Grecques* 9 (1896), pp. 32~65.

3. 콘스탄티노플의 무역 거래에 관한 규정과 규약은 *Book of Eparch*라고 알려진 책에 상세히 나와 있다. J. Koder, *Das Eparchenbuch Leons des Weisen* (Vienna, 1991).

4. K. Ciggaar, 'Une description de Constantinople dans le Tarragonensis 55', *Revue des Etudes Byzantines* 53 (1995), pp. 117~40.

5. Fulcher of Chartres, I.9.i, p. 79.

6. *The Saga of the People of Laxardal* (Laxdaela Saga), tr. K. Kunz in *The Sagas of Icelanders* (London, 1997), 72, p. 410.

7. Michael Psellos, ed. and tr. E. Theanauld, *Michel Psellos. Chronographie*, 2 vols. (Paris, 1926), VII.25, 2, p. 97,

8. *Laxdaela Saga*, 77, p. 419.

9. Snorri Sturulson, *Haralds Saga*, tr. L. Hollander, in *Heimskringla: History of the Kings of Norway* (Austin, TX, 1964), 3.6, pp. 579.82.

10. R. Savage (ed.), *La Chronique de Sainte-Barbe-en-Auge* (Caen, 1906), pp. 23, 57~8.

11. K. Ciggaar, 'L'emigration anglaise a Byzance apres 1066', *Revue des Etudes Byzantines* 32 (1974), pp. 338~41.

12. Ciggaar, 'Description de Constantinople', p. 119; *Gesta Francorum Iherusalem expugnantium*, in RHC, Occ., 3, p. 494; J. Zepos and P. Zepos (eds.), *Jus Graeco-Romanorum*, 8 vols. (Athens, 1931.62) 1, p. 317; Miklosich and Muller, 6, p. 44; P. Lemerle, N. Svoronos, A. Guillou, D. Papachryssanthou (eds.), *Archives de l'Athos: Actes de Lavra* (Paris, 1970), no. 48, 1, pp. 258~9.

13. *Actes de Lavra*, no. 35, 1, pp. 233~5.

14. M. English Frazer, 'Church doors and the Gates of Paradise: Byzantine

bronze doors in Italy', *Dumbarton Oaks Papers* 27 (1973), pp. 147~8.

15. P. Lemerle, 'Le testament d'Eustathios Boilas (Avril 1059)', *Cinq etudes sur le XIe siecle byzantin* (Paris, 1977), pp. 24~5.

16. 만지케르트 전투와 그 전투가 투르크의 정체성에서 차지하는 위치에 대해서는 다음 자료 참조. C. Hillenbrand, *Turkish Myth and Muslim Symbol: The Battle of Manzikert* (Edinburgh, 2007).

17. *Tabula S. Basilii*, in RHC, Occ., 5, pp. 295.8; J. Darrouzes, 'Le mouvement des fondations monastiques au XIe siecle', *Travaux et Memoires* 6 (1976), p. 173.

18. C. Morrisson, 'La devaluation de la monnaie byzantine au XIe siecle', *Travaux et Memoires* 6 (1976), pp. 3~29.

19. 미카엘 아타레이아테스는 세금 인상에 대하여 격렬하게 불평하고 있다. Michael Attaleiates p. 284; 밀 값이 지속적으로 인플레이션 된 현상에 대해서는 다음 자료 참조. ibid., pp. 201~4.

20. T. Smiciklas (ed.), *Codex diplomaticus regni Croatiae, Dalmatiae et Slavoniae* (Zagreb, 1905), 1, pp. 139.41; Gregory VII, *Register*, 5.12, p. 258; P. Stephenson, *Byzantium's Balkan Frontier, 900.1204* (Cambridge, 2000), p. 144.

21. Anna Komnene, II.3, pp. 54~5.

22. Michael Attaleiates, p. 215; Nikephoros Bryennios, III.16, p. 241.

23. Michael Attaleiates, p. 306.

24. Anna Komnene, III.11, pp. 103.~4.

25. Anna Komnene, VI.11, p. 176.

26. Anna Komnene, XV.10, p. 463.

27. Anna Komnene, I.1, p. 9.

28. Anna Komnene, III.2, pp. 82~3.

29. Nikpehoros Bryennios, IV.29, p. 299.

30. W. Wroth, *Catalogue of Imperial Byzantine Coins in the British Museum*, 2 vols. (London, 1908), 2, p. 539; G. Zacos and A. Veglery, *Byzantine Lead Seals* (Basel, 1972), nos. 99 (a & b), 100; J. Nesbitt, N. Oikonomides et al. (eds.), *Catalogue of Byzantine Seals at Dumbarton Oaks*, 7 vols.

(Washington, DC, 1991~), 6, no. 86.1. 31. Anna Komnene, II.9, p. 70.

31. Anna Komnene, II.9, p. 70.

32. 알렉시오스의 임명은 《알렉시아스》에 언급되어 있지 않다. 그가 노르만인을 공격하는 것이 아니라 수도로 회군하여 쳐들어올 결정을 내렸다는 사실을 감안할 때 이것은 그리 놀라운 일이 아니다. 다음 자료 참조. Romuald of Salerno, *Chronicon*, RIS, NS, 7, 1, p. 192. 다음 자료도 참조. Dandolo, *Chronica per extensum descripta*, RIS, NS, 12, p. 216, and Michael the Syrian, p. 176.

33. Anna Komnene, II.10, pp. 72~3; John Zonaras, XVIII.20, 3, pp. 727~8.

34. Anna Komnene, III.5, pp. 89~90.

35. John Zonaras, XVIII.20, 3, p. 729.

36. Anna Komnene, II.12, p. 78.

37. Anna Komnene, III.1, p. 79.

38. *De Cerimoniis*, I.38, 1, pp. 191~6.

39. Anna Komnene, II.4, p. 58; IV.4, p. 114; III.9, pp. 100~1.

40. Anna Komnene, III.4, p. 87, John Zonaras, XVIII.21, 3, p. 732.

41. Geoffrey Malaterra, III.41, p. 82. 노르만인과 비잔티움에 대해서는 다음 자료 참조. W. McQueen, 'Relations between the Normans and Byzantium 1071~1112', *Byzantion* 56 (1986), pp. 427~76; H. Taviani-Carozzi, *La Terreur du monde-Robert Guiscard et la conquête normande en Italie* (Paris, 1997); G. Loud, *The Age of Robert Guiscard: Southern Italy and the Norman Conquest* (Singapore, 2000).

42. Gregory Pakourianos, p. 43. 승리의 규모는 엄청났고 파쿠리아노스는 그 성공 덕분에 황제로부터 커다란 상금을 받았다. 하지만 장군은 자신의 승리가 어떻게 기억될 것인가에 대해서는 착각을 했다. 그 전투는 급속히 잊혔고 근 1천 년 동안 망각의 상태에 묻혀 있었다. P. Frankopan, 'A victory of Gregory Pakourianos against the Pechenegs', *Byzantinoslavica* 57 (1996), pp. 278~81.

43. Theophylact of Ohrid, p. 111.

44. Anna Komnene, VIII.5, pp. 225~6.

45. Anna Komnene, VIII.6, pp. 227~8; John Zonaras, XVIII.22, 3, p. 741.

46. 예를 들어, 이전 체제의 주요 인사들은 1081년 노르만인을 상대로 하는 전투에 함께 끌려갔다. 그들 중 상당수가 1081년의 디라키온 전투에서 전사했다. Anna

Komnene, IV.6, p. 122.

47. Anna Komnene, IV.4, pp. 114~15.

48. Michael Psellos, II.1~2, 1, p. 25 ; II.7, 1, p. 29.

49. John the Oxite, p. 31.

50. Nikephoros Bryennios, II.7, pp. 154~5.

51. Anna Komnene, XV.11, p. 464.

52. Anna Komnene, XIV.7, p. 423.

53. Nikephoros Bryennios, II.7, pp. 154~5 ; John the Oxite, pp. 37~9 ; A. Lavriotes (ed.), 'Historikon zetema ekklesiastikon epi tes basileias Alexiou Komnenou', *Ekklesiastike Aletheia* 20 (1900), p. 412.

54. Anna Komnene, III.5, p. 89. For her foundation, Miklosich and Müller, 6, pp. 27~8, 33.

55. Anna Komnene, III.5, pp. 90~1 ; V.2, pp. 130~2 ; V. Grumel, 'L'affaire de Léon de Chalcédoine, le Chrysobulle d'Alexis Ier sur les objets sacrés', *Revue des Etudes Byzantines* 2 (1944), pp. 126~33 ; Anna Komnene, III.8, p. 96.

56. J. Darrouzès, *Georges et Dèmètrios Tornikès* – Lettres et Discours (Paris, 1970), pp. 234~5.

57. Manuel Straboromanos, pp. 182~3.

58. John Zonaras, XVIII.29, 3, pp. 765~6.

59. Anna Komnene, XIV.4, pp. 411~13.

60. R. Romano (ed.), *Nicola Callicle, Carmi* (Naples, 1980), pp. 101~2 ; P. Magdalino and R. Nelson, 'The Emperor in Byzantine art of the 12th Century', *Byzantinische Forschungen* 8 (1982), pp. 123~6.

61. Anna Komnene, III.3, p. 93. 그의 혀 짧은 발음에 대해서는, I.8, p. 26. 후대에 전해지는 알렉시오스의 두 초상화는 다음 수고본에 나온다. the Vatican Library in Rome, Vaticanus Gr. 666, f. 2r. ; 666, f. 2v.

3. 동부의 안정

1. I. Mélikoff (ed.), *La geste de Melik Danismend*, 2 vols. (Paris, 1960).

2. 1070년대 중반에 발리올에 대한 황제의 권위를 주장하기 위해 알렉시오스가 파견되었는데, 노르만 포로들을 잡아들이자 아마세이아 주민들은 그를 야유하고 조롱했다.

Anna Komnene, I.2, pp. 11~13.

3. Matthew of Edessa, II.72, p. 144.

4. J-C. Cheynet and D. Theodoridis, *Sceaux byzantins de la collection D. Theodoridis* (Paris, 2010), pp. 26~8.

5. Nikephoros Palaiologos still held this position in 1081. Nikephoros Bryennios, III.15, p. 239.

6. J-C. Cheynet and J-F. Vannier, *Etudes Prosopographiques* (Paris, 1986), pp. 57~74; Cheynet and Theodoridis, *Sceaux byzantins*, pp. 54~ 6; C. MacEvitt, *The Crusades and the Christian World of the East: Rough Tolerance* (Philadelphia, 2008), pp. 41~2.

7. For example, Michael Angold, *The Byzantine Empire 1025~1204* (London, 1984), pp. 112~13; France, Victory in the East, pp. 155~6; J. Flori, *La Première Croisade: l'Occident chrétien contre l'Islam aux origines des idéologies occidentales* (Paris, 2001), p. 64; P. Magdalino, 'The Medieval Empire (780~1204)' in C. Mango (ed.), *The Oxford History of Byzantium*, p. 185; J. Harris, *Byzantium and the Crusades* (London, 2003), pp. 47, 55. Phillips, *Holy Warriors*, p. 15.

8. Anna Komnene, III.9, p. 100.

9. Ibid.

10. Anna Komnene, II.6, p. 65.

11. Anna Komnene, II.3, pp. 54~5.

12. J. Darrouzès, *Notitiae episcopatuum ecclesiae constantinopolitanae* (Paris, 1981), pp. 123~4, 134~5.

13. J-C. Cheynet, 'La résistance aux Turcs en Asie Mineure entre Mantzikert et la Première Croisade', in *Eupsykhia: Mélanges offerts à Hélène Ahrweiler*, 2 vols. (Paris, 1998), 1, pp. 131~47.

14. 알렉시오스가 1081년에 자신의 군대에 대해서 우려했던 것에 대해서는 Anna Komnene, II.9, p. 71; 알렉시오스의 아내 에이레네를 뒤늦게 황비로 대관한 것에 대해서는, III.2, pp. 81~4.

15. Anna Komnene, III.5, pp. 89~91.

16. Anna Komnene, III.11, p. 104.

17. 예를 들면 다음 자료 참조. Nikephoros Bryennios, III.16, p. 241; IV.2, p. 259.

18. Nikephoros Bryennios, IV.4, p. 265; IV.10~13, pp. 275~9.

19. J. Darrouzès (ed.), *Georges et Dèmètrios Tornikès – Lettres et Discours* (Paris, 1970), pp. 234~5.

20. Orderic Vitalis, X.12, 5, p. 274.

21. 타티키오스의 아버지를 붙잡은 것에 대해서는 Anna Komnene, IV.4, p. 115.

22. Anna Komnene, III.11, p. 105.

23. Anna Komnene, V.5.ii, p. 140.

24. Anna Komnene, IV.4, p. 115; IV.6, p. 123; V.6.iv, p. 159; William of Apulia, IV, pp. 222, 226.

25. Anna Komnene, VI.12, p. 177.

26. Matthew of Edessa, II.78, pp. 147~8.

27. Bar Hebraeus, ed. and tr. E. Budge, *The Chronography of Gregory Abul Faraj*, 2 vols. (Oxford, 1932), 2, p. 227.

28. *De Administrando Imperio*, ed. and tr. G. Moravcsik and R. Jenkins, (Washington DC, 1967).

29. Nikephoros Bryennios, IV.31, p. 301.

30. P. Frankopan, 'The Fall of Nicaea and the towns of western Asia Minor to the Turks in the later 11th Century: The curious case of Nikephoros Melissenos', *Byzantion* 76 (2006), pp. 153~84, and below, p. 82.

31. For the empress's commissioning of Nikephoros' history, Nikephoros Bryennios, pp. 71~3; Anna Komnene, Prologue, p. 5.

32. 1081년 이후에 그는 니케아의 에미르라고 언급된다. Anna Komnene, VI.9, pp. 169~70. 안나는 니케아에 있는 그의 거주지를 황제의 거주지라고 서술했으나, 투르크인들은 그들의 말로 그곳을 술탄의 거주지라고 불렀다. III.11, p. 104. 니케포로스 브리엔니오스는 1081년 이전에 술라이만을 언급할 때 직위를 사용하지 않았다. e.g. III.16, p. 241.

33. 두 건의 예외는 《알렉시아스》와 John Zonaras의 *Epitome Historion*이다. 12세기에 활동한 세 번째 저자는 Michael Glykas인데, 그는 알렉시오스의 통치 시기에 대하여 집필했으나, 조나라스의 저서를 글자 그대로 베껴 썼다.

34. 다음 자료 참조. P. Magdalino, 'Aspects of twelfth-century Byzantine

Kaiserkritik', *Speculum* 58 (1983), pp. 326~46.

35. Albert of Aachen, II.28, p. 108.

36. Ekkehard of Aura, p. 200.

37. 다음 자료 참조. J-C. Cheynet, 'The duchy of Antioch during the second period of Byzantine rule', in K. Ciggaar and D. Metcalf (eds.), *East and West in the Medieval Eastern Mediterranean: Antioch from the Byzantine Reconquest until the End of the Crusader Principality* (Leiden, 2006), pp. 1~16.

38. Michael Attaleiates, p. 301.

39. 필라레토스가 프로토세바스토스이며 동부 속주들의 군 사령관임을 증명하는 그의 납 인장은 1081년 이후에 제작되었음이 틀림없다. 프로토세바스토스라는 직책은 알 렉시오스가 최초로 도입한 것이기 때문이다. 이것은 또한 황제가 필라레토스에게 동 부 지역을 맡기면서 그에게 전보다 훨씬 높은 신분을 부여했음을 보여준다. 이 시기 의 다른 고위 인사들을 통해 그가 어떻게 구애되었는지를 알 수 있다. 가령 다음 자 료 참조. J-C. Cheynet, C. Morrisson and W. Seibt, *Les Sceaux byzantins de la collection Henri Seyrig* (Paris, 1991), no. 192; Cheynet and Theodoridis, *Sceaux byzantins*, pp. 54~6. Other dignities from this period show how he was courted, for example, J-C. Cheynet, 'Sceaux byzantins des Musées d' Antioche et de Tarse', *Travaux et Mémoires* 12 (1994), no. 56.

40. Anna Komnene, VI.9, pp. 169~70.

41. Matthew of Edessa, II.60, p. 137.

42. *Anonymi Auctoris Chronicon ad Annum Christi 1234 Pertinens*, tr. A. Abouna and J-M. Fiey, *Chronicle of the Unknown Edessan* (Paris, 1974), p. 39.

43. J-C. Cheynet, 'Les Arméniens de L'Empire en Orient de Constantin Xe à Alexis Comnène (1059~1081)', *L'Arménie et Byzance* (Paris, 1996), p. 76.

44. Michael the Syrian, 3, p. 178.

45. Matthew of Edessa, II.78, p. 147; 다음 자료도 참조. Anna Komnene, VI.9, p. 170.

46. Ibn al-Ahtir, AH 477/Dec. 1084~Dec. 1085, p. 218; Sibt ibn al-Jawzi, *Mir'at al-Zaman fi Ta'rikh al-A'yan*, ed. A. Sevim (Ankara, 1968), p. 229.

47. Ibn al-Athir, quoting the poet al-Abirwardi, AH 477/Dec. 1084~Dec. 1085, p.

218.

48. Ibid., pp. 218~19.

49. Ibn al-Athir, AH 479/Dec. 1086~Dec. 1087, p. 223.

50. Ibn al-Athir, AH 477/Dec. 1084~Dec. 1085, p. 224; Sibt ibn al-Jawzi, p. 229.

51. Anna Komnene, VI.10, p. 171.

52. *The History of the Seljuk Turks from the Jami'ak-Tawarikh*, tr. K. Luther (Richmond, 2001), pp. 62, 60~1.

53. Anna Komnene, VI.12, pp. 177~8. 이 편지는 비잔티움 군대가 에피루스를 공격해 온 로베르 기스카르를 패퇴시킨 이후에, 그리고 1087년 페체네그족의 주요 침략 행위 이전에 작성되었다.

54. Anna Komnene, VI. 9, pp. 170~1. 안나는 술탄의 제안에 대한 보고서를 두 부분으로 나누고 있다.

55. Anna Komnene, VI.12, p. 178.

56. Anna Komnene, VIII.3, p. 220.

57. Anna Komnene, VI.9, p. 171.

58. Bar Hebraeus, 2, p. 229.

59. Ibn al-Athir, AH 485/Dec. 1091~Dec. 1092, p. 259.

60. Anna Komnene, VI.12, p. 177.

61. Matthew of Edessa, II.86, p. 153.

62. Ibid.

63. 술탄의 질문에 대한 답변은 후대에 전해진다. P. Gautier, 'Lettre au sultan Malik-Shah rédigée par Michel Psellos', *Revue des Etudes Byzantines* 35 (1977), pp. 73~97.

64. Matthew of Edessa, II.86, p. 153.

65. 쿠로팔라페스인 토로스 혹은 가브리엘에 대해서는 알려진 것이 별로 없다. 이들은 이 시기에 각각 에데사와 멜리테네의 지사였다. 또 이들이 말리크-샤의 권위를 받아들였는지(혹은 받아들이도록 유인되었는지) 여부에 대해서도 알려진 바 없다. 그러나 에데사의 매슈가 필라레토스 브라카미오스를 격렬하게 비판했고 그리하여 그가 술탄 편으로 돌아서서 이슬람으로 전향했다는 사실을 감안할 때, 그의 연대기에 나타난 비난 때문에 두 지사가 투르크 편에 붙었을 가능성을 생각해 볼 수 있다. Matthew of Edessa, II.85, pp. 152~3. 하지만 가브리엘은 비잔티움 직책과 아랍 직책이 동시에

새겨진 인장을 제작함으로써 위험에 대비하여 보험을 들어둔 듯하다. 다음 자료 참조. J-C. Cheynet, *Sceaux de la collection Zacos se rapportant aux provinces orientales de l'Empire byzantine* (Paris, 2001), no. 41.

66. Anna Komnene, VI.10, p. 172.

67. Anna Komnene, VI.13, pp. 180~2.

68. Ibid., p. 181; VI.14, pp. 183~4. 험버트풀로스의 서방 전출은 이 도시의 수복 연대를 말해준다.

69. Anna Komnene, VI.13, pp. 180~2.

70. Theophylact of Ohrid, pp. 113~14. 테오필락트의 논평은 1년 뒤 황제를 상대로 한 연설에서 나온다.

71. Ibid., p. 111.

4. 소아시아의 붕괴

1. Miklosich and Müller, 6, pp. 57~8, 40~4.

2. Anna Komnene, VII.6, p. 199.

3. Ibid.

4. Anna Komnene, VII.7, p. 202; VIII.3, p. 220.

5. Anna Komnene, VI.10, p. 174.

6. Michael the Syrian, 3, pp. 172ff; Mélikoff, *Danismend*, 2, p. 88.

7. Anna Komnene, VII.8, p. 202.

8. Anna Komnene, VIII.3, p. 220.

9. R. Macrides, 'Poetic justice in the Patriarchate: murder and cannibalism in the provinces', in L. Burgmann, M. Fögen, A. Schmink (eds.), *Cupido Legum* (Frankfurt, 1985), pp. 144~5. 이 시의 연대는 그 스타일 상 11세기 혹은 12세기의 것으로 추정되며 그 이상의 다른 내적 증거는 없다. 그러나 지속적인 식량 기근, 아주 추운 겨울, 주민의 아주 절망적인 처지 등에 대한 언급으로 미루어보아 1090년대 초기에 제작되었을 것으로 짐작된다.

10. Anna Komnene, VII.8, pp. 202~3.

11. Anna Komnene, VIII.3, p. 220.

12. John the Oxite, p. 35. 다음 자료도 참조. P. Frankopan, 'Where Advice meets Criticism in 11th Century Byzantium: Theophylact of Ohrid, John the Oxite

and their (re)presentations to the Emperor', *Al-Masaq* 20 (2008), pp. 71~88.

13. John the Oxite, p. 35.

14. Ibid., pp. 29~35.

15. J. Shepard, 'How St James the Persian's head was brought to Cormery: A relic collector around the time of the First Crusade', in L. Hoffmann (ed.), *Zwischen Polis, Provinz und Peripherie. Beiträge zur byzantinischen Geschichte und Kultur* (Wiesbaden, 2005), p. 298.

16. 예를 들면 다음 자료 참조. Robert the Monk, I.1, pp. 79~80.

17. C. Haskins, 'A Canterbury monk at Constantinople c.1090', *English Historical Review* 25 (1910), pp. 293~5: Ciggaar, 'Description de Constantinople', pp. 118~20.

18. Hagenmeyer, *Epistulae*, pp. 133~6.

19. 좀 더 최근의 것인 다음 자료 참조. P. Schreiner, 'Der Brief des Alexios I Komnenos an den Grafen Robert von Flandern und das Problem gefälschter byzantinischer Kaiserschreiben in den westlichen Quellen', in G. de Gregorio and O. Kresten (eds.), *Documenti medievali Greci e Latini. Studi Comparativi* (Spoleto, 1998), pp. 111~40; C. Gastgeber, 'Das Schreiben Alexios' I. Komnenos an Robert I. von Flandern. Sprachliche Untersuchung', in ibid., pp. 141~85; C. Sweetenham, 'Two letters calling Christians on Crusade', in *Robert the Monk's History of the First Crusade* (Aldershot, 2005), pp. 215~18.

20. 예를 들면 다음 자료 참조. M. de Waha, 'La lettre d'Alexis Comnène à Robert Ier le Frison', *Byzantion* 47 (1977), pp. 113~25; J. Shepard, 'Aspects of Byzantine attitudes and policy towards the West in the 10th and 11th centuries', *Byzantinische Forschungen* 13 (1988), pp. 106~12.

21. Hagenmeyer, *Epistulae*, p. 132.

22. Ibid.

23. Hagenmeyer, *Epistulae*, p. 141; John the Oxite, pp. 37~47.

24. Anna Komnene, X.5, pp. 273~4.

25. Shepard, 'How St James the Persian's head was brought to Cormery', p. 299.

26. Miklosich and Müller, 6, pp. 19~21, 34~8, 42~4, 57~8, 81.

27. Ibid., pp. 84~90.

28. Ibid., p. 81.

29. 투르크의 신발에 대해서는 다음 자료 참조. Anna Komnene, IX.1, p. 237.

30. Miklosich and Müller, 6, pp. 82~3.

31. Anna Komnene, VIII.3, p. 220.

32. Matthew of Edessa, II.90, pp. 157~8.

33. Anna Komnene, VI.12, p. 179.

34. *Jami' al-Tawarikh*, p. 62.

35. Al-Fath ibn 'Ali al-Bundari, *Zubdat al-nusra wa-nukhbat al-'ursa*, ed. M. Houtsma (Leiden, 1889), p. 63.

36. Ibn al-Atir, AH 485/1092~1093, pp. 258~9.

37. Gautier, 'Synode des Blachernes', pp. 218~19.

38. *Jus Graeco-Romanum*, 1, pp. 35~61.

39. P. Gautier, 'Jean l'Oxite, patriarche d'Antioche: notice biographique', *Revue des Etudes Byzantines* 22 (1964), pp. 136~8.

40. 그 도시들은 알렉시오스가 황제가 되기 14년 전에 투르크인들에 의해 점령되었다. Michael the Syrian, VI.6, vol. 3, pp. 178ff.

41. *Gesta Francorum*, IV, p. 25.

42. Ibid., p. 26.

43. William of Tyre, III.1, 1, p. 197.

44. Anna Komnene, XI.2, p. 300.

45. John the Oxite, p. 35.

46. Anna Komnene, VIII.7, p. 229.

47. Anna Komnene, VI.10, pp. 172~3.

48. Ibid., p. 172; Ibn al-Athir, AH 487/Dec. 1093~Dec. 1094, p. 271.

49. Anna Komnene, VI.11, p. 176.

50. Ibid.

51. Anna Komnene, VI,11, p. 177.

52. 예를 들면 다음 자료 참조. J. Haldon, 'Theory and practice in tenth-century military administration. Chapters 11, 44 and 45 of the Book of Ceremonies', *Travaux et Mémoires* 13 (2000), pp. 201~352.

53. Anna Komnene, VI.10, p. 175.

54. Ibid.

55. Anna Komnene, VI.12.ii~iii, p. 178.

56. Anna Komnene, VI.12, p. 180.

57. Ibid.

58. 1097년의 킬리디 아르슬란의 군대 규모에 대해서는 다음 자료 참조. Fulcher of Chartres, I.11.vi, p. 85.

59. Fulcher of Chartres, I.9.iv~v, p. 80.

60. *Gesta Francorum*, II, p. 14.

61. For example, H. Ahrweiler, 'L'administration militaire de la Crète byzantine', *Byzantion* 31 (1961), pp. 217~28; P. Gautier, 'Défection et soumission de la Crète sous Alexis Ier Comnène', *Revue des Etudes Byzantines* 35 (1977), pp. 215~27; A. Savvides, 'Can we refer to a concerted action among Rapsomates, Caryces and the emir Tzachas between ad 1091 and 1093?', *Byzantion* 70 (2000), pp. 122~34.

62. 안나 콤네네는 그녀의 숙부가 11년 동안 디라키온의 지사로 있다가 수도로 소환되어 소아시아 서부 원정에 나서게 되었다고 서술한다. VII.8, p. 206. 디라키온이 1082년에 노르만인에게 함락되었다가 그다음 해에 수복된 사실을 감안할 때, 두카가 차카를 상대로 한 원정전에 나선 것은 빨라야 1094년이었을 것이다. P. Frankopan, 'The imperial governors of Dyrrakhion during the reign of the emperor Alexios I Komnenos', *Byzantine and Modern Greek Studies* 26 (2002), pp. 89~90.

63. Miklosich and Müller, 6, pp. 82~3.

64. Anna Komnene, VII.8, pp. 202~6; IX.1, pp. 238~40; IX.3, pp. 242~4; XI.5, pp. 309~12.

65. Anna Komnene, XI.5, p. 309.

66. Richard of Cluny, *Chronicon*, in L. Muratori (ed.), *Antiquitates Italicae*, 4, col. 1250.

5. 재앙의 벼랑에서

1. John the Oxite, pp. 29, 35.

2. John Zonaras, XVIII.29, 3, pp. 766~7. 조나라스 자신이 콤네노스 가문과 사이가

틀어졌고, 제국의 최고위 판관 신분이었으나 12세기 중반에 유배형에 처해졌다.

3. 멜리세노스에게 주어진 특혜에 대해서는 다음 자료 참조. Anna Komnene, III.4, p. 87; John Zonaras, XVIII.21, 3, p. 732; 다음 자료도 참조. N. Oikonomides (ed.), *Archives de l'Athos: Actes de Docheiariou* (Paris, 1984), p. 76. For Adrian, *Actes de Lavra*, 1, pp. 247~51.

4. L. Petit, 'Typikon du monastère de la Kosmosoteira près d'Aenos', *Izvestiya Russkogo Arkheologicheskogo Instituta v Konstantinopole* 13 (1908), pp. 19~75.

5. Frankopan, 'Imperial governors of Dyrrakhion', pp. 65~103.

6. Anna Komnene, VI.9, p. 171.

7. 미카엘 타로니테스와 니케포로스 멜리세노스는 황제의 많은 동서들 가운데 두 명인데, 두카스 가문의 다른 구성원들과 마찬가지로 높은 직책과 명예가 수여되었다. Anna Komnene, III.4, p. 87. 이러한 보직 임명은 다른 근거에 의해서도 확인이 되었는데 두 사람이 발행한 납 인장이 대표적인 증거이다. e.g. Zacos and Veglery, *Byzantine Lead Seals*, nos. 2698 and 2720 (d). 두카스 가문의 인물 연구집은 다음 자료 참조. D. Polemis, *The Doukai* (London, 1968). 콤네노스 가문의 인물연구집은 다음 자료 참조. K. Barzos, *He Genealogia ton Komnenon*, 2 vols. (Thessaloniki, 1984).

8. 예를 들면 다음 자료 참조. A. Kazhdan, *L'aristocracia bizantina dal principio dell' XI alla fine del XII secolo* (Palermo, 1997), pp. 141.6; J.-C. Cheynet, *Pouvoir et contestations a Byzance 963.1210* (Paris, 1990), pp. 359ff; P. Magdalino, 'Innovations in Government', in M. Mullett and D. Smythe (eds.), *Alexios I Komnenos – Papers* (Belfast, 1996), pp. 146~66.

9. P. Frankopan, 'Kinship and the distribution of power in Komnenian Byzantium', *English Historical Review* 495 (2007), pp. 10~13.

10. Anna Komnene, IV.4, p. 114. For his small stature, II.4, p. 58.

11. Ibid., p. 115; VI.13, pp. 181~2.

12. Anna Komnene, V.5, pp. 140~1.

13. *Actes de Lavra*, 1, nos. 44~5, 48~9 (1083; 1084; 1086; 1089).

14. 알리파스 관련 자료는 다음 자료 참조. Anna Komnene IV.6, pp. 122~3.

15. Theophylact of Ohrid, p. 114; Anna Komnene, VI.13, p. 182.

16. Manuel Straboromanos, pp. 183~5.

17. *Diegesis merike ton epistolon Alexiou basileios kai Nicholaou Patriarchou genomene kata diaphorous kairous*, in P. Meyer (ed.), *Die Haupturkunden fur die Geschichte der Athos-Kloster* (Leipzig, 1894), p. 172.

18. John Zonaras, XVIII.22, 3, p. 738.

19. Anna Komnene, III.10, p. 102.

20. Anna Komnene, V.2, pp. 131~2. J. Stephanou, 'Le proces de Leon de Chalcedoine', *Orientalia Christiana Periodica* 9 (1943), pp. 5~64; V. Grumel, 'L'affaire de Leon de Chalcedoine, le Chrysobulle d'Alexis Ier sur les objets sacres', Revue des Etudes Byzantines 2 (1944), pp. 126~33.

21. John the Oxite, p. 33.

22. John Zonaras, VIII.22, 3, p. 732.

23. John the Oxite, esp. p. 33; 다음 자료도 참조. pp. 29, 31, 35.

24. *Actes de Lavra*, I, no. 50; Actes de Docheiariou, no. 2; D. Papachryssanthou (ed.), Actes de Xenophon (Paris, 1986), no. 2; J. Lefort, N. Oikonomides and D. Papachryssanthou (eds.), Actes d'Iviron, 2 vols. (Paris, 1985~90), 2, pp. 28~9.

25. Anna Komnene, IX.2, pp. 240.1. 반란의 원인은 마침내 권위가 회복된 후에 특별한 세금 관련 책임을 맡은 관리를 임명한 것에서 찾아볼 수 있다. Anna Komnene, IX.2, p. 242. 다음 자료 참조. P. Frankopan, 'Challenges to imperial authority in Byzantium: Revolts on Crete and Cyprus at the end of the 11th Century', *Byzantion* 74 (2004), pp. 382~402.

26. Anna Komnene, VII.8, p. 206; VIII.7, p. 229.

27. Anna Komnene, IV.2, p. 111.

28. 예를 들면 다음 자료 참조. Dandolo, *Chronica brevis*, p. 363; L. Lanfranchi (ed.), *Famiglia Zusto* (Venice, 1955), 6, 9, nos. 1-2.

29. 가장 오래된 특혜 수여장 사본 두 건은 그 특혜가 1092년 5월에 수여되었음을 보여준다. 그러나 현대의 학자들은 그 연대가 1080년대 중반이 더 타당하다는 관점에서 1092년 연대를 거부한다. 하지만 1080년대 연도도 고문서학의 텍스트나 문맥 등에 비추어볼 때 아주 의심스럽다. 《알렉시아스》에 나온 연대를 너무 중시하고 있는 것도 문제이다. 그 연대가 분명 잘못된 것인데도 말이다. 여기에 대한 충분한 논의로

는 다음 자료 참조. T. Madden, 'The chrysobull of Alexius I Comnenus to the Venetians: The date and the debate', *Journal of Medieval History* 28 (2002), pp. 23~41, and P. Frankopan, 'Byzantine trade privileges to Venice in the eleventh century: The chrysobull of 1092', *Journal of Medieval History* 30 (2004), pp. 135~60.

30. M. Pozza and G. Ravegnani, I *Trattati con Bisanzio* 992~1198 (Venice, 1993), pp. 38~45.

31. Ibid., pp. 39~40.

32. Ibid., p. 43.

33. Ibid, pp. 40~3.

34. Dandolo, *Chronica per extensum descripta*, p. 217. 단돌로는 총주교가 콘스탄티노플에서 열병으로 죽었다는 말만 할 뿐, 그가 왜 1092년에 그 도시에 있었는지에 대해서는 말하지 않는다.

35. Anna Komnene, VI.7, pp. 166~7; VI.3, p. 156.

36. Anna Komnene, VII.3, p. 194.

37. Pozza and Ravegnani, *Trattati con Bisanzio*, pp. 42~3.

38. Katakalon Kekaumenos, 81, p. 278.

39. Anna Komnene, III.10, p. 103.

40. 알렉시오스의 후계자 요한 2세와 다른 자녀들에 대해서는 다음 자료 참조. A. Kazhdan, 'Die Liste der Kinder des Alexios I in einer Moskauer Handschrift (UBV 53/147)', in R. Stiehl and H. Stier (eds.), *Beiträge zur alten Geschichte und deren Nachleben*, 2 vols. (Berlin, 1969~70), 2, pp. 233~7. 요한의 대관식과 그 연대는 다음 자료에서 알 수 있다. A. Spinelli (ed.), *Regii neapolitani archivi monumenta edita ac illustrata*, 6 vols. (Naples, 1845~61), 5, nos. 457~8, 462, 464~7.

41. Anna Komnene, VIII.7~8, pp. 229~32.

42. Anna Komnene, VI.8, p. 168.

43. Geoffrey Malaterra, III.13, p. 64; Michael the Syrian, 3, p. 176; Bar Hebraeus, 1, p. 227.

44. Anna Komnene, IX.6, p. 248.

45. Ibid., p. 250.

46. Anna Komnene, IX.5, p. 247.

47. Anna Komnene, IX.7, p. 252.

48. Anna Komnene, IX.8, pp. 253~4.

49. Ibid., p. 253, and III.2, p. 81.

50. Anna Komnene, IX.6, p. 254.

51. 아드리안과 니케포로스는 이 점에 대해서 회상했다. 디오게네스가 황제를 상대로 모반을 일으켰다는 소문을 조사하기 위해 아드리안이 파견되었을 때 말이다. Anna Komnene, IX.7, pp. 252~3.

52. 아드리안은 수도자가 되었고 사망 당시 요한이라는 이름을 갖고 있었다. B. de Montfaucon, *Paleographia Graeca* (Paris, 1708), p. 47. 그가 음모에서 맡은 역할과 그것이 그의 가문에 미친 영향에 대해서는 다음 자료 참조. Frankopan, 'Kinship and the distribution of power', pp. 1~34.

53. 예를 들면 다음 자료 참조. Anna Komnene, VIII.3, p. 219; VIII.8, p. 232. 멜리세노스에 대해선 다음 자료 참조. Frankopan, 'The Fall of Nicaea', pp. 153~84.

54. 멜리세노스는 죽기 전에 딱 한 번, 쿠만족과의 전투에서 등장할 뿐이다. Anna Komnene, X.2, p. 264. 알렉시오스는 라이벌들을 콘스탄티노플에 남겨두지 않고 그와 함께 원정에 나서기를 요구했다. 그래야 그들을 면밀히 감시할 수 있기 때문이다. 1081년 노르만인을 상대로 한 전투를 벌일 때, 콘스탄티노플의 주요 인사 거의 전원이 황제를 따라갔다. 그리고 황제가 1094년 세르비아인들을 상대로 전투를 벌일 때에도 그들은 따라갔다.

55. Anna Komnene, III.4, p. 87.

56. Anna Komnene, XI.10, p. 325; XIII.1, p. 357.

57. Anna Komnene, IX.8, p. 254.

58. Ibid.

59. Anna Komnene, IX.6, p. 250.

60. Anna Komnene, IX.8, p. 254.

61. Anna Komnene, IX.9, pp. 255~6.

62. Ibid., p. 256.

63. Ibid., pp. 256~7.

64. Ibid., p. 257. 안나는 아버지가 니케포로스 디오게네스를 맹인으로 만들라고 명령했는지 여부에 대해서는 침묵을 지킨다.

65. Anna Komnene, IX.1, p. 237.

66. Anna Komnene, XV.11, p. 465.

67. Anna Komnene, IX.2, p. 242; E. Sargologos, *La Vie de saint Cyrille le Philéote, moine byzantin* (Part 1110) (Brussels, 1964), pp. 35.i~viii, 146~53.

68. 그들의 커리어에 대해서는 다음 자료 참조. B. Skoulatos, *Les personnages byzantins de l'Alexiade: analyse prosopographique et synthèse* (Louvain, 1980), pp. 160~1, 85~7.

69. Anna Komnene, X.9, pp. 286~8; John Zonaras, XVIII.22, 3, p. 739.

70. *Gesta Francorum*, IV, pp. 25~6.

71. Anna Komnene, XI.10, p. 323.

72. Anna Komnene, XI.3, p. 305.

73. Anna Komnene, XI.3, pp. 304~5; XI.5, pp. 309~12.

74. Anna Komnene, VII.8, p. 203; IX.1, p. 238; IX.3, p. 242.

75. Anna Komnene, X.2, p. 264. For Melissenos' death, Peter Lambecius, *Commentariorum de Augustissima Biblioteca Caesarea Vindobonensi*, 8 vols. (Vienna, 1665~79), 5, col. 537. 또한 다음 자료 참조. D. Papachryssanthou, 'La date de la mort du sébastokrator Isaac Comnène', *Revue des Etudes Byzantines* 21 (1963), p. 252.

76. Anna Komnene, X.2~4, pp. 262~73; *The Russian Primary Chronicle*, tr. S. Cross, and O. Sherbowitz-Wetzor (Cambridge, Mass., 1953), p. 180.

77. Anna Komnene, XI.2, p. 300.

6. 동방의 구원 호소

1. J-C. Cheynet, 'Les Sceaux byzantins de Londres', *Studies in Byzantine Sigillography* 8 (2003) pp. 85~100; 다음 자료도 참조. J-C. Cheynet, 'Le rôle des Occidentaux dans l'armée byzantine avant la Première Croisade', in E. Konstantinou (ed.), *Byzanz und das Abendland im 10. und 11. Jahrhundert* (Cologne 1997), pp. 111~28.

2. 예를 들면 다음 자료 참조. V. Laurent, *Le Corpus des sceaux de l'empire byzantin II: L'administration centrale* (Paris 1981), no. 469 (Bulgarian); G.

Zacos, *Byzantine Lead Seals II*, compiled and ed. J. Nesbitt (Bern, 1984), no. 706 (interpreter to the English); ibid. (Anglo-Saxon); Laurent, *Le Corpus des sceaux de l'empire byzantine*, no. 991 (interpreter of the fleet).

3. F. Schmitt (ed.), *S. Anselmi Cantuariensis archiepiscopi opera omnia*, 6 vols. (Edinburgh, 1938~61), 3, pp. 252~5.

4. 예를 들면 다음 자료 참조. J. Shepard, 'The uses of the Franks in 11th Century Byzantium', *Anglo-Norman Studies* 15 (1992), pp. 275~305.

5. John Skylitzes, p. 486; Michael Attaleiates, pp. 122~5, Matthew of Edessa, II.19, p. 101.

6. *Patrologia Latina*, 150, col. 737.

7. Ekkehard of Aura, pp. 133~4.

8. Gilbert of Mons, *Chronique Hanoniense*, tr. L. Napran (Woodbridge, 2005), 23, p. 25.

9. Hagenmeyer, *Epistulae*, pp. 134~5. For some comments on this letter, above, pp. 60~1.

10. Shepard, 'How St James the Persian's head was brought to Cormery', p. 299.

11. *Narratio Floriacensis de captis Antiochia et Hierosolyma et obsesso Dyrrachio*, RHC, Occ., 5, p. 356, Gilbert of Mons, 23, p. 25. 다음 자료도 참조. Becker, Urban II, 2, p. 180, and above all J. Shepard, 'Cross-purposes: Alexius Comnenus and the First Crusade', in J. Phillips (ed.), *The First Crusade: Origins and Impact* (Manchester, 1997), pp. 107~29

12. Ekkehard of Aura, pp. 134~6.

13. Guibert of Nogent, I.5, pp. 102~3.

14. Baldric of Dol, I, p. 14.

15. Fulcher of Chartres, I.3.ii~iii, pp. 65~6.

16. William of Apulia, IV, p. 212.

17. Sibt al-Jawzi, p. 244; Bar Hebraeus, 1, pp. 230~1.

18. Raymond of Aguilers, XIII, pp. 108~9; William of Tyre, I.7, 1, pp. 116~17; Albert of Aachen, VI.31, p. 442.

19. S. Goitein, *A Mediterranean Society: The Jewish communities of the Arab world as portrayed in the documents of the Cairo Geniza*, 6 vols. (Princeton,

1967~93), pp. 308~14. 또한 다음 자료 참조. S. Goitein, 'Jerusalem in the First Arabic period', in *Jewish Settlements in Palestine in the Beginning of the Islamic and the Crusade Period, in the Light of the Geniza* (Jerusalem, 1980); M. Gil, 'Political History of Jerusalem', in J. Prawer (ed.), *Book of Jerusalem, The First Islamic Period, 638~1099* (Jerusalem, 1991).

20. 예를 들면 다음 자료 참조. S. Gat, 'The Seljuks in Jerusalem', in Y. Lev (ed.), *Town and Material Culture in the Medieval Middle East* (Leiden, 2002), pp. 4~40.

21. C. Cahen, 'La chronique abrégée d'al-Azimi', *Journal Asiatique 230* (1938), p. 369.

22. Ibn al-Athir, AH 491/Dec. 1097~Dec. 1098, pp. 13~14.

23. 다음 자료 참조. C. Morris, *The Sepulchre of Christ in the Medieval West* (Oxford, 2005), esp. pp. 134~9; 또한 다음 자료도 참조. J. France, 'The Destruction of Jerusalem and the First Crusade', *Journal of Ecclesiastical History* 47 (1996), pp. 1~17.

24. Guibert of Nogent, II.10, pp. 125~6.

25. Below, pp. 118~19

26. J. Vaissète, C. Devic and A. Molinier (eds.), *Histoire générale de Languedoc*, 3rd edition, 16 vols. (Toulouse, 1872~1904), 5, cols. 737~8.

27. J. Venier (ed.), *Chartres de l'abbaye de Jumièges*, 2 vols. (Paris, 1916), 1, pp. 121~3.

28. R. Bautier, M. Gilles and M. Bautier (eds.), *Chronicon S. Petri Vivi Senonensis* (Paris, 1979), p. 140.

29. Gregory Pakourianos, p. 131.

30. *Letopis Popa Dukljanina*, 27, p. 413.

31. Hagenmeyer, *Epistulae*, p. 136.

32. Robert the Monk, I.1, p. 79.

33. 예를 들면 다음 자료 참조. T. Head and R. Landes (eds.), *Peace of God: Social violence and religious response in France around the year 1000* (Cambridge, 1992).

34. Ivo of Chartres, *Panormia*, VIII.147, in *Patrologia Latina*, 161, col. 1343 AC.

35. 다음 자료 참조. Vauchez, ʿComposantes eschatologiquesʾ, pp. 233~43; J. Rubenstein, ʿHow or How Much, to Re-evaluate Peter the Hermitʾ, in S. Ridyard (ed.), *The Medieval Crusade* (Woodbridge, 2004), pp. 53~69; J. Flori, *LʾIslam et la fin des temps. Lʾinterprétation prophétique des invasions musulmanes dans la chrétienté médiévale* (Paris, 2007), pp. 111~47; and more generally, Möhring, *Weltkaiser der Endzeit* and Whalen, *Dominion of God*.

36. Lupus, *Annales*, MGH, SS, 5, p. 62.

37. Gilbert of Mons, 23, p. 25.

38. Theodore Skutariotes, *Synopsis Khronike*, in K. Sathas, *Biblioteca Graeca Medii Aevi*, 7 vols. (Paris, 1872~94), 7, pp. 184~5.

39. 이 유물들과 다른 가짜 유물들에 대해서는 다음 자료 참조. Guibert of Nogent, *De pigneribus sanctorum*, ed. R. Huygens (Turnhout, 1993), I, pp. 98, 88.

40. *Gesta Episcoporum Tullensium*, in MGH, SS, 8, p. 647.

41. Anna Komnene, III.10, p. 103.

42. F-J. Schmale and I. Schmale-Ott (eds.), *Frutolfs und Ekkehards Chroniken* (Darmstadt, 1972), p. 96; Ekkehard of Aura, Chronicon Universale, in MGH, SS 6, p. 205. For the gifts recorded by Anna, *Alexiad*, III.10, p. 103.

43. G. Constable (ed. and tr.), *The Letters of Peter the Venerable*, 2 vols. (Cambridge, Mass., 1967), 2, p. 209.

44. Hagenmeyer, *Epistulae*, pp. 135~6.

45. Guibert of Nogent, I.5, p. 103.

46. Below, p. 106.

47. *Miracula S Augustini episcopi Cantuariensis*, in *Acta Sanctorum*, May, 6, p. 410.

48. Anna Komnene III.10, p. 102.

49. Hagenmeyer, *Epistulae*, p. 141.

50. Shepard, ʿHow St James the Persianʾs head was brought to Cormeryʾ, p. 299.

51. Hagenmeyer, *Epistulae*, p. 136.

52. Ibid., p. 142.

53. 노장의 기베르에 의하면 알렉시오스는 로베르에 대하여 엄청난 믿음을 갖고 있었다.

I.5, pp. 100~1.

54. Hagenmeyer, Epistulae, p. 133.

55. Guibert of Nogent, I.5, p. 101.

56. Bernold of Constance, p. 483.

57. Anna Komnene, VIII.5, p. 224.

58. Ekkehard of Aura, p. 136.

59. Otto of Freising, *Chronicon, in MGH*, SS 20, VII, p. 248.

60. Gregory VII, *Register*, I.18, p. 20. 황제가 보낸 편지 원본은 전해지지 않는다.

61. Gregory VII, *Register*, I.46, p. 51.

62. Gregory VII, *Register*, I.49, pp. 54~5.

63. Gregory VII, *Register*, II.31, pp. 122~3.

64. Gregory VII, *Register*, II.37, pp. 127~8.

65. Gregory VII, *Register*, II.3, p. 95.

66. Gregory VII, *Register*, I.46, p. 51.

67. Michael Psellos, *Michaelis Pselli scripta minora magnam partem adhuc inedita*, ed. E. Kurtz, 2 vols. (Milan, 1936~41), 1, pp. 329~34.

68. Gregory VII, *Register*, II.3, p. 95. 이에 대해선 다음 자료도 참조. H. Cowdrey, 'Pope Gregory VII's "Crusading" plans of 1074', in B. Kedar, H. Mayer and R. Smail (eds.), *Outremer: Studies in the history of the Crusading kingdom of Jeruslalem* (Jerusalem, 1982), pp. 27~40, and Becker, *Papst Urban II*, 2, pp. 294~300.

69. Bernold of Constance, p. 520.

70. Ibid.

71. Fulcher of Chartres, I.1.iii, p. 62.

7. 서방의 반응

1. 다음 자료 참조. Riley-Smith, First Crusade, pp. 13~30; Tyerman, *God's War*, pp. 58~89.

2. For Urban's itinerary, Becker, *Papst Urban II*, vol. 2, pp. 435~58.

3. Gregory VII, *Register*, 1.46, p. 50; Devic and Vaissete, Histoire générale de Languedoc, 3, p. 465.

4. Devic and Vaissete, *Histoire générale de Languedoc*, 5, pp. 747~8.

5. Gregory VII, *Register*, 1.46, p. 50; 8.16, pp. 381~2.

6. *Patrologia Latina*, 151, col. 562.

7. *Annales Besuenses*, MGH, SS, 2, p. 250; *Annales S. Benigni Divionensis*, *MGH, SS*, 5, p 43.

8. *Patrologia Latina*, 150, col. 1388; 151, col. 422.

9. Robert the Monk, I.1 pp. 80~1.

10. Robert the Monk, I.2, pp. 81~2; Fulcher of Chartres, I.4.iv, p. 68; Guibert of Nogent, II.5, p. 117. 클레르몽 연설에 대한 주요 기록들은 그 연설이 있은 지 몇 년 뒤에 작성되었으나, 동부의 기독교 신자들이 고통을 당하고 있다는 메시지는 동시대의 여러 사료들에 기록되어 있다. 다음 자료 참조. Hagenmeyer, *Epistulae*, pp. 136, 137~8; Wiederhold, 'Papsturkunden in Florenz', pp. 313~14; Kehr, *Papsturkunden in Spanien*, pp. 287~8; Halphen and Poupardin, *Chronique des comtes d'Anjou*, pp. 237~8.

11. Baldric of Dol, IV, pp. 15~16.

12. Hagenmeyer, Epistulae, pp. 136~7.

13. Baldric of Dol, IV, p. 16.

14. Baldric of Dol, *Vita Beati Roberti de Arbisello, Patrologia Latina 162*, cols. 1050~1.

15. Hugh of Flavigny, *Chronicon, MGH, SS*, 8, pp. 474~5.

16. Bull, *Knightly Piety*, pp. 250~81.

17. For Urban's instructions, Baldric of Dol, I, p. 15.

18. S. d'Elbenne and L-J. Dennis (eds.), *Cartulaire du chapitre royal de Saint-Pierre de la Cour du Mans* (Paris, 1903~7), no. 11, p. 15.

19. J. Richard, 'Le Cartulaire de Marcigny-sur-Loire 1045~1144. Essai de reconstitution d'un manuscript disparu', *Analecta burgundica* (1957), 119, p. 87.

20. B. de Broussillon, *Cartulaire de Saint-Aubin d'Angers* (1903), 1, no. 354, p. 407.

21. Hagenmeyer, *Epistulae*, p. 136.

22. Ibid., pp. 137~8.

23. *Chronica Monasterii Casinensis*, IV.11, p. 475. 정신적 보상에 대해서는 다음 자료 참조. Riley-Smith, *First Crusade*, pp. 13~30.

24. Kehr, *Papsturkunden in Spanien*, p. 287.

25. H. Cowdrey, 'Martyrdom and the First Crusade', in Edbury, *Crusade and Settlement*, pp. 45~56 : J. Flori, 'L'example de la Première Croisade', *Cahiers de civilisation médiévale* 34 (1991), pp. 121~39 : C. Morris, 'Martyrs of the field of battle before and during the First Crusade', *Studies in Church History* 30 (1993), pp. 93~104.

26. Guérard, *Cartulaire de l'abbaye de Saint-Victor de Marseilles*, 1, pp. 167~8.

27. C. Métais, *Cartulaire de l'abbaye de la Sainte Trinité de Vendôme*, 4 vols. (Paris, 1893~1900), 2, p. 39 : V. Thuillier (ed.), *Ouvrages posthumes de D. Jean Mabillon et D. Thierri Ruinart*, 3 vols. (Paris, 1724), 3, pp. 387~90 : P. Jaffé (ed.), *Regesta Pontificum Romanorum*, 2 vols. (Leipzig, 1885~8), 1, nos. 5656, 5649 : 5647.

28. *Gesta Francorum*, I, p. 2 : Hagenmeyer, *Epistulae*, p. 137.

29. H. Klein, 'Eastern Objects and Western Desires : Relics and Reliquaries between Byzantium and the West', *Dumbarton Oaks Papers* 58 (2004), pp. 283~314.

30. Halphen and Poupardin, *Chronique des comtes d'Anjou*, pp. 237~8.

31. A. Gieysztor, 'The Genesis of the Crusades : The Encyclical of Sergius IV', *Medievalia et Humanistica* 5 (1949), pp. 2~23 and 6 (1950), pp. 3~34. 또한 다음 자료도 참조. H. Schaller, 'Zur Kreuzzugsenzyklika Papst Sergius IV', in H. Mordek (ed.), *Papsttum, Kirche und Recht im Mittelalter. Festschrift für Horst Fuhrmann* (Tübingen, 1991), pp. 135~54.

32. *Recueil des chartes de Cluny*, 5, no. 3703.

33. Ibid., nos. 3737, 3755.

34. Ibid., no. 3712.

35. R. Juënin, *Nouvelle histoire de l'abbaie royale et collégiale de Saint Filibert*, 2 vols. (Dijon, 1733), 2, p. 135.

36. Robert the Monk, I.2, p. 82 : Fulcher of Chartres, I.4.iv, p. 68 : Guibert of Nogent, II.5, p. 117 : *Gesta Francorum*, I, p. 7.

37. C. Chevalier, 'Cartulaire de l'abbaye de St. Chaffre du Monastier', in *Collection de cartulaires dauphinois* (Paris, 1869~1912), 8, pp. 139~41. 이것을 포함한 다른 많은 사례들에 대해서는 다음 자료 참조. Riley-Smith, *First Crusade*, pp. 31ff.

38. E. Poncelet (ed.), *Cartulaire de l'Eglise St Lambert de Liège*, 5 vols. (Brussels, 1869), 1, p. 47.

39. Orderic Vitalis, IX.3, 5, pp. 26, 32; Hugh of Flavigny, II, pp. 474~5.

40. Guibert of Nogent, II, 17, pp. 133~4.

41. 필립의 파문에 대해서는 다음 자료 참조. Somerville, *Councils of Urban II*, pp. 87, 97, 98. For no one having a kind word about Bertrada, *Chronica de gestis consulum Andegavorum*, in Halphen and Poupardin, *Chronique des comtes d'Anjou*, p. 67; for Philip abandoning his wife, Bertha of Holland, because of her stoutness, William of Malmesbury, 3.257, p. 474.

42. Guibert of Nogent, II.17, pp. 133~4; Mansi, *Sacrorum Concilium Amplissima Collectio* 20, col. 937; J. Verdon (ed.), *Chronique de Saint-Maixent* (Paris, 1979), p. 154; Somerville, *Councils of Urban II*, p. 90.

43. *Gesta Francorum*, I, p. 7.

44. Robert the Monk, II.3, pp. 91~2.

45. *Codice Diplomatico Barese*, 5, p. 41.

46. Anna Komnene, XIII.11, pp. 383~4.

47. Anna Komnene, V.6, p. 144.

48. 한 아랍 저자에 의하면, 로저는 십자군전쟁에 참여하기를 거부했고 최초의 계획을 들었을 때에는 "다리를 들어올리며 커다랗게 방귀를 뀌었다"고 한다. 이븐 알-아티르에 의하면 그 최초 계획은 예루살렘이 아니라 아프리카 북부를 포함했다. 이 이채로운 이야기는 로저가 무슬림 무역업자들을 적으로 만드는 것을 싫어했음을 보여준다. 그들은 시칠리아를 부국으로 만드는 데 커다란 기여를 했던 것이다. AH 491/Dec. 1097~Dec. 1098, p. 13.

49. Jaffe, *Regesta pontificum Romanorum*, no. 5608; Hagenmeyer, *Epistulae*, p. 136.

50. Guérard, *Cartulaire de Saint-Victor*, p. 802.

51. Anna Komnene, X.7, pp. 279~80.

52. Albert of Aachen, I.23, p. 96 ; Guibert of Nogent, VII.31, p. 328.

53. Barber and Bate, *Letters*, p. 22.

54. *Patrologia Latina*, 157, col. 162B.

55. Robert the Monk, I.2, pp. 81~2.

56. *Recueil des chartes de l'abbaye de Cluny*, 5, p. 51.

57. Wiederhold, 'Papsturkunden', pp. 313~14.

58. Hagenmeyer, *Epistulae*, p. 137.

59. Devic and Vaissete, *Histoire générale de Languedoc*, 5, pp. 757~8.

60. Bernold of Constance, p. 520.

61. For example, Fulcher of Chartres, I.4, p. 68 ; Baldric of Dol, I, pp. 15~16.

62. Robert the Monk, II.2, p. 82.

63. 예를 들면 1096년 봄 마르무티에와 투르에서 그랬다. Halphen and Poupardin, *Chronique des comtes d'Anjou*, pp. 237~8 ; O. Guillot, *Le Comte d'Anjou et son entourage au XIe siècle* (Paris, 1972), p. 242.

64. 다음 자료 참조. W. Purkiss, *Crusading Spirituality in the Holy Land and Iberia, c.1095~c.1187* (Woodbridge, 2008), esp. pp. 120~38.

65. Anna Komnene XI.1, p. 297. 다음 자료도 참조. *Gesta Francorum*, II, p. 16 ; Albert of Aachen, I.15, pp. 283~4.

66. 수도원의 건립 연대에 대해서는 다음 자료 참조. J. Gay, 'L'abbaye de Cluny et Byzance au début du XII siècle', *Echos d'Orient* 30 (1931), pp. 84~90. 다음 자료도 참조. J. Shepard, 'The "muddy road" of Odo of Arpin from Bourges to La Charité sur Loire', in P. Edbury and J. Phillips (eds.), *The Experience of Crusading : Defining the Crusader Kingdom* (Cambridge, 2003), p. 23.

67. Anna Komnene, X.5, p. 276.

68. Albert of Aachen, II.7, p. 70.

69. Albert of Aachen, II.17, p. 86.

70. Albert of Aachen, II.7, pp. 70~2.

71. Robert the Monk, II.11, p. 95.

72. Raymond of Aguilers, I, pp. 16~17.

73. Raymond of Aguilers, I, p. 17.

74. Raymond of Aguilers, I, p. 17.

75. For estimates of numbers taking part, France, *Victory in the East*, pp. 122~42; B. Bachrach, 'The siege of Antioch: A study in military demography', *War in History* 6 (1999), pp. 127~46; J. Riley-Smith, 'Casualties and the number of knights on the First Crusade', *Crusades 1* (2002), pp. 13~28.

76. Fulcher of Chartres, I.6.ix, p. 73.

77. Fulcher of Chartres, I.13.iv, p. 88.

78. Anna Komnene, X.5, p. 274.

79. Anna Komnene, X.5.vi, p. 275.

8. 제국의 수도를 향하여

1. Robert the Monk, I.5, p. 83.

2. Albert of Aachen, I.2, pp. 2~4; Guibert of Nogent, II, p. 121.

3. William of Tyre, I.3, 1, p. 108; Albert of Aachen, I.2~3, p. 4; Anna Komnene, X.5, p. 275. 은자 피에르에 대해선 다음 자료 참조. J. Flori, Pierre l'Eremite et la Première Croisade (Paris, 1999).

4. Albert of Aachen, I.3, pp. 4~6; Guibert of Nogent, II.8, p. 142.

5. 예를 들면 다음 자료 참조. J. Flori, 'Faut-il réhabiliter Pierre l'Eremite', *Cahiers de civilisation médiévale* 38 (1995), pp. 35~54.

6. Albert of Aachen, I.26~8, pp. 50~2. 다음 자료 참조. B. Kedar, 'Crusade Historians and the Massacres of 1096', *Jewish History* 12 (1998), pp. 11~31; R. Chazan, *God, Humanity and History: The Hebrew First Crusade Narratives* (Berkeley, 2000) 그리고 다음 자료 참조. id., '"Let Not a Remnant or a Residue Escape": Millenarian Enthusiasm in the First Crusade', *Speculum* 84 (2009), pp. 289~313. 다음 자료도 참조. M. Gabriele, 'Against the Enemies of Christ: The Role of Count Emicho in the Anti-Jewish Violence of the First Crusade', in M. Frassetto (ed.), *Christian Attitudes towards the Jews in the Middle Ages: A Casebook* (Abingdon, 2007), pp. 61~82.

7. Albert of Aachen, I.26~7, pp. 50~2. 다음 자료도 참조. *Chronicle of Solomon bar Simson*, tr. S. Eidelberg, *The Jews and the Crusaders* (Madison, 1977), pp. 28ff.

8. *Solomon bar Simson*, pp. 24~5.

9. 예를 들면 다음 자료 참조. Siegebert of Gembloux, in MGH, SS, 6, p. 367 ; Richard of Poitiers, *Cruce signato*, in M. Bouquet et al. (eds.), *Recueil des Historiens des Gaules et de la France*, 24 vols. (Paris, 1737~1904), 12, p. 411.

10. Hugh of Flavigny, *Chronicon Virdunensi*, in *Recueil des Historiens des Gaules et de la France*, 13, p. 623. 이와 관련하여 다른 많은 사례는 다음 자료 참조. N. Golb, *The Jews in Medieval Normandy* (Cambridge, 1998), pp. 119~27.

11. Guibert of Nogent, II.9, p. 123.

12. Anna Komnene, X.5, p. 274.

13. Albert of Aachen, I.29, p. 54.

14. Albert of Aachen, I.6, pp. 10~12, and Orderic Vitalis, IX.4, 5, p. 30.

15. Albert of Aachen, I.9, p. 18.

16. Anna Komnene, X.5, pp. 275~6 ; John Zonaras, XVIII.23, 3, p. 742.

17. *Gesta Francorum*, I, p. 3.

18. Anna Komnene, X.6, p. 277.

19. *Gesta Francorum*, I, p. 3 ; Robert the Monk, I.7, p. 85.

20. *Gesta Francorum*, I, pp. 3~4.

21. Albert of Aachen, I.21, p. 42.

22. *Gesta Francorum*, I, p. 4.

23. Robert the Monk, I.9, p. 86.

24. *Gesta Francorum*, I, pp. 4~5 ; Robert the Monk, I.12, p. 87.

25. *Gesta Francorum*, I, p. 4 ; Anna Komnene, X.6, p. 278.

26. Anna Komnene, X.6, p. 279.

27. Guibert of Nogent, II.10, p. 124.

28. *Gesta Francorum*, I, p. 5. 십자군전쟁에 관하여 최초에 기록된 자료의 중요성과, 특히 12세기 초《프랑크인의 행적》의 중요성에 대해서는 다음 자료 참조. J. France, 'The Anonymous *Gesta Francorum* and the *Historia Francorum qui ceperunt Iherusalem* of Raymond of Aguilers and the *Historia de Hierosolymitano itinere* of Peter Tudebode : An analysis of the textual

relationship between primary sources for the First Crusade', in J. France and W. Zajac (eds.), *The Crusades and their Sources. Essays presented to Bernard Hamilton* (Aldershot, 1998), pp. 39~69. 그리고 다음 자료도 참조. Rubenstein, 'What is the *Gesta Francorum?*', pp. 179~204.

29. Anna Komnene, X.7, p. 279.

30. Ibid., p. 280.

31. Ibid.

32. Anna Komnene, X.8, p. 281.

33. Fulcher of Chartres, I.6, p. 72; Anna Komnene, X.7, pp. 279~80.

34. Albert of Aachen, II.7, pp. 70~2.

35. Hagenmeyer, Epistulae, p. 143; C. de Coussemaker, 'Documents relatifs à la Flandre maritime. Extraits du cartulaire de l'abbaye de Watten', *Annales du comité flamand de France*, 10 vols. (Paris, 1860), 5, p. 359.

36. Fulcher of Chartres, I.8,i~ix, pp. 76~8.

37. *Gesta Francorum*, II, p. 11; Albert of Aachen, II.18, p. 88; *Historia Belli Sacri*, RHC, Occ., 3, p. 177.

38. Anna Komnene, X.8, pp. 281~4.

39. Raymond of Aguilers, II, p. 21.

40. *Gesta Francorum*, II, p. 10.

41. *Gesta Francorum*, I, p. 8.

42. Nesbitt, 'Rate of march', pp. 167~82.

43. *Gesta Francorum*, II, p. 10.

44. Raymond of Aguilers, I, p. 18; J. Shepard, '"Father" or "Scorpion"? Style and substance in Alexios' diplomacy', in M. Mullett and D. Smythe (eds.), *Alexios I Komnenos - Papers* (Belfast, 1996), pp. 80~2.

45. Anna Komnene, X.9, p. 285.

46. Ibid.

47. Anna Komnene, X.7, p. 280; X.11, p. 292; *Gesta Francorum*, I, pp. 5~6; II, p. 11.

48. Raymond of Aguilers, II, p. 22.

49. Barber and Bate, *Letters*, p. 16.

50. Ibid., pp. 15~16.

51. Fulcher of Chartres, I.9.iii, p. 80.

52. Ralph of Caen, 18, p. 42.

53. *De Cerimoniis*, II.15, 2, p. 597.

54. P. Chiesa (ed.), *Liudprandi Cremonensis. Antapodosis; Homelia paschalis; Historia Ottonis; Relatio de Legatione Constantinopolitana* (Turnhout, 1997), *Relatio*, I.1, pp. 238~9.

55. Ibid., *Antapodosis*, VI.5, pp. 197~8.

56. Anna Komnene, X.10, pp. 291~2. For Alexios' methods, Shepard, '"Father" or "Scorpion"?', pp. 60~132.

57. Anna Komnene, XIII.10, pp. 383~4.

58. Anna Komnene, X.11, p. 292.

59. Ibid., pp. 292~3.

60. Ibid., p. 293.

61. Ibid., pp. 293~4.

62. Barber and Bate, *Letters*, pp. 15~16.

63. Albert of Aachen, II.17, p. 86.

64. Anna Komnene, XIV.4, p. 411.

65. Anna Komnene, X.9, pp. 285~6.

66. Robert the Monk, II.9, p. 94; Albert of Aachen, II.12~14, pp. 78~82; Anna Komnene, X.9, pp. 286~8.

67. Albert of Aachen, I.12, p. 78.

68. Albert of Aachen, II.12, p. 78.

69. Albert of Aachen, II.16, p. 84.

70. Ibid.

71. Ibid., pp. 84~6.

72. Fulcher of Chartres, I.9.iii, p. 80.

73. *Gesta Francorum*, II, p. 12.

74. Fulcher of Chartres, I.8.ix, p. 78.

75. Anna Komnene, X.9, p. 285.

76. Michael the Syrian, XV.6, 3, p. 179.

77. Anna Komnene, X.9, pp. 285~6.

78. Albert of Aachen, II.10, p. 74.

79. Anna Komnene, X.9, p. 285.

80. Ekkehard of Aura, pp. 166~7.

81. Albert of Aachen, II.16, pp. 84~6. 다음 자료도 참조. E. Patlagean, 'Christianisation et parentés rituelles: le domaine de Byzance', *Annales ESC* 33 (1978), pp. 625~36; R. Macrides, 'Kinship by arrangement: The case of adoption', *Dumbarton Oaks Papers* 44 (1990), pp. 109~18.

82. S. Reynolds, *Fiefs and Vassals: The Medieval Evidence Reinterpreted* (Oxford, 1994).

83. Anna Komnene, XIII.12, p. 386. 충성 맹세에 대해서는 다음 자료 참조. J. Pryor, 'The oath of the leaders of the Crusade to the emperor Alexius Comnenus: Fealty, homage', *Parergon* New Series 2 (1984), pp. 111~41.

84. *Gesta Francorum*, II, pp. 11~12.

85. Fulcher of Chartres, I.9.iii, p. 80.

86. *Gesta Francorum*, II, p. 12.

87. Anna Komnene, X.11, pp. 294~5.

88. J. Shepard, 'When Greek meets Greek: Alexius Comnenus and Bohemund in 1097~8', *Byzantine and Modern Greek Studies* 12 (1988), pp. 185~277.

89. Anna Komnene, X.9, p. 289.

90. Raymond of Aguilers, II, p. 23.

91. Ibid., p. 24. 혹은 다음 자료 참조. *Gesta Francorum*, II, p. 13.

92. *Gesta Francorum*, II, p. 12.

93. Raymond of Aguilers, II, p. 24.

94. Anna Komnene, X.9, p. 289.

95. Ibn a-Qalanisi, AH 490/Dec. 1096~Dec. 1097, p. 43.

96. Ibn al-Athir, AH 491/Dec. 1096~Dec. 1097, p. 14.

97. *Gesta Francorum*, II, p. 11.

98. Anna Komnene, XI.2, p. 300.

9. 적과의 첫 번째 만남

1. Barber and Bate, Letters, p. 16.

2. For example, *Gesta Francorum*, II, p. 14; Albert of Aachen, II.29, p. 110.

3. Albert of Aachen, I.15, p. 30.

4. Albert of Aachen, II.28, p. 110.

5. Raymond of Aguilers, III, p. 26; Constable, *Letters of Peter the Venerable*, 2, p. 209; P. Magdalino, *The Empire of Manuel I Komnenos, 1143-80* (Cambridge, 1993), p. 44. 다음 자료도 참조. J. Shepard, 'Cross-purposes: Alexius Comnenus and the First Crusade', in Phillips (ed.), *The First Crusade*, p. 120, and n. 65.

6. Anna Komnene, XI.2, p. 300.

7. *Gesta Francorum*, II, p. 15.

8. Raymond of Aguilers, III, p. 25. For Nicaea's fortifications, A. Schneider and W. Karnapp, *Die Stadtmauer von Iznik-Nicea* (Berlin, 1938); C. Foss and D. Winfield, *Byzantine Fortifications* (Pretoria, 1986), pp. 79~121; R. Rogers, *Latin Siege Warfare in the 12th Century* (Oxford, 1992), pp. 17~ 25.

9. *Gesta Francorum*, II, p. 15.

10. Albert of Aachen, II.29, p. 110~12; II.22, p. 96.

11. Albert of Aachen, II.33, pp. 116~18.

12. Matthew of Edessa, II.108, p. 163; Anna Komnene, VI.12, p. 179.

13. Albert of Aachen, II.34, pp. 118~20; Fulcher of Chartres, I.10.vii, p. 82.

14. Anna Komnene, XI.1, p. 298.

15. Ibid., p. 299.

16. Ibid.

17. Ibid., pp. 297~8.

18. Albert of Aachen II.25~6, pp. 102~4.

19. Anna Komnene XI.2, p. 300.

20. Ibid., p. 301.

21. Anna Komnene, XI.2.vi, p. 327.

22. Ibn al-Qalanisi, AH 490/Dec. 1096~Dec. 1097, p. 41.

23. C. Foss, 'Byzantine responses to Turkish Attacks: Some sites of Asia Minor',

in I. Sevcenko and I. Hutter, *Aetos: Studies in Honour of Cyril Mango* (Stuttgart, 1998), pp. 155~8.

24. Barber and Bate, Letters, p. 19.

25. Anna Komnene, XI.2, pp. 303~4.

26. Anna Komnene, XI.3, p. 304: Fulcher of Chartres, I.10.x, p. 83.

27. Barber and Bate, *Letters*, p. 19. 후대의 저술가들은 알렉시오스의 태도 변화의 전환점으로 니케아의 운명에 집중한다. e.g. Orderic Vitalis, IX.8, 5, p. 56.

28. Anna Komnene, XI.3, p. 304.

29. Ralph of Caen, 10, pp. 31~2.

30. Anna Komnene, XI.3, pp. 304~5; Ralph of Caen, 18, p. 42.

31. Guibert of Nogent, IV.10, p. 81.

32. Anna Komnene, XI.3, p. 304.

33. Raymond of Aguilers, II, p. 23.

34. Anna Komnene, X.2, p. 264.

35. Fulcher of Chartres, I.11.i, p. 83.

36. Anna Komnene, XI.5, pp. 309~12.

37. Fulcher of Chartres, I.13.i, p. 87; Shephard, '"Father" or "Scorpion"', p. 88.

38. Anna Komnene, XI.2, p. 301; XI.5, pp. 309~10.

39. Anna Komnene, XI.5, pp. 309~12.

40. 이 에피소드는 안나 콤네네에 의해 연대 표기가 잘못되었다. 차카는 비잔티움 군대가 스미르나를 회복한 이후에 죽었다. 그 이전에 죽은 것은 아니다. Anna Komnene, IX.3, pp. 243~4.

41. Ibid., p. 244.

42. Fulcher of Chartres, I.11.vi, p. 85.

43. *Gesta Francorum*, III, p. 18; Ralph of Caen, 40, p. 65; Fulcher of Chartres, I.11.ix, pp. 85~6.

44. Fulcher of Chartres, I.11.viii, p. 85.

45. *Gesta Francorum*, III, pp. 19~20.

46. Fulcher of Chartres, I.12.iv~v, p. 87.

47. *Gesta Francorum*, III, p. 21.

48. Albert of Aachen, II.22, p. 94. 알베르트는 키리디 아르슬란을 '장엄한 자'라고 불

렀다. I.16, p. 32; 알베르트는 훨씬 동쪽에 있는 투르크족 다니슈멘드도 그렇게 칭송했다. 그는 이 투르크족이 "칭찬을 받을 만하다"라고 말한다. IX.33, p. 680.

49. Anna Komnene, X.10, pp. 291~2.

50. *Gesta Francorum*, IV, p. 24.

51. Ibn al-Qalanisi, AH 490/Dec. 1096~Dec. 1097, p. 42.

52. *Gesta Francorum*, IV, p. 26.

53. Ibid., p. 25.

54. Albert of Aachen, III.10, pp. 152~4.

55. Albert of Aachen, III.3, p. 140; Ralph of Caen, 23, p. 47.

56. Albert of Aachen, III.3~18, pp. 140~66.

57. Anna Komnene, X.10, p. 291.

58. Raymond of Aguilers, IV, p. 37.

59. Matthew of Edessa, II.104~8, pp. 161~4; II.117~18, pp. 168~70; Fulcher of Chartres, I.14.i~xv, pp. 88~92; Albert of Aachen, II.19~24, pp. 169~77.

60. Fulcher, I.14.xi, p. 91.

61. W. Saunders, 'The Greek inscription on the Harran gate at Edessa: Some further evidence', *Byzantinische Forschungen* 21 (1995), pp. 301~4.

62. Albert of Aachen, III.19, p. 168.

63. Guibert of Nogent, VII.39, pp. 338~9.

64. 예를 들면 다음 자료 참조. Albert of Aachen, IV.9, p. 262; VII.31, p. 528; Guibert of Nogent, VII.39, p. 338; Orderic Vitalis, IX.11, 5, pp. 118~20.

65. Thus Guibert of Nogent, VII.37, p. 335.

66. Albert of Aachen, III.31, p. 361.

67. Rogers, *Latin Siege Warfare*, pp. 25~39.

68. Fulcher of Chartres, I.15.ii, p. 92.

69. *Gesta Francorum*, V, p. 28.

70. Raymond of Aguilers, VI, p. 49.

71. Anna Komnene, XI.7, p. 317. 유마티오스 필로칼레스를 키프로스에 임명한 건에 대해서는 다음 자료 참조. IX.2, p. 242.

72. Ibn al-Qalanisi, AH 490/Dec. 1096~Dec. 1097, p. 242.

73. Fulcher of Chartres, I.16.ii, p. 96.

74. Albert of Aachen, III.46, pp. 208~10.

75. Albert of Aachen, V.1, p. 338.

76. Matthew of Edessa, II.114, pp. 167~8.

77. Fulcher of Chartres, I.16.iii, p. 96.

78. *Gesta Francorum*, V, pp. 30~1.

79. Raymond of Aguilers, VI, p. 39.

80. *Gesta Francorum*, V, pp. 36~7.

81. Ibid., p. 37.

82. Ibid.

10. 갈등하는 십자군의 영혼

1. Raymond of Aguilers, IV, p. 36.

2. Guibert of Nogent, V.6, p. 206.

3. *Gesta Francorum*, VI, p. 33.

4. Guibert of Nogent, V.14, p. 217.

5. Albert of Aachen, IV.39, pp. 308~10; *Gesta Francorum*, IX, p. 59.

6. Raymond of Aguilers, IV, p. 35; *Gesta Francorum*, V, p. 30.

7. *Gesta Francorum*, IX, p. 63; Ralph of Caen, 58, p. 84; Albert of Aachen, IV.13, pp. 266~8.

8. Ralph of Caen, 58, p. 84.

9. Guibert of Nogent, II.16, pp. 132~3.

10. Kemal ad-Din, 'La Chronique d'Alep', RHC, Or., p. 578; *Anonymi Florinensis brevis narratio Belli sacri, RHC, Occ.*, 5, p. 371; Ralph of Caen, 58, p. 84.

11. Caffaro, *De liberatione civitatum orientis*, in RHC, Occ., 5, p. 66. 키프로스에서의 보급에 대해선 다음 자료도 참조. Baldric of Dol, p. 65; Raymond of Aguilers, VII, p. 54; Ralph of Caen, 58, p. 84.

12. Hagenmeyer, *Epistulae*, p. 166.

13. *Gesta Francorum*, VI, pp. 34~5; Raymond of Aguilers, IV, p. 37.

14. Albert of Aachen, IV.40, pp. 310~12.

15. Raymond of Aguilers, IV, p. 37. J. France, 'The departure of Tatikios from the Crusader army', *Bulletin of the Institute of Historical Research* 44 (1971),

pp. 137~47.

16. *Gesta Francorum*, VI, pp. 34~5.

17. Hagenmeyer, *Epistulae*, pp. 165~6; Ralph of Caen, 58, p. 84.

18. 이것은 십자군전쟁을 기록한 다른 책의 다른 에피소드들에 의하여 뒷받침되고 있다. 예를 들어 Orderic Vitalis는 알렉시오스에 대한 증오의 씨앗은 니케아에서 가장 처음으로 뿌려졌다고 말한다. 알렉시오스가 그 도시를 마침내 수복하기는 했지만, 거기에 들어간 비용, 소비된 식량, 십자군이 흘린 피 등을 생각하면 초라한 결과였다는 것이다. IX.8, 5, p. 56.

19. Shepard, 'When Greek meets Greek', pp. 188~277.

20. *Gesta Francorum*, VIII, pp. 44~5; Albert of Aachen, IV.15, p. 270; Ralph of Caen, 64~5, pp. 89~90; William of Tyre, IV.24, pp. 267~8; cf. Anna Komnene, XI.4, pp. 307~8.

21. *Gesta Francorum*, V, p. 45; Fulcher of Chartres, I.19.i, p. 101; Anna Komnene, XI.6, p. 312. 다음 자료도 참조. Barber and Bate, *Letters*, p. 28; Matthew of Edessa, II.119, p. 170.

22. *Gesta Francorum*, VI, p. 44; Fulcher of Chartres, I.17, p. 98; Matthew of Edessa, II.120, p. 170; Ibn al-Qalanisi, AH 491/Dec. 1097~Dec. 1098, p. 45. 피루즈는 투르크인으로 확인된다. Raymond of Aguilers, VI, p. 47; Albert of Aachen, III.61, p. 234. 이븐 알-아티르는 피루즈(루드바)가 행한 역할과 그에게 한 제안에 대하여 언급한다. AH 491/Dec. 1097~Dec. 1098, pp. 14~15; Kemal ad-Din, p. 580.

23. Anna Komnene, V.6, p. 144.

24. Raymond of Aguilers, IV, p. 37.

25. *Gesta Francorum*, VIII, p. 45; Albert of Aachen, IV.14~15, pp. 270~2; Ralph of Caen, 65, p. 654.

26. *Gesta Francorum*, VIII, p. 46.

27. Raymond of Aguilers, VI, p. 47.

28. Albert of Aachen, IV.20, p. 278.

29. Raymond of Aguilers, VI, p. 47; Albert of Aachen, IV.21, p. 280.

30. *Gesta Francorum*, VII, p. 47.

31. *Gesta Francorum*, VIII, p. 48.

32. Albert of Aachen, IV.26, p. 286.

33. *Gesta Francorum*, IX, p. 62.

34. Albert of Aachen, IV.34, pp. 298~300; Raymond of Aguilers, VIII, p. 59; Ibn al-Athir, AH 491/Dec. 1097~Dec. 1098, p. 16.

35. Fulcher of Chartres, I.19.iii, p. 101.

36. 성스러운 창과 이 유물이 십자군에 미친 결과에 대해서는 다음 자료 참조. T. Asbridge, 'The Holy Lance of Antioch: Power, devotion and memory on the First Crusade', *Reading Medieval Studies* 33 (2007), pp. 3~36.

37. Albert of Aachen, IV.46, p. 320.

38. Fulcher of Chartres, I.22.ii, p. 104; *Gesta Francorum*, IX, pp. 67~8.

39. Fulcher of Chartres, I.22.v, p. 105.

40. Raymond of Aguilers, VIII, p. 61.

41. Fulcher of Chartres, I.23.iv~v, p. 106.

42. Raymond of Aguilers, VIII, pp. 63~4.

43. *Gesta Francorum*, IX, pp. 69~70.

44. Albert of Aachen, IV.53, pp. 330~2.

45. Ibn al-Athir, AH 491/Dec. 1097~Dec. 1098, pp. 16~17.

46. Raymond of Aguilers, IX, p. 65.

47. Robert the Monk, II.2, p. 90.

48. Albert of Aachen, V.15, p. 396.

49. Albert of Aachen, IV.9, pp. 260~2; Raymond of Aguilers, X, pp. 73~4.

50. Albert of Aachen, V.15, p. 357; *Gesta Francorum*, X, pp. 73~4.

51. Raymond of Aguilers, X, p. 75.

52. *Gesta Francorum*, IX, p. 63.

53. Anna Komnene, XI.6, p. 313.

54. Raymond of Aguilers, IV, p. 37.

55. *Gesta Francorum*, X, p. 72; Fulcher of Chartres, I.23.viii, p. 107.

56. Albert of Aachen, V.3, pp. 340~2.

57. Raymond of Aguilers, IX, pp. 67~8.

58. Ralph of Caen, 51, p. 77.

59. S. Duparc-Quioc (ed.), *La Chanson d'Antioche*, 2 vols. (Paris, 1976), 1, laisse

175.

60. Raymond of Aguilers, IV, p. 34.

61. Raymond of Aguilers, IX, p. 84.

62. Barber and Bate, *Letters*, pp. 32~3.

63. Ibid., p. 33 ; 다음 자료도 참조. Fulcher of Chartres, I.24.xiii~xiv, pp. 111~12.

64. Ibid. 풀처는 이 마지막 문단을 포함시키지 않았다. below, p. 203.

65. Raymond of Aguilers, X, pp. 74~5 ; *Gesta Francorum*, X, pp. 75~6, 80~1.

66. *Gesta Francorum*, X, pp. 75~6.

67. Raymond of Aguilers, X, p. 80.

68. *Gesta Francorum*, X, p. 80 ; Fulcher of Chartres, I.25.ii, p. 112.

69. *Gesta Francorum*, X, pp. 82, 86 ; Raymond of Aguilers, XI, pp. 87, 91.

70. Raymond of Aguilers, XIII, p. 105.

11. 와해되는 십자군

1. Albert of Aachen, V.45, p. 402.

2. Ralph of Caen, 120, pp. 136~7 ; Baldric of Dol, IV.12, p. 100 ; Albert of Aachen, VI.2, p. 406.

3. Raymond of Aguilers, XIV, p. 119.

4. *Gesta Francorum*, X, pp. 88~9 ; Albert of Aachen, VI.5, p. 410 ; Raymond of Aguilers, XIV, pp. 119~20.

5. France, *Victory in the East*, pp. 122~42.

6. Fulcher of Chartres, I.27.iv, p. 119.

7. Albert of Aachen, VI.6, pp. 410~12. 다음 자료도 참조. *Gesta Francorum*, X, p. 89 ; Raymond of Aguilers, XIV, p. 118.

8. Fulcher of Chartres, I.26.i, p. 116.

9. *Gesta Francorum*, X, p. 89.

10. Raymond of Aguilers, XIII, p. 114.

11. Albert of Aachen, VI.8, pp. 412~14.

12. *Gesta Francorum*, X, p. 90 ; Raymond of Aguilers, XIV, p. 124.

13. Raymond of Aguilers, XIV, pp. 124~5 ; Ralph of Caen, 125, pp. 140~2 ; *Gesta Francorum*, X, p. 90.

14. Albert of Aachen, VI.10, p. 416; Ralph of Caen, 124, pp. 139~40.

15. *Gesta Francorum*, X, pp. 91~2; Ibn al-Athir, AH 492/Dec. 1098~Dec. 1099, p. 21.

16. *Gesta Francorum*, X, pp. 79~80.

17. Raymond of Aguilers, XIV, p. 127.

18. *Gesta Francorum*, X, p. 92.

19. Fulcher of Chartres, I.27.xiii, p. 122.

20. B. Kedar, 'The Jerusalem Massacre of July 1099 in the Western Historiography of the First Crusade', *Crusades* 3 (2004), pp. 15~75.

21. Ibn al-Athir, AH 492/Dec. 1098~Dec. 1099, p. 21.

22. S. Goitein, 'Contemporary letters on the capture of Jerusalem', *Journal of Jewish Studies* 3 (1952), pp. 162~77.

23. Fulcher of Chartres, I.28.i, p. 122.

24. Fulcher of Chartres, I.29.i, p. 123.

25. S. Goitein, 'Tyre~Tripoli~'Arqa: Geniza documents from the beginning of the Crusade period', *Jewish Quarterly Review* 66 (1975), pp. 69~88.

26. Raymond of Aguilers, XIV, p. 128, citing Isaiah 65:17, Psalms 118:24.

27. *Naser-e Khusraw's Book of Travels (Safarnama)*, tr. W. Thackston (New York, 1986), p. 21. 이 시기에 예루살렘을 방문하는 무슬림 방문객들을 위하여 많은 순례자 안내서들이 집필되었다. 그 좋은 사례는 11세기 전반기에 이븐 알-무라자가 집필한 것이다. E. Amikam, *Medieval Jerusalem and Islamic Worship* (Leiden, 1995), pp. 68~78.

28. M. Gil, *A History of Palestine, 634~1099* (Cambridge, 1997), p. 191, n. 67.

29. M-L. Favreau-Lilie, *Die Italiener im Heiligen Land vom ersten Kreuzzug bis zum Tode Heinrichs von Champagne* (1098~1197) (Amsterdam, 1988).

30. Barber and Bate, Letters, p. 24; William of Tyre, IV.24, 1, pp. 267~8. 다음 자료도 참조. *Gesta Francorum*, VI, pp. 37~8; Raymond of Aguilers, V, pp. 40~1.

31. Fulcher of Chartres, I.31.i~xii, pp. 125~8; P. Tudebode, pp. 146~7; Albert of Aachen, VI.45~50, pp. 464~70.

32. Barber and Bate, *Letters*,, pp. 37~8.

33. 1101년의 원정에 대해서는 다음 자료 참조. Riley-Smith, *First Crusade*, pp. 120~34.

34. Albert of Aachen, VII.20, p. 512; Fulcher of Chartres, I.36.i, p. 136; Matthew of Edessa, II.132, p. 176.

35. Bohemond's capture, Fulcher of Chartres, I.35.iii, p. 135; Albert of Aachen, VII.29, p. 526; Matthew of Edessa, II.134, p. 177.

36. 다음 자료 참조. A. Murray, 'Daimbert of Pisa, the *Domus Godefridi* and the Accession of Baldwin I of Jerusalem', in *From Clermont to Jerusalem*, pp. 81~102.

37. Albert of Aachen, X.30, p. 528.

38. William of Tyre, VI.23, I, p. 340. For John's flight, ibid.; Orderic Vitalis, X.24, 5, p. 356.

39. Fulcher of Chartres, II.3.xiii, p. 143.

40. Albert of Aachen, VII.43, p. 550. For Godfrey's burial, VII.21, p. 516.

41. Albert of Aachen, VII.46~51, pp. 554~60.

42. Albert of Aachen, VII.57, p. 566; for his service to the emperor, IX.6, p. 644. 다음 자료도 참조. 'The "muddy road" of Odo Arpin', pp. 11~28.

43. Albert of Aachen, IX.1~6, pp. 638~44; Fulcher of Chartres, II.15.i~vi, pp. 163~4; Anna Komnene, XI.7, p. 316.

44. 총주교는 횡령 혐의로 해임되었다. Albert of Aachen, VII.62~63, p. 574. 이것이 시칠리아의 로저가 보낸 사절에 의해 이루어졌다는 것은 의미심장하다. 로저는 전에 교황청의 지지자였고 또 1090년대에 교황청이 콘스탄티노플과 화해하는 것에 대해서도 지지했다. 이것은 로마-시칠리아-콘스탄티노플 축이 다시 한 번 작동한다는 것을 보여준다.

45. Albert of Aachen, VIII.45, p. 634.

46. Albert of Aachen, VIII.45~48, pp. 634~6.

47. Anna Komnene, XI.7, p. 318; Ralph of Caen, 143~4, pp. 158~60. 이와 관련된 연대에 관해서는 다음 자료 참조. R-J. Lilie, *Byzantium and the Crusader States 1096~1204*, tr. J. Morris and J. Ridings (Oxford. 1993), pp. 259~76 and Ia. Liubarskii, 'Zamechaniya k khronologii XI knigi 'Aleksiada' Anny Komninoi', Vizantiiskii Vremennik 24 (1964), pp. 47~56.

48. Anna Komnene, XI.7, p. 318; Ralph of Caen, 145, p. 160.

49. Ralph of Caen, 147, pp. 163~4.

50. Kemal ad-Din, p. 591.

51. Anna Komnene, XI.9, pp. 320~1.

52. Fulcher of Chartres, II.27.vii~viii, pp. 178~9.

53. Ibn al-Athir, AH 497/Dec. 1103~Dec. 1104, pp. 79~80; Ibn al-Qalanisi, p. 60. 다음 자료도 참조. Fulcher of Chartres, II.27.i~viii, pp. 177~9; Matthew of Edessa, III.18, pp. 192~3; Albert of Aachen, IX.39; Ralph of Caen, 148, pp. 164~5.

54. Ibn al-Qalanisi, p. 61.

55. 탄크레디가 에데사를 점령한 사실에 대해서는 다음 자료 참조. Albert of Aachen, IX.42, p. 694; Fulcher of Chartres, II.27.5, p. 178; II.28, p. 180; Ralph of Caen, 151, p. 167; Matthew of Edessa, III.20, p. 194. 1104년의 비잔티움제국의 영토 획득에 대해서는 Anna Komnene, XI.9~11, pp. 321~9.

56. Albert of Aachen, IX.46, p. 700~2.

57. Ralph of Caen, 152, pp. 168~9.

58. Anna Komnene, XI.12, pp. 329~31.

12. 제1차 십자군의 후일담

1. 프랑스에서 불린 노래들에 대해서는 다음 자료 참조. Orderic Vitalis, X.21, 5, p. 342. 서사시에 대해서는 다음 자료 참조. S. Edgington and C. Sweetenham (eds.), *The Chanson d'Antioche: An Old-French Account of the First Crusade* (Aldershot, 2011).

2. E. de Marneffe (ed.), *Cartulaire de l'abbaye d'Afflighem* (Louvain, 1894), pp. 19~21.

3. 많은 사례들에 대해서는 다음 자료 참조. Riley-Smith, *The First Crusaders*, p. 150.

4. E.g. *De genere comitum Flandrensium notae Parisienses, MGH, SS*, 13, p. 259.

5. Suger of St Denis, p. 38; 다음 자료도 참조. Riley-Smith, *First Crusade*, pp. 122~3.

6. 《프랑크인의 행적》에 의하면, 트루소의 기는 안티오크에서 도망쳤다. IX, pp. 55~6. 그는 결혼을 통하여 왕과 인척 관계를 맺었기 때문에 프랑스 왕실에 우호적인 태도를 보이는 사료에서 그를 동정적으로 논평하는 것은 이해할 만한 일이다. Suger of St Denis, p. 36.

7. Guibert of Nogent, VI.11, p. 243.

8. 스티븐의 죽음에 대해서는 다음 자료 참조. Albert of Aachen, IX.6, p. 644. For an example of his treatment in the song cycles, *Chanson d'Antioche*, pp. 285~6.

9. France, *Victory in the East*, pp. 141~2.

10. Gilbert of Mons, 27, p. 30. William of Tyre, I, p. 298; Albert of Aachen, IX.52, p. 716.

11. Orderic Vitalis, X.24, 5, pp. 358~76.

12. Ibid., p. 354.

13. France, 'The Anonymous *Gesta Francorum*', pp. 39~69 and above all, Rubenstein, 'What is the *Gesta Francorum* and who was Peter Tudebode?', pp. 179~204.

14. Fulcher of Chartres, I.33. v~xxi, pp. 129~32; Albert of Aachen, VII.6, p. 494.

15. R. Hiestand (ed.), *Papsturkunden für Kirchen im Heiligen Lande* (Göttingen, 1985), p. 102; for several other examples, *Codice Diplomatico Barese*, 5, pp. 83~102.

16. Suger of St Denis, p. 44.

17. Romuald of Salerno, p. 203; Ekkehard of Aura, p. 293; William of Tyre, XI.1, 1, p. 460.

18. Bartulf of Nangis, *Gesta Francorum expugnantium Iherusalem*, 65, p. 538; *Chronica Monasterii Casinensis*, IV, p. 493; Suger of St Denis, p. 48; Hiestand, *Papsturkunden für Kirchen*, p. 7, n. 2; *Codice Diplomatico Barese*, 5, pp. 79~80.

19. Albert of Aachen, VIII.48, p. 636.

20. 예를 들면 다음 자료 참조. W. Whalen, 'God's Will or Not? Bohemond's campaign against the Byzantine Empire (1105~1108)', in T. Madden, J.

Naus and V. Ryan (eds.) *Crusades-Worlds in conflict* (Farnham, 2010), pp. 115~23.

21. 보에몬드의 일정에 대해서는 다음 자료 참조. L. Russo, 'Il viaggio di Boemundo d' Altavilla in Francia', *Archivio storico italiano* 603 (2005), pp. 3~42.

22. Orderic Vitalis, XI.12, 6, pp. 70~2.

23. Ibid., p. 70.

24. 예를 들면 다음 자료 참조. W. Holtzmann, 'Zur Geschichte des Investiturstreites', *Neues Archiv der Gesellschaft für ältere deutsche Geschichtskunde* 50 (1935), pp. 280~2.

25. Orderic Vitalis, XI.12, 6, p. 68; William of Malmesbury, IV.407, p. 736.

26. J. Stevenson (ed.), *Chronicon Monasterii de Abingdon*, 2 vols. (London, 1858), 2, p. 46. 영국에 사절을 보낸 날짜와 동기에 대해서는 언급이 없다.

27. For example, Shepard, 'The "muddy road" of Odo Arpin', pp. 11~28.

28. Anna Komnene, XIII.12, p. 385.

29. Ibid., p. 386.

30. Ibid., pp. 392~4.

31. Ibid., p. 387; p. 389.

32. Ibid., p. 392.

33. Ibid.

34. Orderic Vitalis, X.24, 5, p. 356; William of Tyre, VI.23, 1, p. 340.

35. Anna Komnene, XIV.1, p. 397.

36. Anna Komnene, XIII.12, p. 395.

37. Ibid., p. 394.

38. Fulcher of Chartres, I.32, p. 128; Orderic Vitalis, X.12, 5, p. 276.

39. Anna Komnene, XI.7, p. 316; XII.1, pp. 332~3; Orderic Vitalis, X.23, 5, p. 350; X.24, p. 354.

40. *Gesta Francorum*, I, p. 5.

41. Ibid., p. 6; II, p. 10.

42. *Gesta Francorum*, II, p. 11.

43. Ibid., p. 17.

44. Raymond of Aguilers, I, pp. 18~19; II, p. 22.

45. Raymond of Aguilers, II, pp. 26~7.

46. Ibid., p. 23.

47. *Gesta Francorum*, II, p. 12.

48. Robert the Monk, VII.20, p. 176.

49. Barber and Bate, *Letters*, p. 20.

50. Ibid., pp. 22~5.

51. Matthew of Edessa, II.114, p. 167. 검은 산 수도원에 대해선 다음 자료 참
    조. *Regulations of Nikon of the Black Mountain*, in J. Thomas and A.
    Constantinides Hero (eds.), *Byzantine Monastic Foundation Documents*, 5
    vols. (Washington, DC, 2000), pp. 377~424. 또한 다음 자료 참조. *Typikon of
    Nikon of the Black Mountain for the Monastery and Hospice of the Mother of
    God tou Roidiou* in ibid., pp. 425~39.

52. Ralph of Caen, 54, p. 80.

53. Raymond of Aguilers, XI, p. 88.

54. Hagenmeyer, *Epistulae*, p. 153.

55. Barber and Bate, Letters, p. 21.

56. *Gesta Francorum*, X, p. 72; Fulcher of Chartres, I.23.viii, p. 107; cf. Albert of
    Aachen, V.3, pp. 340~2.

57. Barber and Bate, *Letters*, pp. 30~3.

58. Ibid., p. 33.

59. Fulcher of Chartres, I.24.i~xiv, pp. 107~12.

60. Raymond of Aguilers, II, p. 23.

61. Ibid., pp. 22~3.

62. *Gesta Francorum*, X, p. 75.

63. Raymond of Aguilers, X, pp. 74~5.

64. Robert the Monk, VII.20, p. 176; William of Tyre, IX.13, 1, p. 437.

65. Robert the Monk, VI.16, p. 160.

66. Guibert of Nogent, I.5, p. 104.

67. William of Malmesbury, *History of the English Kings*, ed. R. Thomson, R.
    Mynors and M. Winterbottom (Oxford, 1999), III.262, pp. 482~4.

68. Roger of Hoveden, *Rerum Anglicarum Scriptores post Bedam* (repr.

Farnborough, 1970), p. 710.

69. William of Malmesbury, II.225, p. 412.

70. William of Tyre, X.12, 1, p. 467.

71. Edward Gibbon, *Decline and Fall of the Roman Empire*, ed. J. Bury, 7 vols. (London, 1909~14) 6, p. 335.

72. Anna Komnene, XIV.2, p. 401.

73. Albert of Aachen, IX.43, p. 696.

74. A. Wharton Epstein, 'The date and significance of the Cathedral of Canosa in Apulia, Southern Italy', *Dumbarton Oaks Papers* 37 (1983), pp. 85~6.

75. M. Ogle and D. Schullian (eds.) *Rodulfi Tortarii Carmina* (Rome, 1933), pp. 298~316.

76. 다음 자료 참조. N. Paul, 'A warlord's wisdom: Literacy and propaganda at the time of the First Crusade', *Speculum* 85 (2010), pp. 534~66. 이 시기에 나온 또 다른 사료는 황제가 보에몬드에게 승리한 것이 아니라 보에몬드가 승리했다고 되어 있다. *Narratio Floriacensis*, pp. 356~62.

77. Barber and Bate, *Letters*, pp. 30~3.

78. *Gesta Francorum*, I, pp. 1~2.

79. Erdmann, *Die Briefe Heinrichs IV*, pp. 38~9.

80. Ekkehard of Aura, pp. 182~4; *Annales Hildesheimensis*, *MGH*, *SS*, 3, pp. 50~1.

81. Erdmann, *Die Briefe Heinrichs IV*, pp. 39~40.

82. *Patrologia Latina*, 163, cols. 108a~c.

83. Erdmann, *Die Briefe Heinrichs IV*, pp. 39~40.

84. 조약에 대해서는 다음 자료 참조. Anna Komnene, IX.3, p. 244, and above, p. 146. 알렉시오스와 킬리디 아르슬란의 안정적이고 겉보기에 우호적인 관계에 대해서는 예를 들어 다음 자료 참조. Albert of Aachen, IX.34, pp. 680~2.

85. 풀처가 비잔티움에 대하여 유화적인 태도를 보인 것에 대해서는 다음 자료 참조. L. Ní Chléirigh, 'The impact of the First Crusade on Western opinion towards the Byzantine Empire: The *Dei Gesta per Francos* of Guibert of Nogent and the *Historia Hierosolymitana* of Fulcher of Chartres', in C. Kostick (ed.), *The Crusades and the Near East: Cultural Histories* (Abingdon, 2011), pp.

161~88.

86. 서로 다른 결론에 도달하고 있지만 그래도 다음 자료 참조. note M. Carrier, 'L' image d'Alexis Ier Comnène selon le chroniqleur Albert d'Aix', *Byzantion* 78 (2008), pp. 34~65.

87. Anna Komnene, XI.8, p. 320.

88. Anna Komnene, XIV.2, pp. 402~3; Albert of Aachen, XI.4, p. 776.

89. P. Maas, 'Die Musen des Kaisers Alexios I', *Byzantinische Zeitschrift* 22 (1913), ll. 312~51.

90. H. Hoffmann (ed.), *Die Chronik von Montecassino* (Hanover, 1980), IV.46, p. 514.

91. Lilie, *Byzantium and the Crusader States*, p. 162.

92. Anna Komnene, XIV.4, p. 411.

93. Anna Komnene, X.2, p. 262.

더 읽을거리

2000점이 넘는 책자와 논문을 광범위하게 소개하는 참고문헌 대신에 제1차 십자군의 전반적인 개요나, 그 원정 전의 개별적 양상에 대하여 더 잘 알고 싶은 독자를 위하여 필요한 책들을 소개하는 것이 더 바람직하다고 생각한다. 나는 가능한 한 영어로 되어 있는 연구서들을 소개하려고 애썼다. 그러나 다른 언어로 된 연구서나 논문을 제시하는 것이 불가피한 경우도 있었다.

총론

십자군은 특히 근년에 들어와 역사학자들로부터 많은 주목을 받았다. 주요 연구서인 Christopher Tyerman의 *God's War: A New History of the Crusades*(London, 2006), Jonathan Phillips의 *Holy Warriors: A Modern History of the Crusades*(London, 2009), Thomas Asbridge의 *The Crusades: The War for the Holy Land*(London, 2010) 등은 십자군전쟁에 대하여 서로 다른 접근 방식을 취한다. 각 저서는 멋진 개관을 소개하고 있으며 십자군 연구가 상당히 활발하게 진행되고 있음을 보여준다. 십자군 연구의 좌장은 Jonathan Riley-Smith인데 그의 책 *The First Crusade and the Idea of Crusading*(London, 1986)은 여전히 필독서이다. 십자군을 다룬 그의 다른 많은 저서들과 특히 예루살렘 공격을 다룬 저서들은 아주 소중한데 그 중에서도 *The First Crusaders 1095-1131*(Cambridge, 1997)이 참고할 만하다. John France의 *Victory in the East*(Cambridge, 1994)는 예루살렘 공성전을 다룬 멋진 역사서이다. 또한 다음 자료도 참조. 가독성이 좋은 Thomas Asbridge의 *The First Crusade: A New History*(London, 2005).

클레르몽 종교회의 900주년을 기념하여 열린 회의를 바탕으로 편집된 여러 권의 책들과 또 유수한 학자들의 논문을 모아놓은 논문집도 있다. 그 중 뛰어난 것들로는 Jonathan Phillips의 *The First Crusade: Origins and Impact*(Manchester, 1997), Michel Belard *Autour de la Premiere Croisade*(Paris, 1996), Alan Murray의 *From Clermont to Jerusalem: The Crusades and Crusader Societies*(Turnhout, 1998) 등이 있다. 다른 편집서로 추천할 만한 것은 다음 두 종이다. *Crusade and Settlement*, edited by Peter Edbury(Cardiff, 1985). *The Experience of Crusading*, edited by Marcus Bull, Norman Housely and Jonathan Phillips, 2 vols.(Cambridge, 2003). 또한 유명한 학자들의 논문을 모아놓은 논문집인 Thomas Madden의 *The Crusades*(Oxford, 2002)도 참조할 것. Alan Murray의 제1차 십자군 참고문헌도 아주 귀중한 자료이다.

현대의 비잔티움과 아랍 문제를 연구하는 역사가들은 이 주제에 대하여 놀라울 정도로 집필을 하지 않았다. 한 가지 예외가 있다면 Jonathan Harris의 유익하고 명석한 연구서인 Byzantium and the Crusades(London, 2003)가 있다. 또한 다음 자료도 유익하다. Paul Magdalino's 'The Byzantine background to the First Crusade', in *Canadian Institute of Balkan Studies*(Toronto, 1996), pp. 3~38. 마찬가지로 비잔티움 대외 관계를 연구한 Ralph-Johannes Lilie의 연구서가 1981년에 처음 독일어로 발간되었고 현재 다음과 같은 멋진 영역본이 나와 있다. *Byzantium and the Crusader States 1096-1204*(tr. Morris and Ridings, Oxford, 1993). 동양의 관점에서 서양을 바라보는 연구서로는 다음 자료가 유익하다. Carole Hillenbrand의 *The Crusades, Islamic Perspectives*(Edinburgh, 1999).

제1차 십자군 관련 사료

Anna Comnena by Georgiana Buckler(Oxford, 1929)은 여전히 《알렉시아스》에 관한 유일한 연구서인데, 이 전기의 구조에 대해서는 탁월하게 해설하지만 그 내용의 해석은 그리 뛰어나지 못하다. 알렉시오스 1세를 논의한 벨파스 학술회의에서 나온 중요한 논문은 필수적인 자료로서, 이 전기의 텍스트에 대하여 여러 가지 의문을 제기한다. The Article by James Howard-Johnston in Margaret Mullett and Dion Smythe(eds.), *Alexios I Kommenos*(Belfast, 1996)는 중요한 논문이다. 이 논문은 다음의 소중한 논문집과 함께 읽는 것이 좋다. *Anna Komnene and Her Times*(New York, 2000), edited by Thalia Gouma-Peterson. John France의 다음 논문은 이 텍스트에 대한 서방 십자군의 관점을 보여준다. 'Anna Comnena, the Alexiad and the First Crusade', *Reading Medieval Studies* 10(1984), pp. 20~38.

《알렉시아스》의 연대를 철저하게 해체한 가장 좋은 연구 사례는 다음 논문 참조. Iakov Liubarskii, 'Zamechaniya k Khronolgii XI Knigi "Alexsiada" Anny Komninoi', *Vizantiiskii Vremennik* 24(1963), pp. 46~56. 리우바르스키는 《알렉시아스》의 제9권에 드러난 문제점을 검토했다. 이 문제는 Ralph-Johannes Lilie가 다음 자료에서 다시 검토했다. Appedix I of *Byzantium and the Crusader States*, pp. 259-76.

제9권 이외의 다른 곳에서 개별 에피소드들이 잘못 배치된 문제는 다음 자료들에서 지적되었다. Davis Gress-Wright, 'Bogomilism in Constantinople', *Byzantion* 47(1977), pp. 163~85; P. Gautier, 'Discours de Theophylacte de Bulgarie', *Revue des Etudes Byzantines* 20(1962), esp. pp. 99~103; J. Gouillard, 'L' Abjuration du moine Nil le Calabrais', *Travaux et Memoires* 2(1968), pp. 290~303. Liubarskii의 'Ob istochnikakh "Aleksiady" Anny Komninoi', *Vizantiiskii Vremennik* 25(1965), pp. 99~120는 안나 콤네나가 사용한 사료들의 범위를 확정지은 가장 훌륭한 시도이며,《알렉시아스》가 연대를 잘못 표기한 경우, 여러 사례들도 함께 지적하고 있다. 안나 콤네나의 전기에 대하여, 관련 역사적 사건들의 순서와 관련된 문제를 폭넓게 검토하는 새로운 연구서가 필요한 시점이다.

십자군에 대한 서방측의 사료에 대해서는 다음 사료가 좋은 출발점이다. Colin Morris, 'The *Gesta Francorum* as Narrative History', *Reading Medieval Studies* 19(1993), pp. 55~72. 보다 최근 자료로는 다음의 것을 참조. John Frances's 'The Anonymous *Gesta Francorum* and the *Historia Francorum qui ceperunt Iberusalem* of Raymond of Aguilers and the *Historia de Hierosolymitano itinere* of Peter Tudebode: An analysis of the textual relationship between primary sources for the First Crusade', in J.France and W.Zajac(eds.), *The Crusades and their Sources: Essays presented to Bernard Hamilton*(Aldershot, 1998), pp. 39~69. 또한 다음 자료 참조. France's 'The Use of the anonymous *Gesta Francorum* in the early twelfth century sources for the First Crusade', in Alan Murray, *From Clermont to Jerusalem: The Crusade and Crusader Societies*(Turnhout, 1998), pp. 29~42. 그리고 보다 최근의 자료로는 다음의 것을 참조. Jay Rubenstein, 'What is the *Gesta Francorum* and who was Peter Tudebode?', *Revue Mabillon* 16(2005), pp.179~204.

아헨의 알베르트에 대해서는 다음 자료 참조. Sue Edgington, 'Albert of Aachen reappraised', in Murray, *From Clermont to Jerusalem*, pp. 55~67. 또한 다음 자료도 있다. Edgington's, 'The First Crusade: Reviewing the evidence', in Phillips, *First Crusade*, pp. 57~77, and Marc Carrier's 'L'image d'Alexis Ier Comnene selon le chroniqeur Albert d'Aix', *Byzantion* 78(2008), pp. 34~65. 다음 자료 참조. R.Chazan, 'The Hebrew First Crusade Chronicles', *Revue des Etudes Juives* 133(1974), pp. 235~54. 또한 Hillenbrand's 'The First Crusade: The Muslim

Perspective', in Phillips, *First Crusade*, pp. 130~41.

알렉시오스 1세가 플랑드르의 로베르에게 보낸 편지는 대체로 무시되고 있다. Peter Scheriner, 'Der Brief des Alexios I Komnenos an den Grafen Robert von Flandern und das Problem gefalschter byzantinischer Kaiserschreiben in den westlichen Quellen', 그리고 Christian Gastgeber, 'Das Schreiben Alexios I. Komnenos an Robert I. Flandern. Sprachliche Untersuchung'. 이 두 논문은 다음 책자에 들어 있다. Giuseppe de Gregorio and Otto Kresten (eds.), *Documenti medievali Greci e Latini : Studi Comparativi*(Spoleto, 1998), pp. 111~40. 141~85. 다음 자료 참조. Carole Sweetenham, 'Two Letters calling Christians on Crusade', in *Robert the Monk's History of the First Crusade*(Aldershot, 2005), pp. 215~18. 이 두 자료는 1090년대 초에 소아시아에서의 비잔티움 입장이 강건했다고 보고 있다. 따라서 다음 자료도 주목할 만하다. Michel de Waha, 'La lettre d'Alexis Comnene a Robert Ier le Frison', *Byzantion* 47(1977), pp. 113~25.

제1차 십자군 당시의 교황청과 서유럽

십자군전쟁 발발 직전의 유럽에 대해서는 탁월한 연구서들이 많다. 교황청 연구에 대해서는 다음 두 자료가 필수이다. H.E.J.Cowdrey's *Pope Gregory VII, 1073-1085*(Oxford, 1998). Alon Becker's *Papst Urban II 1088-99*, 2 vols. (Stuttgart, 1964-88). 그 외에 다음 두 저서도 중요하다. Cowdrey's The Age of Abbot Desiderius : Montecassino, the Papacy and the Normans in the Eleventh and Early Twelfth Centuries(Oxford, 983). Josef Deer's *Paasttum und Normannen : Untersuchungen zu ihren lehnsrechtlichen und kirchenpolitischen Beziehungen*(Cologne, 1972). 이 당시 로마 교황청의 고충에 대하여 설득력 있는 논평을 내놓는 중요 저서는 다음의 것. Ian Robinson's *The Papacy 1073-1198*(Cambridge, 1990). 같은 저자의 *Henry IV of Germany*, 1056-1106 (Cambridge, 1999)은 11세기 후반 유럽에 닥쳐온 위기를 탁월하게 설명하고 있다. 다음 두 자료도 많은 생각거리를 제공한다. The collected works of Timothy Reuter, edited by Janet Nelson, Medieval Polities and Modern Mentalities(Cambridge, 2006). Karl Leyser, edited by Reuter, in *Communications and Power in Medieval Europe : The Gregorian Revolution and Beyond*(London, 1994).

1054년의 사건들을 다룬 자료들 중에는 다음 자료들이 탁월하다. Steven Runciman's

Eastern Schism: *A Study of the Papacy and the Eastern Churches During the Eleventh and Twelfth Centuries*(Oxford, 1955). 다음 자료는 동서 교회의 분열을 광범위한 맥락에서 살펴보고 있다. Henry Chadwick's *East and West*: *The Making of a Rift in the Church*: *From Apostolic Times Until the Council of Florence*(Oxford, 2003). 이 주제와 관련하고 참고할 만한 또 다른 자료로는 다음의 것이 있다. Aristeides Papadakis and John Meyendorff, *The Christian East and the Rise of the Papacy*: *The Church 1071-1453*(New York, 1994). Axel Bayer's *Spaltung der Christenheit*: *Das sogenannte Morgenlandische Schism von 1054*(Cologne, 2002). 동방교회와 서방교회의 경쟁의식에 대해서는 다음 자료도 도움이 된다. Tia Kolbaba's *The Byzantine Lists*: *Errors of the Latins*(Urbana, 2000). 서임권 위기에 대해서는 다음 자료 참조. Ute-Renata Blumenthal's *The Investiture Controversy*: *Church and Monarchy from the Ninth to the Twelfth Century*(Philadelphia, 1988). Gerd Tellenbach, *The Western Church from the Tenth to the Early Century*(Cambridge, 1993).

11세기 후반의 비잔티움제국

비잔티움제국의 개요를 명석하면서도 흥미롭게 보여주는 개관서로는 다음 두 자료가 유익하다. *The Oxford History of Byzantium*, edited by Cyril Mango(Oxford, 2002). *Cambridge History of Byzantine Empire*, *c.500-1492*, edited by Jonathan Shepard(Cambridge, 2008). 다음의 책도 획기적이면서 탁월한 연구서이다. Angeliki Laiou's *The Economic History of Byzantium*, *From the Seventh Through the Fifteenth Century*, 3 vols(Washington, DC, 2002).

콘스탄티노플에 대해서는 탁월한 논문집들이 있다. 다음 자료 참조. Cyril Mango's *Studies on Constantinople*(Aldershot 1993). Cyril Mango's *Constantinople and its Hinterland*(Aldershot 1995)(with Gilbert Dagron). 다음의 책도 독창적이면서 도발적인 견해를 제시한다. Paul Magdalino's *Studies on the History and Topography of Byzantine Constantinople*(Aldershot 2007). 전반적인 개관을 위해서는 다음 자료 참조. Jonathan Harris, *Constantinople*: *Capital of Byzantium*(London, 2007).

11세기 후반을 다룬 가장 훌륭한 연구서는 다음의 자료이다. Jean-Claude Cheynet's *Pouvoir et contestations a Byzance 963-1210*(Paris, 1990). 비잔티움 귀족제도를 다룬 Alexander Kazdan의 획기적인 연구서가 이탈리아어 번역본으로 나왔다. *L' aristocrazia bizantinia*: *dal principio dell'XI alla fine del XII secolo*(tr. Silvia Ronchey, Palermo, 1997). 외국인들에 대한 비잔티움 사람들의 태도에 대해서는 다음 논문이 훌륭한 입문 자료이다. Jonathan Shepard's 'Aspects of Byzantine attitudes and policy towards the West in the 10th and 11th Centuries', *Byzantinische Forschungen* 13(1988), pp. 67~118. Jonathan Shepard의 다음 두 논문도 참고할 것. 'The Uses of the Franks in 11th Century Byzantium', *Anglo-Norman Studies* 15(1992), pp. 275~305, "Father" or "Scorpion"? Style and substance in Alexios' diplomacy', in Mullet and Smythe, *Alexios*, pp. 68~132, and 'Cross-purposes: Alexius Comnenus and the First Crusade', in Phillips, *First Crusade*, pp. 107-29. 다음 연구서는 이 시기에 콘스탄티노플이 얼마나 국제적이었는지를 보여준다. Krinje Ciggaar's *Western Travellers to Constantinople*: *The West & Byzantium*, *962-1204*(Leiden, 1996).

알렉시오스 1세 콤네노스의 통치

Ferdinand Chalandon's *Essai sur le regne d'Alexis I Comnene*(Paris, 1900)이 알렉시오스의 통치를 다룬 마지막 주요 논문이다. 이 논문은 아주 명석하고 유용하다. 1989년 벨파스트 심포지움의 회의록은 Mullett and Smythe의 *Alexios I Komnenos*에 들어 있는데 아주 유익하고 중요한 논문들이다. 그중에서도 Magdalino, Shepard, Macrides, Angold 등의 논문이 유익하다. 나는 알렉시오스 통치의 밑받침이 되는 황제의 가문에 대한 기존의 견해에 도전하는 논문을 쓰면서, 십자군전쟁이 벌어지기 직전에 황제 가문의 측근 멤버들이 치욕을 당한 사태에 대해서 언급했다. P. Frankopan, 'Kinship and the distribution of power in Komnenian Byzantium', *English Historical Review* 495(2007), pp. 1~34.

　알렉시오스와 그 후계자들의 군대에 대해서는 다음 자료 참조. John Birkenmeier, The Development of the komnenian Army: 1081-1180(Leiden, 2002). 이어지는 독일어 연구서도 유익하다. Armin Hohlweg, *Beitrage zur Verwaltunsgeschichte des ostromischen Reiches unter den Komnenen*(Munich, 1965). 다음 연구서는 알렉시오스의 후계자들을 살펴보는데 유익할 뿐만 아니라 《알렉시아스》의 구성과 관련된 시대 배경을 파악하는데도 도움을 준다. Paul Magdalino's *The Empire of Manuel I Komnenos 1143-1180*(Cambridge, 1993). 이와 관련해서는 다음 자료도 유익하다. Paul Stephenson, 'The *Alexiad* as a source for the Second Crusade', *Journal of*

Medieval History 45(2003), pp. 41~54.

경제에 대해서는 다음 자료 참조. Alan Harvey, *Economic Expansion in the Byzantine Empire(900-1200)* (Cambridge, 1989). 또 알란 하비의 다음 논문도 중요한 자료이다. 'The land and taxation in the reign of Alexios I Komnenos: The Evidence of Theophylakt of Ochrid', *Revue des Etudes Byzantine* 51(1993), pp. 139~54. Michael Metcalf's Coinage in South-Eastern Europe(Oxford, 1979) 또한 필독서이다. 그의 논문 'The reformed gold coinage of Alexius I Comnenus', in *Hamburger Beitrage zur Numistmatik*, vol. 16(1962), pp. 271~84도 중요하다. 11세기 통화 가치의 하락에 대해서는, Cecile Morrisson, 'La Devaluation de la monnaie byzantine au XI siecle', *Travaux et Memoires* 6(1976), pp. 3~29.

비잔티움과 그 이웃들

11세기에 소아시아에서 투르크족이 궐기한 사실을 평가하고 만지케르트 전투를 전후하여 투르크족의 압박이 강화된 사실에 대해서는 다음 자료가 특히 중요하다. Claude Cahen's 'La premiere penetration turque en Asie Mineure', *Byzantion* 18(1948), pp. 5~67. 이 논문의 내용을 일부 수정한 논문으로는 다음 자료 참조. Jean-Claude Cheynet, 'Manzikert: un desastre militaire?', *Byzantion* 50(1980), pp. 410~38. 최근에 들어와 셰이네는 다음 논문으로 한 발자국 더 나아갔다. 'La resistance aux Turcs en Asie Mineure entre Manzikert et la Premiere Croisade', in *Eupsykhia: Melanges offerts a Helene Ahrweiler* 2 vols(Paris, 1998), I, pp. 131~47. 이 두 논문은 투르크족과 소아시아에 대하여 중요한 재평가를 수행하고 있다. 텍스트뿐만 아니라 고고학적 증거를 중시하는 논문으로는 다음 자료 참조. Clive Foss, 'The Defences of Asia Minor against the Turks', *Greek Orthodox Theological Review* 27(1982), pp. 145~205. 스트로빌로스, 사갈라로스, 에페수스 등의 유적지에서 발굴되는 새로운 자료는, 아나톨리아의 투르크 정착의 성격, 범위, 시기 등에 대한 기존 견해에 도전해오고 있다. 콘스탄티노플 북쪽에서 비잔티움을 점점 더 압박해오는 현상에 대해서는 다음 자료 참조. Paul Stephenson, *Byzantium's Balkan Frontier*(Cambridge,2000). 이 책은 이 지역에 대한 예전 학자들의 의견을 대체했다.

노르만인의 남부 이탈리아 정복에 대해서는 다음 자료가 훌륭하다. Hartmut Hoffmann, 'Die Anfange der Normannen in Suditalien', in *Quellen und Forschungen aus Italienischen Archiven und Bibliotheken*, 47(1967), pp.

95~144. 근년에 들어와서는 Graham Loud의 개척자적 작업이 이 방면의 연구를 진작시켰다. 가령 *The Latin Church in Norman Italy*(Cambridge, 2007)와 'Coinage, wealth and plunder in the age of Rober Guiscard', *English Historical Review*, 114(1999), pp. 815~43 등이 그것이다. 또한 라우드의 저서 *The Age of Robert Guiscard*: *Southern Italy and the Norman Conquest*(Singapore,2000)도 참조할 것. 다음 저서는 이탈리아 남동부를 연구하는데 벤치마크가 된다. Jean-Marie Martin, *La Pouille du VIe XIIe siecles*(Rome, 1993). 다음의 연구서와 논문은 같은 저자의 것인데 이탈리아 남부의 노르만인 정복 사건에 대하여 흥미로운 통찰을 제시한다. Paul Oldfield, *City and Community in Norman Italy*(Cambridge, 2009). 'Urban government in southern Italy, c.1085-c.1127', *English Historical Review* 122(2007), pp. 579~608.

비잔티움과 노르만인과의 관계에 대해서는 다음 자료 참조. Huguette Taviani-Carozzi, *La Terreur du monde-Robert Guiscard et la conquete normande en Italie*(Paris, 1997). 다음 두 논문도 이 주제와 관련하여 유익한 논문이다. William McQueen, 'Relations between the Normans and Byzantium 1071-1112', *Byzantion* 56(1986), pp. 427~76. Matthew Bennett, 'Norman naval activity in the Mediterranean c.1060-1108', *Anglo-Norman Studies* 15(1992), pp.41~58.

베네치아와의 무역은 대단히 중요했으므로 이 방면에 대한 연구가 많이 진척되었다. 다음 논문은 특히 탁월하다. Thomas Madden, 'The chrysobull of Alexius I Comnenus to the Venetians: The date and the debate', *Journal of Medieval History* 28(2002), pp. 23~41. 그러나 나는 특허장의 내적 증거에 대하여 상당한 의문을 품고 있는데 특히 연대에 대해서는 의문을 제기하고 싶다. 나의 다음 논문 참조. 'Byzantine trade privileges to Venice in the eleventh century: The chrysobull of 1092', *Journal of Medieval History* 30(2004), pp. 135~60. 《알렉시아스》의 연대 착오로 생겨난 1090년대의 다른 에피소드들에 대해서는, 내가 쓴 다음 두 논문을 참조할 것. 'The Fall of Nicaea and the towns of western Asia Minor to the Turks in the later 11th Century: The curious case of Nikephoros Melissenos', *Byzantion* 7(2006), pp. 153~84. 'Challenges to imperial authority in Byzantium: Revolts on Crete and Cyprus at the end of the 11th Century', *Byzantion* 74(2004), pp. 382~402.

제1차 십자군

위에서 언급된 제1차 십자군에 관한 총론 성격의 저서들을 제외하고, 이 운동의 특정한 양상에 집중하는 저서들만 추가로 제시했다. 클레르몽 종교회의와 1095-6년 사이에 프랑스에서 활약한 우르바누스 교황에 대해서는 다음 자료 참조. Andre Vauchez(ed.), *Le Concile de Clermont de 1095 et l'appel a la Croisade: Actes du Colloque Universitaire International de Clermont-Ferrand*(Rome, 1997). 십자군의 메시지에 대해서는 여러 학자들이 잘 연구해 놓았다. Penny Cole, *The Preaching of the Crusades to the Holy Land*(Cambridge, Mass., 1991). 또한 다음 자료도 참조. H.E.Cowdrey, 'Pope Urban II's preaching of the First Crusade', *History* 55(1970), pp. 177~88. Robert Somerville, 'The Council of Clermont and the First Crusade', *Studia Gratiana* 20(1976), pp. 323~7.

십자군에 참가한 사람들의 반응과 동기에 대해서는 다음 자료 참조. Jonathan Riley-Smith, 'The motives of the earliest crusaders and the settlement of Latin Palestine, 1095-1100', *English Historical Review* 98(1983), pp. 721~36. 라일리-스미스의 다음 논문도 유익하다. 'The idea of Crusading in the Charters of Early Crusaders', in Vauchez, *Concile et Clermont*, pp. 155~66. 다음 저서는 프랑스의 한 지역에 대하여 아주 감동적이면서 꼼꼼한 견해를 제시한다. 다음 논문도 참조할 것. Christopher Tyerman, 'Who went on crusades to the Holy Land?', in *Horns of Hattin*, pp. 13~26. 다음의 연구서는 프랑스의 한 지역에 대하여 아주 감동적이고 꼼꼼한 견해를 제시한다. Marcus Bull, *Knightly Piety and the Lay Response to the First Crusade: The Limousin and Gascony*(Oxford, 1993). 또한 다음 논문도 주목해볼 필요가 있다. John France, 'Les origines de la Premiere Croisade; un nouvel examen', in Balard, *Autour de la Premiere Croisade*, pp. 43~56

11세기 후반의 밀레니엄 사상에 대해서는 다음 자료 참조. Hannes Mohring, *Der Weltkaiser der Endzeit: Entstehung Wandel und Wirkung einer tausendjahrigen Weissagung*(Stuttgart, 2000). Brett Whalen, *Dominion of God: Christendom and Apocalypse in the Early Middle Ages*(Cambridge, Mass., 2009). 제1차 십자군의 기원과 파급효과에 관한 특화된 연구와 관련해서는 다음 자료 참조. Michele Gabriele, 'Against the enemies of Christ: The role of Count Emicho in the Anti-Jewish Violence of the First Crusade', in M.Frassetto(ed.), *Christian Attitudes towards the Jews in the Middle Ages: A Casebook*(Abingdon, 2007), pp. 61~82. Robert

Chazan, 'Let not a remnant or a residue escape: Millenerian enthusiasm in the First Crusade', *Speculum* 84(2009), pp. 289~313.

십자군 원정의 실용적인 문제와 관련해서는 추천할 만한 연구서가 여러 권 있다. 다음의 저서는 좋은 출발점이다. *Logistics of Warfare in the Age of the Crusades*, edited by John Pryor(Aldershot, 2006). 다음 자료들도 참조. Alan Murray, 'The Army of Godfrey of Bouillon 1096-9: Structure and dynamics of a contingent on the First Crusade', *Revue Belge de Philologie et d'histoire* 70(1992), pp. 30~29; Jonathan Reily-Smith, 'First Crusaders and the costs of crusading', in Michael Goodrich, Sophia Menache and Sylvie Schein, *Cross Cultural Convergences in the Crusader Period*(New York,1995), pp. 237~57; Matthew Bennett, 'Travel and Transport of the Crusades', *Medieval History* 4(1994), pp. 91~101; John Nesbitt, 'The rate of march of crusading armies in Europe: A study and computation', *Traditio* 19(1963), pp. 167~82. 이런 논문들은 합리적인 의문을 제기하고 있다. 다음의 논문들도 유익한 자료이다. Karl Leyser, 'Money and supplies on the First Crusade', in *Communications and Power*, pp. 83~94. Sue Edgington, 'Medical Knowledge in the crusading armies: The evidence of Albert of Aachen and others' in Malcolm Barber(ed.), *The Military Orders: Fighting for the Faith and Caring for the Sick*(Aldershot, 1994), pp. 320~6.

은자 피에르에 관해서는 다음과 같은 논문과 연구서가 있다. M.D.Coupe, 'Peter the Hermit, a reassessment', *Nottingham Medieval Studies* 31(1987), pp. 37~45. Ernest and Colin Morris, 'A hermit goes to war: Peter and the origin of the First Crusade', *Studies in Church History* 22(1985), pp. 79~107. Jean Flori, *Pierre l'Ermite et la Premiere Croisade*(Paris, 1999). Jay Rubenstein, 'How, or how much, to re-evaluate Peter the Hermit', in Susan Ridyard(ed.), *The Medieval Crusade*(Woodbridge, 2004) pp. 53~70. 여러 십자군 지도자들의 전기 연구는 너무 막연하여 최근 몇 십년 동안에는 인기가 없었다. 그렇지만 다음 전기는 아주 매력적이다. Ralph Yewdale, *Bohemond I: Prince of Antioch*(Princeton, 1924). 최근의 연구서로는 Jean Flori, *Bohemond d'Antioche: Chevalier d'aventure*(Paris, 2007)가 있다. 툴루즈의 레몽과 관련해서는 다음 자료 참조. John and Laurita Hill, *Raymond IV, Count of Toulouse*(Syracuse, 1962). 노르망디의 로베르와 관련해서는 다음 자료 참조. William Aird, *Robert 'Curthose', Duke of Normandy(c.1050-1134)*(Woodbridge,

2008). 부용의 고드프루아에 대해서는 Pierre Aube, *Godefroy de Bouillon*(Paris, 1985).

유대인 공동체의 학살에 대해서는 다음 자료 참조. Robert Chazan, European Jewry and the First Crusade(Berkeley, 1987). Gerd Mentgen, 'Die Juden des Mittelrhein-Mosel-Gebietes im Hochmittelalter unter besonder Berucksichtigung der Kreuzzugsverfolgungen', *Monatshefte fur Evangelische Kirchengeschichte des Rheinlandes* 44(1995), pp. 33~75. 현재 1096년의 유대인 학살에 대한 개척자적 저서는 다음 연구서이다. Eva Haverkamp, *Hebraische Berichte uber die Judenverfolgungen wahrend des Ersten Kreuzzugs*(Hanover, 2005).

콘스탄티노플의 알렉시오스와의 관계에 대해서는 다음 자료 참조. John Pryor, 'The oath of the leaders of the Crusade to the Emperor Alexius Comnenus: Fealty, Homage', *Paragon* 2(1984), pp. 121~74. Ralph-Jonathan Lilie, 'Noch einmal zu dem Thema "Byzanz und die Kreuzfahrerstaaten"', *Poikila Byzantina* 4(1984), pp. 121~74. 그러나 아주 중요한 자료는 다음 자료이다. Jonathan Shepard, 'When Greek meets Greek: Alexius Comnenus and Bohemond in 1097-8', *Byzantine and Modern Greek Studies* 12(1988), pp. 185~277.

안티오크에 대해서는 다음 자료 참조. Bernard Bachrach, 'The siege of Antioch: A study in military demography', *War in History* 6(1999), pp. 127~46; John France, 'The departure of Tatikios from the Crusader army', *Bulletin of the Institute of Historical Research* 44(1971), pp. 137~47; Geoffrey Rice, 'A note on the battle of Antioch, 28 June 1098; Bohemond as tactical innovator', *Parergon* 25(1979), pp. 3~8. 그 외에 Randall Rogers, *Latin Siege Warfare in the 12th Century*(Oxford, 1992)은 이 시기의 공성전, 특히 니케아와 안티오크 공성전에 대하여 훌륭한 안내서이다.

1099년 예루살렘에 설립된 왕국에 관해서는 다음 자료 참조. Joshua Prawer, *The Latin Kingdom of Jerusalem: European Colonialism in the Middle Ages*(New York, 1972); Jean Richard, *The Latin Kingdom of Jerusalem*(London, 1979); Alan Murray, *The Crusader Kingdom of Jerusalem: A Dynastic History 1099-1125*(Oxford, 2000). 안티오크에 대해서는 다음 자료가 중요하다. Thomas Asbridge, *The Creation of the Principality of Antioch 1098-1130*(Woodbridge, 2000). 다음의 연구서는 최근에 나온 것인데 특히 중요하다. Christopher MacEvitt,

The Crusades and the Christian World of East: Rough Tolerance(Philadelphia, 2008). 예루살렘 총주교에 대해서는 다음 자료 참조. Michael Matzke, *Daibert von Pisa: Zwischen Pisa, Papst und erstem Kreuzzug*(Sigmaringen, 1998).

이탈리아 도시 국가들에 대해서는 다음 자료 참조. Marie-Louise Favreau-Lilie, *Die Italiener im Heiligen Land vom ersten Kreuzzug bis zum Tode Heinrichs von Champagne(1098-1197)*((Amsterdam, 1988). 이탈리아 도시 국가들과 비잔티움의 관계에 대해서는 릴리의 다음 연구서도 아주 소중하다. Ralph-Johannes Lilie, *Handel und Politik zwischen dem byzantinischen Reich und den italienischen Kommunen Venedig, Pisa und Genua in der Epoche der Komnenen und der Angeloi(1081-1204)*(Amsterdam, 1984).

보에몬드가 비잔티움을 상대로 벌인 원정 전에 대해서는 다음 자료 참조. John Rowe, 'Paschal II, Bohemundo of Antioch and the Byzantine Empire', *Bulletin of the John Rylands Library* 49(1966), pp. 165~202. 다음 논문도 유익하다. Luigi Russo, 'Il viaggio di Boemundo d'Altavilla in Francia', *Archivio storico italiano* 603(2005), pp. 3~42.

제1차 십자군의 역사 서술에 대해서는 다음 자료 참조. James Powell, 'Myth, legend, propaganda, history: The First Crusade, 1140-c.1300', in *Autour de la Premiere Croisade*, pp. 127~41. 이것 이외에 니콜라스 폴의 다음 두 논문도 아주 탁월하다. Nicholas Paul, 'Crusade, memory and regional politics in twelfth-century Amboise', *Journal of Medieval History* 31(2005), pp. 127~41. 'A warlord's wisdom: Literacy and propaganda at the time of the First Crusade', *Speculum* 85(2010), pp. 534~66.

동방의 부름
십자군전쟁은 어떻게 시작되었는가

1판 1쇄 2018년 12월 31일
1판 2쇄 2019년 12월 10일

지은이 | 피터 프랭코판
옮긴이 | 이종인

펴낸이 | 류종필
편집 | 이정우, 정큰별
마케팅 | 김연일, 김유리
표지 · 본문 디자인 | 석운디자인
본문 조판 | 성인기획

펴낸곳 | (주) 도서출판 책과함께
　　　　주소 (04022) 서울시 마포구 동교로 70 소와소빌딩 2층
　　　　전화 (02) 335-1982
　　　　팩스 (02) 335-1316
　　　　전자우편 prpub@hanmail.net
　　　　블로그 blog.naver.com/prpub
　　　　등록 2003년 4월 3일 제25100-2003-392호

ISBN 979-11-88990-17-7 03900

이 도서의 국립중앙도서관 출판예정도서목록(CIP)은
서지정보유통지원시스템 홈페이지(http://seoji.nl.go.kr)와
국가자료공동목록시스템(http://www.nl.go.kr/kolisnet)에서 이용하실 수 있습니다.
(CIP제어번호 : CIP2018038992)